24 M 12,–

Russell Studienausgabe
sammlung dialog 108

BERTRAND RUSSELL

Erziehung ohne Dogma

Pädagogische Schriften

Auswahl, Anmerkungen und Nachwort
von
Achim v. Borries

Nymphenburger Verlagshandlung

Satz und Druck: Graphische Werkstätten Kösel, Kempten.
ISBN 3-485-30108-6
Printed in Germany

Inhaltsverzeichnis

III. Beacon Hill

I. Erziehung und Gesellschaft

1. Individuum contra Bürger

Alle modernen Kulturstaaten sind der Meinung, daß Erziehung wünschenswert ist; allerdings wurde diese Behauptung zu allen Zeiten von Menschen in Frage gestellt, deren Urteil Achtung gebietet. Jene, die sich gegen die Erziehung aussprechen, tun dies, weil sie ihre erklärten Ziele nicht zu erreichen vermag. Wir müssen uns deshalb, ehe wir ihre Ansicht hinreichend prüfen können, darüber klar werden, was Ausbildung nach unserem Wunsch wenn möglich erreichen sollte: zu dieser Frage bestehen nicht weniger divergierende Meinungen als es Vorstellungen vom Wohl des Menschen gibt. Es besteht jedoch eine große, vom Temperament bestimmte Kluft, die tiefer geht als alle anderen Kontroversen, nämlich die Kluft zwischen jenen, die Erziehung primär im Zusammenhang mit der Psyche des Individuums und jenen, die sie in Verbindung mit der Gemeinschaft sehen.

Davon ausgehend, daß Erziehung (wie im nächsten Kapitel noch darzulegen sein wird) auf eine Ausbildung ausgerichtet sein und nicht nur Hindernissen für die Entwicklung vorbeugen sollte, erhebt sich die Frage, ob die Erziehung gute Individuen oder gute Bürger heranbilden sollte. Es läßt sich sagen – und jeder Anhänger der Hegel-Schule würde dies tun –, daß zwischen gutem Bürger und gutem Individuum keine Antithese bestehen kann. Derjenige ist ein gutes Individuum, der dem Gesamtwohl dient, und das Gesamtwohl wiederum ist ein Mosaik all dessen, was das Wohl der Individuen ausmacht. Ich bin weder bereit, diese These als letzte metaphysische Wahrheit zu bekämpfen, noch sie zu stützen, aber im praktischen Alltag unterscheidet sich die Erziehung, die daraus resultiert, daß ein Kind als Individuum angesehen wird, sehr weitgehend von jener, die sich daraus ergibt, daß man es als künftigen Bürger betrachtet. Die Ausbildung des Intellekts eines Individuums ist offensichtlich nicht dasselbe wie die Heranbildung eines nützlichen Bürgers. Goethe war beispielsweise ein weniger nützlicher Bürger als James Watt [1736 bis 1819, der Erfinder der Dampfmaschine. (D.H.)], als Individuum ist er jedoch höher einzustufen. Das Wohl des Individuums und das der Gemeinschaft sind in kleinen Teilbereichen nicht identisch. Nun haben verschiedene Leute auch verschiedene Auffassungen darüber, was ein gutes Individuum ausmacht, und ich gedenke nicht, mich mit jenen auseinanderzusetzen, die nicht meiner Ansicht sind. Aber welchen Standpunkt auch immer man einnimmt, es läßt sich doch schwerlich leugnen, daß die Heranbildung eines Individuums und die Ausbildung zum Bürger zweierlei Dinge sind.

Was macht nun das gute Individuum aus? Ich will versuchen, die für mich gültige Antwort darauf zu geben, ohne damit auch nur im geringsten suggerieren zu wollen, daß auch andere meine Ansicht teilen.

Vor allen Dingen sollte das Individuum, wie die Leibnizschen Monaden, die Welt widerspiegeln. Warum? Ich kann es nicht sagen, ich weiß nur, daß Wissen und umfassendes Verständnis mir herrliche Attribute zu sein scheinen, derentwegen ich Newton einer Auster vorziehe. Ein Mensch, der in seinen Gedanken die Tiefen des Weltalls, die Entwicklung von Sonne und Planeten, die geologischen Zeitalter der Erde und die kurze Geschichte der Menschheit konzentriert und funkeln läßt, scheint mir genau das zu tun, was dem Menschen eigen ist und was zu dem mannigfaltigen Schauspiel der Natur am meisten beiträgt. Selbst wenn sich herausstellen sollte – und viel in der modernen Physik scheint darauf hinzudeuten –, daß die Tiefen des Weltalls sowie die »dunkle Vergangenheit und der finstere Abgrund der Zeit« lediglich Koeffizienten in den Gleichungen der Mathematiker sind, würde ich von dieser Ansicht nicht abgehen, denn in diesem Fall würde der Mensch als der Erfinder der Sternenhimmel und der Zeitalter kosmischer Vorzeit nur noch bemerkenswerter: Was er an Wissen verliert, gewinnt er an Imagination.

Aber obschon der kognitive Teil des Menschen die Grundlage seiner Außerordentlichkeit darstellt, ist er doch weit davon entfernt, deren Ganzes auszumachen. Es genügt nicht, die Welt widerzuspiegeln. Sie sollte vielmehr mit Emotion widergespiegelt werden: mit einer spezifischen, dem Gegenstand angemessenen Emotion und der generellen Freude am bloßen Wissen. Aber auch Wissen und Fühlen zusammen reichen für den ganzen Menschen noch nicht aus. In dieser in Fluß befindlichen Welt spielen die Menschen ihren Part als Urheber der Veränderung, und in dem Bewußtsein, selbst diese Urheber zu sein, beweisen sie Willen und werden sich der Macht bewußt. Wissen, Emotion und Macht – all dies sollte bei der Suche nach der perfekten Form des Menschen bis zur Spitze getrieben werden. Macht, Weisheit und Liebe sind nach tradierter theologischer Auffassung die den drei göttlichen Personen der Dreifaltigkeit jeweils zugeordneten Attribute, und so gesehen schuf der Mensch Gott auf jeden Fall nach seinem eigenen Ebenbild.

Dabei denken wir an den Menschen als ein Individuum. Wir sehen ihn so wie ihn Buddhisten, Stoiker, Heilige des Christentums und alle Mystiker gesehen haben. Die Elemente Wissen und Emotion im perfekten Individuum, wie wir es portraitiert haben, sind nicht grundlegend sozialer Natur. Erst durch den Willen und durch die Ausübung von Macht wird das Individuum, das unseren Vorstellungen entspricht, zum wirksamen Mitglied der Gemeinschaft, und genau dadurch ist der einzige Platz, den der Wille als solcher einem Menschen zuzuweisen vermag, der des Diktators. Der isoliert betrachtete Wille ist jener göttähnliche Wille, der da sagt: »Es werde ...« Die Einstellung des Bürgers ist eine ganz andere. Er weiß, daß sein Wille nicht der einzige auf der Welt ist, und an ihm liegt es, die innerhalb seiner Gemeinschaft vorhandenen einander widerstreitenden Willen in Einklang zu bringen. Das Individuum als solches existiert aus sich allein heraus, während der Bürger im wesentlichen im Kreise seiner Nachbarn lebt. Mit Ausnahme von Robinson Crusoe sind wir in der Tat natürlich alle Bürger, und die Erziehung muß diesem Tatbestand Rechnung tragen. Aber man kann durchaus behaupten, daß wir letztlich bessere Bürger sein werden, wenn wir, ehe wir uns in die niedrigen Gefilde von Kompromissen und praktischen Zugeständnissen im politischen Alltag hinabbegeben, uns zunächst einmal unserer potentiellen Möglichkeiten als Individuen bewußt werden. Grundlegendes Charakteristikum des Bürgers ist die Tatsache, daß er, wo nicht tatsächlich, zumindest von der Intention her kooperiert. Nun wird aber ein Mensch, der zu kooperieren wünscht, sich – wenn er nicht außergewöhnlich fähig ist – nach einem bereits gebrauchsfertigen, zur Kooperation geeigneten Ziel umsehen. Nur ein Mensch von außerordentlicher Größe vermag in der Zurückgezogenheit eine Aufgabe zu konzipieren, bei der zu kooperieren sich für den Menschen lohnte, und nur er kann die Menschen dazu überreden, ihm zu folgen, wenn er diese Aufgabe schließlich konzipiert hat. Solche Menschen gab es. Pythagoras hielt es für richtig, Geometrie zu studieren, weshalb jeder Schuljunge bis heute noch Grund hat, ihn zum Teufel zu wünschen. Doch ist diese einzeln dastehende und kreative Form des Bürgerbewußtseins selten und läßt sich wahrscheinlich auch nicht durch eine Erziehung realisieren, die darauf abzielt, Bürger heranzubilden. Bürger, wie sie die Regierungen verstehen, sind Personen, die den Status quo bewundern und bereit sind, sich für seinen Erhalt einzusetzen. Während jedoch alle Regierungen bestrebt sind, Menschen genau dieses Typus zu schaffen und dabei alle anderen Typen auszuschalten, sind merkwürdigerweise ihre Helden der Vergangenheit genau von der Art, die sie heutzutage zu verhindern trachten. Die Amerikaner bewundern George Washington und Jefferson, stecken aber jene ins Gefängnis, die deren politische Meinung teilen. Die Engländer bewundern Boadicea, die sie aber, sollte sie im heutigen Indien auftauchen, nichts anders als die Römer behandeln würden. [Boadicea, Königin der Icener, eines Stammes im östlichen Britannien, die nach dem Tode ihres Gatten Prasutagus im Jahre 60 ihren Stamm zu einem zunächst erfolgreichen Aufstand gegen die Römer führte. Nach seiner Niederschlagung durch Suetonius Paulinus im Jahre 62 in der Nähe von London nahm sie auf dem Schlachtfeld Gift. D. H.] Alle westlichen Nationen bewundern Christus, der, lebte er heute, Scotland Yard ganz sicher suspekt wäre und dem die amerikanische Staatsbürgerschaft verweigert würde, weil er sich nicht bereit fände, Waffen zu tragen. Dies illustriert, wie unzulänglich Bürgerbewußtsein als Ideal ist, denn als Ideal schließt es mangelnde Kreativität ein und die Bereitschaft, sich den bestehenden Mächten – ob nun oligarchisch oder demokratisch – zu fügen. Dies aber steht im Widerspruch zu dem, was für die größten Männer charakteristisch ist, und hindert gewöhnliche Menschen bisweilen daran, die Größe zu erlangen, zu der sie fähig sind.

Ich möchte nicht etwa als Befürworter der Rebellion verstanden werden. Rebellion schlechthin ist nicht besser als Unterordnung schlechthin, da sie gleichermaßen weniger durch ein rein persönliches Werturteil als durch Dinge determiniert wird, die außerhalb unseres eigenen Ich liegen. Ob Rebellion zu preisen oder zu mißbilligen ist, hängt davon ab, wogegen man rebelliert; gelegentlich sollte die Möglichkeit zu rebellieren allerdings gegeben sein, anstatt daß man sich aufgrund einer starren Erziehung zur Konformität ständig blind fügt. Und was vielleicht noch wichtiger ist als die Frage der Rebellion oder Unterordnung: man sollte einen völlig neuen Aktivitätsbereich erschließen, wie dies auch Pythagoras tat, als er das Geometriestudium erfand.

Der Streit um die Frage, ob Bürgerbewußtsein oder Individualität, ist in der Erziehung, der Politik, der Ethik und in der Metaphysik von Bedeutung. In der Erziehung handelt es sich dabei um einen vergleichsweise einfachen praktischen Aspekt, der sich bis zu einem gewissen Grad unabhängig von der theoretischen Auseinandersetzung betrachten läßt. Die Erziehung der jungen Menschen einer ganzen Gemeinschaft ist eine kostspielige Aufgabe, die in der Hauptsache dem Staat zufällt. Die einzige weitere Institution, die hinlänglich daran interessiert ist, die Gedankenwelt der Jugend zu formen, und zudem einen tatsächlich bedeutenden Anteil an ihrer Erziehung hat, ist die Kirche. Das Ziel des Staates ist es natürlich, Bürger heranzubilden. Aus gewissen historischen Gründen wird dieses Ziel bis heute durch die Tradition beträchtlich geschmälert. Erziehung im Mittelalter bedeutete Erziehung zum Geistlichen. Von der Renaissance bis in die jüngste Zeit meinte sie Erziehung zum Gentleman. Unter dem Einfluß einer snobistisch verbrämten Demokratie bedeutet sie inzwischen eine Erziehung, die einem Menschen den Anschein eines Gentleman gibt. In dem Bestreben, aus den Schülern feine Menschen zu machen, wird in den Schulen vieles gelehrt, was dem Bürger als solchem nur wenig nützt. Aus der Tradition des Mittelalters verblieben weitere Erziehungselemente, deren Zweck es war, einen Menschen zu befähigen, die Wege Gottes zu begreifen. Vornehmes Wesen und Frömmigkeit sind eher dem Individuum als dem Bürger eigene Attribute. Aufgrund der Tatsache, daß die christliche Religion unter politisch Machtlosen entstand, ist sie, als Ganzes gesehen, eine Religion des Individuums. Sie hat primär mit der Beziehung der Seele zu Gott zu tun; und wo es um die Beziehung eines Menschen zu seinem Nachbarn geht, sieht sie diese Beziehung als Folge der eigenen Emotionen dieses Menschen und nicht von Gesetzen und sozialen Institutionen.

Das politische Element im Christentum, so wie es sich heute darstellt, fand mit Konstantin Einlaß. Vor seiner Zeit war es Christenpflicht, dem Staat Ungehorsam zu zollen, während es seit seinen Tagen in der Regel und hauptsächlich Christenpflicht ist, dem Staat zu gehorchen. Der anarchische Ursprung des Christentums hat jedoch einen Gärstoff hinterlassen, der durch seine gesamte Geschichte hindurch zum Wiederaufleben der ursprünglichen Ungehorsamshaltung führte. Katharer, Albigenser, Franziskaner geistlicher Richtung lehnten, alle auf ihre Art, die Obrigkeit zugunsten der inneren Erleuchtung ab. Der Protestantismus nahm seinen Anfang in einer Revolte gegen die Autorität und konnte nie eine logische Rechtfertigung für die Ausübung theologischer Gerichtsbarkeit beibringen, wie er sie zu beanspruchen geneigt war, nachdem er die Regierungskontrolle übernommen hatte. Folglich wurde der Protestantismus durch eine innere Logik angetrieben, religiöse Toleranz zu akzeptieren, eine

Auffassung, die der Katholizismus in der Theorie nie übernahm und in der Praxis auch nur guthieß, weil sie ihm zeitweilig richtig erschien. So gesehen repräsentiert der Katholizismus die Tradition des römischen Kaisers, während der Protestantismus zum Individualismus der Apostel und der Kirchenväter zurückfand.

Religionen lassen sich in politisch orientierte und solche einteilen, denen es um die Seele des Individuums geht. Der Konfuzianismus ist eine politische Religion: Konfuzius befaßte sich, von Hof zu Hof ziehend, im wesentlichen mit dem Problem des Regierens und dem Eintrichtern von Tugenden, die ein Regieren im guten Sinne leicht machten. Der Buddhismus ist dagegen – obwohl er in seinen Anfängen die Religion der Fürsten war – im wesentlichen unpolitisch. Ich denke nicht, daß dies heute noch in jedem Falle zutrifft. In Tibet ist er so politisch wie das Papsttum, und in Japan bin ich hohen buddhistischen Würdenträgern begegnet, die mich an englische Archidiakone erinnerten. Dessenungeachtet sieht sich der Buddhist in seinen mehr religiösen Momenten im wesentlichen als einzelstehendes Wesen. Der Islam war im Gegensatz dazu von seinen Uranfängen an eine politische Religion. Mohammed machte sich zum Herrscher über die Menschen, und die ihm nachfolgenden Kalifen blieben es bis zum Ende des Ersten Weltkriegs. Für den Unterschied zwischen Islam und Christentum typisch ist, daß der Kalif in sich sowohl weltliche als auch geistliche Autorität vereinte, die der Mohammedaner nicht getrennt sieht; wogegen das Christentum aufgrund seines unpolitischen Charakters sich veranlaßt sah, zwei rivalisierende Politiker einzusetzen, nämlich den Papst und den Kaiser, deren erster seine Rechte auf weltliche Macht auf die Bedeutungslosigkeit säkularer Herrschaft gründete. Der Kommunismus, wie er sich in Rußland entwickelt hat, ist, ähnlich dem Islam, eine politische Religion. Er wird jedoch unvermeidlicherweise von der byzantinischen Tradition beeinflußt, und es besteht durchaus die Möglichkeit, daß die Kommunistische Partei die Stelle der Kirche übernimmt, wobei sie der weltlichen Regierung jenen Grad an Unabhängigkeit von der kirchlichen Autorität läßt, den sie vor der Revolution schon hatte. In dieser wie auch in anderer Hinsicht ist Rußland in eine östliche und eine westliche Mentalität gespalten. Im asiatischen Rußland nimmt die Kommunistische Partei die Stelle des Kalifats, im europäischen Rußland hingegen die der Kirche ein.

Zweck dieser religionsgeschichtlichen Vogelschauperspektive war es, deutlich zu machen, daß die für die Heranbildung des Individuums verantwortlichen Elemente der heute gängigen Erziehung in der

Hauptsache Traditionsprodukte sind und wahrscheinlich immer mehr durch eine Erziehung zum Bürgerbewußtsein verdrängt werden. Eine Erziehung zum Bürgerbewußtsein kann, wenn sie weise gehandhabt wird, sehr wohl jene Dinge beibehalten, die sich bei der Heranbildung des Individuums am meisten bewährt haben. Ist sie jedoch in irgendeiner Weise kurzsichtig, so wird sie das Individuum an seiner Entwicklung hindern und es damit zum bequemen Werkzeug der Regierung machen. Deshalb ist es wichtig, die Gefahren klar zu erkennen, die den Idealen eines Bürgerdaseins innewohnen, falls dieses zu eng verstanden wird. Wenn jene, die staatliche Erziehungssysteme einrichten, einen engstirnigen Standpunkt dem gegenüber einnehmen, was einen guten Bürger ausmacht, werden sie schuld daran sein, daß die Menschen selbst als Bürger verkümmern. Nur Menschen mit umfassender persönlicher Bildung vermögen zu ermessen, was eben diese individuelle Bildung zum Bürgerdasein beizutragen hat. Leider werden diese Menschen heutzutage immer mehr von solchen mit exekutiver Befähigung oder aber von bloßen Politikern abgelöst, die für ihre Dienste auch noch entlohnt werden müssen.

Eine Erziehung, deren Inhalt es ist, gute Bürger heranzuziehen, weist – je nachdem, ob sie darauf ausgerichtet ist, das bestehende System zu stützen oder zu stürzen – zwei sehr verschiedene Formen auf. Angesichts der Bedeutung des Staates in der Erziehung könnte man vermuten, daß die Erziehung fast immer darauf abziele, den Status quo zu stützen. Dies ist jedoch nicht der Fall. Außer in Rußland ist der Einfluß der Religion und des Bürgertums stark genug, um zu bewirken, daß die Erziehung zu einem sehr großen Teil nach wie vor reaktionär ist, wo immer Sozialisten an die Macht kamen. Andererseits aber war die Erziehung vor der Französischen Revolution und dann nochmals vor der Russischen Revolution, obwohl nicht weitverbreitet, in der Hauptsache regierungsfeindlich. In den rückständigeren Gebieten der Vereinigten Staaten ist derzeit eine ähnliche Tendenz festzustellen. Staatsuniversitäten lehren dort mehr oder weniger unabsichtlich Doktrinen, mit denen die ignoranten Farmer keineswegs einverstanden sind, jene Farmer nämlich, die die Steuern zahlen, von denen die Universitäten leben. Die Farmer aber sind verständlicherweise der Meinung, daß jene, die den Musikanten bezahlen, auch das Lied bestimmen; doch wenn sie den Musikanten nicht verstehen bzw. nicht wissen, was für ein Lied er spielt, dann finden sie dies etwas schwierig.

Aber trotz dieser Ausnahmen hat Erziehung in der modernen Welt die Tendenz zur reaktionären Kraft, die eine konservative Regierung unterstützt, eine progressive dagegen bekämpft. Leider sind auch die an Schulen und Universitäten besonders hervorgehobenen Elemente eines nützlichen Bürgerdaseins die schlechtesten und nicht etwa die besten. Worauf am nachdrücklichsten Wert gelegt wird, ist eine etwas militante Form des Patriotismus, d. h. ein engstirniges, devotes Verhältnis zu den in einem bestimmten Gebiet lebenden Personen und deren Bevorzugung jenen gegenüber, die anderswo leben; außerdem die Bereitschaft, die Interessen der Menschen im gewählten Raum durch Anwendung militärischer Gewalt zu fördern. Was nun die Dinge in unserem eigenen Land anlangt, so setzt das bei uns generell gelehrte Bürgerbewußtsein traditionelles Unrecht nur noch endlos fort. So fühlte beispielsweise die große Mehrheit der gutsituierten jungen Menschen patriotisch, als sie sich während des Generalstreiks [Gemeint ist der englische Generalstreik 1926. (D. H.)] als Streikbrecher betätigten. Kaum einer von ihnen war so erzogen, daß er in der Lage gewesen wäre, den Sachverhalt zugunsten der Streikenden zu begreifen. Wo immer ein Unrecht besteht, wird zu dessen Verteidigung der Ruf laut nach Legalität und Verfassungstreue als Ideal. In jedem Land außer Rußland tendieren die Erzieher dazu, der Verfassung gegenüber zurückhaltend zu sein und entweder aufgrund ihres Einkommens oder ihres Snobismus sich zu den Reichen gehörig zu fühlen. Aus beiden Gründen überbetonen sie im Unterricht gerne die Bedeutung von Gesetz und Verfassung, obgleich diese der Vergangenheit eine lähmende Macht über die Gegenwart verleihen. Aus Reaktion wiederum gegen diese Überbetonung sind jene gezwungen, revolutionär zu sein, die irgendeine radikale Verbesserung auf der Welt wollen, und die Vorstellung des Revolutionärs von der Pflicht gegenüber der Gemeinschaft läuft Gefahr, genauso engstirnig und auf lange Sicht genauso gefährlich zu sein wie die des Verteidigers von Law und Order.

In gewissen Punkten vermittelt jedoch der Befürworter eines Wandels wahrscheinlich eine bessere Erziehung als der des Status quo. Um an den althergebrachten Gepflogenheiten Gefallen zu finden, genügt allein schon das Verhalten des Tieres, jenes Verhalten nämlich, das auch ein Pferd nicht zögern läßt, einen Weg einzuschlagen, den es üblicherweise geht. Für eine konservative Verhaltensweise ist nicht einer der höheren Geistesprozesse erforderlich. Der Befürworter des Wandels dagegen bedarf eines gewissen Grades an Phantasie, um Dinge konzipieren zu können, die sich vom bereits Bestehenden unterscheiden. Er muß außerdem imstande sein, die Gegenwart unter dem Aspekt von Werten zu beurteilen, und er muß, da er ja sehr wohl weiß, daß auch der Status quo seine Verteidiger hat, sich darüber klar sein, daß für einen geistig gesunden Menschen zumindest zwei Standpunkte möglich sind. Überdies ist er nicht genötigt, den Opfern bestehender Härten sein Mitgefühl zu versagen bzw. weithergeholte Gründe zu erfinden, mit denen er beweisen will, daß leicht zu verhinderndes Elend ja gar nicht verhindert werden sollte. Sowohl Intelligenz als auch Mitgefühl werden daher durch eine den Status quo ablehnende Erziehung nicht selten weniger unterdrückt als durch eine ihn bejahende.

Dem sind allerdings gewisse Grenzen gesetzt. Eine ablehnende Haltung dem Status quo gegenüber läßt sich auf zwei Quellen zurückführen: auf Mitleid mit dem Unglücklichen oder auf Haß gegen den Glücklichen. Ist letzteres der Grund, so schließt sie nicht weniger ein nur begrenztes Mitgefühl ein als der Konservativismus. Vielen Revolutionären geht es in ihren Wunschträumen nicht so sehr um das künftige Glück des gemeinen Volkes als vielmehr um die Rache, die sie an den unverschämten Machthabern üben können, unter denen sie gegenwärtig leiden. Auf seiten der Intellektuellen wiederum besteht die Tendenz, daß die Befürworter eines Wandels sich zu Gruppen organisieren, die aufgrund einer engstirnigen Orthodoxie zusammenhalten, Häresie hassen und sie als moralischen Verrat zugunsten der im Wohlstand lebenden Sünder betrachten. Orthodoxie ist das Grab der Intelligenz, um welche Orthodoxie auch immer es sich handeln mag. Und so gesehen ist das orthodoxe Denken des Radikalen keineswegs besser als das des Reaktionärs.

Einer der wichtigsten Punkte, hinsichtlich dessen die Heranbildung des Individuums zu einer engstirnig verstandenen Erziehung zum Bürger in Widerspruch steht, ist die wissenschaftliche Haltung zweifelhaften Fragen gegenüber. Die Wissenschaft hat hier eine bestimmte Technik entwickelt, im wesentlichen eine Technik des Entdeckens, d. h. präzise gesagt der Veränderung. Wissenschaftlich ist, grob gesprochen, die Einstellung, die ein Entdecken leichtmacht, und nicht jene, aufgrund deren ein Mensch einen unverrückbaren Glauben an die heutige wissenschaftliche Lehre besitzt. Der zu einem guten Bürger erzogene Mensch ist wahrscheinlich zum Entdecken unfähig, denn er achtet ja seine älteren Mitmenschen und Vorgesetzten, verehrt die großen Männer einer vergangenen Generation und sieht mit Horror auf alle subversiven Doktrinen. Deshalb befindet sich der moderne, auf Wissenschaft gegründete Staat in einer Schwierigkeit. Manche Staaten bevorzugen unorthodoxe Menschen, die neue Sprengstoffe erfinden, andere ziehen eine orthodoxe Jugend vor, die die großartigen Traditionen der Vergangenheit auch weiterhin pflegt. Als die Byzantiner die Hilfe des Westens für ein paar Zugeständnisse theologischer Art hätten erkaufen können, entschieden sie sich statt dessen für die Beibehaltung ihrer Orthodoxie und erlitten eine Niederlage durch die Türken. Ähnlich zieht das britische Marineministerium, mit der entsetzlichen Alternative konfrontiert, entweder auf subversive junge Leute zu hören oder aber – weil man immer noch Nelson bewundert – nicht mehr auf dem neuesten Stand zu sein, letzteres vor, dabei nicht berücksichtigend, welche Schäden sich aus der Ehrfurcht vor den großen Traditionen unserer Ahnen ergeben können. So zumindest sagen jene, die es eigentlich wissen müßten.

Eine der Ungereimtheiten unserer Zeit ist die, daß die Wissenschaft, die Quelle der Macht und spezieller noch der Regierungsgewalt, sich in ihrem Fortschritt auf eine im wesentlichen anarchische Geisteshaltung des Forschers stützt. Die Geisteshaltung des Wissenschaftlers ist weder skeptisch noch dogmatisch. Der Skeptiker behauptet, die Wahrheit könne nicht gefunden werden, während der Dogmatiker der Überzeugung ist, sie sei bereits gefunden. Der Wissenschaftler ist der Meinung, daß die Wahrheit, obgleich noch nicht entdeckt, auf alle Fälle in den Bereichen aufgespürt werden könne, in denen er gerade forscht. Aber auch nur zu sagen, daß die Wahrheit zu finden sei, ist schon fast mehr, als der echte Wissenschaftler glaubt, denn er versteht seine Entdeckungen nicht als endgültig und umstößlich, sondern lediglich als Annäherungswerte, die einer späteren Korrektur bedürfen. Endgültige Aussagen nicht zu machen, gehört zum Wesen einer wissenschaftlichen Einstellung zu den Dingen. Die Überzeugungen des Wissenschaftlers sind daher nur vorläufig und undogmatisch. Soweit sie jedoch aus seinen eigenen Forschungsarbeiten resultieren, sind sie persönlicher und nicht sozialer Natur. Dies besagt, daß sie sich auf das stützen, was er selbst durch Beobachtung und die Schlußfolgerung hieraus in Erfahrung bringen konnte, nicht aber darauf, was nach Meinung der Gesellschaft für den nützlichen Bürger zu glauben gut ist. Dieser Konflikt zwischen wissenschaftlicher Gesinnung und Anwendung der Wissenschaft durch die Regierung bringt den wissenschaftlichen Fortschritt wahrscheinlich letztlich zum Stillstand, nachdem die wissenschaftliche Technik immer mehr dazu benützt wird, den Menschen orthodoxes Denken und blinden Glauben einzutrichtern. Soll es nicht so weit kommen, dann wird es notwendig sein, daß junge Menschen mit einer gewissen Eignung für die Wissenschaft von der üblichen Erziehung zum Bürger verschont bleiben und man ihnen vielmehr eine Denklizenz erteilt. Die Personen, die in den Prüfungen eine bestimmte Benotung erreichen, erhalten dann die Erlaubnis, hinter ihren Namen die Buchstaben LT (»Licensed to think«) zu setzen, was soviel bedeutet wie »Zum Denken lizenziert«. Solche Menschen werden daraufhin niemals mehr eines Postens nur deshalb enthoben, weil sie ihre Vorgesetzten für Narren halten.

Um aber wieder seriöser zu werden: Der ganze Wahrheitsbegriff läßt sich mit den üblichen Idealen eines Bürgerbewußtseins nur schwer vereinbaren. Man kann natürlich sagen – und Pragmatiker tun dies auch –, daß der Wahrheitsbegriff in seiner herkömmlichen Form keine Gültigkeit besitzt und daß nur das Wahrheit ist, was zu glauben sich schickt. Wenn dem so ist, so läßt sich die Wahrheit durch Parlamentsbeschluß festlegen. Leigh Hunt hielt es für unangebracht, der Meinung zu sein, daß der Prinzregent dick sei, nachdem eben diese Meinung ihn in den Kerker brachte. [Leigh Hunt: englischer Dichter und Publizist, 1784–1859. Wegen eines satirischen Artikels gegen den Prinzregenten – »Princely Qualities« – in der von ihm und seinem Bruder gegründeten Zeitschrift »The Examiner« wurde er 1812 unter Anklage gestellt und zu zwei Jahren Gefängnis verurteilt. (D. H.)] Daraus folgt, daß der Prinzregent schlank war. Es fällt schwer, in einem Fall wie diesem die Philosophie des Pragmatikers gelten zu lassen. Man kann sich der Überzeugung kaum widersetzen, daß an der Behauptung, der Prinzregent sei dick, etwas objektiv und absolut Wahres ist. Ich kann mir aber sehr wohl eine ganze Reihe von Argumenten vorstellen, die dazu dienen, dieser Schlußfolgerung zu entgehen. »Dick« ist ein relativer Begriff. Ich erinnere mich noch daran, daß der verstorbene Master of Christ's, als er, ein keineswegs schmächtiger Mann, beim Dinner zwischen zwei der hervorragendsten Schriftsteller unserer Zeit saß, die Bemerkung fallen ließ, er mache soeben die ungewöhnliche Erfahrung, sich schlank zu fühlen. Verglichen mit irgendwelchen preisgekrönten Schweinen mag der Prinzregent tatsächlich schlank gewesen sein. Um Leigh Hunts Äußerung ganz präzise zu formulieren, müßte man daher sagen, daß der Prinzregent zu dem einen Prozent besonders dicker erwachsener Männer gehörte, oder dergleichen mehr. Man könnte auch sagen: »Das Verhältnis von des Prinzregenten Gewicht zu Seiner Hoheit Körpergröße übersteigt das von 99 Prozent seiner Majestät erwachsener männlicher Untertanen«. Diese Aussage bewegt sich möglicherweise natürlich am Rande dessen, was noch glaubhaft ist, doch wenn dem so sein sollte, ließe sich aus ihr ganz sicher dadurch eine korrekte Feststellung machen, daß man 98 Prozent für 99 Prozent setzt. Man kann nicht ernsthaft behaupten, daß eine derartige Äußerung deshalb wahr ist, weil es sich schickt, sie zu glauben, oder aufgrund der Tatsache falsch wird, daß sie strafbar ist.

Ich habe ein Beispiel gewählt, das mehr als hundert Jahre zurückliegt und die politischen Leidenschaften nicht mehr erregt. Ähnliche Tatbestände sind jedoch auch heutzutage für die Regierungen von Interesse. Außerdem gibt es immer noch sehr viele Behauptungen, die kein wissenschaftlich denkender Mensch je in Abrede stellen würde, die aber keiner äußert, der nicht eingekerkert werden will. Alle Regierungen der Welt machen sich ausgeklügelte Methoden zu eigen, die einzig und allein darauf abzielen, ihnen unerwünschte Wahrheiten zu verbergen. Desgleichen verhängen sie die verschiedensten Strafen über jene, die ein nach ihrer Ansicht für die Bevölkerung schädliches Wissen verbreiten. Dies trifft besonders für die Art von Wissen zu, die entweder als aufrührerisch oder als obszön gilt. Ich will hier keine Beispiele nennen, da ich in diesem Falle selbst unter den Gesetzesbann fallen würde.

Aus den bereits besprochenen Gründen weist die Erziehung zu bürgergerechtem Verhalten ernsthafte Gefahren auf. Trotzdem sind die Argumente zugunsten einer Erziehung erdrückend, deren Ziel es ist, den sozialen Zusammenhalt herzustellen.

Die Annehmlichkeiten eines zivilisierten Lebens hängen von der Kooperation ab, und wachsender Industrialismus bedarf gleichzeitig auch wachsender Kooperation. China verfügt beispielsweise über alles für den Wohlstand und eine hohe Kultur Erforderliche, nicht aber über eine strenge zentralistische Regierung. Lateinamerika wird, seit es sich von Spanien und Portugal loslöste, durch die anarchischen Tendenzen seiner Bewohner in seiner Entwicklung aufgehalten. Manches deutet darauf hin, daß die Vereinigten Staaten auf dem besten Weg sind, dem Beispiel Lateinamerikas zu folgen. Sicher ist das Fehlen eines stark ausgeprägten Bürgerbewußtseins bei einem Großteil ihrer Bewohner die größte Gefahr, an der die Vereinigten Staaten kranken. Dies ist nicht etwa einem gescheiterten Versuch zuzuschreiben, in der Erziehung besonderes Gewicht auf bürgergerechtes Verhalten zu legen; ganz im Gegenteil ist der gesamte Erziehungsapparat in Amerika – von der Grundschule bis hin zur Universität – damit befaßt, Bürgerbewußtsein nachdrücklich zu fördern und dem jugendlichen Gemüt die damit verbundenen Pflichten einzuprägen. Trotz all dieser erzieherischen Anstrengungen besitzt der Durchschnittsamerikaner nicht jenen instinktiven Gemeinschaftssinn, der sich in den älteren europäischen Ländern findet; entweder liegt dies an der Tradition des Pionierdaseins oder aber an der Tatsache, daß seine jüngsten Vorfahren Europäer waren. Wenn er diesen Gemeinschaftssinn aber nicht erwirbt, besteht die Gefahr, daß das gesamte industrielle System zusammenbricht.

Abgesehen vom nationalen Zusammenhalt innerhalb des Staates – das einzige übrigens, was die staatliche Erziehung derzeit zu erreichen versucht – wird der Zusammenhalt auf internationaler Ebene sowie das Gefühl der gesamten Menschheit, eine kooperative Einheit zu sein, immer unentbehrlicher, soll unsere von Wissenschaft geprägte Kultur überleben. Ich glaube, dieses Überleben bedarf als Mindestbedingung der Gründung eines Weltstaates und der daran anschließenden Einrichtung eines weltweiten Erziehungssystems, dessen Aufgabe es sein muß, in den Menschen Loyalität gegenüber dem Weltstaat zu wecken. Zweifellos wird ein derartiges Erziehungssystem in jedem Falle für die nächsten ein- bis zweihundert Jahre gewisse unausgegorene Gedankengänge mit sich bringen, die der Entwicklung des Individuums abträglich sind. Wenn aber die Alternative hierzu Chaos und Tod unserer Kultur bedeutet, lohnt sich dieser Preis.

Moderne Gemeinschaften sind in ihrer wirtschaftlichen und politischen Struktur enger miteinander verflochten als die vergangener Zeiten; falls ihnen also ein Erfolg beschieden sein soll, muß entsprechend auch das Bürgerbewußtsein des einzelnen wachsen. Loyalität einem Weltstaat gegenüber hätte selbstverständlich nicht jenes übelste Charakteristikum der Loyalität einem der bestehenden Staaten gegenüber zur Folge, die Ermutigung zum Krieg nämlich. Sie könnte allerdings eine beträchtliche Hemmung der intellektuellen und ästhetischen Impulse nach sich ziehen. Ich glaube trotzdem, daß unser vitalstes Bedürfnis für die nahe Zukunft die Ausbildung eines starken Bürgerbewußtseins auf der ganzen Welt ist. Wenn die Welt als eine einzige wirtschaftliche und politische Einheit einmal gesichert sein wird, dann kann die Kultur des Individuums zu neuem Leben erwachen. Doch bis zu diesem Zeitpunkt ist unsere ganze Kultur in Gefahr. Sub specie aeternitatis betrachtet, halte ich die Erziehung zum Individuum für erstrebenswerter als die zum Bürger; politisch, etwa im Zusammenhang mit den Erfordernissen der Zeit gesehen, muß die Heranbildung des Bürgers jedoch, wie ich fürchte, den Vorrang haben.

2. Die Negativtheorie der Erziehung

Derzeit haben drei divergierende Erziehungstheorien ihre jeweiligen Befürworter, deren erste davon ausgeht, daß der alleinige Sinn der Erziehung darin liege, die Entwicklung zu fördern und dabei hemmende Einflüsse auszuschalten. Die zweite besagt, daß es Zweck der Erziehung sei, dem Individuum Bildung beizubringen und seine Fähigkeiten soweit wie irgend möglich zu entwickeln. Die dritte besagt, daß Erziehung nicht so sehr im Zusammenhang mit dem Individuum als vielmehr mit der Gemeinschaft zu sehen sei und ihre Aufgabe darin bestehe, nützliche Staatsbürger heranzuziehen. Die erste dieser Theorien ist die jüngste, die dritte dagegen die älteste. Der zweiten und dritten Theorie, im vorhergehenden Kapitel bereits beleuchtet, ist die Ansicht gemeinsam, daß Erziehung Positives zu bewirken vermag, während erstere ihre Funktion ausschließlich negativ sieht. Keine derzeit praktizierte Erziehungsmethode stützt sich einzig und allein auf eine der drei Theorien. In jedem heute anzutreffenden System finden sich alle drei zu verschiedenen Teilen. Es leuchtet, so meine ich, ein, daß keine der drei Theorien für sich allein schon genügt und daß die Wahl des richtigen Erziehungssystems weitgehend davon abhängt, das adäquate Verhältnis zwischen den drei Theorien zu finden. Ich für meinen Teil glaube nicht, daß in der ersten, als Negativbild der Erziehung zu bezeichnenden Theorie – wenngleich ich der Meinung bin, sie enthalte ein größeres Maß an Wahrheit – unbedingt die ganze Wahrheit steckt. Das Negativbild beherrscht bis heute viele progressive Gedanken zum Thema Erziehung. Es ist Teil jenes generellen Freiheitsglaubens, der liberales Denken schon seit Bousseau inspiriert. Um so erstaunlicher, daß politischer Liberalismus seit jeher an eine Erziehung als Zwang glaubt, wogegen die Sozialisten, ja selbst die Kommunisten, von der freien Entscheidung für oder gegen die Erziehung weitgehend überzeugt sind. Diese Überzeugung steht gleichwohl ideologisch im Zusammenhang mit dem Liberalismus und besitzt denselben Wahrheitsgehalt, wie ihn auch der Freiheitsbegriff in anderen Bereichen aufweist.

Bis in allerjüngste Zeit bezweifelte wohl kaum jemand die Ansicht, daß es Aufgabe der Erziehung sei, das Kind so zu erziehen, wie man es später haben wollte. Dabei sollten ihm Moralgrundsätze, industrielle Gepflogenheiten und ein seiner sozialen Stellung entsprechendes Maß an Wissen vermittelt werden. Die Methoden, mit deren Hilfe dies bewerkstelligt werden sollte, waren rauh und simpel; sie glichen in der Tat nicht unwesentlich den bei der Dressur von Pferden angewandten. Was die Peitsche für das Pferd, das war der Stock für das Kind. Es läßt sich nicht leugnen, daß dieses System, bei aller Unausgegorenheit, im großen und ganzen etwa den Erfolg hatte, auf den es abzielte. Zwar war es nur eine Minorität, die Erziehung über sich ergehen zu lassen hatte, aber bei jener Minorität wurden gewisse Gepflogenheiten herausgebildet, so etwa Selbstdisziplin und sozialer Konformismus, Befähigung zum Herrschen und eine Härte, die den Bedürfnissen des Menschen keineswegs Rechnung trug. Menschen, die unter Dr. Keate [Dr. John Keate, 1783–1852; von 1809 bis 1834 Headmaster von Eton. D. H.] und ähnlichen Pädagogen ausgebildet wurden, machten England zu dem, was es heute ist, und tragen die Segnungen unserer Kultur auch unter die in finsterer Unwissenheit lebenden Heiden in Indien und Afrika. Ich möchte diese Leistung keineswegs schmälern und bin mir auch nicht sicher, daß sie bei einer anderen Methode mit derselben Ökonomie der Kräfte möglich gewesen wäre. Dank einer gewissen spartanischen Härte und eines völligen Unvermögens, intellektuell zu zweifeln, erwarben die Produkte eben jener Leistung genau die Fähigkeiten, die eine imperiale Rasse bei rückständigen Völkern braucht. Sie waren imstande, die strengen Regeln weiterzugeben, die sie in ihrer Jugend zu befolgen hatten, und das Bewußtsein erst gar nicht aufkommen zu lassen, daß das, was sie für ihre Erziehung hielten, Intelligenz und Emotionen verkümmern ließ, um so den Willen zu stärken. In Amerika war dem Puritanismus, solange er dort eine starke Position innehatte, ein ähnlicher Erfolg beschieden.

Die Romantik war im wesentlichen ein Protest im Namen der Gefühle gegen die bis dahin übertrieben große Betonung des Willens. Sie vollbrachte einiges im Hinblick auf die Behandlung ganz kleiner Kinder, aber im ganzen gesehen hatten sich die Erziehungsexperten zu fest in ihrem Elfenbeinturm verschanzt und waren zu sehr ans Kommandieren gewöhnt, als daß sie sich von den sanfteren Idealen der Romantiker merklich hätten beeinflussen lassen. Erst in unseren Tagen übt ihre generelle Sicht dem Leben gegenüber allmählich eine tatsächlich umfassende Wirkung auf die Erziehungstheorie aus, aber genauso wie das Laissez-faire in der Volkswirtschaft immer mehr neuen Formen des dirigistischen Planens weichen muß, ist auch in der Erziehung das Laissez-faire, wenn auch ein notwendiges Stadium, so doch, wie ich meine, nicht die letzte Weisheit. Ich schlage vor, in diesem Kapitel zunächst pro Laissez-faire zu argumentieren und dann seine Grenzen zu untersuchen.

Die Argumente für größtmögliche Freiheit in der Erziehung sind sehr stark. Zunächst einmal bedeutet mangelnde Freiheit Konflikte mit den Erwachsenen, die häufig eine weit tiefere psychologische Wirkung haben, als man bis vor ganz kurzer Zeit noch erkannte. Das Kind, das in irgendeiner Weise Zwängen ausgesetzt ist, antwortet darauf leicht mit Haß, und wenn es, wie dies in der Regel der Fall ist, seinem Haß nicht freien Lauf lassen kann, so schwärt dieser im Innern weiter und sinkt möglicherweise ins Unterbewußte ab, was für den Rest des Lebens allerlei seltsame Konsequenzen nach sich zieht. An die Stelle des Vaters als Haßobjekt tritt vielleicht der Staat, die Kirche oder ein fremdes Land, was den Menschen wiederum dazu bringt, je nach Situation zu einem Anarchisten, Atheisten oder Militaristen zu werden. Oder aber der Haß gegenüber den Autoritäten, die das Kind unterdrücken, geht über in den Wunsch, später die nächste Generation gleichermaßen zu unterdrücken. Vielleicht entsteht daraus aber auch nur ein Mißmut allem und jedem gegenüber, ein Mißmut, der angenehme soziale und persönliche Beziehungen unmöglich macht. In der Schule beobachtete ich einmal einen mittelgroßen Jungen, der einen kleineren malträtierte. Ich wies ihn zurecht, aber er antwortete mir: »Die Großen schlagen mich, deshalb schlage ich die Kleinen; das ist nicht mehr als recht und billig.« Mit diesen Worten umriß er die Geschichte des Menschengeschlechts.

Eine weitere Folge des Zwangs in der Erziehung ist die Tatsache, daß er Originalität und intellektuelles Interesse verkümmern läßt. Der Wunsch nach Wissen, zumindest nach einem beträchtlichen Maß an Wissen, ist dem jungen Menschen angeboren; dieser Wunsch wird im allgemeinen jedoch dadurch abgewürgt, daß man sie mit mehr überhäuft, als sie haben wollen bzw. in sich aufzunehmen vermögen. Kinder, die zum Essen gezwungen werden, entwickeln einen Widerwillen gegen das Essen, und Kinder, die zum Lernen gezwungen werden, entwickeln einen Widerwillen gegen das Wissen. Wenn sie denken, so geschieht dies nicht spontan, so wie sie etwa rennen, hüpfen oder schreien: sie denken in der Absicht, einem Erwachsenen einen Gefallen zu tun, demnach also weniger aus einer angeborenen Neugierde als vielmehr aus dem Versuch heraus, sich korrekt zu verhalten. Auf künstlerischem Gebiet ist das Abtöten jeglicher Spontaneität besonders verheerend. Kinder, die man Literatur, Malerei oder Musik bis zum Exzeß bzw. in der Absicht lehrt, weniger ihre Fähigkeit, sich selbst auszudrücken, als vielmehr ihren Sinn für Korrektheit zu entwickeln, interessieren sich allmählich immer weniger für die ästhetische Seite des Lebens. Selbst das Interesse eines Jungen an mechanischen Vorrichtungen läßt sich durch allzuviel Belehrung abtöten. Bringt man einem Jungen das Prinzip der gewöhnlichen Pumpe im Unterricht bei, so wird er versucht sein, sich das Wissen, das man vermitteln möchte, nach Möglichkeit nicht anzueignen; besitzt man hingegen in seinem Hinterhof eine Pumpe und verbietet ihm, diese anzurühren, so wird er seine ganze Freizeit damit verbringen, sie zu untersuchen. Sehr viele dieser Schwierigkeiten lassen sich vermeiden, indem man den freiwilligen Unterricht einführt. Spannungen zwischen Lehrer und Schüler treten dann nicht mehr auf, und in einem recht großen Teil der Fälle lohnt es sich nach Meinung der Schüler, das ihnen vom Lehrer vermittelte Wissen zu besitzen. Ihre Initiative wird nicht zunichte gemacht, denn sie lernen aus eigener Entscheidung heraus; außerdem häufen sie in sich nicht eine Menge unverdauten Hasses an, der, im Unterbewußtsein angesiedelt, dort für den Rest des Lebens weiterschwärt. Die Argumente für freie Rede, Befreiung von dem Zwang, höflich zu sein, und für Freiheit in bezug auf sexuelles Wissen wiegen noch schwerer; diese Fragen werde ich jedoch später noch für sich behandeln.

Aus all diesen Gründen tendieren Reformpädagogen zu immer größerer Freiheit in der Schule – und ich meine, sie tun dies zu Recht. Ich glaube allerdings nicht, daß Freiheit in der Schule sich zum absoluten Prinzip erheben läßt. Sie hat ihre Grenzen, und es ist wichtig, sich dieser Grenzen bewußt zu werden.

Eines der augenfälligsten Beispiele ist die Reinlichkeit. Zunächst einmal möchte ich sagen, daß die meisten Kinder gutsituierter Eltern viel zu sauber gehalten werden. Die Eltern entschuldigen ihr Verhalten damit, daß Reinlichkeit zur Hygiene gehöre, aber der Grund dafür, daß sie sie übertreiben, gehört in den Bereich des Snobismus. Sieht man zwei Kinder, von denen das eine sauber und das andere schmutzig ist, so ist man versucht anzunehmen, daß die Eltern des sauberen Kindes ein größeres Einkommen haben als jene des schmutzigen. Folglich bemühen sich Snobs, ihre Kinder sehr sauber zu halten. Es ist dies eine entsetzliche Tyrannei, die die Kinder daran hindert, eine Menge Dinge zu tun, die viel sinnvoller wären. Vom gesundheitlichen Standpunkt aus ist es richtig, daß die Kinder sich zweimal täglich waschen, morgens nämlich, wenn sie aufstehen, und abends, wenn sie zu Bett gehen. Zwischen diesen beiden lästigen Augenblicken sollten sie, herumwühlend, die Welt, vor allem deren schmutzigere Teile, erforschen und dabei ihre Kleider verschleißen und sich ihre schmutzigen Hände ins Gesicht wischen. Kindern diesen Spaß zu versagen, heißt ihre Initiative, ihren Entdeckungstrieb und den Erwerb nützlicher Muskelkraft einzudämmen. Doch wenngleich Schmutz auch eine herrliche Sache ist, so hat, wie wir bereits feststellten, auch die Reinlichkeit morgens und abends ihren Stellenwert, nur ist ihr selbst dieser begrenzte Stellenwert im Leben eines Kindes nicht sicher, es sei denn durch sehr viel Zwang. Würden wir keine Kleider tragen und in heißen Zonen leben, so verschafften wir uns den dann nötigen Grad an Reinlichkeit dadurch, daß wir im Wasser planschten, um uns abzukühlen. Zweifellos machte es pithecanthropus erectus [Lat.: aufrechtgehender Affenmensch. D. H.] nicht anders, aber wir, die wir Kleider tragen und im gemäßigten Klima leben, besitzen in bezug auf Reinlichkeit nicht den für die Gesundheit nötigen Instinkt; deshalb muß man uns beibringen, uns zu waschen. Dasselbe gilt für das Zähneputzen. Würden wir unsere Nahrung, so wie unsere entfernten Vorfahren, roh zu uns nehmen, so brauchten wir uns die Zähne nicht zu putzen; solange wir jedoch an der unnatürlichen Gepflogenheit des Kochens festhalten, müssen wir diese durch eine andere unnatürliche Gepflogenheit, nämlich das Zähneputzen, ausgleichen. Der »Zurück zur Natur«-Kult muß, soll er der Gesundheit zuträglich sein, alle Bereiche erfassen und auch den Verzicht auf Kleider und Kochen einschließen. Sind wir nicht bereit, soweit zu gehen, so müssen wir unseren Kindern bestimmte Gewohnheiten beibringen, die sie von selbst nicht lernen. Wenngleich die derzeit praktizierte konventionelle Erziehung eine viel zu große Einschränkung der Freiheit in sich schließt, so ist aus eben diesen Gründen in bezug auf Reinlichkeit und Hygiene im Interesse der Gesundheit doch eine gewisse Beschränkung notwendig.

Eine weitere, nicht zu hoch einzustufende Tugend, die bei einer völlig freien Erziehung wahrscheinlich nicht gedeiht, ist die Pünktlichkeit. Pünktlichkeit ist eine Eigenschaft, deren Notwendigkeit mit sozialer Kooperation in engem Zusammenhang steht. Sie hat nichts zu tun mit der Beziehung der Seele zu Gott, mystischer Einsicht oder mit den Dingen, die erhabenere und spirituell orientierte Moralisten interessieren. Man wäre überrascht, einen frommen Menschen betrunken zu sehen, man wäre jedoch nicht überrascht, ihn zu einer Verabredung zu spät kommen zu sehen. Und doch ist Pünktlichkeit im normalen Geschäftsleben absolut notwendig. Es wäre nicht damit getan, daß der Lokomotivführer oder der Postbote so lange wartet, bis der Geist ihm eingibt, seine Lokomotive in Bewegung zu setzen bzw. Briefe auszutragen. Alle wirtschaftlich geführten Einrichtungen mit komplexer Struktur würden nicht mehr funktionieren, falls jene, die damit zu tun haben, oft zu spät kämen. Pünktlichkeit in all ihren Formen lernt man aber währscheinlich kaum in einer freien Umwelt. Sie kann bei einem Menschen nicht vorhanden sein, der seinen Stimmungen freien Lauf läßt. Aus diesem Grund ist sie mit höchsten Formen von Leistung nicht vereinbar. Newton kam, wie man weiß, zu den Mahlzeiten so unpünktlich, daß sein Hund ihm sein Essen wegfraß, ohne daß Newton je dahinterkam. Die höchste Leistung setzt in den meisten Bereichen die Fähigkeit voraus, sich in eine Stimmung versinken zu lassen; jene jedoch, deren Arbeit weniger Geschick erfordert – vom Amt des Königs abwärts –, richten sehr viel Schaden an, wenn sie notorisch unpünktlich sind. Sollen junge Menschen das Rüstzeug dafür erhalten, im modernen Leben irgendeine gewöhnliche Rolle zu übernehmen, so scheint es also unvermeidlich, sie dem Zwang zu unterwerfen, bestimmte Dinge zu bestimmten Zeiten zu tun. Jene, die eine außergewöhnliche Begabung besitzen, etwa Dichter, Komponisten oder reine Mathematiker, mögen davon ausgenommen sein, aber 99 Prozent der Menschheit brauchen zur Einhaltung bestimmter Zeiten eine gewisse Disziplin, die ganz unmöglich ist, wenn diese 99 % frei, so wie ihre natürlichen Instinkte es ihnen diktieren, aufwachsen dürfen. Der vornehme Wilde ging vermutlich auf die Jagd, wenn er Hunger hatte, und nicht, wie seine Nachkommen in den Vorstädten, um 8.53 Uhr morgens. Die Erziehung dieses Wilden vermittelt folglich nicht all das, was der Vorstadtbewohner benötigt.

Eine etwas seriösere Angelegenheit, für die ähnliche Überlegungen gelten, ist die Redlichkeit. Ich meine diesen Begriff nicht im weithergeholten Sinn; ich meine damit lediglich den Respekt vor dem Eigentum anderer. Dies ist nicht etwa ein natürliches Merkmal der Menschen. Der nicht zur Disziplin erzogene Mensch eignet sich das Eigentum anderer an, wann immer er dies für ungefährlich hält. Vielleicht tut dies sogar der in Disziplin geübte Mensch nicht selten, aber eben diese Disziplin hat ihn gelehrt, daß Diebstahl oft nicht ungefährlich ist, auch wenn dies zunächst so scheint. In den Köpfen einiger humangesinnter, modernen Ideen aufgeschlossener Menschen findet, wie ich meine, in diesem Zusammenhang eine gewisse Gedankenverwirrung statt. Nachdem sie festgestellt haben, daß es so etwas wie Kleptomanie gibt, sind sie geneigt, jede Art des Stehlens als Kleptomanie anzusehen. Dies ist jedoch ein grober Irrtum. Kleptomanie besteht darin, Dinge zu stehlen, die der Dieb oft gar nicht haben will, und dies in Situationen, in denen er ziemlich sicher sein kann, dabei gefaßt zu werden. Sie hat in der Regel eine psychologische

Ursache: Der Kleptomane stiehlt, ihm selbst unbewußt, Liebe bzw. Gegenstände mit einer gewissen sexuellen Bedeutung. Der Kleptomanie ist nicht mit Strafe, sondern nur mit psychologischem Verständnis beizukommen. Gewöhnliches Stehlen ist jedoch keineswegs irrational; und gerade weil es rationalen Ursprungs ist, läßt es sich verhindern, indem man durch soziale Strafen bewußt macht, daß es dem Eigennutz abträglich ist. In einer Gemeinschaft von Kindern, die, ohne Zwang von seiten der Erwachsenen, frei aufwachsen können, wird der Dieb, ist er nicht gerade der stärkste in der Gruppe, von den anderen streng bestraft. Die Erwachsenen können sich nun zwar von der Bestrafung distanzieren und erklären, daß in ihrem System kein Strafkodex existiere, aber hier machen sie sich der Selbsttäuschung schuldig. Es besteht nämlich die Wahrscheinlichkeit, daß der von einer Gruppe von Kindern geschaffene Strafkodex strenger und unzuverlässiger ist, als ein von Erwachsenen ausgedachter. Im Interesse des Diebes selbst ist es daher im großen und ganzen gut, daß die Erwachsenen Kenntnis von Diebstahlshandlungen erlangen und in einer Art dagegen angehen, die die anderen Kinder daran hindert, selbst Rache zu üben. Hinreichende Achtung vor dem Eigentum anderer ist kaum möglich, es sei denn durch Auslösen eines bedingten Reflexes. Unter dem Einfluß der Versuchung erscheint die Wahrscheinlichkeit, ertappt zu werden, geringer, als sie es wirklich ist, und der Mensch, für den Stehlen eine Möglichkeit bedeutet, aktiv zu sein, wird wohl kaum durch das Leben kommen, ohne der Versuchung so oft zu erliegen, daß er am Ende doch gefaßt wird.

Ein anderer Punkt, in dem viele Freiheitsapostel sich meines Erachtens irren, ist die Tatsache, daß sie die Bedeutung des geordneten Tagesablaufs im Leben eines jungen Menschen nicht hinreichend erkennen. Ich bin nicht der Meinung, daß der geordnete Tagesablauf starr und unumstößlich festgelegt sein sollte: natürlich sollte es Tage geben, an denen er anders aussieht, so etwa zu Weihnachten und während der Ferien. Aber selbst mit dieser veränderten Situation sollte das Kind im großen und ganzen rechnen. Ein Leben in Ungewißheit ist in jedem Alter, insbesondere aber in der Jugend, eine Nervenbelastung. Die Tatsache, daß das Kind mehr oder weniger weiß, was tagtäglich geschieht, gibt ihm ein bestimmtes Sicherheitsgefühl. Es möchte gerne, daß seine Welt heil ist und der Herrschaft von Gesetzen unterliegt.

Unser Glaube an die Einförmigkeit der Natur ist weitgehend die Projektion des kindlichen Wunsches nach Regelmäßigkeit in der Kinderstube auf den Kosmos. Abenteuersinn und Mut sind höchst wünschenswerte Eigenschaften; sie entwickeln sich aber am besten auf dem Hintergrund fundamentaler Sicherheit.

Ein weiterer Punkt, der für ein großes Maß an Regelmäßigkeit spricht, ist die Tatsache, daß es für Kinder sowohl ermüdend als auch lästig ist, sich immer wieder eine Beschäftigung aussuchen zu müssen. Sie ziehen es vor, daß die Initiative häufig nicht von ihnen ausgeht und daß ihre Wahl sich innerhalb eines Rahmens bewegt, den ihnen wohlgesinnte Erwachsene abstecken. Kinder wie Erwachsene genießen das aus dem Meistern einer Schwierigkeit abgeleitete Gefühl der Leistung, doch erfordert dies konsequente Anstrengung, zu der nur wenige ohne Anstoß von außen in der Lage sind. Die Fähigkeit, sich diesen Anstoß konsequent selbst zu geben, ist mit die kostbarste, die ein Mensch besitzen kann. Sie ist kleinen Kindern nicht zu eigen und kann sich weder durch sehr strenge Erziehung zur Disziplin noch durch komplette Freiheit je entwickeln. Eine sehr strenge Zucht, so etwa die den Soldaten im Krieg auferlegte, macht den Menschen, ohne den Ansporn eines Befehls von außen, zum Handeln unfähig. Andererseits lernt er durch komplette Freiheit während seiner Kindheit nicht, den Verlockungen eines momentanen Impulses zu widerstehen. Er erwirbt demnach die Fähigkeit nicht, sich auf eine Sache zu konzentrieren, wenn ihn gerade eine andere interessiert, bzw. Vergnügen deshalb zu widerstehen, weil diese Vergnügen Müdigkeit hervorrufen, die sich auf konsequentes Arbeiten störend auswirkt. Die Stärkung des Willens erfordert daher eine etwas subtile Mischung von Freiheit und Disziplin und wird durch ein Übermaß des einen wie des anderen zunichte gemacht.

Wichtig ist, daß jede Art der Ausbildung – wenn schon dem wünschenswerten Maß an Disziplin Grenzen gesetzt werden – unter Mitwirkung des kindlichen Willens, wenn auch nicht jeder flüchtigen Regung desselben, vor sich geht. Jedes Kind, das in der Umgebung ihm wohlgesinnter Erwachsener aufwächst, ist sich im Grunde dessen bewußt, daß es noch nicht sehr viel weiß, und ist dankbar, bis zu einem gewissen Grad von jenen angeleitet zu werden, denen es glauben kann, daß es ihnen tatsächlich um sein Wohl und nicht nur um ihre eigene Bequemlichkeit oder Macht geht. Für Athleten ist es eine Selbstverständlichkeit, sich einer Disziplin unterzuordnen, und junge Menschen, deren Wunsch nach intellektueller Leistung so groß ist wie der Wunsch des Athleten nach Erfolg auf seinem Gebiet, werden gleichermaßen bereit sein, sich der nötigen Disziplin zu unterwerfen. In einer Umwelt aber, die jede Art von Disziplin für ein Übel hält, kann es jungen Menschen nicht klar werden, daß eine so geartete freiwillige Unterordnung ein wesentlicher Bestandteil fast jeder Art von Erfolg ist. Der nur unter Schwierigkeiten zu erzielende Erfolg als Ideal sollte den jungen Menschen gegenwärtig sein, wenn sie nicht störrisch und nichtsnutzig werden sollen. In einer Welt, in der die Freiheit als absoluter Wert gilt, wird dies nur wenigen bewußt.

Das Ausspielen von Autorität als Gegensatz dazu, einen Menschen zu überzeugen, läßt sich dort fast auf ein Nichts reduzieren, wo geeigneten Erwachsenen eine nicht zu große Zahl Kinder anvertraut ist. Nehmen wir beispielsweise die Freundlichkeit. Ich glaube nicht, daß ein Gebot oder eine Strafe in irgendeiner Weise dazu beitragen können, ein freundliches Gemüt zu erzeugen, wenngleich sie natürlich offenkundigen Grausamkeiten Einhalt zu gebieten vermögen. Ein freundliches Gemüt erfordert einerseits instinktives Glücksgefühl und andererseits das Beispiel freundlichen Verhaltens von seiten der Erwachsenen. Einem Kind Freundlichkeit als moralisches Prinzip lediglich anzuerziehen, ist für mein Gefühl fast zwecklos.

Es ist von größter Wichtigkeit, daß die Erziehung zur Disziplin, wie auch immer diese geartet sein mag, nur ein Minimum an emotionaler Unterdrückung einschließt, denn ein Kind, das sich in einem wesentlichen Punkt frustriert fühlt, läuft Gefahr, die verschiedensten unerwünschten Züge zu entwickeln, deren Natur von seiner Charakterstärke abhängt. Hat es einen starken Charakter, so wird es zum jämmerlichen Heuchler. Disziplin sollte daher, solange sie nicht völlig fehlen kann, soweit reduziert werden, wie sich dies mit der Heranbildung anständiger und fähiger Menschen vereinbaren läßt.

Die Crux des ganzen Problems ist der Unterricht. Die Erfahrung hat mich, ein bißchen zu meiner eigenen Überraschung, gelehrt, daß es auch ohne jegliche Verpflichtung zur Teilnahme am Unterricht möglich ist, einen adäquaten Unterricht zu erteilen und äußerst gebildete Menschen hervorzubringen. Dazu bedarf es einer Kombination der Umstände, die in großem Umfang derzeit nicht möglich ist. Es erfordert bei den Erwachsenen ein echtes und spontanes Interesse an intellektueller Beschäftigung. Es erfordert kleine Klassen. Es erfordert Sympathie, Takt und Geschick von seiten des Lehrers. Und es erfordert eine Umwelt, in der es möglich ist, ein Kind dann aus der Klasse hinauszuschicken und ihm zu sagen, es solle spielen gehen, wenn es einzig und allein in der Klasse sein will, um Unruhe zu stiften. Es wird noch lange dauern, bis dies sich in normalen Schulen realisieren läßt, und deshalb ist vorläufig in der großen Mehrheit der Fälle eine Pflichtanwesenheit im Unterricht wahrscheinlich notwendig.

Einige Leute behaupten, daß ein Kind, ist es sich selbst überlassen, sich Lesen und Schreiben usw. selbst beibringt, aus dem Wunsch heraus, den Nachbarskindern nicht unterlegen zu sein; und daß deshalb fehlender Zwang höchstens ein oder zwei Jahre Verzug in der Aneignung eines bestimmten Wissens mit sich bringt. Ich glaube, dieser Standpunkt ist unbewußt der eines Parasiten. In einer Welt, in der jedes andere Kind lesen und schreiben lernt, ist es wahrscheinlich, daß ein bestimmtes Kind rechtzeitig dem Minderwertigkeitsgefühl entgehen will, das durch Unwissenheit erzeugt würde. In einer Welt aber, in der alle Kinder dem Zwang entgingen, bestünde bald kein Anlaß mehr zu diesem Minderwertigkeitsgefühl, und jede Generation wäre etwas ignoranter als die vorhergehende. Nur sehr wenige Kinder besitzen einen spontanen Drang, das Einmaleins zu erlernen. Solange die Nachbarskinder gezwungen sind, es zu erlernen, haben sie, welch ein Jammer, vielleicht das Gefühl, daß sie es auch lernen sollten, aber in einer Gemeinschaft, in der kein Kind verpflichtet ist, es zu lernen, gäbe es binnen kurzem nur ein paar gelehrte Pedanten, die wüßten, wieviel sechs mal neun ist.

Die Aneignung von konkretem Wissen macht den meisten Kindern Spaß: Falls sie auf einem Bauernhof leben, werden sie die Arbeit des Bauern beobachten und alles darüber erfahren. An abstraktem Wissen aber finden nur wenige Gefallen, und dennoch ist es eben dieses abstrakte Wissen, das eine zivilisierte Gemeinschaft möglich macht. Der Erhalt einer derartigen Gemeinschaft verlangt daher eine Methode, welche die Kinder sich in einer Art verhalten läßt, die ihnen nicht von Natur aus eigen ist. Es mag vielleicht möglich sein, gutes Zureden an die Stelle des Zwangs zu setzen, aber es ist nicht möglich, die Sache allein dem Wirken der Natur zu überlassen. Die Idee der Erziehung als bloßer Lieferantin von Gelegenheiten zur natürlichen Entwicklung läßt sich, so meine ich, von jemandem, dem die Komplexität moderner Gesellschaften bewußt ist, nicht stützen. Man kann natürlich sagen, daß diese Komplexität bedauerlich ist und daß es besser wäre, zu einer schlichteren Lebensweise zurückzukehren, aber leider würde dieser Prozeß den Hungertod eines großen Prozentsatzes der Bevölkerung in sich schließen. Diese Alternative ist so entsetzlich, daß wir praktisch dem ganzen komplexen Apparat der modernen Industriegesellschaft ausgesetzt sind, und weil dem so ist, sind wir auch verpflichtet, unseren Kindern das entsprechende Rüstzeug mitzugeben, damit sie ihren Teil dazu beitragen können, diese Welt weiterhin in Gang zu halten. Die Negativtheorie der Erziehung läßt sich – auch wenn sie viele wichtige Wahrheitselemente enthält und weitgehend Gültigkeit besitzt, soweit es um Emotionen geht –

hinsichtlich intellektueller und technischer Ausbildung nicht uneingeschränkt bejahen. Wo sie im Spiel sind, ist etwas Positiveres vonnöten.

3. Erziehung und Vererbung

Das Wesen ausgewachsener Pflanzen oder Tiere resultiert, von der Befruchtung an, aus der Wechselwirkung zwischen Umwelt und Organismus. Ich habe versucht, diese Aussage so farblos und unstrittig wie möglich zu halten, weil jede eindeutigere Feststellung Gegenstand von Kontroversen wäre. Das Verhältnis, in dem Vererbung und Umwelt das Wesen eines erwachsenen Menschen formen, wird von den verschiedenen maßgeblichen Kennern der Materie sehr unterschiedlich eingeschätzt. Unter den Wissenschaftlern neigen die Genetiker naturgemäß dazu, der Vererbung ein besonderes Gewicht zu verleihen, während die Psychologen die Umwelt nachdrücklich betonen. Es besteht jedoch eine weitere, nicht wissenschaftliche, sondern politische Kluft hinsichtlich dieser Frage. Konservative und Imperialisten messen der Vererbung eine entsprechende Bedeutung bei, denn sie gehören zur weißen Rasse, sind aber eher ungebildet. Radikale sprechen sich für die Erziehung aus, weil sie ein potentiell demokratisches Element darstellt und einen Grund bietet, Unterschiede in der Farbe zu ignorieren. Die politische Kluft geht im großen und ganzen über jene zwischen Genetikern und Psychologen weit hinaus. Hogben vermag, obgleich Genetiker, nur wenig zugunsten der Eugenik vorzubringen, wogegen Psychologen im Dienste der Regierung, so etwa Goddard und Terman, dazu tendieren, die Vererbung in den Vordergrund zu stellen. Die Amerikaner dieser Schule gehen stets stillschweigend von der Überlegenheit der nordischen Völker aus, obschon selbst die konservativsten unter ihnen zugeben müssen, daß die Bergbewohner rein englischer und schottischer Abstammung aus North Carolina und Kentucky im Durchschnitt nichtsdestoweniger niedrigere Intelligenzquotienten besitzen, als man sie unter jüdischen Einwanderern antrifft.

Wo soviel Spielraum für Widersprüche ist, sollten zunächst einmal einige unzweifelhafte, die Dinge eingrenzende Punkte etabliert werden. Selbst jene, die am heftigsten an die Erziehung glauben, leugnen nicht, daß die Kinder von Menschen Menschen sind und daß ihnen mehr beizubringen ist als Tieren; sie bestreiten auch nicht die offensichtliche Tatsache, daß die Kinder von Weißen Weiße, die Kinder von Schwarzen dagegen Schwarze sind. Per contra leugnen die Anhänger der Vererbung nicht, daß encephalitits lethargica [Lat.: Infektiöse Krankheit des Zentralnervensystems, auch als »Schlafkrankheit« bekannt. (D. H.)] ein vielversprechendes Kind zugrunde richten kann, oder daß es für die Intelligenz eines Kindes schlecht ist, ihm von Kindheit an Opium zu geben, wie dies viele ignorante Mütter tun. Derartige Punkte der Übereinstimmung bringen uns jedoch nicht sehr viel weiter.

Geht man der Frage wissenschaftlich nach, so entsteht eine Schwierigkeit dadurch, daß die die Erbanlagen weitergebenden Eltern gewöhnlich auch einen gewichtigen Teil der Umwelt darstellen. Ähnliches Verhalten bei Eltern und Kindern ist wahrscheinlich sowohl der Nachahmung als auch der Vererbung zuzuschreiben. Aus diesem Grunde sollten Kinder in Waisenhäusern eigentlich ein gutes Testmaterial abgeben, aber leider sind die zur Verfügung stehenden Informationen über ihre Eltern meist nur sehr fragmentarisch. Es wurden Untersuchungen eineiiger Zwillinge in der Absicht angestellt, die Stärke angeborener Elemente [Siehe: Lange, Crime as Destiny. Ins Englische übersetzt von J.B.S. Haldane. (B. R.)] aufzuzeigen, doch unglücklicherweise leben eineiige Zwillinge häufig in einer sehr ähnlichen Umwelt. Es steht zu hoffen, daß irgendein millionenschwerer Wissenschaftler eine Stiftung gründen wird, die es sich zur Aufgabe macht, eineiige Zwillinge bei der Geburt zu trennen und sie in sehr unterschiedlichen Verhältnissen aufwachsen zu lassen. Wenn eine Königin eineiige Zwillinge zur Welt brächte, deren einer im Palast aufgezogen würde, der andere dagegen in einem Slum, so glaube ich nicht, daß sie sich mit zwanzig Jahren geistig sehr ähnlich wären; da aber dieses Experiment nicht möglich ist, muß ich zugeben, daß meine Ansicht wissenschaftlich kaum standhält. Früher glaubte man, daß es eine fürstliche, vom königlichen Blut bestimmte Verhaltensweise gäbe. Herodot berichtet, daß Cyrus, nachdem er von Geburt an bis zum zwölften Lebensjahr als Bauer aufgezogen wurde, wegen seines königlichen Betragens von seinem Großvater erkannt wurde. Ich bezweifle allerdings, ob selbst für jene, die an die Überlegenheit der nordischen Rasse glauben, diese Story glaubwürdig wäre.

Die Möglichkeiten der Erziehung wurden nicht weniger übertrieben als die der Vererbung. Dr. John B. Watson glaubt offenbar, daß durch entsprechende Erziehung aus jedem Kind ein Mozart oder ein Newton werden könne; leider hat er uns bisher aber noch nicht dargetan, um welche Art der Erziehung es sich dabei handeln sollte. [John B. Watson: amerikanischer Psychologe, Begründer des Behaviorismus, 1878–1958. D. H.] Mit seinem Glauben an die Omnipotenz der Erziehung ist er keineswegs ein Neuerer. Nehmen wir beispielsweise Godwin, den Autor von »Political Justice« und Schwiegervater von Shelley. [William Godwin: englischer politischer Schriftsteller und Novellist, 1756–1836. Sein Hauptwerk »Inquiry concerning Political Justice, and Its Influence on General Virtue and Happiness« erschien 1793. D. H.] Seine Äußerungen zu diesem Thema sind unzweideutig: »Es ist – sollte man irgendwann einmal feststellen, daß die Kapazität des Schädels (sic) eines weisen Menschen größer ist als die eines Narren – nicht unwahrscheinlich, daß diese Vergrößerung durch ständig wiederholtes Einwirken der intellektuellen Kräfte zustande kommt; dies insbesondere dann, wenn wir uns daran erinnern, aus welch flexiblen Stoffen die Schädel von Säuglingen bestehen und wie früh schon in ihrem Leben Menschen von außerordentlicher intellektueller Befähigung sich einen Teil ihrer künftigen Charakteristika aneignen.« »Die wesentlichen Unterschiede, die zwischen zwei Individuen aufgedeckt werden sollen, haben ihren Ursprung in den Meinungen, die sie sich bilden, sowie in den Umständen, unter denen sie angeleitet werden (sic). Es ist nicht anzunehmen, daß dieselbe Moralerziehung nicht auch nahezu denselben Menschen schafft. Gesetzt, ein Mensch hätte all jene Argumente zu hören bekommen und wäre all den Anregungen ausgesetzt gewesen, die je an die Adresse einer gefeierten Persönlichkeit gingen: Dieselben Argumente mit ihren Stärken und Schwächen, zudem ohne die geringste Bereicherung oder Abweichung, von Monat zu Monat und Jahr zu Jahr in kleinen Dosen und zu genau gleichen Teilen vorgebracht, müssen ganz sicher dieselben Ansichten zutage gefördert haben. Die gleichen, ohne Ausnahme gezielt oder zufällig vermittelten Anregungen müssen die gleichen Neigungen geprägt haben. Welche Wissenschaft oder Studienarbeit diese gefeierte Persönlichkeit auch immer erwählt hat: Es muß derjenige an ihr Gefallen finden, bei dem wir diese Identität der Eindrücke vermuten. In fine ist es der Eindruck, der den Menschen formt, und die bloßen Unterschiede in der Struktur der Tiere sind, verglichen mit dem Reich der Impressionen, unsäglich unbedeutend und wirkungslos.« Setzt man »bedingte Reflexe« für »Ansichten« und »stimuli« für »Argumente«, so erhält man eine Passage, die (vom Stil einmal abgesehen) von Dr. Watson geschrieben sein könnte.

Gegen diese Vorstellung von der Omnipotenz der Erziehung lassen sich viele Argumente anführen. Kein modernen Ideen aufgeschlossener Mensch würde Godwins Meinung, daß die Gewohnheit des Denkens den Schädel vergrößere, das Wort reden; diese ist jedoch nicht ausschlaggebend, da – außer in extremen Fällen – zwischen Intelligenz und Hirnumfang noch keine eindeutige Korrelation nachgewiesen wurde. Idiotie ist oft mit einer angeborenen Mißbildung des Schädels verbunden, und ich könnte mir vorstellen, daß selbst Dr. Watson in der Idiotie nicht die Folge schlechter Erziehung sehen würde. Im Falle von leichtgradig Schwachsinnigen ist dies nur um einen Grad weniger offenkundig. Das andere Extrem sind die Rechenwunderknaben [Siehe dazu: Hollingworth, Gifted Children, S. 210–216. (B. R.)]: Man kann sich beim besten Willen nichts in der Umwelt Existentes vorstellen, das ausgerechnet einen von mehreren Brüdern in die Lage zu versetzen möchte, im Kopf Kubikwurzeln aus großen Zahlen zu ziehen, und dies alles angeblich ohne bessere arithmetische Schulung, als sie der Durchschnittsschüler erhält. Wenn es stimmt, daß der Idiot und der Rechenwunderknabe sich von Geburt an vom Durchschnitt der Menschen unterscheiden, so scheint es höchst unwahrscheinlich, daß nicht auch noch andere, weniger extreme angeborene Unterschiede bestehen. Obschon es gefährlich ist, unwissenschaftlichen Eindrücken zu vertrauen, so sollte doch, wie ich meine, der Erfahrung praxisnaher Lehrer einiges Gewicht beigemessen werden. Nicht ein einziger dieser Lehrer hegt, soweit ich dies feststellen konnte, auch nur den geringsten Zweifel daran, daß unter seinen Schülern Unterschiede in den angeborenen Anlagen bestehen. Es ist zugegebenermaßen schwierig, wenn nicht unmöglich, eindeutig zu bestimmen, was erb- und was umweltbedingt ist; daß aber der Intelligenzunterschied zwischen zwei Erwachsenen zumindest zum Teil angeboren ist, scheint mir fast sicher. Nun findet sich allerdings sowohl bei Godwin als auch bei Dr. John B. Watson ein Argument, mit dem sie ihre These beweisen zu können behaupten. Dieses Argument besagt, daß Menschen keine Instinkte besitzen, und daß deshalb der Verstand eines Kindes nicht unabhängig von der Erfahrung geprägt würde. Man könnte Dr. Watson hier ein Argument aus berufenem Munde entgegenhalten: Pawlow [Iwan Petrowitsch Pawlow (1849–1936), russischer Physiologe. (D. H.)] bestätigt, daß seine Hunde die vier von Hippokrates aufgezählten Temperamentsarten aufweisen und je nach Typus unter verschiedengearteten Nervenstörungen leiden. Dr. Watson wiederum könnte allerdings darauf antworten, daß diese Temperamentsunterschiede vielleicht durch

Umstände hervorgerufen wurden, von denen Pawlow nichts wußte, und daß alle Hunde bei der Geburt gleich sind. Demnach müssen wir uns also mit seinem theoretischen Argument auseinandersetzen.

Nehmen wir, im Interesse der Beweisführung, als gegeben an, daß die unbedingten Reflexe (die die Instinkte abgelöst haben) bei allen Neugeborenen dieselben sind. Folgt daraus, daß keine angeborenen geistigen Unterschiede existieren können? Sicherlich nicht. Denken wir nur an das Erlernen bedingter Reflexe: Die einen lernen schneller als die anderen; die einen lernen effektiver, zwischen Stimuli zu unterscheiden, die nur geringfügig voneinander abweichen. Selbst wenn wir einräumen, daß die Erziehung ausschließlich in der Herausbildung bedingter Reflexe bestehe, eine sicher strittige Behauptung, so folgt daraus noch längst nicht, daß bei allen Kindern Erziehung die gleiche Wirkung hätte. Die Position der extremen, gegen die Vererbung plädierenden Befürworter der Erziehung ist deshalb in der Theorie nicht besser fundiert als in der praxisbezogenen Beobachtung. Doch obschon sich die Bedeutung angeborener Unterschiede bei Menschen nicht leugnen läßt, sind die von Eugenikern daraus gezogenen praktischen Schlußfolgerungen meist recht unwissenschaftlich. Niemand weiß, welche der für die sozial wünschenwerten Eigenschaften verantwortlichen Faktoren sich auch tatsächlich vererben, noch, welche just dieser Faktoren dominant bzw. rezessiv sind. Es besteht nicht einmal Übereinstimmung darüber, was überhaupt sozial wünschenswert ist. Aus einer Perspektive, die allerdings nur begrenzte Beobachtungen zuläßt, bin ich geneigt anzunehmen, daß zwischen einer außerordentlichen Malbegabung und dem Unvermögen, mit Zahlen umzugehen, eine gewisse Korrelation besteht. Angenommen, dem wäre so, wie hätte sich der Eugeniker dann zu verhalten? Sollte er eine Rasse des Rechnens unfähiger Maler oder aber eine solche von Buchhaltern heranzüchten, die der Kunst indifferent gegenüberstehen? In ihrem eigenen Bereich ist den anerkannten Intelligenztests ein gewisser Wert nicht abzusprechen; sie testen jedoch überhaupt nicht etwa moralische oder künstlerische Qualitäten. Weder ihre ethische noch wissenschaftliche Grundlage ist, sieht man vielleicht einmal von der Sterilisierung Geistesschwacher ab, für praktische eugenische Maßnahmen hinreichend gesichert. Folgende Annahmen sind unverbürgt:

> Neger seien von Geburt aus den Weißen unterlegen.
> In Asien geborene Menschen seien den in Europa oder Amerika geborenen unterlegen.

Nördlich des 45. Breitengrades geborene Europäer seien den südlich dieser Breite geborenen von Geburt aus überlegen.
Menschen, deren Väter im Jahr mehr als 1000,– Pfund verdienen, seien von besserem Stamm als jene, deren Väter weniger verdienen.

Die meisten Eugeniker glauben diese Behauptungen, deren drei erste die Einwanderungsgesetze der Vereinigten Staaten beeinflußt haben.

Soll das Thema der Vererbung einer Veranlagung wissenschaftlich abgehandelt werden, so ist dazu sehr viel Vorarbeit vonnöten. Vor allen Dingen wird es notwendig sein, meßbare, von der Erziehung unabhängige Geistesqualitäten zu ermitteln. Intelligenztests haben genau diese Aufgabe, doch werden sie bestenfalls in einem homogenen sozialen Milieu durchgeführt. Fragen zum Thema Geld sind beispielsweise von Stadtkindern leichter als von Landkindern zu beantworten. Geht es darum, zu bestimmten Wörtern Reime zu finden, so fällt dies den in Poesie geschulten Kindern leichter als anderen. Sobald Intelligenztests auf den Vergleich von Kindern mit weitgehend unterschiedlichem Hintergrund angewandt werden, sind sie recht irreführend; aber genau diese Art der Anwendung ist es, aus der viele überzeugte Anhänger der Vererbungs- und damit Gegner der Umwelttheorie ihre Ergebnisse beziehen.

Solange Kinder bei ihren Eltern leben, ist es unmöglich, Erb- und Erziehungsfaktoren auseinanderzuhalten, die für eventuell bestehende gleiche Geistesfähigkeiten verantwortlich sind. Hätte sich die ganze Bevölkerung Intelligenztests zu unterziehen, so wäre aus Waisenhäusern in absehbarer Zeit wertvolles Material zu erhalten. Würde es sich dabei herausstellen, daß in einem bestimmten Heim eine Korrelation zwischen der Intelligenz der Kinder und der ihrer Eltern besteht, so wäre dies ein treffender Beweis für die Vererbung. Aber dieser Beweis muß erst noch erbracht werden.

Bei der Suche nach Gesetzen für die Vererbung geistiger Anlagen sollten die gewählten Tests einfach, bestimmt und meßbar sein. Man könnte beispielsweise einen möglichst sinnlosen Satz aussprechen, den das Kind zu wiederholen hat. Maßstab für eine bestimmte Geistesqualität, wenn auch nicht eben für eine sehr wünschenswerte, wäre dann die Zahl der Worte im längsten Satz, den ein Kind korrekt wiedergeben könnte. Macaulay [Thomas Babington Macaulay (1800 bis 1859), englischer Historiker und Politiker, vor allem durch seine fünfbändige »History of England from the Revolution of 1688«

(1848–61) berühmt geworden. (D. H.)] besaß, wie jedermann weiß, diese Fähigkeit in einem fast unglaublichen Maße; leider gibt es aber keine Beweise dafür, ob auch sein Vater oder seine Mutter sie hatten. Würden alle Schulkinder während der ganzen Schulzeit jeweils an ihrem Geburtstag daraufhin getestet, so könnten wir innerhalb von vierzig Jahren ein in bezug auf die Vererbung geistiger Qualitäten äußerst wertvolles Material erhalten.

Derartige statistische Methoden werden jedoch dem Biologen mendelscher Prägung keineswegs genügen, denn er möchte das an jeder Vererbungsphase beteiligte einzelne Gen bzw. die daran beteiligte Gengruppe isolieren. Geistesfähigkeiten sind so komplex geartet, daß dies für lange Zeit eine hoffnungslose Aufgabe zu sein scheint. Möglicherweise lassen sich jedoch gewisse Geistesqualitäten leichter isolieren als die meisten anderen. In diesem Zusammenhang drängen sich sowohl die mathematische als auch die musikalische Begabung auf. Beide sind statistisch selten, aber wo sie vorhanden sind, gehen sie häufig über den Durchschnitt weit hinaus. Beide treten gern in Familien auf, doch läßt es sich nicht ermitteln, inwieweit dies der Erziehung zuzuschreiben ist. Mozart hatte beispielsweise einen musikalischen Vater; dieser gab ihm aber einerseits Musikunterricht, andererseits vererbte er ihm sein Musiktalent. Soweit mir bekannt ist, kam kein großes Musik- oder Mathematikgenie je aus einem Waisenhaus, so daß diese Methode, Vererbung zu testen, uns nicht den nötigen Aufschluß bringt.

Die Arbeit Galtons [Sir Francis Galton (1822–1911), englischer Wissenschaftler, vor allem als Anthropologe bekannt geworden, Mitbegründer der Eugenik. D. H.] und seiner Nachfolger, mit der nachgewiesen werden sollte, daß eine Begabung sich vererbt, ist weit davon entfernt, wissenschaftlich zu überzeugen, obschon in ihrer These wahrscheinlich ein Fünkchen Wahrheit steckt. Aber solange man keinen Weg findet, die Wirkung der elterngeprägten Umwelt auszuschalten, muß das ganze Thema Zweifeln weiterhin Tür und Tor öffnen.

Die Folge hiervon läßt sich, aus der Sicht des in der Praxis stehenden Lehrers aus, leicht absehen. Es ist zu erwarten, daß unter den Schülern immer wieder Unterschiede in der Begabung auftreten werden, die nicht auf Umwelteinflüsse zurückzuführen sind. Welches Naturtalent auch immer man entdeckt: Man sollte es fördern und, falls wirklich überdurchschnittlich, ihm gestatten, schon von früher Jugend an Zeit dafür aufzuwenden, die sonst der allgemeinen Erziehung zugedacht ist. Über die Frage, ob ein Schüler oder eine Schülergruppe intelligent ist oder nicht, sollte jedoch keine wie auch immer geartete Vermutung angestellt werden, die ihre Erkenntnis aus der Rasse, dem sozialen Status oder aus persönlichen Leistungen ihrer Eltern bezieht. Für Untersuchungen im Zusammenhang mit der Vererbbarkeit von bestimmten Fähigkeiten ist genügend Raum, außerdem ist es leicht, Methoden zu erarbeiten, mit deren Hilfe der Gegenstand wissenschaftlich erforscht werden könnte; würden derartige Methoden jedoch übernommen, so verginge darüber notwendigerweise zumindest ein Menschenalter, ehe sie Früchte tragen könnten. In der Zwischenzeit bleibt uns als einzige wissenschaftlich gesunde Position, unsere Unwissenheit in bezug auf die Verteilung einer angeborenen Begabung und die Gesetze ihrer Vererbbarkeit einzugestehen.

4. Emotion und Disziplin

Erziehung hatte zu allen Zeiten ein zweifaches Ziel, nämlich Anweisung und Schulung in gutem Benehmen. Der Begriff des guten Benehmens ändert sich mit den politischen Institutionen und der sozialen Tradition der Gemeinschaft. Im Mittelalter, als noch eine hierarchische Ordnung bestand, die beim Leibeigenen begann und stufenweise bis hinauf zu Gott führte, war Gehorsam die erste Tugend. Die Kinder wurden gelehrt, ihren Eltern zu gehorchen und den sozialen Aufsichtspersonen ihre Ehrfurcht zu erweisen, angesichts des Geistlichen eine heilige Scheu und angesichts des Grundherrn Untertänigkeit zu empfinden. Nur der Kaiser und der Papst waren frei, und da die Sittenlehre jener Zeit den freien Menschen keinen Leitfaden bot, verbrachten sie ihre Zeit damit, sich gegenseitig zu bekämpfen.

Der Mensch von heute unterscheidet sich von dem des dreizehnten Jahrhunderts sowohl im Ziel als auch in der Methode. In der Demokratie stehen Kooperation für Unterwürfigkeit und Herdentrieb für Ehrfurcht. Die Gruppe, in der der Herdentrieb seine größte Wirkung erreichen soll, ist inzwischen zur Nation geworden, die früher durch die Universalität der Kirche zur Bedeutungslosigkeit verurteilt war. Inzwischen überredet die Propaganda eher, als daß sie überzeugt; im übrigen hat sie gelernt, durch Einflößen einer entsprechenden Gesinnung in früher Jugend ihr Ziel zu verfolgen. Kirchenmusik, Schullieder und Fahne bestimmen bereits durch ihren Einfluß auf den jungen Knaben das spätere Handeln des Mannes in Augenblicken starker Emotion. Gegen diese Einflüsse richten Vernunftattacken nur wenig aus.

Der Einfluß politischer Ideen auf die Erziehung in jungen Jahren ist nicht immer klar zu erkennen und geschieht oft, ohne daß dies dem Erzieher bewußt würde. Ich möchte deshalb Erziehung zu einem bestimmten Verhalten vorläufig einmal unter geringstmöglicher Berücksichtigung der sozialen Ordnung, auf die ich später noch zu sprechen kommen werde, unter die Lupe nehmen.

Ist man bestrebt, bei einem Kind oder Tier eine bestimmte Verhaltensweise auszulösen, so bieten sich zwei verschiedene Techniken an. Man kann einerseits durch Belohnung und Bestrafung das Kind oder Tier dazu bringen, gewisse präzise Handlungen zu vollziehen bzw. sich ihrer zu enthalten, oder man kann andererseits versuchen, in dem Kind oder Tier Emotionen zutage zu fördern, die dann im ganzen gesehen zu Handlungen der gewünschten Art führen.

Durch entsprechende Verteilung von Belohnung und Bestrafung läßt sich das Verhalten nach außen zu einem sehr großen Teil steuern.

Die einzig notwendige Form der Belohnung oder Bestrafung sind gewöhnlich Lob oder Tadel. Mit Hilfe dieser Methode vermögen von Natur aus schüchterne Jungen physischen Mut zu erwerben, während schmerzempfindlichen Kindern beigebracht werden kann, Schmerzen stoisch zu ertragen. Gute Manieren lassen sich, falls nicht schon früher anerzogen, in der Jugend allein schon durch die harmlose Strafe eines verächtlichen Anhebens der Augenbraue erlernen. Was man als »gute Formen« bezeichnet, eignen sich fast all jene an, die ihnen ausgeliefert sind, aus bloßer Angst vor der schlechten Meinung, die man sich dadurch auflädt, daß man sie, die Formen, verletzt. Wer schon von früher Jugend an gelehrt wurde, das Mißfallen seiner Gruppe als das schlimmste Unglück zu fürchten, wird eher auf dem Schlachtfeld in einem Krieg fallen, von dem er nichts versteht, als die Verachtung von Narren ertragen. Die englischen public schools haben dieses System bis zur Perfektion getrieben und damit die Intelligenz weitgehend dadurch sterilisiert, daß sie sie vor der Masse kriechen lassen. Und das nennt man dann einen Jungen mannhaft machen.

Als soziale Kraft ist daher die behavioristische Methode des »Konditionierens« sehr wirkungsvoll und sehr erfolgreich. Sie vermag Menschen dahin zu bringen – und tut dies auch –, in einer Art und Weise zu handeln, die sich weitgehend davon unterscheidet, wie sie sonst gehandelt hätten; sie ist zudem in der Lage, eine eindrucksvolle Uniformität des Verhaltens nach außen hin zu bewirken. Trotz all dem hat sie ihre Grenzen.

Es war Freud, der diese Grenzen zuerst wissenschaftlich deutlich machte, obschon Menschen mit psychologischem Gespür sie schon lange vorher intuitiv erkannt hatten. Wesentliche Entdeckung der Psychoanalyse im Zusammenhang mit unserer Untersuchung ist dies: Ein Impuls, der mit Hilfe behavioristischer Methoden daran gehindert wird, seinen öffentlichen Ausdruck in der Aktion zu finden, stirbt nicht etwa zwangsläufig ab, sondern wird in untere Schichten abgedrängt. Von dort aus findet er einen neuen Auslaß, der durch das Training nicht verhindert wurde. Oft ist der neue Auslaß schädlicher als der unterbundene; auf jeden Fall aber bringt das Abgedrängtwerden des Impulses emotionale Störungen und einen nutzlosen Energieaufwand mit sich. Daher ist es notwendig, der Emotion als Gegenpol zum Verhalten nach außen mehr Aufmerksamkeit zu schenken, als dies jene tun, nach deren Auffassung ein Konditionieren allein zur Charakterausbildung ausreicht.

Im Zusammenhang mit gewissen unerwünschten Gewohnheiten versagt, selbst von ihrer Sicht aus, die Belohnungs- bzw. Bestrafungsmethode im übrigen völlig. Eine dieser Angewohnheiten ist das Bettnässen. Hält dieses über das Alter hinaus an, in dem es in der Regel von selbst aufhört, so wird es durch Strafe allein nur noch hartnäckiger. Obwohl diese Tatsache den Psychologen seit langem bekannt ist, wissen die meisten Lehrer davon offenbar noch nichts, jene Lehrer nämlich, die seit Jahren Kinder, die diese Angewohnheit haben, bestrafen, ohne dabei je auf die Idee zu kommen, daß Strafe keine Reform herbeiführt. Die Ursache bei größeren Kindern ist gewöhnlich eine tiefsitzende, unbewußte psychologische Störung, die an die Oberfläche gebracht werden muß, ehe eine Behandlung einsetzen kann.

Derselbe psychologische Mechanismus gilt auch für viele nicht so deutlich erkennbare Fälle. Bei ganz bestimmten Nervenstörungen wird dies heute weitgehend anerkannt. So kommt beispielsweise Kleptomanie bei Kindern nicht selten vor und ist, im Gegensatz zum gewöhnlichen Stehlen, durch Bestrafung nicht zu heilen; vielmehr muß ihre psychologische Ursache ausfindig gemacht und behoben werden. Was weniger anerkannt wird, ist die Tatsache, daß wir alle mehr oder weniger an nervlichen Störungen emotionalen Ursprungs leiden. Man nennt einen Menschen dann psychisch gesund, wenn er so gesund ist wie der Durchschnitt seiner Altersgenossen; aber gerade beim Durchschnittsmenschen sind viele der seine Ansichten und Handlungen bestimmenden Mechanismen recht phantastisch, ja, in der Tat so phantastisch, daß man sie in einer Welt echter psychischer Gesundheit als ungesund bezeichnen würde. Es ist gefährlich, ein gutes soziales Verhalten durch Mittel herbeizuführen, die die antisozialen Emotionen unberücksichtigt lassen. Solange diesen – ja immerhin noch vorhandenen – Emotionen jeglicher Auslaß verwehrt wird, werden sie immer stärker und führen zu einem Drang nach Grausamkeit, dem man schließlich nicht mehr widerstehen kann. Bei einem Menschen mit schwachem Willen kann dieser Drang zum Verbrechen oder zu einer Verhaltensweise ausarten, die soziale Strafen nach sich zieht. Bei einem Menschen mit starkem Willen nehmen sie noch unerwünschtere Formen an. Er wird in der Familie vielleicht zum Tyrannen, im Beruf erbarmungslos, in der Politik kriegslüstern und ist dann in seiner Sozialmoral von peinigender Härte; wegen all dieser Eigenschaften werden ihn andere Menschen mit ähnlichen Charakterfehlern bewundern; er wird, von aller Welt geachtet, sterben, nachdem er, je nach Fähigkeit und Gelegenheiten, über eine Stadt, eine Nation oder eine Epoche Haß und Elend verbreitet hat. Korrektes Verhalten in Verbindung mit schädlichen Emotionen genügt daher nicht, einen Menschen zum Glücksschmied der Menschheit zu machen. Wenn dies unser Kriterium dafür sein soll, ob ein Benehmen wünschenswert ist oder nicht, so ist für die Heranbildung eines Charakters noch mehr vonnöten.

Derartige Überlegungen sowie die von Mitgefühl geprägte Beobachtung von Kindern deutet darauf hin, daß die von den Behavioristen angewandte Methode, einen Charakter heranzubilden, unzulänglich ist und durch eine ganz andersgeartete Methode ergänzt werden muß.

Erfahrungen mit Kindern zeigen, daß man auch auf das Gefühl und nicht nur auf das äußere Verhalten einwirken kann, indem man nämlich den Kindern eine Umwelt schafft, in der wünschenswerte Emotionen eine Alltäglichkeit und unerwünschte selten sind. Manche Kinder (und manche Erwachsene) sind von heiterem Gemüt, andere wiederum griesgrämig; manche sind genügsam und genießen jedes Vergnügen, das sich ihnen bietet, andere sind untröstlich, wenn ihnen die Freude verwehrt wird, auf die sie gerade versessen sind; manche betrachten den Großteil der Menschen mit wohlwollendem Vertrauen, während andere die meisten Leute mit ungeheurem Argwohn ansehen. Die beim Kind vorherrschende emotionale Haltung ist im allgemeinen auch die des Erwachsenen, wenngleich die Menschen im späteren Leben ihre Schüchternheit und ihren Groll hinter mehr oder weniger wirksamen Masken zu verbergen lernen. Daher ist es sehr wichtig, daß Kindern überwiegend eine emotionale Haltung eigen ist, die sie sowohl in der Kindheit als auch in späteren Jahren glücklich, erfolgreich und nützlich sein läßt, und daß sie von Emotionen frei sind, die zu einer unglücklichen Verfassung, zu Mißerfolg und Feindseligkeit führen. Es besteht kein Zweifel darüber, daß die Psychologie jene Art von Umwelt zu ermitteln vermag, die wünschenswerte Emotionen fördert, und daß oft auch ohne Zuhilfenahme der Naturwissenschaft einer Liebe intelligenten Zuschnitts allein schon der entsprechende Erfolg beschieden ist. Wird diese Methode richtig angewandt, so ist ihre Wirkung auf den Charakter tiefgreifender und weit befriedigender als der durch Belohnung und Bestrafung erzielte Effekt.

Einem Kind die richtige emotionale Umwelt zu vermitteln, ist eine delikate Angelegenheit; im übrigen wechselt sie natürlich je nach Alter des Kindes. Während der Kindheit bedarf es, wenn auch in ständig geringerem Maß, eines gewissen Sicherheitsgefühls. Daher sind Güte und ein erfreulicher Tagesablauf die wesentlichsten Dinge. Die Beziehung zu den Erwachsenen sollte von Spielen und physischem Behagen, nicht aber von emotionaler Zärtlichkeit geprägt sein. Zu anderen Kindern sollte ein enger, inniger Kontakt bestehen. Vor allem aber sollte die Gelegenheit zur Initiative gegeben sein, alle möglichen Dinge zu bauen, die Welt zu erforschen und sich intellektuell und künstlerisch zu entfalten. Das Kind hat zwei gegensätzliche Bedürfnisse, nämlich Sicherheit und Freiheit, wobei letzteres auf Kosten des ersteren allmählich wächst. Die ihm von den Erwachsenen entgegengebrachte Zuneigung sollte so geartet sein, daß sie ein gewisses Sicherheitsgefühl vermittelt, nicht aber die Freiheit einschränkt oder im Kind eine starke emotionale Reaktion auslöst. Nicht nur andere Kinder, sondern auch die Eltern selbst sollten sich an Spielen, einem vitalen Bedürfnis in der Kindheit, beteiligen, denn sie sind für die beste Beziehung zwischen Eltern und Kindern ganz wesentlich.

Unter den derzeit bestehenden Verhältnissen ist Freiheit wohl das Element, das sich am schwierigsten verwirklichen läßt. Aus Gründen, die schon in einem früheren Kapitel dargelegt wurden, bin ich kein Verteidiger der absoluten Freiheit; ich bin allerdings ein Befürworter einer bestimmten Form von Freiheit, die für die meisten Erwachsenen unerträglich ist. Erwachsene Menschen sollten Respekt ihnen gegenüber von Kindern nicht erzwingen; vielmehr sollten sie ihnen gestatten, sie töricht zu nennen, wann immer die Kinder Lust dazu haben.

Dadurch, daß wir unseren Kindern lediglich verbieten, ihre Gedanken auszudrücken, können wir sie nicht daran hindern, uns für Narren zu halten; in der Tat denken sie wahrscheinlich eher dann schlecht von uns, wenn sie dies nicht zu äußern wagen. Man sollte Kindern das Schwören nicht verbieten – dies nicht etwa, weil es wünschenswert wäre, daß sie schwören, sondern weil es wünschenswert ist, daß es für sie keine Rolle spielt, ob sie es nun wirklich tun oder nicht, nachdem es sich ja um eine wahre Behauptung handelt. Sie sollten vom Sextabu völlig frei sein und dann nicht zurechtgewiesen werden, wenn ihre Unterhaltung verklemmten Erwachsenen unanständig erscheint. Sollten sie ihre Meinung zur Religion, Politik oder zu den verschiedenen Moralauffassungen kundtun, so ist ihnen mit Argumenten zu begegnen, vorausgesetzt allerdings, es sind echte Argumente und nicht in Wirklichkeit Dogmen: der Erwachsene kann – und sollte – ihnen Überlegungen anheimstellen, jedoch keine Schlußfolgerungen aufdrängen.

Unter solchen Verhältnissen können Kinder ohne Furcht und vom Grunde ihres Wesens aus glücklich aufwachsen, ohne je den Groll zu empfinden, der dann entsteht, wenn sie an ihrer Entfaltung gehindert werden, und auch ohne jene maßlosen Ansprüche, die in einer Treibhausatmosphäre der Gefühle entstehen. Ihre Intelligenz kann sich dann ungehemmt entwickeln, und ihr Verhältnis zu den Dingen, die die Menschen bewegen, wird geprägt sein von jenem Wohlwollen, das aus der Zufriedenheit erwächst. Eine Welt von Menschen mit diesem emotionalen Rüstzeug würde mit unserem Sozialsystem, seinen Kriegen und Repressionen, seiner wirtschaftlichen Ungerechtigkeit und seinem Horror vor freier Rede und freier Nachforschung sowie seinem von Aberglauben bestimmten Moralkodex kurzen Prozeß machen. Die Tolerierung dieser Übel hängt zusammen mit der Scheu, seine Gedanken zu äußern, und mit feindseligen Gefühlen, die wiederum auf fehlende Freiheit zurückzuführen sind. Dr. Watson, der die angeborenen Seiten eines Charakters mit einem Minimum ansetzt, räumt gleichwohl als eine der nicht erlernten Reaktionen des Säuglings etwa den Zorn ein, der sich im Zusammenziehen der Glieder äußert. Diese instinktive Emotion ist Grundlage für die Liebe zur Freiheit. Ein Mensch, dem durch Tabus oder Gesetze gegen die freie Rede das Sprechen verwehrt ist, dem durch die Zensur das Schreiben versagt ist, dessen Lieben durch eine Ethik eingeengt werden, in der Eifersucht als eine bessere Sache gilt denn Zuneigung, dessen Kindheit in einen Verhaltenskodex gepreßt und dessen Jugend durch das Eintrichtern einer erbarmungslosen Orthodoxie geprägt war, wird gegen die Welt, die ihn in seiner Entfaltung einschränkt, denselben Zorn empfinden, den auch der Säugling verspürt, dem Arme und Beine festgehalten werden. In seiner Wut wird er sich der Destruktion hingeben und, je nach Temperament und Gelegenheit, ein Revolutionär, Militarist oder ein andersgesinnte Menschen peinigender Moralist werden. Menschen heranzuziehen, die eine bessere Welt schaffen können, ist ein Problem der Emotionsspychologie: Es ist das Problem, Menschen heranzuziehen, die eine sich frei entfaltende Intelligenz verbunden mit einem glücklichen Gemüt besitzen. Dieses Problem zu bewältigen, liegt durchaus in der Macht der Naturwissenschaften; es ist der Wille, der fehlt, und nicht die Macht.

5. Elternhaus contra Schule

Daß Kinder ausschließlich im Elternhaus erzogen werden sollten, ist eine heute überholte Auffassung, auch wenn sie in den Werken von Locke und Rousseau enthalten ist und nach ihr Alexander der Große, Hannibal und John Stuart Mill aufgezogen wurden. Diese Art der Erziehung ist in der Tat nur bei Reichen möglich und braucht allein schon aus diesem Grund nicht weiter diskutiert zu werden. Das Problem des richtigen anteilmäßigen Verhältnisses von Elternhaus und Schule sowie die Frage, mit welchem Alter Kinder eingeschult werden sollten, sind dagegen legitime Diskussionsobjekte.

Die meisten europäischen Staaten sind der Ansicht, daß die Mehrzahl der Kinder von Lohnempfängern vom sechsten bis zum dreizehnten oder vierzehnten Lebensjahr eine Tagesschule besuchen sollten. Ein bestimmter Prozentsatz der begabteren Jungen und Mädchen aus der Arbeiterklasse werden durch Stipendien ermutigt, auch über dieses Alter hinaus ihre Ausbildung fortzusetzen, was für die Söhne und Töchter der Begüterten längst eine Selbstverständlichkeit ist. Von Schwierigkeiten einmal abgesehen, die im Zusammenhang damit entstehen können, daß es sich um Staatsausgaben handelt, besteht keine Übereinstimmung darüber, bis zu welchem Alter eine allgemeine Erziehung überhaupt wünschenswert wäre; auch ist man sich nicht einig, ob Tagesschulen oder Internate vorzuziehen sind. Allgemein scheint man der Meinung zu sein, daß das sogenannte »gute

Elternhaus« zwar besser als jedes Internat, ein unbestimmter Prozentsatz dieser Elternhäuser aber im beabsichtigten Sinne nicht »gut« sei. Ich für meinen Teil halte die Frage für sehr schwierig, denn beide Seiten können beweiskräftige Argumente anführen. Die Frage besteht tatsächlich aus zwei Teilen: 1) Mit welchem Alter ist ein Kind schulpflichtig? 2) Welche Schule eignet sich besser, die Tagesschule oder das Internat? Behandeln wir beide Fragen der Reihe nach.

Mit welchem Alter ist ein Kind schulpflichtig? Die Antwort hierauf hängt in jedem Falle natürlich vom Elternhaus ab, wobei allerdings weniger dessen moralische oder psychologische Ausstrahlung als seine Topographie eine Rolle spielt. Ein auf einem Bauernhof lebendes Kind kann seine Zeit auf dem Lande glücklich und nützlich damit verbringen, durch die Gegend zu streifen, Vögel zu beobachten, beim Heuen, Ernten, Dreschen und Pflügen zuzusehen, bis dann schließlich die Zeit kommt, wo der formelle Unterricht beginnen muß. Für ein Stadtkind, dessen Eltern in einer engen Wohnung leben, stellen sich die Dinge völlig anders dar. Für dieses Kind ist die Schule als Flucht in die Freiheit eine durchaus wünschenswerte Angelegenheit – Freiheit im Sinne von Bewegung, Lärm und Gesellschaft anderer Kinder. Ich habe nicht selten Mediziner kennengelernt, die Vorschulen ablehnten, weil sie von der Vorstellung ausgingen, daß jede Schule ein Ort des Unterrichts mit festgelegten Schulstunden sein müsse. In einer richtig verstandenen Vorschule findet nur der gerade nötige Unterricht statt, denn die Kinder sollen ja noch ihren Spaß daran haben. Sie überfordert die Kinder nicht, bietet ihnen aber die Möglichkeit, der in kleinen Wohnungen fast unvermeidlichen Aufsicht und Einmischung durch andere zu entgehen.

Stadtkinder, deren Eltern nicht reich sind, haben bestimmte physische und psychologische Bedürfnisse, die im Elternhaus nicht befriedigt werden können. Das erste sind Licht und Luft. Margaret McMillan [englische Reformpädagogin, 1860–1931 (D. H.)] stellte fest, daß ein sehr großer Prozentsatz der Kinder ihrer Schule Rachitis hatten, als sie zum erstenmal dorthin kamen; sie wurden aber fast alle wieder gesund, weil sie sich viel im Freien aufhielten. Das zweite Bedürfnis ist eine richtige Kost. Sie ist nicht etwa kostspielig und könnte theoretisch auch zu Hause gegeben werden; aus Mangel an entsprechenden Kenntnissen und aufgrund konservativer Kochgewohnheiten ist dies in der Praxis jedoch nicht möglich. Das dritte Bedürfnis ist genügend Raum zum Herumtoben und Spielen. Kinder sehr armer Leute finden diesen Raum auf der Straße, anderen aber ist es verboten, sich dort aufzuhalten. Außerdem ist die Straße in keinem Fall der geeignetste Ort zum Spielen. Das vierte Bedürfnis ist Lärm. Es ist für ein Kind entsetzlich, wenn man ihm verbietet, Lärm zu machen, aber in den meisten Wohnungen können mehrere lärmende Kinder zugleich den Erwachsenen das Leben unerträglich machen. Das fünfte Bedürfnis ist die Gesellschaft anderer Kinder etwa desselben Alters, ein Bedürfnis, das gegen Ende des zweiten Lebensjahres beginnt und ständig wächst. Das sechste Bedürfnis ist die Möglichkeit, der elterlichen Anteilnahme an allem, was die Kinder tun, zu entgehen. Dieser Faktor spielt bei den vermögenden Schichten eine größere Rolle als bei den ärmeren Gesellschaftsklassen, wo die Mütter in der Regel zu sehr beschäftigt sind, als daß sie bei ihren Kindern genausoviel Schaden anrichten könnten, wie dies Mütter aus dem Bürgertum durch ihr dauerndes Beobachten tun, mag es auch noch so intelligent und gut gemeint sein. Das siebte Bedürfnis ist eine Umwelt mit geeigneten Spielvorrichtungen, jedoch ohne überall lauernde künstliche Gefahren wie etwa Steintreppen, scharfe Kanten oder zerbrechliche Wertgegenstände. Kinder, denen diese Bedürfnisse bis zum sechsten Lebensjahr vorenthalten wurden, sind wahrscheinlich kränklich, ohne jegliche Unternehmungslust und nervös.

Mit Ausnahme der Stadt Wien ist der moderne Staat sich des Problems, das sich aus der Betreuung kleiner Kinder in Großstädten ergibt, bisher noch nicht bewußt. Es ist übrigens weitgehend ein architektonisches Problem. Man sollte in den ärmeren Vierteln der Städte die Höfe auf drei Seiten mit Wohnungen umbauen und die Gebäude nach Süden, zur Sonne hin, öffnen. Der so gewonnene Raum müßte den Kindern vorbehalten sein, die dort unter Aufsicht spielen und essen könnten und nur zum Schlafen nach Hause kämen. Dies würde die Mütter sofort entlasten und den Kindern ungeheuer zugutekommen. Doch steht dem im Augenblick der im Einfamilienhaus gepflegte Individualismus im Wege, dies speziell in England, wo diese Hausform die Architektur mehr als anderswo beherrscht.

Allerdings muß man, so vermute ich wenigstens, davon ausgehen, daß die Reichen es ihren Kindern gar nicht erlauben würden, an den Freuden eines solchen kommunalen Spielplatzes teilzuhaben. Dabei ist es für die Kinder der reichen Leute nicht weniger wichtig als für die der armen, während vieler Stunden am Tag in die Freiheit entlassen zu sein. Keine noch so großartige Stadtwohnung kann bieten, was für das gesunde geistige und physische Wachstum des Kindes nötig ist. Irgendeine Form der Vorschule ist für jede Gesellschaftsklasse notwendig, wobei sich die soziale Exklusivität ja immer noch durch hohe Gebühren sichern läßt.

Bisher haben wir uns mit den sogenannten Vorschuljahren befaßt. Sobald die Kinder aber älter werden, werden auch die Argumente zugunsten des Internats beweiskräftiger. Das bei weitem gewichtigste dieser Argumente ist der Hinweis darauf, daß Internate in bester Umgebung auf dem Lande liegen können, während für die meisten Kinder ihre Tagesschulen in der Stadt liegen müssen. Ein weiteres Argument, das in vielen, wenn auch nicht allen Fällen zutrifft, ist die Feststellung, daß das Elternhaus nicht selten ein Ort ist, wo das Kind nervlichen Belastungen ausgesetzt ist. So kommt es beispielsweise vor, daß die Eltern sich streiten, die Mutter überängstlich oder der Vater lieblos ist. Vielleicht wird eines der Geschwister bevorzugt und ruft damit die Eifersucht der anderen hervor. Auch kann der eine oder andere Elternteil unvernünftig herzlich und liebevoll sein.

Das Elternhaus ist häufig nach der einen oder anderen Richtung hin zu emotional. Kinder brauchen ein ruhiges Leben mit vielen Freuden und Betätigungsmöglichkeiten, aber nur wenigen starken Emotionen. Man muß aber, wie ich meine, trotz allem zugestehen, daß ein richtiges Maß an klug vermittelter Liebe für das Kind gut ist, denn sie verleiht ihm ein gewisses Sicherheitsgefühl und macht ihm seinen Wert als Mensch bewußt. Aus diesen gegensätzlichen Überlegungen Bilanz zu ziehen, ist nicht ganz einfach.

Die Frage Elternhaus oder Schule ist abstrakt nur schwer zu erörtern. Stellt man das ideale Elternhaus der wirklichen Schule gegenüber, so neigt sich die Waage nach der einen Seite; stellt man die ideale Schule dem wirklichen Elternhaus gegenüber, so neigt sie sich nach der anderen. Ich selbst zweifle keineswegs daran, daß die ideale Schule besser ist als das ideale Elternhaus, besser jedenfalls als das ideale städtische Elternhaus, denn sie bietet mehr Licht und Luft, mehr Bewegungsfreiheit und in größerem Maß die Gesellschaft Gleichaltriger. Daraus folgt nun aber keineswegs, daß die wirkliche Schule besser sei als das wirkliche Elternhaus. Die Mehrzahl der Menschen empfindet ihren Kindern gegenüber Zuneigung, und dies wiederum setzt dem Schaden, die sie an ihnen anrichten, gewisse Grenzen. Erziehungsexperten hingegen bringen den betreffenden Kindern keine Zuneigung entgegen. Sie werden im besten Falle von einem Gemeinsinn geleitet, der sich auf die Gemeinschaft als Ganzes und nicht nur auf die Kinder bezieht; im schlimmsten Fall aber sind sie Politiker, damit beschäftigt, sich um die Rosinen im Kuchen zu streiten. Gegenwärtig spielt das Elternhaus eine wichtige Rolle, wenn es darum geht, die Mentalität der jungen Menschen zu formen, eine keineswegs in allen Teilen glückliche Rolle zwar, doch ist sie vielleicht immer noch besser als jene, die der Staat spielen würde, wäre ihm allein die Anleitung der Kinder anvertraut. Das Elternhaus vermittelt dem Kind gewisse Erfahrungen: die Erfahrung der Zuneigung und jene, in einer kleinen Gemeinschaft zu leben, in der das Kind eine wichtige Funktion erfüllt; die Erfahrung der Beziehung zu Menschen beiderlei Geschlechts sowie der vielfältigen Betätigungen, die das Leben eines Erwachsenen mit sich bringt. Es dient also als Korrektiv für die künstlichen Simplifizierungen in der Schule.

Ein weiteres Verdienst des privaten Bereichs der eigenen vier Wände ist die Tatsache, daß er die Verschiedenheit der einzelnen Menschen erhält. Wären wir alle gleich, so käme dies vielleicht dem Bürokraten und dem Statistiker gelegen; es wäre aber nicht nur sehr langweilig, sondern führte auch zu einer sehr unprogressiven Gesellschaft. Gegenwärtig werden die Unterschiede zwischen den einzelnen Menschen weitgehend durch die Verschiedenartigkeit ihres privaten Bereichs geprägt. Eine zu große Verschiedenheit stellt eine Barriere für die soziale Solidarität dar, dagegen ist ein gewisser Unterschied für die beste Form der Kooperation durchaus von Bedeutung. Ein Orchester braucht Männer unterschiedlichen Talents und innerhalb bestimmter Grenzen auch verschiedenen Geschmacks. Würden alle Männer in diesem Orchester darauf bestehen, Posaune zu blasen, so käme Orchestermusik nie zustande. Ähnlich sind auch für die Kooperation Unterschiede im Geschmack und in der Begabung erforderlich. Werden aber alle Kinder genau denselben Einflüssen ausgesetzt, so sind diese Unterschiede weniger wahrscheinlich als in Fällen, wo Eltern in ihrer Verschiedenheit sie beeinflussen können. Meines Erachtens ist dies ein wichtiges Argument gegen die Lehre Platos, die besagt, daß Kinder ausschließlich vom Staat großgezogen werden sollten.

In der heutigen Welt haben außerhalb der Familie zwei Kräfte mit den jungen Menschen zu tun: Der Staat ist nur eine davon, die andere aber sind die Kirchen. In England werden etwa zwei Drittel der Kinder von Lohnempfängern vom Staat erzogen; der Rest verteilt sich auf verschiedene religiöse Glaubensgruppen, in der Hauptsache jedoch auf Anhänger der anglikanischen sowie der römisch-katholischen Kirche. Kinder wohlhabender Leute werden hauptsächlich in einem anglikanischen Milieu erzogen. Ein Großteil der »besten« Mädchenschulen stehen unter anglo-katholischer Leitung, und der Einfluß der Religion auf die Erziehung der Ober- oder Mittelschicht wächst ständig an.

Sowohl die Kirche als auch der Staat in ihrer derzeitigen Form weisen gewisse Mängel auf, soweit sie auf die Erziehung Einfluß nehmen. Ich werde auf diese Mängel in späteren Kapiteln noch ausführlich eingehen und möchte deshalb vorweg nur feststellen, daß Kirche und Staat verlangen, Behauptungen als richtig gelten zu lassen, die kein unvoreingenommener Mensch je glauben kann. Sie fordern außerdem, eine Moralauffassung gutzuheißen, die so grausam ist, daß ihr nur jene zuzustimmen vermögen, denen Güte per Dogma verboten wurde. Die folgenden unglaubhaften Behauptungen mögen hier als Beispiel dienen: Die römisch-katholische Kirche behauptet, daß ein Priester ein Stück Brot, indem er zu ihm Latein spricht, in den Körper und das Blut Christi verwandeln könne; der britische Staat behauptet, daß das Empire für die unterworfenen Nationen geradezu eine Wohltat sei. Um zu erreichen, daß junge Menschen derartige Behauptungen überhaupt glauben, muß man sie dummhalten und ihnen beibringen, nicht etwa dann und wann ihre Urteilskraft einzusetzen. Hier einige Beispiele einer unmenschlichen Moral: Die römisch-katholische Kirche fordert eine Gesetzgebung, nach der eine Frau, von einem Syphilitiker schwanger, die Schwangerschaft nicht künstlich abbrechen darf, sondern ein wahrscheinlich syphilitisches Kind zur Welt bringen muß, damit dieses (davon ausgehend, daß seine Eltern keine Katholiken sind) nach ein paar Jahren irdischen Elends die Ewigkeit im Limbus zubringen kann. Der britische Staat hält es für die Pflicht des Engländers, Menschen zu töten, die nicht wie er Engländer sind, wann immer eine Sammlung ältlicher Herren in Westminster ihm dies zu tun gebietet.

Diese Beispiele genügen bereits, um die Tatsache zu illustrieren, daß Kirche und Staat unversöhnliche Feinde von Intelligenz und Tugend sind. Es ist daher gefährlich, den Einfluß des Elternhauses in der Erziehung abzubauen, ehe wir wissen, was an dessen Stelle treten wird. Angenommen, es gäbe einen von der Theologie emanzipierten Weltstaat, so ist die Wahrscheinlichkeit groß, daß darin das Elternhaus für die jungen Menschen einen weit geringeren Wert besäße und daß eben diese jungen Menschen durch den Wegfall des elterlichen Einflusses im Durchschnitt glücklicher und intelligenter würden. Im Augenblick muß jedoch, außer in Rußland, aller Fortschritt *gegen* Kirche und Staat durchgesetzt werden, und alles, was deren Einfluß auf die Gedankenwelt der Menschen stärkt, ist als alarmierend zu vermerken.

Die Frage, ob Kinder den Eltern entzogen und vom Staat großgezogen werden sollten, muß sowohl im Zusammenhang mit den Kindern als auch im Zusammenhang mit den Eltern gesehen werden.

Die Gefühle der Eltern üben einen starken Einfluß auf das Verhalten nicht nur der Frau, sondern auch des Mannes aus. Wir verfügen nicht über die nötigen Daten, aufgrund deren wir beurteilen könnten, wie Männer und Frauen beschaffen wären, wenn diese Gefühle beseitigt würden. Sicher aber können wir davon ausgehen, daß sie sehr viel anders wären. Wahrscheinlich hätten die meisten Frauen unter derartigen Gegebenheiten kaum noch den Wunsch, Kinder zu haben, und wahrscheinlich auch müßte das Kinderkriegen dann ein bezahlter Beruf werden, für den im Staatsdienst eine neue Abteilung einzurichten wäre. Wahrscheinlich würden die Beziehungen zwischen Männern und Frauen verflachen, und wahrscheinlich auch würde ernsthafte eheliche Liebe selten. Wahrscheinlich hätten die Männer nur noch wenig Lust, hart zu arbeiten, nachdem für viele Männer in mittleren Jahren der Hauptantrieb hierzu derzeit der Wunsch ist, für ihre Familie zu sorgen. Ein Beweis dafür sind die hohen Zahlungen, die Männer für Lebensversicherungen leisten, was wiederum zeigt, daß sie sich Gedanken machen, was nach ihrem Tode aus ihren Familien wird. Es ist zu bezweifeln, ob der normale Mann in einer Welt, in der es die Familie nicht gäbe, sich um Ereignisse kümmerte, die nach seinem Tod geschehen. Möglicherweise würde eine Art Lähmung über die Gemeinschaft kommen, so wie sie auch über ein Bienenvolk kommt, wenn man die Königin entfernt. Darüber kann nur die Erfahrung entscheiden, eine Erfahrung, die bis heute noch fehlt.

Allerdings läßt sich auch zugunsten der anderen Seite sehr viel anführen. Alle possessiven Emotionen sind gefährlich, und die von Eltern den Kindern entgegengebrachten nicht am wenigstens. Die Gefühle, die Eltern für ihre Kinder empfinden, sind stark individualistisch und von der Konkurrenz um ihre Gunst bestimmt. Vielen Männern, die, solange sie keine Kinder haben, von Gemeinsinn erfüllt sind, liegt das Wohl ihrer eigenen Familie am Herzen, sobald sie selbst Vater werden. Der leidenschaftliche Wunsch nach Privateigentum tritt weitgehend im Zusammenhang mit der Familie auf, und die Kommunisten haben, von Plato an, mit der Auffassung recht, daß in ihrem Wirtschaftssystem dem privaten Besitz an den Kindern ein Ende gesetzt werden müsse. Vielleicht wäre es möglich, den Kindern in einer dafür vorgesehenen Schule zu vermitteln, was immer am elterlichen Gefühl bewunderswert und nützlich ist, oder aber allen Kindern das weiterzugeben, was an außergewöhnlichen Persönlichkeiten fasziniert. Gelänge dies tatsächlich, so wäre ein deutlicher moralischer Fortschritt erzielt. Das elterliche Gefühl ist, wie ich meine, die Hauptquelle des Altruismus, und viele kinderlose Frauen haben bewiesen, wie wertvoll es dann werden kann, wenn man es universell einsetzt. Vielleicht würde die Welt, könnte man ihr den Makel des Besitzanspruchs nehmen – ein Makel, der diesem Gefühl so lange anhaften muß, wie es mit echter physischer Elternschaft verbunden ist –, etwas von ihrer grausamen Härte verlieren, und vielleicht auch wären die Menschen dann ihren Mitmenschen durchweg wohlgesinnt. All dies sind lediglich Mutmaßungen, aber es ist gleichwohl eine Hypothese, die überdacht werden sollte.

Die Frage Elternhaus oder Schule läßt sich bis zu einem bestimmten Punkt auf einer gemeinsamen Basis des gesunden Menschenverstands entscheiden, ohne dabei grundlegende Meinungsstreitigkeiten zu entfachen. Sobald wir aber versuchen, über diesen Punkt hinauszugelangen, sehen wir uns mit einer Unkenntnis in bezug auf die Psychologie des Menschen konfrontiert: Wir wissen nicht, wie groß der Anteil des Instinkts an unseren Gefühlen ist bzw. wie stark unsere Gefühle überhaupt sein könnten, wären sie trainiert, sich nicht mehr so wie jetzt, sondern ganz anders zu äußern. Es ist zu hoffen, daß Rußland zu gegebener Zeit Daten liefern wird, mit deren Hilfe wir zu diesen Fragen mehr erfahren können; inzwischen ist wissenschaftlich nur eine Haltung möglich, die nämlich, das Urteil hierüber vorläufig noch aufzuschieben.

6. Aristokraten, Demokraten und Bürokraten

Familie und Staat sind gegensätzliche Kräfte, seit der Staat zum erstenmal in Erscheinung trat: Lediglich als königliche Familie vereint, vermochten beide in emotionaler Eintracht zu existieren. Als Folge hiervon entstand der Schein, die Nation sei eine große Familie mit dem Souverän als deren Oberhaupt. Diese Auffassung herrschte in China und Japan, Mexiko und Peru sowie bis zu einem gewissen Grad auch überall dort vor, wo die Idee göttlichen Königtums stark ausgeprägt war. Dadurch konnte ein starker Staat geschaffen werden: das die Menschen zur Loyalität verpflichtende Gefühl entsprang teils religiöser Verehrung, teils der Achtung vor dem Familienoberhaupt. Der nicht-personifizierte Staat war eine Schöpfung der Griechen und Römer, insbesondere jedoch der letzteren: Die Geschichte, wonach Brutus d. Ä. seine Söhne dem Wohl des Volkes opferte, verkörpert genau das, was man als die Religion des Gemeinsinns bezeichnen kann. Im Osten ist diese Religion noch recht jung und ein Produkt europäischer Einflüsse. Konfuzius stellte die Pietät von seiten der eigenen Kinder bewußt über das Gesetz und rügte einen Sohn, der seinen kriminellen Vater dessen Richtern auslieferte. In Japan haftet dem Patriotismus auch heute noch in nicht geringem Maße der aus alten Zeiten stammende Zug der Unterwürfigkeit gegenüber dem göttlichen Familienoberhaupt an; wenn – was sich gar nicht aufhalten läßt – dieses Gefühl unter dem Einfluß des Rationalismus eines Tages schwindet, so ist zu bezweifeln, ob die japanische Staatsform auch weiterhin bestehen bleibt; ja, es ist nicht einmal unwahrscheinlich, daß sie einer Regierung weichen wird, die mehr dem russischen Modell entspricht. In China wurde hartnäckig versucht, anstelle des eingewurzelten Familiengefühls einen modernen Patriotismus zu erzeugen; im Mittelpunkt eben dieses Versuchs standen die Kuomintang und die fast schon religiöse Verehrung Sun Yat-sens. [Sun Yat-Sen (1866–1925), Führer und Theoretiker der chinesischen revolutionären Bewegung, die 1911 die Monarchie stürzte. (D. H.)] In Indien erwacht derzeit ein neuer Patriotismus, dessen Ursache der Haß auf die Engländer ist. Da all diesen Ländern jedoch die römische Tradition fehlt, hat der Patriotismus, wie wir ihn verstehen, dort immer noch einen etwas exotischen Zuschnitt.

Der Gesinnung der Römer am nächsten kommt in der Neuzeit wohl die britische Oberschicht. In anderen Ländern verkörperte bis zur Französischen Revolution die Person des Monarchen den Staat; in England dagegen vollzog sich nach der Hinrichtung Karls I. [1649 (D. H.)] in den Köpfen der Menschen eine scharfe Trennung zwischen Staat und Monarch. Während des gesamten Zeitabschnitts von 1688–1832 war England in Wirklichkeit eine Patrizierrepublik, deren herrschende Familien jenes fast instinktive Verständnis für Staatsgeschäfte besaßen, das die Römer zu Zeiten ihrer großen Erfolge kennzeichnete. Ich will damit nun nicht etwa sagen, daß die Aristokratie sowohl Englands als auch Roms sich gegenüber ihren Privatinteressen etwa indifferent zeigte. Brutus d. J., jenes Paradebeispiel strenger republikanischer Tugend, lieh einer Stadt Geld zu 60 Prozent Zinsen, und als die Verantwortlichen es unterließen, die Zinsen zu bezahlen, heuerte er eine Privatarmee zu ihrer Belagerung an. Die englische Aristokratie des achtzehnten Jahrhunderts benutzte ihre Gewalt über die beiden Häuser des Parlaments dazu, durch Erlaß der

Enclosure Acts [Einhegung von Gemeindeland, um es zu Privatland, vor allem Weideland, zu machen. (D. H.)] das Volk seiner Rechte zu berauben. Dessenungeachtet empfanden die herrschenden Schichten in beiden Fällen den Staat in einer Art und Weise als ihre persönliche Angelegenheit, wie dies einem einzelnen in den großen Demokratien unserer Tage kaum mehr möglich ist.

Jedes Sozialsystem verfügt über das ihm angemessene Erziehungsinstrument; im Falle der britischen Oligarchie war es die public school [Exklusive Internatsschule für die Söhne der Oberklassen. (D. H.)] – in erster Linie Eton, aber auch, wenngleich in geringerem Maße, Schulen wie Harrow, Winchester und Rugby. Diese Schulen bewirkten, daß trotz inzwischen eingetretener tiefgreifender Veränderungen in der nominellen Verfassung die Mentalität des Aristokraten im achtzehnten Jahrhundert auch den politischen Machthabern des neunzehnten Jahrhunderts eigen war. Die public schools bestehen heute noch und verkörpern in den Augen der meisten begüterten Engländer noch immer all das, was für sie an unserer Tradition zum Besten gehört. Es ist daher wohl auch nach wie vor nötig, ihren Beitrag zum Leben unserer Nation zu diskutieren.

Psychologisch gesehen ist der wichtigste Aspekt im System der preparatory school [Vorbereitungsschule an der public school. (D. H.)] und der public school folgender: Dieses System entzieht den Jungen dem Elternhaus und jeglichem femininen Einfluß, setzt ihn wehrlos den Mißhandlungen sowie möglichen Feindseligkeiten gleichaltriger Mitschüler aus, nötigt ihn, den Wunsch nach Güte und Bemutterung, der ihm noch aus der Kindheit geblieben ist, für sich zu behalten, und zwingt ihn, Gefühle, die er nicht ausschließlich zu verdrängen vermag, auf andere Jungen zu konzentrieren. Zunächst ist er wahrscheinlich sehr unglücklich, aber allmählich lernt er, falls er nicht überdurchschnittlich sensibel und intelligent ist, sich einen Panzer anzulegen und sich gefühlskalt zu geben; während seiner Schulzeit strebt er nach Macht und Ruhm und vernachlässigt dabei alle anderen Ziele; ist er ein guter Athlet, so genießt er ein Prestige, das ihm im späteren Leben erst wieder zuteil wird, wenn er eine Position erreicht, die ihm ein hohes öffentliches Ansehen beschert. In den oberen Schulklassen läßt ihn die Achtung von seiten der jüngeren Mitschüler sowie seine Autorität über sie sein anfängliches Unglücklichsein vergessen, und ist er schließlich vierzig, dann glaubt er, seine Schuljahre seien die glücklichste Zeit seines Lebens gewesen. Aber sein von ihm so empfundenes Glücksgefühl entstand aus der Erfahrung einer trivialen Autorität und der ihm für unbedeutende

Verdienste entgegengebrachten Bewunderung. Instinktiv sucht er im späteren Leben nach Gelegenheiten für ähnliche Freuden: Er hegt den Wunsch, Leute zu beherrschen, und zwar Leute, denen er als gottähnliches Wesen erscheint. So macht er sich auf, unter unkultivierten Menschen bzw. zumindest unter Menschen zu leben, die er für unkultiviert hält: er wird der Gründer eines Weltreichs, ein Vorposten der Kultur und zugleich ein Mensch, dessen Mission es ist, westliche Aufklärung in finstere Gegenden zu bringen. Sehen die »Eingeborenen« ihn so, wie die kleinen Jungen während seiner letzten Schultage ihn sahen, dann ist alles in Ordnung: er ist gütig und gnädig, redlich und arbeitsam sowie stoisch gegenüber Einsamkeit und Ungemach, die auch nicht schlimmer sind als das, was er in seinen ersten Schuljahren ertrug.

Unterlassen es die »Eingeborenen« jedoch, ihn zu bewundern, so bietet er ein weniger angenehmes Bild dar. Im Kontakt mit Wilden, bei denen seine Überlegenheit nicht in Zweifel steht, leistet er wegen seines Mutes und seiner Ausdauer oft gute Dienste; im Kontakt mit fremden Kulturen – wie etwa jenen des Ostens – wird er jedoch zu einer jämmerlichen Gestalt. Ich habe im Osten Menschen, die sich für die prachtvollen Blüten einer public school-Erziehung hielten, gebildeten Orientalen gegenüber erlebt, und dabei machte es mich erröten, Engländer zu sein. Es konnte durchaus sein, daß diese meine Landsleute rote Köpfe hatten, kräftig tranken, ihre Arbeitszeit mit der Ausbeutung anderer und ihre Freizeit mit Sport und Bridge verbrachten, nicht das Geringste von westlicher Kultur wußten, und sich nicht einmal dessen bewußt waren, daß eine östliche Kultur überhaupt existiert. Doch im Kontakt mit Menschen, die nicht nur die in ihrer eigenen Kultur wissenswerten Dinge kannten, sondern von der westlichen Kultur weit mehr wußten als die meisten aus einer public school hervorgegangenen Männer, pflegten diese ignoranten Flegel die Vermessenheit militärischer Eroberer früherer Zeiten an den Tag zu legen und waren es zufrieden, wenn die Kanonen ihrer Kriegsschiffe ihre Überlegenheit bewiesen. Die Japaner haben diese verachtenswerte Brutalität mit der Übernahme unserer Wertmaßstäbe beantwortet, und der übrige Osten ist dabei, diesem Beispiel zu folgen. Als Motor des Imperialismus haben die public schools versagt.

Dieser Fehlschlag hat teils intellektuelle, teils psychologische Ursachen. Befassen wir uns zunächst einmal mit den intellektuellen, näher an der Oberfläche liegenden Gründen. Der Geist der public schools ist geprägt von einer Geringschätzung der Intelligenz, insbesondere der wissenschaftlichen Intelligenz. Die Lehrkräfte werden weitgehend nur nach ihrer Qualifikation als Athleten ausgewählt; sie müssen, zumindest nach außen, einen Verhaltenskodex befolgen, der einen ganzen Katalog religiöser, politischer, sozialer und moralischer Regeln umfaßt und von den meisten intelligenten Leuten nicht toleriert werden kann; sie müssen die Jungen zu ständiger Beschäftigung anhalten, so daß sie für sexuelle Sünden und gelegentlich auch zum Denken keine Zeit finden; sie müssen den klügeren Jungen die bei diesen hier und da in Spuren noch vorhandene geistige Unabhängigkeit ausreden, und schließlich müssen sie ein Fertigprodukt herstellen, das in einem Maß den Kult guter Formen pflegt, daß es für den Rest des Lebens nicht mehr in der Lage ist, irgend etwas Wichtiges zu erlernen. Dies sind nur einige der intellektuellen Mängel unserer public schools – Mängel, die von der Tatsache nicht zu trennen sind, daß die public schools dazu da sind, ein System zu stützen, das sich intellektuell nicht verteidigen läßt.

Den psychologischen Mängeln der preparatory schools sowie der public schools liegen zwei Ursachen zugrunde: die Fernhaltung der Jungen von der Gesellschaft weiblicher Wesen sowie der konventionelle Moralkodex. Die Jüngeren unter ihnen vermissen zunächst unvermeidlicherweise die Zuneigung der Mutter und der älteren Schwestern, ja, selbst des Kindermädchens; unter diesen Umständen wird die Mutter oft das Objekt heimlicher Sehnsucht und Anbetung, dies um so stärker, als allen Frauen de rigueur Verachtung zu zollen ist. Nach der Pubertät neigen sie zur Masturbation oder Homosexualität oder zu beidem, und viele von ihnen glauben, daß dies Sünde sei. Im besten Fall sind sie zu Heimlichkeiten gezwungen, nachdem alle maßgebenden Lehrkräfte von der Norm abweichendes sexuelles Verhalten mit Entsetzen vermerken. Dieser Tatbestand stärkt dann in nicht wenigen von ihnen möglicherweise das Mutterbild, nach dem die Frau eine Liebe inspiriert, der das Gift des Fleisches nicht anhaftet. Diese Art des Gefühls macht eine glückliche Ehe nicht selten unmöglich und führt bisweilen zur Mißachtung jeder Frau, mit der sexuelle Beziehungen im Bereich des Möglichen liegen. Die aus dieser psychologischen Verstrickung resultierende unglückliche Verfassung tendiert dazu, den Menschen zu Grausamkeiten zu veranlassen und Macht zur einzig verfügbaren Glücksquelle zu machen. Auf diese Weise wird durch die Komplexe des sexuell Unbefriedigten die Mentalität des Imperialisten nur noch gestärkt.

Die in englischen public schools verbreiteten Übel sind vielleicht nicht alle untrennbar mit der aristokratischen Erziehung verknüpft, sondern man trifft sie wahrscheinlich in der Hauptsache dort an, wo es um Menschen geht, die schon von Geburt an einer gehobenen Gesellschaftsschicht angehören. Solche Menschen streben hauptsächlich nach Befehlsgewalt; sie bilden daher eher den Willen aus als Intelligenz oder Sensibilität und beziehen in ihre Ausbildung jene Elemente der Askese ein, die Willenskraft verleihen. Unter dem Einfluß des Wohlstands verweichlichten die Aristokraten in der Vergangenheit häufig mit zunehmendem Luxus oder aber sie wurden nachgiebiger gestimmt, weil liberale Auffassungen immer weiter um sich griffen. Ohne sich vor diesen Gefahren zu schützen, kann keine Aristokratie sich lange halten. So sind also sowohl die guten als auch die schlechten Merkmale der englischen public schools für die Erziehung einer sich ständig selbst am Leben erhaltenden Aristokratenschicht notwendig. Die Aristokratie gehört heute eigentlich der Vergangenheit an, und England, das sie noch immer stützt, erweckt allmählich, wie das Beuteltier, den Eindruck eines seltsamen Überbleibsels der Geschichte. Allein aus diesem Grund und nicht etwa wegen irgendeines Detailfehlers hat Eton heute nicht mehr die Bedeutung, die es vor hundert Jahren noch hatte. Welches Erziehungssystem auch immer den Menschen jenes Rüstzeug vermitteln soll, das sie in die Lage versetzt, den ihnen zugewiesenen Platz in der modernen Welt auszufüllen: ein aristokratisches System darf es jedenfalls nicht sein.

Die demokratische Erziehung weist, in ihrer reinen Form angewandt, Übel auf, die ebenso groß, wenn nicht größer sind als jene der Aristokratie. Demokratie als Mentalität hat zwei Seiten. Wenn sie besagt »Ich bin genausogut wie du«, dann ist sie heilsam, besagt sie jedoch »Du bist nicht besser als ich«, dann wirkt sie bedrückend und wird zum Hindernis für die Entfaltung außerordentlicher Leistungen. Um es noch präziser zu formulieren: Demokratie ist dann gut, wenn sie zur Selbstachtung anregt, und sie ist dann schlecht, wenn sie zur Verfolgung außergewöhnlicher Personen durch die Masse anregt. Diese Art der Verfolgung kommt selbstverständlich auch in aristokratischen Schulen vor, wo Ausnahmeerscheinungen unter den Jungen häufig schweren Mißhandlungen ausgesetzt sind. Erst in der Demokratie jedoch wird dergleichen zur Theorie und Praxis zugleich und erstreckt sich über den Bereich der Schule hinaus auf die ganze Welt. Toleranz gegenüber Exzentrikern, eines der hervorragendsten Merkmale englischen Lebens, steht in engem Zusammenhang mit Aristokratie. Byron und Shelley wurden zwar gesellschaftlich verfolgt, doch ging diese Verfolgung nicht soweit wie dies in einer

Demokratie der Fall gewesen wäre; überdies konnten sie sich ihr besser widersetzen, als dies ohne aristokratische Selbstachtung möglich gewesen wäre.

Dies ist jedoch nicht das Hauptübel der Erziehung in einer Demokratie. In Amerika, wo die demokratische Gesinnung stark ausgeprägt ist, lassen sich nur schwer Erziehungssysteme entwerfen, die den gescheiten Kindern die nötigen Vorteile einräumen. Zwar wurde in jüngster Zeit einiges in dieser Richtung unternommen, aber in der Hauptsache befaßten sich jene damit, die gegen die Demokratie sind. Es versteht sich von selbst, daß einige Kinder immer begabter sind als andere und daß die begabteren, sollen sie so glücklich und für die Gemeinschaft so nützlich wie möglich sein, einer Behandlung bedürfen, die sich von der für die Durchschnittskinder am besten geeigneten unterscheidet. Der Fehler der Aristokratie lag nicht etwa darin, daß sie glaubte, manche Menschen seien anderen überlegen, sondern vielmehr darin, daß sie von der Annahme ausging, Überlegenheit ließe sich vererben. Der Fehler der Demokratie liegt wiederum darin, in den Ansprüchen auf Überlegenheit berechtigte Gründe für den Unmut der Masse zu sehen. In der modernen Welt erfordern viele für die Gemeinschaft unentbehrliche Arbeiten mehr Geschick, als die meisten Menschen es besitzen, und deshalb muß es Wege geben, außergewöhnliche Menschen für diese Arbeiten auszuwählen. Sollen sie ein möglichst hohes Maß an Qualifikation mitbringen, so ist es im allgemeinen wohl angebracht, sie schon recht jung – etwa mit zwölf Jahren – auszusuchen und ihnen die Möglichkeit zu geben, raschere Fortschritte zu machen, als eine Klasse durchschnittlich begabter Jungen und Mädchen dies je könnte. Die Auffassung, es sei undemokratisch, eine Auslese der besten Schüler zu treffen, führt dazu, daß gutes Material weitgehend verschwendet wird. Wir werden uns mit dieser Frage in Kapitel 12 noch einmal befassen, so daß ich im Augenblick nicht mehr näher darauf eingehen will. Nur eines noch: Die verwilderte demokratische Gesinnung, nicht die demokratische Regierung in ihren verschiedenen Formen, ist die Ursache des Übels. Frankreich ist politisch so demokratisch wie Amerika, aber dort tauchen keinerlei Schwierigkeiten auf, wenn es darum geht, den Begabten eine Sonderausbildung zu gewähren, dies nicht zuletzt deshalb, weil intellektuelle und künstlerische Verdienste nicht erst geschätzt werden, wenn sie es zu großer Reputation gebracht haben, sondern schon dann, wenn sie noch im Entwicklungsprozeß stehen.

Demokratie als Theorie hat nicht mehr den Einfluß auf die Meinung der Menschen, den sie noch vor dem Krieg besaß. Inzwischen wurde deutlich, daß es in einer Industriegesellschaft Schlüsselpositionen gibt, die, falls sie sich nicht in den Händen privater Plutokraten befinden, von Beamten eingenommen werden. Diese Beamten werden zwar von der Öffentlichkeit kontrolliert, können aber gleichwohl in vielen Dingen wichtige Entscheidungen in eigener Initiative treffen. Als praktische Alternative zur Aristokratie und Plutokratie bleibt uns demnach nur die Bürokratie. Auch wenn alles erdenklich Mögliche getan wird, ungerechte Privilegien abzuschaffen, wird die Macht, weil sich dies einfach nicht vermeiden läßt, immer noch ungleich verteilt sein; allerdings wird sie dann jenen übertragen werden, die das beste Rüstzeug für ihre Ausübung mitbringen. Dabei handelt es sich jedoch nicht etwa um Macht, die mit keinerlei Verantwortung verbunden wäre, um Macht also, wie sie etwa Plutokraten und absoluten Monarchen zukommt; vielmehr geht es hier um Macht, die in letzter Instanz der Kontrolle durch die Demokratie unterliegt. Menschen, denen es obliegt, diese Art von Macht auszuüben, müssen vernünftigerweise Qualitäten besitzen, die sich von den durch eine demokratische oder aristokratische Erziehung geförderten doch in einigem unterscheiden. Das undemokratische Element dieser Auslese ist der Tatbestand, daß diese Menschen in bezug auf ihre Befähigung und ihr Wissen anerkannterweise über dem Durchschnitt liegen. Das unaristokratische Element dabei ist die Tatsache, daß ihre Position nicht vom sozialen Status ihrer Väter, sondern von ihrer persönlichen Befähigung abhängt. Und da sie keine unumstößliche und absolute Macht besitzen, bedürfen sie auch keines außergewöhnlichen Befehlstalents, sondern lediglich überdurchschnittlicher Fähigkeiten, zu vernünftigen Beschlüssen zu kommen und diese Personen gegenüber zu begründen, die ihnen vom Verstand her nicht ganz gewachsen sind.

Nichts täuscht darüber hinweg, daß die Bedeutung des Bürokraten ständig wächst, nachdem als Folge moderner Erfindungen und moderner Technik die Gesellschaft organischer wird. In einem von der Wissenschaft geprägten Staat ist es daher wichtig, die künftigen Beamten richtig zu erziehen. Von seiten der Lehrkräfte und der in Unterrichtsbehörden tätigen Beamten erfordert dies Respekt für die den Kindern angeborene Intelligenz sowie Mittel und Wege, dieser nachzuspüren; es erfordert Spezialklassen für die intelligenteren unter ihnen sowie einen Lehrplan, der ihnen einen umfassenden geistigen Horizont und all das verschafft, was zur Erwerbung von Fachwissen notwendig ist. Manche Menschen neigen zu der Annahme, daß brauchbare Kenntnisse der Bildung abträglich seien und umgekehrt.

Ich glaube, dies ist ein Irrtum. So wird etwa behauptet, daß es der Bildung zuträglich sei, Kenntnisse vom Peloponnesischen Krieg zu besitzen, über die Russische Revolution Bescheid zu wissen, sei dagegen vulgär und verwerflich. Ansichten dieser Art sind nicht nur ein Hindernis, wenn es darum geht, sich nützliche Kenntnisse anzueignen, sondern auch für eine vernünftige Bildung, eine Bildung nämlich, die genau jenen Umfang und jene Universalität aufweisen sollte, deren sie ständig durch Pedanten beraubt wird.

Die Erziehung zum Bürokraten ist demnach eine Erziehung mit der Zielsetzung, eine spezielle Ausprägung bürgerlicher Existenz heranzubilden. Sie wird aber solange nicht gesund sein, wie bestimmte Kenntnisse, nur weil sie zur Tradition gehören, ein spezielles Ansehen genießen, während man andere Wissensgebiete für unwichtig hält, da Pädagogen von ihnen nichts verstehen. Zur Zeit der Renaissance war gute Literatur zum größten Teil in Latein und Griechisch abgefaßt; heute ist dies nicht mehr der Fall. Die meisten Lehrer an englischen public schools haben dies noch immer nicht bemerkt, und die britische Regierung wählt ihre Staatsbeamten nach wie vor weitgehend nach ihrem Wissen in den alten Sprachen aus, obschon Kenntnisse in Französisch und Deutsch sowohl nützlicher als auch von größerem kulturellen Wert wären. Der traditionelle Bildungsbegriff in seiner ganzen Beschränktheit hat sehr viel zu tun mit dem Verruf, in den die Bildung in aller Welt geraten ist. Eine genuine Bildung drückt sich darin aus, daß der Mensch ein Bürger des Universums und nicht nur einiger weniger willkürlicher Fragmente von Raum und Zeit ist; sie verhilft dem Menschen dazu, die menschliche Gesellschaft als Ganzes zu verstehen, die von den Gemeinschaften zu verfolgenden Zielsetzungen weise abzuschätzen und die Gegenwart in ihrer Beziehung zu Vergangenheit und Zukunft zu sehen. Genuine Kultur ist daher für jene von großem Wert, die mit Macht umzugehen haben, und gerade für sie ist sie mindestens ebenso nützlich wie detailliertes Wissen. Das geeignete Mittel, den Menschen zu einem nützlichen Glied der Gesellschaft zu machen, ist der, ihn weise zu machen, und ein wesentlicher Bestandteil der Weisheit ist ein umfassender Geist.

7. Die Masse in der Erziehung

Einer der für die Formung des Charakters wichtigsten Faktoren ist der Einfluß der Masse auf das Individuum während dessen Kindheit und Jugend. Viele Mißerfolge, die bei der Heranbildung einer Persönlichkeit zu verzeichnen sind, resultieren aus dem Konflikt zwischen zwei verschiedenen Arten von Masse, denen beiden das Kind angehört, während andere wiederum aus Konflikten zwischen der Masse und den individuellen Neigungen entstehen. Im Zusammenhang mit Erziehung sollte die Überlegung einen wichtigen Platz einnehmen, wie überhaupt sichergestellt werden kann, daß der Einfluß der Masse nicht übermäßig groß wird und daß ihre Wirkung eher nützlich als schädlich ist.

Die meisten jungen Menschen sind dem Wirken zweier verschiedener Arten von Masse ausgesetzt, die man als die große bzw. die kleine Masse bezeichnen kann. Die große Masse besteht nicht ausschließlich aus jungen Leuten, sondern vielmehr aus der ganzen Gesellschaft, der das Kind angehört. Diese Gesellschaft wird in der Hauptsache durch das Elternhaus des Kindes determiniert, mit Ausnahme der Fälle allerdings, wo ein sehr deutlicher Konflikt zwischen Elternhaus und Schule besteht, was beispielsweise für Einwandererkinder in den Vereinigten Staaten gilt. Während der Zeit, in der ein Junge oder ein Mädchen die Schule besucht, ist die große Masse jedoch von geringerer Bedeutung als die kleine, aus Mitschülern bestehende. Jede Ansammlung von Menschen auf gewohnt engem Raum läßt ein Herdengefühl entstehen, das sich in einer gewissen instinktiven Verhaltensuniformität und in einer Feindseligkeit gegenüber jedem zeigt, der zwar denselben engen Kontakt zu den anderen hat, jedoch nicht als Mitglied der Gruppe empfunden wird. Jeder Neuankömmling in der Schule macht eine gewisse Zeit durch, während der er von denen, die in die Masse bereits aufgenommen sind, mit unfreundlichem Argwohn betrachtet wird. Ist der Junge nicht anders als sie, so wird er sehr bald als einer der Gruppe akzeptiert und handelt, fühlt, denkt nach kurzer Zeit wie die anderen. Ist er jedoch auf irgendeine Art und Weise ungewöhnlich, so kann zweierlei passieren: entweder er wird zum Anführer der Masse oder aber er bleibt ein verfolgter Sonderling. Einige ganz wenige werden, indem sie eine ungewöhnliche Gutmütigkeit mit Exzentrik in sich vereinen, zu lizenzierten Irren, wie der »verrückte Shelley« in Eton.

Ein konventioneller Mensch lernt während seiner Schulzeit sehr schnell und fast instinktiv zu realisieren, was von ihm verlangt wird, will er – und dies ist für sein Ansehen als Normalbürger im späteren Leben wichtig – ein konventionelles Glied der Masse werden. Verhält sich ein Konmitglied eines Clubs einmal nicht völlig korrekt, so wird sich ein erwachsener Mann aus der Zeit, als er selbst noch ein Junge war, daran erinnern, wie man solch kleine Sonderlinge behandelte; und obwohl er, um dem für die Welt der Erwachsenen gültigen Kodex zu entsprechen, sein Verhalten ändert, wird er es im wesentlichen so beibehalten, wie es in jenen frühen Jahren geprägt wurde. So sieht der effektive Moralkodex aus, den die Menschen zu befolgen haben. Ein Mensch darf unmoralische Dinge tun; er darf illegale Dinge tun; er darf gefühlskalt, brutal oder bei passender Gelegenheit auch rüde sein; er darf aber keinesfalls Dinge tun, wofür seine Gesellschaftsschicht ihm die kalte Schulter zeigt. Welche Dinge dies sind, hängt natürlich vom Land, vom Alter und von der Gesellschaftsklasse ab, um die es sich handelt. Aber in jedem Land, in jedem Alter und in jeder Gesellschaftsklasse gibt es Derartiges.

Die Furcht vor der Masse ist in fast allen Menschen tief verwurzelt. Und diese Furcht wird zuerst in der Schule eingeimpft. Es wird deshalb in Zukunft für die Moralerziehung von großer Bedeutung sein zu erreichen, daß das, was in der Schule von der Masse bestraft wird, soweit wie möglich auch tatsächlich unerwünschte Dinge sind, die der Junge abzustellen in der Lage ist. Dies sicherzustellen, ist allerdings äußerst schwierig. Der für eine Gruppe von Jungen gültige natürliche Verhaltenskodex stellt in der Regel keine sehr hohen Ansprüche. Und unter den Dingen, die sie wahrscheinlich in erster Linie bestrafen, sind solche, die ihre Opfer nicht steuern können. Ein Junge mit einem Muttermal im Gesicht oder mit schlechtem Mundgeruch muß wahrscheinlich Todesqualen ausstehen, und nicht einer unter hundert Jungen wird auf die Idee kommen, daß er eigentlich Mitleid verdient. Ich glaube nicht, daß dies unvermeidlich ist. Vielmehr meine ich, daß es möglich sein muß, den Jungen eine warmherzige Haltung beizubringen. Die Sache ist allerdings schwierig, und Lehrer, denen die sogenannte Männlichkeit gefällt, unternehmen in dieser Richtung wohl nicht viel.

Vom sozialen, wenn auch nicht vom Standpunkt des Individuums ernster liegt der Fall bei den Jungen, deren größere Gruppe als Massenerscheinung sich irgendwie in Opposition zur kleineren Gruppe der Schule befindet, so etwa bei Juden in einer Schule, die hauptsächlich von Nichtjuden besucht wird. Selbst in den liberalsten Gesellschaften mußten die meisten Juden während ihrer Kindheit aufgrund ihrer Rasse Beschimpfungen über sich ergehen lassen; diese Beschimpfungen bleiben ihnen im Gedächtnis und färben ihre gesamte Einstellung zum Leben und zur Gesellschaft. Man mag einem Jungen zu Hause einen gewissen Stolz darauf eintrichtern, daß er Jude ist: er mag vom Intellekt her wissen, daß die jüdische Kultur älter ist als die der meisten westlichen Völker und daß der Beitrag der Juden zur Kultur überhaupt im Verhältnis zu ihrer Zahl unvergleichlich größer war als jener der Nichtjuden. Hört er jedoch andere Jungen spöttisch hinter ihm herrufen, so fällt es ihm schwer, sich daran zu erinnern, daß ein Jude zu sein eine feine Sache sei; und falls er sich tatsächlich daran erinnert, so tut er dies mit einem gewissen Trotz. Auf diese Art und Weise wird seiner Seele eine Dissonanz zwischen den Wertmaßstäben des Elternhauses und denen der Schule eingepflanzt. Diese Dissonanz ist Ursache erheblicher nervöser Spannungen und einer tiefverwurzelten instinktiven Angst. Neben einem hieraus entstehenden besonders stark ausgeprägten Nationalbewußtsein als Jude sind zwei typische Reaktionen auf diese Situation zu verzeichnen: die des Revolutionärs und die des Kriechers.

Karl Marx und Disraeli [Benjamin Disraeli, 1. Earl of Beaconsfield (1804–1881), konservativer britischer Staatsmann und Schriftsteller; 1868 und 1874–80 Premierminister. (D. H.)] sind zwei extreme Beispiele dieser beiden Reaktionen. Karl Marx hätte den Haß, den er gegenüber der bestehenden Ordnung verspürte, wohl nicht empfunden, wäre er Nichtjude gewesen. Aber da er zu viel Intelligenz besaß, um die Nichtjuden an sich zu hassen, verlegte er seinen Haß von den Nichtjuden als ganze Rasse auf die Kapitalisten. Und da die Kapitalisten in der Tat reichlich hassenswert waren, gelang es ihm, sie mit den Augen des Hasses messend, eine weitgehend wahre Theorie über ihren Standort in der sozialen Ordnung aufzustellen. Disreaeli, der Rasse nach Jude, der Religion nach aber Christ, begegnete der Situation auf andere Art und Weise. Er bewunderte mit tiefem Ernst den Glanz der Aristokratie sowie die Pracht der Monarchie. Dort, so fühlte er im Innersten, war Stabilität. Dort war Sicherheit vor Verfolgung. Dort war Immunität vor Pogromen. Dieselbe Furcht vor der feindlichen Masse, aus der bei Karl Marx Revolution wurde, verwandelte sich bei Disraeli in schützende Nachahmung. Mit erstaunlichem Geschick machte er sich zu einem Glied der bewunderten Masse, stieg in ihr zu höchster Macht auf, wurde der Führer einer stolzen Aristokratie und der Günstling seines Souveräns. Der sein Leben bestimmende Grundton geht aus dem Ausruf hervor, den er tat, als das Unterhaus seine Jungfernrede durch heftiges Gelächter unterbrach: »Es wird die Zeit kommen, wo Sie nicht umhinkönnen, mich anzuhören!« Um wieviel anders die Haltung eines geborenen Aristokraten angesichts von Gelächter ist, illustriert die Geschichte über Pitt d. Ä. [William Pitt. d. Ä., Earl of Chatham (1708–1778), englischer Staatsmann. (D. H.)], der eine Rede im Parlament einmal mit den Worten begann: »Zucker, Sir –«, was ein Kichern hervorrief. Er sah um sich und wiederholte in lauterem Ton: »Zucker, Sir –«, und wieder erhob sich ein Kichern. Mit zornigen Blicken und donnernder Stimme wiederholte er ein drittes Mal: »Zucker, Sir –«. Und dieses Mal war nicht das leiseste Kichern zu hören.

Viele herausragende Leistungen, sowohl gute als auch schlechte, sind auf den Wunsch zurückzuführen, eine Schande auszulöschen, die ein Mensch in seiner Jugend angesichts der Masse ertragen mußte. Bastarde sind ein anschauliches Beispiel hierfür. Im »König Lear« veranschaulicht Edmund sehr deutlich, wie die Tatsache, illegitim geboren zu sein, ihn zum Feind konventioneller Menschen werden ließ. Ich wage zu behaupten, daß Wilhelm der Eroberer nicht zu solch bemerkenswerten Taten angestachelt worden wäre, hätte er nicht den Wunsch gehabt, den Makel seiner Geburt auszulöschen. [Wilhelm der Eroberer, 1027/28 bis 1087, späterer König von England, war der uneheliche Sohn von Robert, Herzog der Normandie. (D. H.)]

Bisher haben wir uns mit der Wirkung ganz gewöhnlicher Massen auf Individuen befaßt, die entweder in bezug auf ihren Charakter oder auf die Verhältnisse, in denen sie lebten, abnorm waren. Nicht selten aber gab es auch extremer geartete Jungengruppen, Gruppen, die lasterhafter und grausamer waren als jene, an die die meisten von uns in ihrer Jugend gewöhnt waren. Kropotkin [Peter Alexejewitsch Kropotkin (1842–1921), russischer Geograph und Revolutionär, Begründer des kommunistischen Anarchismus. Aus einer russischen Fürstenfamilie stammend, wurde er im Pagenkorps in Petersburg erzogen. (Siehe dazu seine »Erinnerungen eines Revolutionärs«) (D. H.)] gehörte während seiner Jugend dem Pagencorps an, jener Aristokratenschule, auf der die vom Zaren besonders begünstigten Jungen erzogen wurden. Seine Schilderung der Dinge, die an dieser Schule passierten, ist recht interessant. So schreibt er beispielsweise:

»... Die unterste Klasse tat, was sie wollte; und erst noch im vergangenen Winter war es eines ihrer Lieblingsspiele, die ›greenhorns‹ im Nachthemd nachts in einem Raum zu versammeln und sie wie Zirkuspferde herumlaufen zu lassen, während die pages de chambre, mit dicken Gummipeitschen bewaffnet und teils in der Mitte, teils am Rande postiert, erbarmungslos auf die Jungen einschlugen. In der Regel endete der »Zirkus« auf abscheuliche Art nach orientalischem Brauch. Die Moralbegriffe, die damals vorherrschten, sowie das schmutzige Gerede darüber, was sich nachts nach einem Zirkus abspielte, waren derart, daß es um so besser war, je weniger man darüber sagte.« (Erinnerungen eines Revolutionärs)

Der Einfluß der Schule als Masse auf den Charakter außergewöhnlicher Menschen läßt sich kaum überschätzen. Das Beispiel Napoleons zeigt dies. Napoleon besuchte während seiner Jugendzeit die aristokratische Kadettenschule in Brienne, deren übrige Schüler fast alle reich und von höherem Adel waren. Er befand sich dort aufgrund eines von Frankreich an Korsika gemachten politischen Zugeständnisses, demzufolge eine bestimmte kleine Zahl korsischer Jünglinge unentgeltlich ausgebildet wurden. Er gehörte einer großen Familie an, und seine Mutter war arm. Nachdem er Kaiser geworden war, fand man zweckmäßigerweise heraus, daß er von einer Ghibellinenfamilie abstammte, doch war dies damals noch nicht bekannt. Sein Gewand war schlicht und abgetragen, wogegen die anderen jungen Männer prächtige Kleider trugen. Er war ein verachteter Niemand, dem sie mit hochmütiger Geringschätzung begegneten. Als die Revolution ausbrach, sympathisierte er mit ihr, und es ist zu vermuten, daß er bei dieser seiner Sympathie nicht zuletzt an die Demütigung dachte, die den Kameraden seines Aufenthalts in Brienne widerfuhr. Aber mit seinem Aufstieg zum Kaiser wurde ihm eine köstlichere Rache nach Art der Geschichten aus Tausendundeiner Nacht möglich. Genau jene Männer, die ihn damals geringgeschätzt hatten, konnte er jetzt um das Privileg nachsuchen lassen, sich vor ihm verbeugen zu dürfen. Kann man bezweifeln, daß der sein späteres Leben zerstörende Snobismus seinen Ursprung in den Demütigungen hatte, die er als Junge erleiden mußte? Seine Mutter, die nicht dieselben Demütigungen erfuhr, beobachtete seine Karriere aus zynischer Distanz und bestand gegen seinen Willen darauf, einen Großteil ihres Lohns vorbeugend für den Tag zurückzulegen, an dem sein Ruhm zu Ende sein würde.

Einige wenige große Männer, meist waren es Monarchen, bekamen den Druck des Masse allerdings nie zu spüren. Der bedeutendste unter ihnen ist Alexander der Große, der zu keiner Zeit einer innerhalb eines Haufens Gleichgestellter war. Vielleicht rühren sowohl seine Größe als auch seine Fehler aus dieser Tatsache. Ihn hielt keinerlei Bescheidenheit, wie sie dem Neuankömmling in der Schule eingeflößt wird, von großartigen Ideen zurück. Sich als Eroberer begreifend, schien es ihm natürlich, die ganze Welt zu erobern. Sich größer als alle seine Zeitgenossen begreifend, schien es ihm natürlich, sich selbst für einen Gott zu halten. Selbst im Umgang mit seinen ihm am nächsten stehenden Freunden zeigte er keinerlei Neigungen, deren Rechte anzuerkennen. Seine Morde an Parmenio und Cleitus lassen, für sich betrachtet, einen grausamen Tyrannen vermuten, doch sind sie psychologisch als Folge der Unduldsamkeit eines Mannes zu deuten, der zu keiner Zeit seines Lebens der Masse ausgesetzt war. [Parmenio: Makedonischer Feldherr, 330 v. Chr. in Ekbatana auf Befehl Alexanders d. Gr. als angeblicher Mitwisser der Verschwörung seines Sohnes Philotas ermordet. Cleitus: Feldherr Alexanders d. Gr., der diesem in der Schlacht am Granikos das Leben rettete; 328 v. Chr. von Alexander wegen eines Tadels im Rausch getötet. D. H.]

Die obigen Darstellungen sollen aufzeigen, daß die Schule als Masse einen der wichtigsten Faktoren für die Prägung des Charakters darstellt, dies insbesondere dann, wenn eben diese Masse mit einem wie auch immer gearteten individuellen oder sozialen Charakteristikum des außergewöhnlich begabten Jungen in Widerstreit steht. Derjenige, der eine gute Schule gründen will, muß sich mehr über das Wesen der Masse, die er damit schafft, als über irgendein anderes Einzelelement Gedanken machen. Ist er selbst gütig und tolerant, erlaubt der Masse der Schüler jedoch, grausam und intolerant zu sein, so werden die seiner Obhut anvertrauten Jungen trotz seiner Vorzüge eine quälende Umwelt erfahren. Ich glaube, daß in einigen modernen Schulen die Nichteinmischungsdoktrin einen Punkt erreicht hat, wo so etwas sehr leicht geschehen kann. Schreiten die Erwachsenen niemals ein, so errichten die größeren Kinder wahrscheinlich eine Tyrannenherrschaft über die kleineren, so daß Freiheit, die angebliche Losung der Schule, nur für eine Aristokratie der physisch Starken Gültigkeit besitzt. Es ist jedoch äußerst schwierig, die Tyrannei älterer Kinder durch direkte Disziplinarmaßnahmen zu verhindern. Falls die Erwachsenen im Umgang mit ihr Gewalt anwenden, so werden sie ihrerseits im Umgang mit den kleineren dasselbe tun. Ziel der Bemühungen muß es demnach sein, den Druck der Masse möglichst gering zu halten und zu erreichen, daß auch die physische Stärke nur soweit dominiert, als es mit dem Wesen des Jugendlichen gerade noch vereinbar ist. Es kann für junge Menschen nur gut sein, die Lektion des sozialen Umgangs mit Gleichaltrigen zu lernen, nicht gut aber ist es für sie, einem zu starken Druck der Masse ausgesetzt zu sein.

Der Druck der Masse ist nach zwei Dingen zu beurteilen: erstens nach seiner Intensität und zweitens nach der Richtung, in die er zielt. Ist der Druck auf die Kinder sehr intensiv, so macht er aus ihnen, von einigen seltenen Ausnahmen abgesehen, Menschen, die als Erwachsene schüchtern und konventionell sind. Dies ist bedauerlich, wie großartig auch immer die moralischen Wertmaßstäbe sein mögen, die die Masse zu ihrem Handeln veranlassen. In »Tom Brown's Schooldays« [1856 erschienenes Buch von Thomas Hughes (1823 bis 1897), klassische Schilderung des Lebens in den public schools um die Mitte des 19. Jahrhunderts. (D. H.)] erhält ein Junge Fußtritte, weil er betet. Dieses Buch hatte eine große Wirkung, und unter meinen gleichaltrigen Kameraden kannte ich einen, der in der Schule Fußtritte erhielt, weil er *nicht* betete. Ich muß leider sagen, daß er sein ganzes Leben lang ein prominenter Atheist blieb. So wird also selbst diese höchst tugendhafte Form der Tyrannei durch die Masse, wenn auf die Spitze getrieben, zu einem unerwünschten Phänomen. Zuviel Druck von seiten der Masse wirkt sich auf die Individualität und die Entfaltung gerade der Interessen störend aus, die bei gesunden Durchschnittsjungen nicht häufig anzutreffen sind, wie Wissenschaft und Kunst, Literatur und Geschichte sowie all die anderen Dinge, die die Kultur ausmachen. Es läßt sich jedoch nicht leugnen, daß Konkurrenz innerhalb der Masse auch ihre guten Seiten hat. Sie fördert den physischen Mut und schreckt vor versteckten Gemeinheiten ab, wie sie Kriecher gerne anbringen. In Grenzen gehalten, ist sie daher von Nutzen.

Wo die Zielsetzungen der Masse im ganzen gesehen positiv sind, ist dieser Nutzen wesentlich größer als in den Fällen, wo sie beispielsweise der Schilderung in Kropotkins Bericht über das »Pagencorps« entsprechen. Ein Vorteil von Spezialschulen für ungewöhnlich begabte Jungen und Mädchen ist der, daß die Masse in solchen Schulen wahrscheinlich weit aufgeklärter und kulturellen Bestrebungen gegenüber weit weniger feindlich gesinnt ist als in gewöhnlichen Schulen. Aber wenn die Erwachsenen mit gutem Beispiel vorangehen, ist es selbst im Falle völlig normalbegabter Jungen und Mädchen möglich, diesen einen gewissen Grad an Toleranz und Güte anzuerziehen sowie in ihnen ein beachtliches Maß an Interesse für kollektive Unternehmen zu wecken, so zum Beispiel für Spiele, bei denen der Masseninstinkt sich kooperativ und nicht als Druck auswirkt.

Für bestimmte außergewöhnlich starke Charaktere liegt der erzieherische Wert unter anderem darin, sich aus Gründen, die sie aus innerster Überzeugung als wichtig empfinden, gegen die Masse zu behaupten. Eine derartige Handlungsweise stärkt den Willen und lehrt einen Menschen Selbstvertrauen. Vorausgesetzt, er muß dadurch nicht zu sehr leiden, kann dies für ihn nur von Vorteil sein; macht die Masse ihn allerdings über einen gewissen Punkt hinaus unglücklich, dann wird er entweder nachgeben und genau das einbüßen, was seinen Charakter besonders auszeichnete, oder aber er gerät in eine destruktive Wut, die, wie im Falle Napoleons, unsägliches Leid über die Welt bringen kann.

Im Zusammenhang mit der größeren Masse, deren Wirkungskreis außerhalb der Schule liegt, sehen sich nun Eltern mit etwas unkonventionellen Ansichten einer Ratlosigkeit gegenüber, die auszuräumen viele von ihnen sehr schwierig finden. Schicken sie ihr Kind in eine Schule, an der ungewöhnliche Meinungen gefördert oder ungewöhnliche Freiheiten gestattet werden, so befürchten sie, daß der Junge oder das Mädchen, tritt er bzw. es in eben diese größere Welt ein, sich nicht sofort an die Dinge anpassen kann, wie sie dort nun einmal gegeben sind. Jene, die über Sex frei nachdenken und sprechen durften, werden durch das Schweigen und die Prüderie, die dort an der Tagesordnung sind, unterdrückt. Jene, denen Patriotismus nicht gelehrt wurde, haben es schwer, in unserer nationalistischen Welt eine Nische zu finden. Jene, denen keine Achtung vor der verfassungsmäßigen Obrigkeit beigebracht wurde, geraten aufgrund der Freiheit zur Kritik, die man ihnen dabei einräumte, in Schwierigkeiten. Mit einem Wort: Jene, die bisher an Freiheit gewöhnt waren, empfinden die Ketten der Sklaverei stärker als diejenigen, die von Geburt an nichts anderes als Sklaven waren. Zumindest sind das die Argumente, die ich liberalgesinnte Eltern zugunsten einer unliberalen Erziehung für ihre Kinder häufig habe vortragen hören.

Ich meine, es gibt auf diese Argumentation zwei Antworten, eine davon vergleichsweise oberflächlich, die andere den Dingen auf den Grund gehend. Die erste Antwort soll deutlich machen, daß äußere Verhaltenskonformität eine Sache ist, die junge Menschen leicht lernen, und daß sie in der Tat universell in allen konventionellen Erziehungssystemen gelehrt wird, in denen das Verhalten der Kinder gegenüber Eltern und Lehrern völlig verschieden von dem Verhalten ist, das sie untereinander pflegen. Ich glaube, diese Konformität läßt sich in einem späteren Abschnitt der Jugend genauso leicht erlernen wie in jüngeren Jahren. Bis zu einem bestimmten Grad ist dies ja auch nur eine Frage guter Manieren. So würde es gegen die Sitten verstoßen, sich im Gespräch mit einem Muselmanen gegen Mohammed zu äußern oder gegen das Strafgesetz zu Recht sprechen. Es mag unsere öffentliche Aufgabe sein, Meinungen zu beiden Themen vor aller Welt zu äußern, doch kann es wohl kaum unsere Pflicht sein, sie privat da kundzutun, wo sie nur Kummer und Verdruß hervorzurufen vermögen. Ich glaube nicht, daß eine freie Erziehung zwangsläufig dazu führen muß, daß ein Junge oder ein Mädchen letzten Endes eines höflichen Benehmens bzw. jenes Grads an äußerem Dekorum unfähig ist, den ein konventionelles Leben ihm abverlangt. Desgleichen glaube ich nicht, daß die Pein, konform zu sein, nach einer freien Erziehung auch nur annähernd so groß ist wie das Leid, das durch die im Verlaufe einer konventionellen Erziehung eingeimpften Komplexe entsteht. Soviel zur ersten Antwort.

Die zweite Antwort geht tiefer. Unserer Welt haften ernsthafte Übel an, die sich abstellen lassen, wenn der Mensch sie abzustellen wünscht. Wer um diese Übel weiß und gegen sie ankämpft, empfindet zwar wahrscheinlich ein geringeres Alltagsglück als derjenige, der sich in den Status quo fügt. Aber anstelle eines Alltagsglücks besitzt er etwas, das ich für meinen Teil sowohl für mich als für meine Kinder höher einschätze. Er entwickelt nämlich einen Sinn dafür, genau das zu tun, was in seiner Macht steht, der Welt ein wenig von ihrem Leid zu nehmen. Er verfügt über einen gerechteren Wertmesser als ihn der unbeschwerte Konformist je haben kann. Er weiß, daß er zu jenen gehört, die das Menschengeschlecht davor bewahren, in Stagnation oder Verzweiflung zu sinken. Dies ist in jedem Fall besser als träge Zufriedenheit, und falls eine freie Erziehung es fördert, sollten Eltern nicht vor den gelegentlichen Qualen zurückschrecken, die diese Erziehung für die Kinder mit sich bringen mag.

8. Religion in der Erziehung

Die Religion ist ein komplexes, sowohl einen individuellen als auch einen sozialen Aspekt aufweisendes Phänomen. Zu Beginn historischer Zeiten war die Religion bereits alt: Über die ganze Geschichte hinweg standen Aufschwung in der Kultur und Schwinden der Religiosität in wechselseitiger Beziehung zueinander. Die frühesten Religionen, von denen wir überhaupt wissen, waren eher sozial als individuell ausgerichtet: in ihnen gab es mächtige Geister, die, je nachdem, ob einzelne Stammesmitglieder sich anstößig oder freundlich verhielten, den ganzen Stamm bestraften bzw. belohnten. Die Art des Verhaltens bzw. die Beantwortung der Frage, ob die Geister dieses Verhalten als anstößig oder als freundlich empfanden, wurde durch Induktion ermittelt und in der priesterlichen Tradition niedergeschrieben. Vernichtete ein Erdbeben oder eine Seuche die Bewohner eines Gebiets, so pflegten kluge Männer sich zu erkundigen, welche ihrer Bräuche von der Norm abwichen, und daraufhin zu entscheiden, daß derartige Gepflogenheiten in Zukunft zu unterlassen seien. Dieser Standpunkt ist noch keineswegs ausgelöscht. Ich kannte einen Vikar der Church of England, der glaubte, daß die Niederlage der Deutschen im Ersten Weltkrieg ihrer Vorliebe für die höhere Kritik zugeschrieben werden müsse, da der Schöpfer des Universums gegen die Textexegese hebräischer Handschriften sei.

Religion ist, wie ihre Verteidiger uns weiszumachen pflegen, die Quelle des Sinns für soziale Verpflichtung. Immer dann, wenn ein Mensch etwas tat, was den Göttern mißfiel, waren diese sehr schnell bereit, nicht nur das schuldige Individuum, sondern den ganzen Stamm zu bestrafen. Folglich war sein Verhalten, da private Laster öffentliches Unheil verursachten, eine Sache von allgemeiner Bedeutung. Diese Auffassung beherrscht auch heute noch das Strafrecht. Für bestimmte sexuelle Abnormitäten müssen Menschen im Gefängnis büßen, obwohl aus rationaler Sicht ihr Verhalten nur sie allein betrifft; soll der Versuch einer Rechtfertigung ihrer Bestrafung unternommen werden, so muß sie sich auf das stützen, was den »Städten der Ebene« widerfuhr, denn nur so gesehen kann ihr Verhalten der Gemeinschaft nicht gleichgültig sein.

Sonderbar dabei ist die Tatsache, daß eben die Dinge, gegen die die Götter sind, selten großen Schaden anrichten würden, falls sie den göttlichen Zorn nicht erregten. Die Götter sind dagegen, daß einer Schweine- oder Rindfleisch ißt oder die Schwester seiner verstorbenen Frau heiratet; zu Zeiten König Davids war Gott gegen einen Zensus und brachte soviele Menschen durch eine Seuche um, daß König Davids Statistik dadurch wertlos wurde. Die Aztekengötter forderten Menschenopfer und Kannibalismus, ehe sie denen, die sie anbeteten, ihre Gunst zu erweisen pflegten. Aber auch wenn die aus der Religion resultierenden Moralkodices seltsam waren, muß man trotz alledem doch zugeben, daß die Religion und nichts anderes ihr Entstehen bewirkte. Falls eine wie auch immer geartete Moral besser ist als gar keine, dann war und ist die Religion eine dem Guten dienende Macht.

Wenngleich die Religion als eine Angelegenheit des Stammes begann, entwickelte sie schon früh auch einen rein individuellen Aspekt. Etwa mit dem sechsten Jahrhundert v. Chr. nahmen weitgehend getrennte Bewegungen in der damaligen Welt ihren Anfang, Bewegungen, die sich mit der Seele des Individuums und damit befaßten, was ein Christ Erlösung nennen würde. Der Taoismus in China, der Buddhismus in Indien, die Orphik in Griechenland und die hebräischen Propheten, sie alle wiesen diesen speziellen Wesenszug auf: Sie entstanden aus der Erkenntnis, daß das natürliche Leben von Kummer geprägt sei, sowie aus der Suche nach einer Lebensweise, die es den Menschen möglich machen sollte, dem Unglück zu entrinnen oder es zumindest zu ertragen. Nicht sehr viel später begründete Parmenides mit seiner Doktrin von der Unwirklichkeit der Zeit und der Einheit aller Dinge die große Tradition der Religionsphilosophie. Von ihm als Vorgänger kommen Plato, Plotin, die Kirchenväter, Spinoza, Hegel, Bergson und alle Philosophen des Mystizismus. Von den hebräischen Propheten rührt der Religionstypus her, der sich weniger mit der Metaphysik als mit der Rechtschaffenheit befaßt; dieser Typus herrscht im Protestantismus vor. In jeder Form des Christentums findet sich sowohl ein moralischer als auch ein metaphysisches Element, was darauf zurückzuführen ist, daß das Christentum aus einer engen Mischung von Judaismus und Hellenismus entstand; aber da das Christentum sich rasch nach Westen bewegte, nahm im ganzen gesehen seine metaphysische Ausrichtung ab, die moralische dafür zu. Der Islam enthielt, außer in Persien, schon immer ein nur sehr schwaches metaphysisches Element, während die von Indien ausgehenden Religionen vorwiegend philosophisch geprägt waren.

Seit dem Entstehen der Individualreligion bekriegten sich personale und institutionelle Elemente im religiösen Leben. Die institutionellen Elemente waren, da durch Geistliche, Dotationen und Traditionen sowie durch Regierung und Gesetz gestützt, politisch in der Regel die stärkeren. Die persönliche Religion ist eine private Angelegenheit, mit der die Gemeinschaft in keiner Weise etwas zu tun haben sollte. Die Institutionalreligion dagegen ist eine Sache von großer politischer Bedeutung. Wo immer man eine Institutionalreligion antrifft, ist damit Besitz verbunden, und die Menschen dort können ihr Auskommen finden, wenn sie ihre Lehrsätze verteidigen, nicht aber (bzw. nicht so leicht), wenn sie sie bekämpfen. Sofern Religion die Erziehung beeinflußt, beeinflußt die Institutionalreligion sie, eine Religion, die alte Einrichtungen kontrolliert und in vielen

Ländern auch den Staat lenkt. In den meisten Ländern Westeuropas beherrscht die Religion derzeit die Erziehung der Reichen, während sie auf die Erziehung der Armen wenig Einfluß nimmt. Dies ist bis zu einem gewissen Grad ein politischer Zufall: Wo keine Religion stark genug ist, sich beim Staat durchzusetzen, können staatliche Schulen nicht die Doktrinen einer einzelnen Sekte lehren, Schulen aber, die von den Gebühren der Schüler getragen werden, können lehren, wofür auch immer zu zahlen die Eltern lohnenswert halten. Diesem Tatbestand ist es weitgehend zuzuschreiben, daß in England und Frankreich die Reichen wesentlich religiöser sind als die armen Leute in den Städten. Wenn ich sage, sie sind »religiös«, so verwende ich das Wort im politischen Sinn. Ich meine damit nicht etwa, daß sie fromm seien, ja, notwendigerweise nicht einmal, daß sie eine metaphysisch begründete Zustimmung zum christlichen Dogma geben, sondern ich will damit nur sagen, daß sie die Kirche unterstützen, in Fragen der Gesetzgebung mit ihr stimmen und nichts als den Wunsch haben, daß ihre Kinder in der Obhut jener sind, die ihre Lehre gutheißen. Aus diesem Grund ist die Kirche immer noch von Bedeutung.

Unter liberal gesinnten Laien trifft man nicht selten die Auffassung an, daß die Kirche aufgehört habe, einen gewichtigen Faktor im Leben der Gemeinschaft darzustellen. Dies ist für mein Gefühl ein tiefgehender Irrtum. Obwohl nicht ganz so beschaffen, wie die meisten Geistlichen es gerne sehen würden, enthält das Ehe- und Scheidungsrecht nach wie vor Absurditäten und Unmenschlichkeiten – so etwa Scheidungsverweigerung bei Geistesgestörtheit –, die keine Woche überdauern würden, wäre da nicht der Einfluß der christlichen Kirchen. Offene Gegner des Christentums sind in vieler Beziehung benachteiligt, wenn sie als Konkurrenten von Menschen auftreten, die frommer und diskreter sind als sie; in der Praxis sind viele Posten für Atheisten nicht erreichbar, die ihre Überzeugung frei bekennen und deshalb einer größeren Befähigung bedürfen, um Erfolg zu haben, als sie von orthodox denkenden Menschen verlangt wird.

In der Erziehung mehr als anderswo ist die Institutionalreligion heutzutage von Bedeutung. In England sind alle public schools und fast alle preparatory schools entweder anglikanisch oder römisch-katholisch geführt. Freidenkende Eltern, die ihre Kinder in solche Schulen schicken, sagen bisweilen, daß die meisten Menschen auf ihre Erziehung negativ reagieren und daß es deshalb gar nicht schlecht sei, junge Menschen die Unwahrheit zu lehren, damit sie, nachdem eben diese Reaktion stattgefunden habe, dann glauben können, was wahr ist. Dieses Argument ist schlichtweg eine Ausrede für schüchternes konventionelles Verhalten, das, denkt man auch nur eine Sekunde darüber nach, sich als statistisch trügerisch erweist. Die gewaltige Mehrheit der Erwachsenen glaubt ihr ganzes Leben lang den größten Teil dessen, was man ihnen in ihrer Jugend beibrachte. Länder bleiben über Jahrhunderte hinweg protestantisch, katholisch, mohammedanisch oder was auch immer, während sie, wäre die Reaktionstheorie wahr, ihre Religion in jeder Generation wechseln müßten. Genau die Menschen, die ein derartiges Argument für die Tatsache ins Feld führen, daß sie ihre Kinder zu orthodoxem Denken erziehen lassen, beweisen mit ihrem Verhalten, wie wenig gerade sie diese Reaktion vollzogen haben. Wenn jemand privat der Meinung ist, daß zwei und zwei vier sind, diese Ansicht öffentlich kundzutun aber unterläßt, und wenn er es außerdem für richtig hält, daß öffentliche Gelder dafür verwendet werden, daß seinen und den Kindern anderer beigebracht wird, zwei und zwei seien fünf, so sind vom sozialen Standpunkt aus gesehen nach seiner effektiven Meinung zwei und zwei fünf, und seine private und rein persönliche gegenteilige Überzeugung verliert damit jegliche Bedeutung. So haben also jene, die, obwohl selbst nicht religiös, eine religiöse Erziehung für wünschenswert halten, auf ihre eigene religiöse Erziehung effektiv keineswegs negativ reagiert, wie sehr sie auch das Gegenteil beteuern.

Viele Menschen, die vom Intellekt her die religiösen Dogmen ablehnen, behaupten allerdings, daß die Religion trotz alledem unschädlich sei, ja vielleicht sogar Gutes bewirke. In diesem Punkt fühle ich mich eins mit den Orthodoxen und damit im Widerspruch zu den sogenannten »liberalen« Denkern: Es scheint mir, daß die Frage, ob es einen Gott gibt und ob wir nach dem Tode weiterleben, wichtig ist und daß über diese Dinge so offen wie nur irgend möglich nachzudenken nur gut sein kann. Ich vermag die Auffassung des Politikers nicht zu teilen, wonach es, selbst wenn es einen Gott nicht geben sollte, wünschenswert sei, daß die Mehrzahl der Menschen an einen Gott glaubt, da dieser Glaube Anstoß gibt für tugendhaftes Verhalten. Wo es um Kinder geht, vertreten viele Freidenker die folgende Auffassung: Wie kann man, so fragen sie, die Kinder lehren, gut zu sein, wenn man sie Religion nicht lehrt? Wie kann man sie lehren, gut zu sein, so würde ich darauf erwidern, wenn man nichts anderes gewohnt ist, als sie im Zusammenhang mit einem Thema von größter Bedeutung bewußt anzulügen? Und wie kann ein echt wünschenswertes Verhalten als Motiv falscher Glaubensvorstellungen bedürfen? Finden sich keinerlei stichhaltige Argumente dafür, was als »gutes« Verhalten gilt, dann muß der damit verbundene Gütebegriff daran schuld sein. Auf jeden Fall aber ist es weniger die Religion als die Autorität der Eltern, die das Verhalten der Kinder beeinflußt. Was die Religion hauptsächlich vermittelt, sind gewisse, nicht allzustark auf Aktion ausgerichtete und meistenteils nicht sehr wünschenswerte Emotionen. Indirekt üben diese Emotionen zweifellos ihre Wirkung auf das Verhalten aus, nur ist es keineswegs die Wirkung, die religiöse Erzieher zu wünschen versichern. Dies ist jedoch ein Thema, auf das ich später noch zurückkommen werde.

Die schädliche Wirkung einer religiösen Erziehung ist teils auf die speziellen Doktrinen, die gelehrt werden, und teils auf die bloße Beharrlichkeit zurückzuführen, mit der daran festgehalten wird, daß verschiedene zweifelhafte Behauptungen als wahr erkannt seien. Ob diese Behauptungen in der Tat wahr sind oder nicht, läßt sich vielleicht nicht feststellen, aber in dem Bestreben, junge Menschen dazu zu bringen, daß sie sie für gesichert halten, lehren religiöse Lehrer Dinge, die falsch sind, da ja die fraglichen Behauptungen – ob nun tatsächlich wahr oder nicht – ausdrücklich nicht gesichert sind. Als Beispiel mag das Weiterleben nach dem Tode dienen. Kluge Menschen bekennen offen ihre Unkenntnis auf diesem Gebiet: die Beweise sind unzulänglich, so daß ein Aufschub des Urteils die einzige rationale Einstellung dazu sein kann. Die christliche Religion aber hat sich für ein künftiges Leben ausgesprochen, und den jungen Menschen, die unter ihrem Einfluß aufgewachsen sind, wird beigebracht, das Weiterleben nach dem Tode als gesicherte Tatsache zu betrachten. »Was macht's schon?« mag sich der Leser sagen, »der Glaube macht selig und kann nicht schaden«. Ich würde darauf antworten, daß er auf die folgende Weise sehr wohl schadet.

Erstens: Jedes außerordentlich intelligente Kind, das bei genauerem Nachdenken entdeckt, daß die Argumente für eine Unsterblichkeit nicht beweiskräftig sind, wird von seinen Lehrern an solchen Gedanken gehindert, vielleicht sogar dafür bestraft; und anderen Kindern, die die geringste Neigung zu ähnlichem Denken zeigen, werden Schwierigkeiten in den Weg gelegt, sich über derartige Themen zu unterhalten; wenn möglich hält man sie auch davon ab, Bücher zu lesen, die ihr Wissen und ihr Urteilsvermögen stärken könnten.

Zweitens: Nachdem die meisten Menschen, deren Intelligenz weit über dem Durchschnitt liegt, heutzutage offen oder insgeheim Agnostiker sind, müssen die Lehrer einer Schule, die auf der Religion besteht, entweder dumm oder scheinheilig sein, es sei denn, sie gehören zu einer kleinen Gruppe von Menschen, die infolge eines Sparrens zwar intellektuelle Fähigkeiten, aber kein intellektuelles Urteilsvermögen besitzen. In der Praxis sieht es so aus, daß Menschen, die die Absicht haben, den Lehrberuf zu ergreifen, schon in frühen Jahren damit beginnen, ihren Verstand abenteuerlichen Gedanken zu verschließen; sie werden schüchtern und konventionell, dies zunächst nur auf dem Gebiet der Theologie, dann aber, ganz natürlich übergreifend, in anderen Bereichen auch; wie der Fuchs, der seinen Schwanz verloren hatte, erzählen sie ihren Schülern, daß es gut sei, schüchtern und konventionell zu sein; nachdem sie dies genügend lange praktiziert haben, finden ihre Verdienste bei den Behörden Beachtung, und sie werden in Machtpositonen befördert. Der Typus Mensch, der seinen Job als Lehrer zu halten und seine Karriere erfolgreich zu gestalten vermag, wird demnach weitgehend aufgrund der Theologieprüfung oder anderer Tests bestimmt, die explizit oder implizit die Auswahl der Lehrer begrenzen und das Lehrfach einem Großteil jener verschließen, die das beste Rüstzeug dafür mitbringen, junge Menschen sowohl intellektuell als auch moralisch anzuspornen.

Drittens: Solange irgendwelche Behauptungen als sakrosankt gelten und nicht in Frage gestellt werden dürfen, ist es unmöglich, jungen Menschen den Geist der Wissenschaft einzuimpfen. Es gehört zum Wesen einer wissenschaftlichen Einstellung zu den Dingen, daß sie Beweise für alles verlangt, was ein Mensch glauben soll, und daß sie diesen Beweisen nachspürt, in welche Richtung auch immer sie führen.

Sobald es darum geht, einen Glauben zu stützen, ist es notwendig, diesen mit Emotionen und Tabus zu umgeben, mit von männlichem Pathos vibrierender Stimme festzustellen, daß er »großartige« Wahrheiten enthalte und Wahrheitskriterien festzulegen, die mit denen der Wissenschaft nichts gemein haben, genauer gesagt: die Gefühle des Herzens und die moralischen Gewißheiten »guter« Menschen. In den großen Tagen der Religion, als die Menschen, wie Thomas von Aquin dies tat, glaubten, die reine Vernunft könne die grundlegenden Lehrsätze der christlichen Theologie beweisen, war das Gefühl unnötig: die »Summa« des Hl. Thomas ist so nüchtern und rational wie die Schriften David Humes. Aber jene Tage sind vorbei, und der moderne Theologe gestattet es sich, mit Emotionen beladene Worte zu gebrauchen, um so in seinem Leser eine Geistesverfassung zu schaffen, bei der die logische Überzeugungskraft eines Arguments nicht zu genau untersucht wird. Das Aufdrängen von Emotionen und sentimentalen Gedanken ist immer Zeichen einer schlechten Sache. Man braucht sich nur die auf die Behauptung $2 + 2 = 4$ angewandte Methode von Religionsapologeten vorzustellen. Das Resultat würde etwa folgendermaßen aussehen: »Diese großartige Wahrheit wird gleichermaßen anerkannt vom fleißigen Geschäftsmann in seinem Büro, von dem mit der Errechnung der Staatseinkünfte beschäftigten Politiker, vom Schalterbeamten in seinem Bestreben, der an ihn gestellten Aufgabe während der sogenannten »rush hour« gerecht zu werden, vom unschuldigen Kind, das, um seinem kleinen Brüderchen Freude zu bereiten, Süßigkeiten kauft, und vom bescheidenen Eskimo, der an den vereisten Küsten der Arktis die von ihm gefangenen Fische zählt. Kann etwas anderes als das aus innerster Überzeugung kommende Anerkenntnis eines tiefempfundenen geistigen Bedürfnisses eine so große Einmütigkeit bewirkt haben? Sollen wir auf den höhnischen Skeptiker hören, der uns des strahlenden Erbes beraubt, das da heißt Weisheit und das uns aus Zeiten hinterlassen wurde, die mit dem Unendlichen näher in Berührung standen als unser Jazz-Zeitalter? Nein! Tausendmal nein!« Es ist zu bezweifeln, ob Kinder mit dieser Methode die Arithmetik besser begreifen würden als mit der derzeit üblichen.

Aus den von uns erwogenen Gründen ist jeder wie auch immer geartete Glaube in der Erziehung wahrscheinlich dann schädlich, wenn man ihn, so wie er ist, gelten läßt und ihn einer intellektuellen Untersuchung nicht unterzieht, einer Untersuchung, der unsere mehr wissenschaftlich orientierten Glaubensvorstellungen in der Tat unterliegen. Gegen die Art des Religionsunterrichts, dem ein großer Prozentsatz der Kinder in christlichen Ländern ausgesetzt ist, lassen sich jedoch verschiedene spezielle Einwände erheben.

Erstens ist die Religion eine konservative Kraft, und sie konserviert einen Großteil dessen, was in der Vergangenheit schädlich war. Die Römer brachten bis zum Zweiten Punischen Krieg den Göttern Menschenopfer dar, wäre aber die Religion nicht gewesen, so hätten sie etwas derart Barbarisches nicht getan. Ähnlich tun die Menschen aus religiösen Motiven in unseren Tagen Dinge, die, gäbe es die Religion nicht, unerträglich grausam erschienen. Die römisch-katholische Kirche glaubt noch immer an die Hölle. Als Folge einer gegen den Einspruch der Erzbischöfe von Canterbury und York getroffenen Entscheidung der weltlichen Mitglieder des Privy Council [Geheimer Staatsrat der englischen Krone, dessen Judicial Committee das oberste Berufungsgericht für die Gerichte des Commonwealth und die kirchlichen Gerichte Englands ist. (D. H.)] betrachtet die anglikanische Kirche die Hölle nicht als de fide; trotzdem glauben die meisten anglikanischen Geistlichen nach wie vor an die Hölle. Für alle Menschen, die an die Hölle glauben, muß eine mit Rachsucht motivierte Strafe zulässig sein, und sie haben deshalb eine theoretische Rechtfertigung für grausame Methoden in der Erziehung und für die Behandlung Krimineller. Die große Mehrheit der Geistlichen verteidigt den Krieg, wann immer er stattfindet [Zu diesem Thema siehe Zitate in Joad, Under the Fifth Rib, S. 69 ff. (B. R.)], obgleich sie in Friedenszeiten oft Pazifisten sind; indem sie den Krieg unterstützen, bringen sie nachdrücklich ihre Überzeugung zum Ausdruck, daß Gott auf ihrer Seite stehe, und leisten der Verfolgung von Menschen religiösen Beistand, die Massenmord für unklug halten. Solange es Sklaverei gab, fand man religiöse Argumente zu ihrer Verteidigung; heutzutage findet man ähnliche Argumente zur Verteidigung kapitalistischer Ausbeutung. Fast alle traditonellen Unmenschlichkeiten und Ungerechtigkeiten wurden von der Religion als Organisation so lange gestützt, bis das Moralgefühl der Laien einen Frontenwechsel erzwang.

Zweitens bietet die christliche Religion denen Trost, die sie gutheißen, und es schmerzt natürlich, auf ihn verzichten zu müssen, wenn der Glaube schwindet. Der Glaube an Gott und ein Leben nach dem Tode macht es den Menschen möglich, mit weniger stoischem Mut durch das Leben zu gehen, als Skeptiker ihn brauchen. Sehr viele junge Leute verlieren ihr Vertrauen in diese Dogmen in einem Alter, in dem sich die Verzweiflung leicht einstellen kann, und müssen folglich gegen ein viel stärkeres Gefühl, unglücklich zu sein, ankämpfen als es jenen zuteil wird, die nie religiös erzogen wurden. Das Christentum hält Gründe bereit, die den Menschen die Furcht vor dem Tod und dem Universum nehmen, und versäumt es dabei, sie die Tugend, die Mut heißt, zu lehren. Da das dringende Verlangen nach religiösem Glauben weitgehend der Furcht zuzuschreiben ist, tendieren die Verteidiger des Glaubens zu der Meinung, daß man gewisse Arten von Angst gar nicht so weit von sich weisen sollte. Nach meinem Gefühl irren sie sich hier gewaltig. Sich den Luxus zu erlauben, angenehmen Glaubensvorstellungen als Mittel zur Vermeidung von Angst Raum zu geben, bedeutet ganz sicher, nicht so zu leben, wie es für den Menschen am besten wäre. Sofern die Religion an die Angst appelliert, steht es schlimm um die Menschenwürde.

Nimmt man die Religion wirklich ernst, so schließt dies drittens in sich, daß man diese Welt im Vergleich zur nächstfolgenden als unwichtig betrachtet, was wiederum zur Verteidigung von Praktiken führt, die hier auf Erden übermäßiges Elend verursachen; verteidigt werden diese Praktiken damit, daß sie ja dann im Himmel das Glück brächten. Diese Auffassung läßt sich hauptsächlich an Sexfragen illustrieren, auf die ich im nächsten Kapitel zu sprechen kommen werde. Zweifellos neigen aber jene Menschen, die die christliche Lehre echt und zutiefst bejahen, dazu, Übel wie etwa Armut und Krankheit deshalb äußerst gering zu veranschlagen, weil sie nur Bestandteil dieses irdischen Lebens sind. Diese Doktrin trifft sich sehr günstig mit den Interessen der Reichen und ist vielleicht einer der Gründe, weshalb die meisten führenden Plutokraten tief religiös sind. Falls es ein Leben nach dem Tode gibt und der Himmel die Belohnung für unser Elend hier auf Erden ist, tun wir gut daran, jegliche Verbesserung der irdischen Verhältnisse zu verhindern, und wir können nur die Selbstlosigkeit jener Wirtschaftskapitäne bewundern, die es anderen gestatten, das einträgliche kurze Leid auf Erden für sich allein zu beanspruchen. Ist jedoch der Glaube an ein künftiges Leben falsch, so werden wir einst das Wesen für den bloßen Schein weggeworfen haben und sind dann so unglücklich wie jene, die die Ersparnisse eines ganzen Lebens in Unternehmen investieren, die bankrott gehen.

Viertens ist die Wirkung der Religionslehre auf die Moral in verschiedener Beziehung schlecht. Sie tendiert dazu, das Selbstvertrauen zu untergraben, dies besonders dann, wenn damit der Beichtstuhl verbunden ist; die Tatsache, daß man die jungen Menschen lehrt, sich auf die Autorität zu stützen, bewirkt häufig, daß sie letztlich nicht mehr in der Lage sind, sich selbst Anstöße zu geben und über ihr Tun zu entscheiden. Ich habe Menschen erlebt, die im römisch-katholischen Glauben erzogen wurden und die sich, als sie ihn verloren, in einer Art verhielten, welche man als bedauerlich bezeichnen muß. Einige sagen nun vielleicht, daß solche Menschen den moralischen Nutzen der Religion aufzeigen, doch würde ich genau das Gegenteil behaupten, da die von ihnen bewiesene Willensschwäche eine unmittelbare Folge ihrer Erziehung ist. Wenn man Religion als einzigen Grund für moralisches Verhalten präsentiert, so wird überdies ein Mensch, der eines Tages aufhört, an die Religion zu glauben, wahrscheinlich auch nicht mehr an die Moral glauben. In Samuel Butlers Buch »Der Weg allen Fleisches« vergewaltigt der Held das Hausmädchen in dem Moment, als er aufhört, Christ zu sein. [Samuel Butler: englischer Schriftsteller, 1835–1902. Seine autobiographische Novelle »The Way of All Flesh« erschien posthum 1903. D. H.] Es ließen sich viele vernünftige Gründe dafür aufzählen, Hausmädchen zu vergewaltigen, doch nicht einen davon hatte man den fraglichen jungen Mann gelehrt; ihn lehrte man nur, daß ein solches Tun Gott mißfalle. Angesichts der Tatsache, daß Glaubensverlust in unserer Zeit ein durchaus wahrscheinlicher Vorgang ist, ist es unklug, jegliche Moral, selbst das unerläßliche Minimum, auf ein Fundament zu gründen, das so leicht einstürzen kann.

Ein weiterer moralisch unerwünschter Aspekt der religiösen Erziehung ist die Tatsache, daß sie die Kräfte des Intellekts unterschätzt. Intellektuelle Unparteilichkeit, eine äußerst wichtige Eigenschaft, hält sie für positiv schlecht; beharrlichen Versuchen, schwierige Materien zu verstehen, begegnet sie im besten Falle mit Toleranz. Die von ihr heutzutage zum Zwecke der Bewunderung hochgehaltenen Personen sind selten Menschen mit hervorragender Intelligenz; wenn man sie schon anpreist, dann wegen irgendeiner Torheit, die sie in einem albernen Moment zum Ausdruck brachten. Aufgrund der Tatsache, daß die Religion sich mit der Tugend identifiziert und daß die religiösesten Menschen nicht die intelligentesten sind, ermutigt eine religiöse Erziehung den Einfältigen, sich der Autorität gebildeter Menschen zu widersetzen. Dies war beispielsweise dort der Fall, wo die Evolutionstheorie per Gesetz nicht mehr gelehrt werden durfte. Soweit ich mich erinnern kann, enthalten die Evangelien nicht ein einziges Wort zum Lobe der Intelligenz; und in dieser Hinsicht befolgen Geistliche den Auftrag der Evangelien strenger als in anderen Bereichen. Dies ist als ernsthafter Fehler in der von christlichen Erziehungsanstalten gelehrten Ethik zu bezeichnen.

Der grundlegende Fehler der christlichen Ethik liegt darin, daß sie bestimmte Klassen von Handlungsweisen als »Sünde« und andere als »Tugenden« etikettiert, und zwar aus Gründen, die mit deren sozialen Konsequenzen nichts zu tun haben. Eine nicht vom Aberglauben hergeleitete Ethik muß in erster Linie entscheiden, welche sozialen Effekte sie zu erzielen wünscht und welche sie vermeiden will. Sie muß dann, soweit unsere Kenntnisse dies erlauben, darüber entscheiden, welche Handlungsweisen die gewünschten Konsequenzen fördern; diese Handlungsweisen wird sie rühmen, die eine gegenteilige Tendenz aufweisenden dagegen verdammen. Primitive Ethiken gehen nicht so vor. Aus Gründen, die sich im Dunkel der Anthropologie verlieren, wählen sie gewisse Verhaltensweisen als Gegenstand des Tadels aus. Bei den erfolgreichen Nationen hat, im ganzen gesehen, mißbilligtes Handeln die Tendenz, schädlich zu sein, gepriesenes Handeln dagegen die Tendenz nützlich zu sein, doch trifft dies nie auf jedes Detail zu. Es gibt Menschen, die behaupten, daß Tiere ursprünglich aus religiösen Gründen und nicht wegen ihrer Nützlichkeit domestiziert wurden, daß aber die Stämme, die das Krokodil oder den Löwen zu domestizieren versuchten, ausstarben, während jene, die sich für Schafe und Kühe entschieden, prosperierten. Wo Stämme mit unterschiedlichen ethischen Kodices aufeinanderstießen, verhielt es sich ähnlich: man konnte damit rechnen, daß die Stämme, deren Kodex am wenigsten absurd war, auch siegreich sein würden. Aber jeder Kodex von abergläubischem Ursprung muß zwangsläufig Absurditäten enthalten. Absurditäten dieser Art finden sich, obgleich heute in geringerem Ausmaß als früher, im christlichen Kodex. Das Arbeitsverbot an Sonntagen läßt sich durchaus rational verteidigen, das Spiel- und Amüsierverbot jedoch nicht. Das Stehlverbot ist generell gesehen richtig, nicht aber dann, wenn es dazu verwendet wird, die Aneigung des Besitzes exilierter Fürsten zu verhindern, wie die Kirchen im Nachkriegsdeutschland dies taten. Der abergläubische Ursprung der christlichen Ethik tritt am deutlichsten in Sachen Sex zutage, doch ist dies ein so umfassendes Thema, daß es dafür eines eigenen Kapitels bedarf.

9. Sex in der Erziehung

Die von kultivierten erwachsenen Menschen zum Thema Sexualmoral vertretenen Ansichten unterscheiden sich nicht selten beträchtlich von jenen, die, ginge es nach ihrem Wunsch, die Kinder gelehrt werden sollten. Ein Teil der Bevölkerung hält sich auch heute noch getreu an einen traditionellen Moralkodex, während andere diesen nur nominell und als Gegenstand der Achtung gelten lassen. Im allgemeinen proklamieren und predigen Menschen mit traditionell geprägten Auffassungen zu sexuellen Fragen ihre Doktrinen mit weit größerer Zuversicht als jene, die dem traditionellen Kodex mit Zweifel begegnen. Jene, die im Zusammenhang mit ihrem eigenen privaten Verhalten und in bezug auf ihre Meinung zum privaten Verhalten ihrer Freunde bereit sind, liberal zu denken, sind sich selten ganz darüber im klaren, was ihre Ethik eigentlich wert ist, und noch seltener gewillt, vom konventionellen Kodex abweichende Verhaltensregeln öffentlich kundzutun. Überdies tendieren sie zu der Anschauung, daß die Stärke der sexuellen Leidenschaft Männer und Frauen mit Sicherheit zu Handlungsweisen veranlaßt, die jedem wie auch immer gearteten und von ihnen befolgten Kodex widersprechen, und daß deshalb für das richtige Maß an Handlungsfreiheit am ehesten wohl dann Gewähr besteht, wenn die Theorie stringenter ist, als eine strenge Berücksichtigung der Wirklichkeit garantieren würde. Ein Mensch, für den sexuelle Beziehungen außerhalb der Ehe unter keinerlei Umständen zu rechtfertigen sind, fühlt vielleicht eines Tages unter dem Eindruck einer tiefempfundenen Liebe, daß in diesem speziellen Fall die Umstände in einem Maß außergewöhnlich sind, das die Lockerung des Kodex durchaus zuläßt. Ein Mensch, der der Meinung ist, daß eine große Liebe Beziehungen außerhalb der Ehe rechtfertige, neigt zu der Annahme, jede flüchtige Neigung sei eine große Liebe. Ein Mann, nach dessen Auffassung selbst flüchtige Neigungen legitim sind, vorausgesetzt, sie beruhen auf Gegenseitigkeit und sind nicht käuflich, ist vielleicht versucht, diese Gegenseitigkeit zu vergessen und insgeheim finanzielle Überlegungen anzustellen. So gesehen, tendieren die meisten Menschen zu einer größeren Freiheit im Handeln als in der Theorie. Bei der Verteidigung irgendeiner Art von sexueller Freiheit muß man sich deshalb immer daran erinnern, daß die Freiheit, die man sich nimmt, wahrscheinlich über die hinausgeht, die man verteidigt.

Welche Auffassung auch immer man vertritt, wenn es um die Frage der richtigen Sexualmoral für Erwachsene geht, es taucht im Zusammenhang mit der Sexualerziehung von Kindern doch eine Anzahl von Fragen auf, die sich, ohne dabei grundlegende Meinungsstreitigkeiten heraufzubeschwören, auf der Grundlage des gesunden Menschenverstands und der Psychologie erörtern lassen. Es ist Brauch, die Erziehung in die Hände außergewöhnlich ignoranter, bigotter und engstirniger Personen zu legen. Die Kinder wohlhabender Leute sind während ihrer ersten Lebensjahre sehr weitgehend Kinderschwestern überlassen, die gewöhnlich ledig und fast immer prüde sind. Wenn sie dann später in die Obhut gebildeter Frauen kommen, sind diese in der Regel wiederum ledig, und es wird erwartet, daß ihr Charakter moralisch einwandfrei sei. Dies aber bedeutet, daß sie normalerweise schüchtern und sentimental sind und die Realität fürchten. Es bedeutet außerdem, daß ihre Ansichten zum Sex vehement, aber von Kenntnis ungetrübt sind. Von Lehrern, obwohl nicht zwangsläufig ledig, wird erwartet, daß ihnen eine edle Moralgesinnung eigen ist, was besagt, daß sie praktische Fragen eher aufgrund traditioneller Vorurteile als mit Hilfe der wissenschaftlich begründeten Psychologie entscheiden. Die meisten unter ihnen pflegen die Psychologie des kindlichen Sexes für ein unanständiges Thema zu halten, worüber nichts zu wissen nur gut sein kann. Die schädlichen Folgen ihrer Unkenntnis bleiben ihnen in ihrer seligen Wonne dabei unbewußt.

Den meisten Kindern wurde etwa vom dritten Lebensjahr an bereits beigebracht, ihre Geschlechtsteile abergläubisch als irgendwie mysteriöse und ehrfurchtgebietende Dinge zu betrachten, mit denen auf ganz spezielle Weise umgegangen werden muß. Man lehrt sie, ihre natürlichen Bedürfnisse nur flüsternd oder in Form eines Euphemismus zu erwähnen, und werden sie dabei erwischt, jene Teile ihrer Anatomie zu berühren, die in den Augen von Kinderschwestern nicht berührt werden dürfen, so bekommen sie eine gehörige Lektion verpaßt. Ich kenne Männer und Frauen, deren Mütter sie, als sie noch klein waren, genau damit beschäftigt fanden und ihnen zu verstehen gaben, sie würden sie lieber tot sehen. (Dies ist keineswegs ungewöhnlich.) Ich muß leider sagen, daß sie sich nicht etwa als Musterbeispiele konventioneller Tugend erwiesen. Die Masturbation ist unter ganz kleinen Kindern fast universell verbreitet und zieht gewöhnlich entsetzliche Drohungen nach sich. In Deutschland sagt man einem Jungen, wie aus Freuds Werken ersichtlich, daß ein Storch kommt und ihn verstümmelt, und wenn sie durch Zufall ein Mädchen nackt sehen, so glauben sie wahrscheinlich, daß es zu denen gehört, denen dies passierte. Lesern psychoanalytischer Literatur sind Fakten dieser Art sehr wohl bekannt, jenen aber, die wahrscheinlich Schaden anrichten, gerade weil sie sie nicht gelesen haben, ist solche Literatur verboten. Nervöse Störungen im späteren Leben sind häufig auf Drohungen in bezug auf die Folgen der Masturbation zurückzuführen, mit denen kleine Kinder erschreckt werden. Während der gesamten Schulzeit müssen sich die jungen Burschen von ihren Lehrern sagen lassen, daß Masturbation zur Geistesgestörtheit führe. Wahr ist, daß die Drohungen bezüglich der schlimmen Folgen der Masturbation nicht selten zur Geistesgestörtheit führen, daß aber die Masturbation an sich, solange die Erwachsenen sie völlig ignorieren, vor allem in der Kindheit nur sehr wenig Schaden anrichtet.

Die Verschwiegenheit, die an den Tag gelegt wird, wenn es darum geht, die Methode zu erklären, wie Kinder auf die Welt kommen, bringt viele üble Wirkungen mit sich. In erster Linie schließt sie den Glauben ein, daß gewisse Kenntnisse, präziser gesagt, daß interessante

Kenntnisse schädlich seien. Es sollte eines der Grundprinzipien jeder gesunden Ethik sein, daß alles Wissen gut ist, und daß Ausnahmen zu dieser Regel in keinem Falle zulässig sind. Ein Kind, das herausfindet, daß man seiner in bestimmte Richtungen zielenden natürlichen Neugierde nur mit tadelnden Blicken und abweisenden Antworten begegnet, nimmt schließlich als Folge eines Lernprozesses an, daß Wissen dann gut sei, wenn es uninteressant, schlecht dagegen, wenn es interessant ist. Auf diese Art und Weise gerät die wissenschaftliche Neugierde in Widerspruch zur Tugend, und aus den Bemühungen des Kindes, gut zu sein, werden leider nur zu oft erfolgreiche Bemühungen, zu verdummen. Für Mädchen ist es sehr schlecht, über die Fakten einer Schwangerschaft in Unkenntnis gelassen zu werden. Mädchen neigen dazu, sich den Jungen gegenüber unterlegen zu fühlen und möchten selbst gerne Jungen sein. Solange sie über die Schwangerschaft nicht Bescheid wissen, erscheint es ihnen, als ob Männer in fast allen Bereichen besser seien als Frauen. Ich habe es erlebt, daß Mädchen, sobald sie von der Rolle erfuhren, die Frauen beim Zeugen von Kindern spielen, für ihr Geschlecht neue Achtung empfanden und wieder zufrieden waren, Mädchen zu sein. Erklärt man Kindern jedoch die Rolle der Mutter, ohne sie über die Rolle des Vaters aufzuklären, so ist dies den Jungen gegenüber ähnlich unfair wie das völlige Schweigen gegenüber den Mädchen. Außerdem erfährt ein Kind, das seinen Vater mag, zu seiner Freude, daß sowohl zu ihm als auch zu seiner Mutter eine physische Verbindung besteht. Die Rolle des Vaters bei der Zeugung zu kennen, ist für die Selbstachtung des Jungen ebenso nötig, wie es für jene des Mädchens notwendig ist, um die Rolle der Mutter bei der Schwangerschaft zu wissen.

Ein weiterer schädlicher Effekt der Politik des Schweigens im Zusammenhang mit sexuellen Fakten ist der, daß Kinder dadurch erfahren, daß ihre Eltern sie belügen. Kinder finden im allgemeinen die Wahrheit viel früher heraus als Eltern dies vermuten, und nachdem sie sie entdeckt haben, stellen sie nicht selten weiterhin Fragen an ihre Eltern, wobei sie unwahre Antworten mit einem gewissen jugendlichen Zynismus registrieren. Kinder zu belügen ist, obschon Moralisten anderer Meinung sind, eine nicht wünschenswerte Gewohnheit, und eine Ethik, die dessen bedarf, kann schwerlich gesund sein.

Es ist wichtig, über sexuelle Themen mit genau demselben Ton in der Stimme und in der gleichen Weise zu informieren, wie dies bei anderen Themen geschieht. Außerdem sollte auch mit derselben Direktheit informiert werden. Eine bestimmte Denkschule geht von der Überlegung aus, daß man Kindern zunächst von der Liebe der Blumen, dann von den unschuldigen Sprüngen der Hummer und erst nach langer biologischer Vorrede vom Verhalten ihrer eigenen Eltern erzählen sollte, was, so glauben sie wohl, bereits einer sehr ausgeklügelten Apologie bedarf. Im übrigen sind es nur die gehemmten erwachsenen Menschen, die diese lange Vorrede als notwendig empfinden. Ist das Kind durch die Prüderie seiner älteren Mitmenschen nicht schon in falsche Bahnen gelenkt, so erscheint ihm Sex, genauso wie jedes andere Thema auch, als eine völlig natürliche Sache. Sind die Eltern selbst nicht in der Lage, ungezwungen und frei über dieses Thema zu sprechen, dann sollten sie das Nötige veranlassen, daß eine durch Konvention und Hemmungen weniger verklemmte Person mit ihren Kindern darüber redet. Vor der Pubertät ist ein Kind ohne die geringste Schwierigkeit dazu zu bringen, daß es seine natürliche Einstellung zum Sex beibehält und ihn genauso sieht wie andere Dinge auch. Dieses Ideal sollte ein Leben lang angestrebt werden; es zu erreichen, wird nach der Pubertät um einiges schwieriger. Aber wenn Kinder vernünftig großgezogen werden, ist selbst nach der Adoleszenz die Schwierigkeit sehr viel geringer als dies der Fall ist, wenn ihre Köpfe mit irrationalen Ängsten und Tabus vollgestopft wurden.

Die bei älteren Jungen und Mädchen auftauchenden Probleme sind anders als mit Hilfe einer positiven Sexualethik nur schwer zu behandeln. Gewöhnlich herrscht die Ansicht vor, daß vollkommene Enthaltsamkeit das Ziel der Bestrebungen sein sollte und daß sie keinerlei Schaden anzurichten vermag. In England wird jeder heterosexuellen Erfahrung durch die Trennung der Geschlechter vorgebeugt, von ein paar jungen Männern mit außerordentlichem Unternehmungsgeist einmal abgesehen. Folglich trifft man bei den unternehmungslustigeren jungen Männern eine Tendenz zur Homosexualität, bei den zurückhaltenderen unter ihnen eine Tendenz zur Masturbation an. Den jungen Burschen wird gesagt – und viele von ihnen glauben es –, daß diese Praktiken unanständig und schädlich seien. Sie müssen dabei heimlich vorgehen, da ihnen, falls ihr Tun aufgedeckt wird, strenge Bestrafung widerfährt. Die Möglichkeit, entdeckt zu werden, ist natürlich weitgehend eine Sache des Zufalls, und deshalb unterliegt die Strafe ungerechterweise den Launen des Schicksals. Aber die Furcht vor Bestrafung und die Gewohnheit, ihr Tun zu verheimlichen, üben notwendigerweise eine schlechte Wirkung auf jene aus, die nicht ertappt werden. In den public schools besteht die Tendenz, die Intelligenz der Tugend zu opfern. Um dies zu erreichen, beschäftigt man die Jungen ständig und macht sie dadurch in einem

Maß physisch müde, daß sie für Sex weder Muße haben noch Lust und Liebe verspüren. Das bestehende System weist demnach folgende Nachteile auf: Erstens pflanzt es in die Köpfe der jungen Burschen von Aberglauben geprägte Ängste ein; zweitens macht es einen großen Prozentsatz von ihnen zu schüchternen Hypokriten; drittens verleiht es Gedanken und Gefühlen im Zusammenhang mit sexuellen Themen einen obszönen und verstohlenen Anstrich; viertens ist es die Ursache dafür, daß wissenschaftliche Neugier als sündhaft erscheint, so daß sie entweder dahinschwindet oder pathologisch wird; fünftens führt es dazu, daß für Muße und damit für die Erweiterung des Intellekts keine Zeit bleibt.

Nachdem ein völliger Wandel im gesamten Moralkodex nicht zu erwarten ist, läßt sich ein von gewichtigen Einwänden freies System nur schwer vorstellen. Für die meisten Männer in der modernen Gemeinschaft liegt zwischen Pubertät und Ehe eine beträchtliche Zeitspanne. Selbst wenn man von der Annahme ausgeht, es sei wünschenswert, daß sie diese Jahre in vollkommener Enthaltsamkeit verbringen, so ist doch sicher, daß die meisten Männer dies nicht tun. Doch solange der derzeitige Moralkodex weiterhin gültig ist, können sie ihn kaum verletzen, ohne dabei Schaden zu erleiden. Sich mit Prostituierten einzulassen, ist eine schlechte Sache, erstens einmal wegen der Gefahr der Ansteckung, zweitens, weil die Prostitution, jedenfalls solange man auf Prostituierte verächtlich herabblickt, ein keineswegs wünschenswerter Beruf ist, und drittens, weil ein Mann, dessen erste sexuellen Erfahrungen mit Geld verbunden und bar jeden Gefühls sind, seine Frau wahrscheinlich, wenn er selbst einmal heiratet, entweder als Prostituierte oder als Heilige sieht, was beides wohl kaum dem Glück in der Ehe zuträglich sein kann. Obwohl die Masturbation nach der Pubertät nicht so viel Schaden anrichtet, wie konventionelle Moralisten behaupten, so bringt sie doch zweifellos schwerwiegende Übel mit sich. Sie führt in der Tendenz dazu, daß ein Mann egozentrisch wird und jede Lust am Abenteuer verliert, und bisweilen ist sie schuld daran, daß er zu normalem Verkehr nicht fähig ist. Möglicherweise wären homosexuelle Beziehungen zu anderen jungen Burschen, würde man sie tolerieren, nicht sehr schädlich, aber selbst dann besteht die Gefahr, daß sie das sich allmählich herausbildende normale Sexualleben später negativ beeinflussen. Werden die Geschlechter nicht getrennt, so ist der Verkehr zwischen Mädchen und Jungen ein nicht seltener Vorgang, was nicht nur auf die Erziehung ernstlich störend wirkt, sondern auch in einem Alter Schwangerschaften verursacht, wo sie noch unerwünscht sind.

Ich glaube nicht, daß beim derzeitigen Stand der Gesellschaft und der öffentlichen Meinung eine Lösung dieses Problems möglich ist. Vielleicht kommt einmal die Zeit, wo man die durch unseren derzeit gültigen Kodex in den späteren Jugendjahren hervorgerufenen psychologischen Störungen so ernst nimmt, daß man den Jungen und Mädchen jene Art der Freiheit erlaubt, die heute auf Samoa und verschiedenen anderen Pazifikinseln gestattet ist. Sollte dies je zur Gewohnheit werden, so wird es nötig sein, Anweisungen zur Empfängnisverhütung zu geben und Schwangerschaften sofort zu unterbrechen, wenn sie trotzdem passieren. Ich kann nicht behaupten, daß mir die Aussicht hierauf sympathisch ist, und vielleicht stellt man irgendwann fest, daß Enthaltsamkeit während der späten Jugendjahre gar keine unerträgliche Bürde darstellen würde, wenn die Aussicht bestünde, daß die Notwendigkeit, sie zu üben, im Alter von etwa zwanzig Jahren nicht mehr gegeben ist. Dies ließe sich mit Hilfe von Richter Lindseys System der Kameradschaftsehe bewerkstelligen. [Benjamin Barr Lindsey: amerikanischer Jurist und Publizist, 1869 bis 1943; The Companionate Marriage, 1927. D. H.] Ich bin davon überzeugt, daß das Leben an den Universitäten sowohl vom Intellekt als auch von der Moral her besser wäre, wenn ein Großteil der Studenten kinderlose Ehen auf Zeit führten. Dies würde das Problem des Sexualtriebs lösen, eines Triebs, der dann weder rastlos noch heimlich, weder mit Geld noch dem Zufall überlassen abreagiert werden müßte und so geartet wäre, daß er keine Zeit zu beanspruchen brauchte, die der Arbeit zugute kommen sollte.

Vor der Pubertät läßt sich das Sexproblem in der Erziehung nach Gesichtspunkten der geistigen Hygiene abhandeln, ohne daß dabei ein sehr bestimmtes sozialethisches Urteil notwendig wäre. Es ist jedoch schwierig zu entscheiden, wie der Sex in den späteren Schuljahren und an der Universität abzuhandeln ist, wenn wir keine ganz klaren Ansichten darüber haben, was wir am sexuellen Verhalten überhaupt für wünschenswert halten und was nicht. In der heutigen Zeit ist die Sexualethik der meisten Menschen ein aus drei Hauptquellen abgeleitetes wirres Durcheinander: erstens aus dem Bestehen auf der für die Institution der patriarchalischen Familie nötigen Tugendhaftigkeit der Ehefrauen; zweitens aus der christlichen Doktrin, daß jeglicher Sex außerhalb der Ehe Sünde sei; drittens aus der ganz neuen Doktrin der Gleichheit der Frauen. Von diesen drei Elementen ist das aus der patriarchalischen Familie hergeleitete Element das älteste. Man begegnet ihm heutzutage in Japan, nicht aber den anderen beiden. Die Japaner sind weitgehend frei von allen Sex-tabus, und ihre Sexualmoral enthält wenig Abergläubisches. Sexuelle Gleichheit existiert nicht einmal dem Scheine nach, und die Frauen sind den Männern strikt untergeordnet. Die patriarchalische Familie ist fest etabliert und wird nicht so sehr mit Hilfe einer abstrakten Morallehre als durch die Unterwerfung der Frauen erzwungen. Kleinen Kindern sind sexuelle Kenntnisse, sexuelle Gespräche und sexuelle Spiele in einem Maße erlaubt, das einen Europäer in Erstaunen versetzt. Die für das Leben der Erwachsenen gültige Moral betrifft nur die Frauen und wird diesen durch die größere Macht der Männer erbarmungslos aufgezwungen. Es handelt sich dabei um ein altes System, das in vorchristlichen Kulturen fast universell verbreitet war.

Das frühe Christentum verschaffte dem Glauben Eingang, dem Sex hafte etwas Unreines an, so daß er sich nur mit der Notwendigkeit der Fortpflanzung des Menschengeschlechts rechtfertigen lasse und selbst dann, wenn man ihn nur auf die Ehe beschränke, kaum so ehrenwert sei wie die Enthaltsamkeit. Ich will damit nun nicht sagen, daß ein solches Empfinden vor dem Aufkommen des Christentums etwa nicht existierte: der menschlichen Natur ist ein Element eigen, das den Menschen einen Hang zu antisexuellen Gefühlen verleiht, und genau an diese bereits vorhandenen Elemente appellierte das Christentum. Die Juden hatten einst strenge Sexualtabus, empfanden aber den Sex als solchen keineswegs als unrein, obgleich sich Spuren vom Auftauchen dieses Gefühls in den Apokryphen finden. Die christliche Ethik enthielt theoretisch – und dies ist eine Neuerung in der Geschichte – gleiche Rechte und Pflichten für Männer und Frauen; in der Praxis allerdings wurde das Abweichen vom Weg der Tugend bei Männern milder beurteilt als bei Frauen. So unterschied sich schließlich die christliche Praxis nicht mehr allzusehr von jener patriarchalischer Kulturen aus vorchristlicher Zeit, auch wenn dadurch, daß man die sexuellen Freiheiten der Menschen als Sünde betrachtete, ein großer psychologischer Unterschied bestehen blieb.

Als dann die Doktrin von der sexuellen Gleichheit auftauchte, brach dieses System in sich zusammen. Entweder mußten die Männer so tugendhaft wie die Frauen werden, wie sich dies die Wegbereiter des Feminismus erhofften, oder man mußte es den Frauen gestatten, so tugendlos wie die Männer zu sein, worauf zu dringen wiederum die Tendenz der Feministen ist. Verlangt man aber den Frauen Tugend nicht mehr ab, so läßt sich nur schwer denken, wie die patriarchalische Familie aufrechterhalten werden soll, und die Preisgabe der patriarchalischen Familie würde tiefgreifende Veränderungen in der sozialen Struktur nach sich ziehen. Wir haben es also mit einer verworrenen Situation zu tun. Die christliche Ethik war für das Wesen des Mannes schon immer zu streng, und wenn die Frauen genauso frei wie die Männer sein sollen, so werden auch sie die christliche Ethik unerträglich streng finden. Die Familie ist eine sehr tief verwurzelte Institution, die die Menschen nicht gerne verändert sehen möchten.

Aus diesem Durcheinander scheint nur ein Weg heraus zu führen, nämlich, daß der Staat die Stelle des Vaters übernimmt – ein System, das unter dem Kommunismus ohne Schwierigkeiten möglich ist, das sich aber an die auf Privatbesitz und dessen Weitervererbung gegründeten Institutionen nicht so leicht anpassen läßt. Auf diese Art und Weise verknüpft sich die Frage des Privatbesitzes mit der Frage der Sexualmoral. Man kann nicht erwarten, daß ein Mann für den Unterhalt von Kindern arbeitet, die ihm nicht gehören dürfen, und deshalb schließt das auf dem Privatbesitz beruhende System in Verbindung mit der patriarchalischen Familie einen gewissen Grad an Tugend bei den Ehefrauen ein. Von den Ehefrauen, nicht aber von den Ehemännern Tugend zu fordern, widerspricht der Doktrin von der sexuellen Gleichheit, und es läßt sich nur schwer absehen, wie Tugend als gesicherte Tatsache erreicht werden soll, ohne daß man sich der Tyrannei oder eines Tabus bedient. Ich zweifle kaum, daß die Lösung dieses Problems eines Tages in der stark schwindenden Bedeutung des Vaters und in der steigenden Tendenz, Kinder eher durch den Staat als durch ihre Väter zu unterhalten, liegen wird. Ich bin mir keineswegs sicher, daß dies dann eine gute Sache sein wird. Das Gefühl, Vater zu sein sowie die Empfindungen von Söhnen ihren Vätern gegenüber waren in der Kulturgeschichte schon immer äußerst wichtige Elemente, und ich behaupte nicht etwa zu wissen, wie es um die Kultur ohne diese Elemente bestellt sein wird. Aber ob das Pendel nun zum Guten oder zum Schlechten hin ausschlägt, so scheint doch die Bedeutung des Staates in bezug auf die Kinder zum Wachsen bestimmt zu sein, während der Vater entsprechend an Bedeutung verliert.

Jene Menschen, die mit der Erziehung der Jugend zu tun haben, weigern sich allerdings, von all diesen modernen Problemen und all dem Durcheinander überhaupt Notiz zu nehmen. Sie sind der Ansicht, daß die strenge christliche Ethik, selbst wenn sie sich den Erwachsenen nicht aufzwingen läßt, die Haltung jener bestimmen kann und soll, denen die Sorge für die jungen Menschen obliegt. Die moralische Einstellung an Schulen und britischen Universitäten ist nach wie vor weit strenger als die der ganzen übrigen Welt, was zur Folge hat, daß die Erziehung immer weniger Berührungspunkte mit der Gesellschaft hat, auf die sie die jungen Menschen angeblich doch vorbereiten soll. Solange die öffentliche Meinung und die sozialen Institutionen bleiben, wie sie sind, glaube ich nicht, daß eine klar umrissene Lösung möglich ist, und zwar wegen der grundlegenden Unvereinbarkeit von sexueller Gleichheit und patriarchalischer Familie. Trotz dieser Unvereinbarkeit läßt sich jedoch sehr viel aufgrund allgemeiner ethischer Grundsätze und durch die Weigerung entscheiden, den Sex in einer Art zu behandeln, die dem Aberglauben Tür und Tor öffnet.

Es sollte absolutes Prinzip im Umgang mit der Jugend sein, ihr keine erbauliche Lügen zu erzählen. Es sollte absolutes Prinzip sein, daß jedes Thema sich für eine rationale Debatte und für eine Betrachtung in wissenschaftlicher Art und Weise eignet. Soll die Erhaltung der patriarchalischen Familie die Basis aller Moralbegriffe sein, so läßt sich schwer vorstellen, wie von dieser Basis auf die Sündhaftigkeit sexueller Praktiken zu schließen ist, die nicht zu Nachwuchs führen können, obschon nicht nur die christliche Ethik, sondern auch das Strafgesetz genau diesen Praktiken mehr als allen anderen mit Entsetzen begegnet. Man sollte sich auch vergegenwärtigen, daß selbst dann, wenn eine bestimmte Art des Verhaltens an sich wünschenswert ist, es nicht wünschenswert sein kann, eben dieses Verhalten durch eine sehr strenge Disziplin oder durch das Wecken morbider Ängste zu erzwingen. Diese Prinzipien machen einen beträchtlichen Teil der Moralerziehung junger Leute aus. Im übrigen, so glaube ich, müssen wir warten, bis unsere chaotische und sich rasch wandelnde Gesellschaft eine stabilere Form angenommen hat.

Beim Umgang mit jungen Menschen ist es wichtig, sie vor der Vorstellung zu bewahren, dem Sex hafte etwas Unanständiges und Heimliches an. Sex ist ein interessantes Thema, und es ist für Menschen ganz natürlich, über ihn nachzudenken und zu reden. Derzeit wird dieser völlig natürliche Wunsch von der Obrigkeit als etwas Verruchtes abgetan, mit dem Ergebnis, daß die jungen Menschen dem Thema noch mehr Interesse abgewinnen, als sie es von Natur aus hätten, und daß sie sich ständig darüber unterhalten, dabei das ganze Vergnügen verbotener Früchte auskostend. Ihre Gespräche sind, da sie ihren eigenen Vermutungen und ihrem eigenen Halbwissen überlassen sind, von Unkenntnis geprägt und töricht. Das ganze Sexthema wird so für die meisten jungen Burschen zu einer Angelegenheit dümmlichen Gekichers und schmutziger Geschichten. Der ganze Sexbegriff als eine Sache natürlicher Lust, die gelegentlich zu heiterer und beschwingter, bisweilen zu leidenschaftlicher, in tragischer Tiefe endender Poesie beflügelt, liegt außerhalb des Horizonts pädagogisch wirkender Moralisten, für die Sex anstößig ist, wenn mit Lust verbunden, und tugendhaft nur dann, wenn glanzlos und gewöhnlich. Diese Moral der Häßlichkeit verbannt aus dem Leben jede Poesie, Freude und Schönheit und bringt Härte und Strenge in alle menschlichen Beziehungen. Aus dieser Einstellung resultieren Prüderie, kleinkariertes Denken und der Tod der Phantasie. Mag sein, daß auch eine freiere Auffassung Gefahren in sich birgt. Aber es sind die Gefahren des Lebens, nicht die des Todes.

10. Patriotismus in der Erziehung

Jeder Mensch hat eine Reihe von Vorsätzen und Wünschen, einige davon rein persönlicher Art, andere dagegen so beschaffen, daß er sie mit vielen anderen Menschen teilen kann. Die meisten Menschen wünschen sich beispielsweise Geld, und sehr viele Wege, die zu Reichtum führen, schließen die Kooperation mit einer Gruppe in sich. Die daran beteiligte Gruppe hängt von dem speziellen Weg ab, den man einschlägt, um reich zu werden. Hinsichtlich der meisten Zielsetzungen sind zwei verschiedene Firmen desselben Gewerbes Rivalen, geht es aber um die Zielsetzung Schutzzoll, so kooperieren sie. Geld ist selbstverständlich nicht das einzige, wofür Menschen sich zu politisch orientierten Gruppen zusammenschließen. Sie sind in Kirchen, Bruderschaften, Bildungsvereinen, Freimaurerlogen und was nicht sonst noch organisiert. Der Motive, die Menschen zur Kooperation bewegen, sind viele: Interessengleichheit ist eines; Meinungsgleichheit ein weiteres und Blutbande ein drittes. Die Familie Rothschild kooperierte aufgrund der Blutbande. Ihre Mitglieder bedurften, da sie einander trauen konnten, keiner formellen Vertragsparagraphen für den Zusammenschluß ihres Kapitals, und ihr Erfolg ist zum großen Teil auf die Tatsache zurückzuführen, daß in jedem wichtigen Finanzzentrum Europas ein Rothschild saß. Einer auf der Meinungsgleichheit basierenden Form der Kooperation begegnet man im philantropischen Werk der Quäker nach dem Krieg. Wegen ihres gemeinsamen Standorts und ihrer ähnlich gelagerten Interessen waren sie in der Lage, ohne Schwierigkeiten zusammenzuarbeiten. Bindungen aufgrund von Eigennutz sind die Basis von Organisationen wie etwa Kapitalgesellschaften und Gewerkschaften.

Eine Gruppe von Menschen, die sich für eine bestimmte Zielsetzung organisiert hat, verfolgt kollektiv nur jenes Ziel, um dessentwillen die Organisation überhaupt existiert. Ihre Mentalität ist daher unkomplizierter und unausgereifter als die eines Individuums. Die »Society for Psychical Research« nimmt sich, um ein Beispiel zu nennen, nur der psychischen Forschung an, obschon jedes ihrer Mitglieder sich um viele andere Dinge kümmert. Die »Federation of British Industries« nimmt sich nur der britischen Industrie an, obgleich die einzelnen Mitglieder ihren Spaß daran finden mögen, selbst einem Spiel nachzugehen oder ein Kricketmatch zu besuchen. Eine Familie als Ganzes kümmert sich nur um das Familienglück und ist häufig bereit, diesem Ziel einzelne Mitglieder zu opfern.

Politisch organisierte Leidenschaften sind weit mächtiger als jene, die niemals organisiert wurden. Menschen, die sonntags ins Kino gehen möchten, sind ein völlig unorganisierter Haufen und politisch nur von geringer Bedeutung. Die Sabbatarier, deren Wunsch es ist, daß sie dies nicht tun, sind organisiert und haben politischen Einfluß. Auch die Kinobesitzer sind organisiert. Vom politischen Standpunkt aus betrachtet bedeutet daher die Frage, ob Kinos an Sonntagen geöffnet sein sollten oder nicht, einen Konflikt zwischen Kinobesitzern und Sabbatariern, bei dem die Wünsche der breiten Öffentlichkeit nicht zählen.

Ein ganz bestimmter Mann kann einer Reihe von Organisationen angehören, von denen einige nützlich, einige schädlich, einige nichts mehr als harmlos sind. Er gehört, sagen wir einmal, den britischen Faschisten, dem Fußballklub seines Dorfes und einer Gesellschaft für anthropologische Forschung an. In seiner dritten Eigenschaft ist er zu loben, in der zweiten harmlos und in der ersten verabscheuenswert. Er selbst ist eine Mischung von Gut und Böse, aber die Organisationen haben eine unvermischte ethische Ausrichtung zum Guten oder zum Bösen hin, eine Ausrichtung, die man bei ihren Mitgliedern nicht antrifft. Die Zielsetzung, um derentwillen Menschen organisiert sind, entscheidet darüber, ob eine Organisation gut oder schlecht ist, nicht der Charakter der Menschen, die die Organisation bilden.

Absicht dieser etwas trivialen Bemerkungen war es, zu den seltsamen Ergebnissen hinzuführen, die die Organisation von Menschen zu einem Staat zeitigen. In fast allen Kulturländern ist der Staat die mächtigste all der Organisationen, der ein Mensch angehört, so daß seine, des Menschen, Zielsetzungen qua Mitglied eines Staates politisch weit effektiver sind als eine seiner übrigen Zielsetzungen. Es gewinnt daher an Bedeutung, sich einmal Gedanken darüber zu machen, welches eigentlich die Zielsetzungen des modernen Staates sind.

Der Staat hat Funktionen teils innerhalb, teils außerhalb des eigenen Landes. Dabei zähle ich die Lokalverwaltung zu den Funktionen des Staates. Grob gesprochen kann man nun sagen, daß die Zielsetzungen des Staates innerhalb des eigenen Landes gut, außerhalb dieses Landes dagegen schlecht sind. Diese Aussage ist natürlich zu simpel, als daß man sie wörtlich nehmen dürfte, aber sie stellt einen brauchbaren ersten Annäherungswert dar. Die internen Zielsetzungen des Staates umfassen Dinge wie Straßen, Beleuchtung, Erziehung, die Polizei, das Gesetz, die Post und so weiter. Über dieses oder jenes Verwaltungsdetail läßt sich natürlich streiten, aber nur ein Anarchist wird behaupten, daß derartige Zielsetzungen an sich unerwünscht seien. Soweit es um seine internen Aktivitäten geht, verdient der Staat daher im ganzen gesehen die Loyalität und Unterstützung der Bürger.

Kommen wir aber zu seinen externen Zielsetzungen, so verhält sich die Sache anders. In bezug auf die übrige Welt verfolgt ein großer Staat zwei Ziele: Verteidigung gegen einen Angriff und Unterstützung seiner Bürger bei der Ausbeutung fremder Länder. Die Verteidigung gegen einen Angriff mag, sofern sie echt und zur Verhütung einer Invasion notwendig ist, prima facie als nützlich gelten. Die Schwierigkeit liegt jedoch darin, daß genau dieselben Mittel, die zur Verhütung einer Invasion erforderlich sind, sich auch für die Ausbeutung fremder Länder bestens eignen. Die führenden Staaten der Welt zielen darauf ab, sich aus der Arbeitskraft und dem Mineralienreichtum der weniger mächtigen Länder einen wirtschaftlichen Tribut zu holen, und setzen, um diesen Tribut sicherzustellen, ihre bewaffneten Kräfte ein, deren nomineller Zweck die Verteidigung ist. Als man beispielsweise in Transvaal Gold fand, fielen die Briten dort ein. Lord Salisbury [Robert Arthur Talbot Gascogne-Cecil, 3. Marquess of Salisbury (1880–1903), konservativer britischer Staatsmann; 1885, 1886–92 und 1895–1903 Premierminister. (D. H.)] versicherte dem Volk: »Wir suchen keine Goldfelder.« Aber irgendwie rein zufällig begaben wir uns doch dorthin, wo Goldfelder waren, und fanden diese am Ende des Krieges auch in unserem Besitz. Oder um ein anderes illustrierendes Beispiel zu nehmen: Jeder weiß, daß die Briten aus dem Wunsche heraus nach Südpersien gingen, den Südpersern Unterstützung zu bringen, aber es ist zu bezweifeln, ob wir an ihrem Wohlergehen ein so großes Interesse gezeigt hätten, wenn sie nicht die Bewohner eines an Öl reichen Landes gewesen wären. Nicht unähnliche Kommentare könnte man auch zu einigen Machenschaften der Vereinigten Staaten in Mittelamerika abgeben. Die Beweggründe der Japaner, in die Mandschurei zu gehen, waren natürlich gleicherweise so edel wie nur irgend möglich; aber durch einen seltsamen Zufall fallen sie mit den Interessen der Japaner zusammen.

Man sagt durchaus nicht zuviel, wenn man behauptet, daß es bei den meisten Aktivitäten mächtiger Staaten außerhalb des eigenen Landes um den Einsatz oder die Androhung bewaffneter Kräfte geht, dies mit dem Ziel, den weniger mächtigen Ländern Reichtümer wegzunehmen, die ihnen rechtmäßig gehören. Handlungen dieser Art, von Privatpersonen begangen, gelten als kriminell und werden durch das Gesetz bestraft, falls sie nicht in sehr großem Rahmen geschehen. Von Nationen begangen, betrachten die Bürger der beteiligten Nationen sie als bewundernswert.

Dies bringt mich schließlich zum Thema dieses Kapitels, nämlich zu der an Schulen praktizierten Unterweisung in patriotischem Verhalten. Um diese Unterweisung richtig beurteilen zu können, ist es notwendig, sich nicht nur über ihre Intentionen, sondern auch über ihre tatsächlichen Auswirkungen Klarheit zu verschaffen. Patriotismus ist als beabsichtigtes Ziel und in den Köpfen derer, die ihm das Wort reden, eine fast ausschließlich gute Sache. Die Liebe zur Heimat, die Liebe zum Vaterland, ja selbst ein gewisser Stolz auf seine historischen Errungenschaften, soweit diese des Stolzes würdig sind, verdienen keine Ablehnung. Es ist dies ein komplexes Gefühl, das teils mit der echten Liebe zum eigenen Boden und zur vertrauten Umgebung, teils mit etwas zu tun hat, das einer erweiterten Liebe zur Familie entspricht. Die Wurzel dieses Gefühls ist teils geographisch, teils biologisch bedingt. Aber dieses ursprüngliche Gefühl ist an sich weder politischer noch wirtschaftlicher Natur. Es ist ein positives Gefühl gegenüber dem eigenen Land und nicht ein negatives anderen Ländern gegenüber. In seiner ursprünglichen Form trifft man es – außer bei jenen, die in ländlicher Umgebung leben und diese nur selten verlassen – kaum mehr an. Der Stadtbewohner, der fortwährend seinen Wohnsitz wechselt und kein Stück Land sein eigen nennen kann, hat das ursprüngliche Gefühl, aus dem der Patriotismus erwächst, in weit geringerem Maße als der Landeigentümer oder Bauer auf dem Lande. Dem Stadtbewohner ist statt dessen ein weitgehend künstliches Gefühl eigen, ein Gefühl, das größtenteils das

Produkt seiner Erziehung und seiner Zeitungen und fast ausnahmslos schädlich ist. Dieses Gefühl bedeutet nicht so sehr Liebe zur Heimat und zu den Landsleuten, als vielmehr Haß gegen Ausländer und den Wunsch, sich fremde Länder anzueignen. Wie fast allen schädlichen Gefühlen, wird ihm die Maske der Loyalität übergestülpt.

Will man, daß ein Mensch ein abscheuliches Verbrechen begeht, vor dem er von seinem Wesen her aus Entsetzen zurückschrecken würde, so braucht man ihn zunächst nur Loyalität gegenüber einer Gang von Erzverbrechern zu lehren und ihm dann sein Verbrechen als exemplifizierte Tugend, die da heißt Loyalität, erscheinen zu lassen. Der Patriotismus ist das perfekteste Beispiel dieses Verfahrens. Nehmen wir etwa die Ehrfurcht vor der Flagge. Sie, die Flagge, ist das Symbol der Nation in ihrer Eigenschaft als Militärmacht. Sie suggeriert Schlacht, Krieg, Eroberung und vom Heroismus bestimmte Taten. Die britische Flagge suggeriert einem Briten Nelson und Trafalgar, nicht etwa Shakespeare, Newton oder Darwin. Dinge, die die Engländer in dem Bestreben vollbrachten, die Kultur der Menschheit zu fördern, geschahen nicht unter dem Symbol der Flagge, und man erinnert sich ihrer auch nicht, wenn man diesem Symbol Ehrfurcht erweist. Die Engländer vollbrachten ihre besten Taten nicht als Engländer, sondern als Individuen. Jene Taten, die die Engländer vollbringen, weil sie Engländer sind und in diesem Bewußtsein handeln, sind weniger bewundernswert. Aber die Flagge appelliert an uns, eben diese Taten zu bewundern. Und was für die britische Flagge gilt, gilt gleichermaßen auch für das Sternenbanner oder die Flagge irgendeiner anderen mächtigen Nation.

In der ganzen westlichen Welt lehrt man Jungen und Mädchen, daß die soziale Loyalität gegenüber dem Staat, dessen Bürger sie sind, ihre wichtigste Pflicht sei und daß ihre Aufgabe gegenüber dem Staat darin bestehe, so zu handeln, wie dessen Regierung es verfügt. Damit sie diese Doktrin nicht etwa in Frage stellen, lehrt man sie eine falsche Geschichte, eine falsche Politik, eine falsche Volkswirtschaft. Man informiert sie über die Missetaten fremder Staaten, nicht aber über jene ihres eigenen Staates. Man läßt sie vermuten, daß alle Kriege, in die ihr eigener Staat sich eingelassen hat, Verteidigungskriege seien, während es sich bei den Kriegen fremder Staaten um Angriffskriege handle. Man lehrt sie zu glauben, daß, wenn ihr eigenes Land wider Erwarten tatsächlich ein fremdes Land erobere, dies in der Absicht geschehe, die Kultur oder das Licht des Evangeliums oder eine hehre Moral oder die Prohibition oder irgend etwas gleichermaßen Edles zu verbreiten. Man lehrt sie zu glauben, daß fremde

Nationen moralisch nicht auf der Höhe seien und daß es, wie die britische Nationalhymne behauptet, die Pflicht der Vorsehung sei, »ihre Schurkenstreiche zu vereiteln« – eine Pflicht, bei deren Erfüllung die Vorsehung nicht verschmähen wird, uns als ihr Werkzeug zu verwenden. Tatsache ist, daß jede Nation im Verkehr mit jeder anderen all jene Verbrechen begeht, zu denen ihre bewaffneten Kräfte die Voraussetzungen schaffen. Weil sie nicht wissen, was vor sich geht, oder die Fakten nicht aus der richtigen Perspektive sehen, stimmen die Bürger, selbst anständige, den Aktivitäten voll und ganz zu, die diese Verbrechen möglich machen.

Für diese Bereitschaft des gewöhnlichen Bürgers, ein unbewußter Mordkomplize um des Raubes willen zu werden, ist hauptsächlich die Erziehung verantwortlich. Manche verurteilen die Presse, aber hier, so meine ich, sind sie im Irrtum. Die Presse ist so, wie die Öffentlichkeit sie haben will, und die Öffentlichkeit will schlechte Zeitungen, weil sie eine schlechte Ausbildung erhielt. Der Patriotismus nationalistischer Prägung sollte, was an Schulen nicht entfernt gelehrt wird, als eine Form der Massenhysterie erwähnt werden, für die die Menschen leider anfällig sind und gegen die sie sowohl intellektuell als auch moralisch gerüstet sein müssen. Der Nationalismus ist zweifellos das gefährlichste Laster unserer Zeit – weit gefährlicher als Trunksucht oder Drogen oder kommerzielle Unehrlichkeit oder irgendeines der übrigen Laster, gegen die eine konventionelle Moralerziehung sich richtet. Alle jene, die in der Lage sind, sich einen Überblick über die moderne Welt zu verschaffen, wissen, daß aufgrund des Nationalismus der Fortbestand der Zivilisation in Gefahr ist. Dies ist, wer wüßte es nicht, allen Personen gemeinhin bekannt, die über internationale Angelegenheiten gut informiert sind. Dessen ungeachtet werden überall öffentliche Gelder weiterhin dafür ausgegeben, dieses destruktive Laster zu propagieren und zu intensivieren. Jene Menschen, nach deren Meinung man Kinder nicht lehren sollte, Massenmord als das edelste Werk des Menschen zu betrachten, werden als Renegaten und als Freunde aller anderen Länder, nur nicht ihres eigenen, denunziert. Man hätte annehmen können, daß aufgrund eines natürlichen Empfindens viele Leute der Gedanke peinige, ihre Kinder könnten qualvoll sterben. Dem ist nicht so. Obgleich die Gefahr offensichtlich ist, sehen die meisten Machthaber in fast allen Ländern jeden Versuch, mit ihr fertig zu werden, als verrucht an. Den Militärdienst stellt man als edle Vorbereitung auf die Verteidigung des eigenen Landes dar, und nicht ein Wort fällt, das den jungen Menschen bewußt machen könnte, daß die militärischen

Operationen ihres eigenen Landes, vorausgesetzt, es ist mächtig, weit eher im Angriff auf fremde Länder als in der Verteidigung der Heimat bestehen.

Die Einwände gegen die Unterweisung in patriotischem Denken sind mannigfacher Natur. Da ist der von uns bereits erwogene Einwand, daß die Zivilisation nicht fortbestehen könne, falls es nicht gelingt, der Virulenz des Nationalismus Einhalt zu gebieten. Da ist der Einwand, daß es in einer Institution, die die Menschen auch das Töten lehrt, kaum möglich sei, zivilisierte menschliche Verhaltensideale zu lehren. Da ist der Einwand, daß das Anerziehen von Haß, ein notwendiger Bestandteil einer nationalistisch ausgerichteten Erziehung, an sich schon eine schlechte Sache sei. Aber vor allen Dingen ist da der rein intellektuelle Einwand, daß das Lehren einer nationalistischen Denkweise auch das Lehren falscher Behauptungen in sich schließe. In jedem Land der Welt bringt man den Kindern bei, daß ihr Land das beste sei, und in jedem Land – mit Ausnahme eines einzigen – ist diese Behauptung falsch. Da die Nationen sich nicht einigen können, welches nun dieses eine Land ist, auf das die Behauptung zutrifft, wäre es wohl besser, endlich einmal von der Gewohnheit zu lassen, die Verdienste einer Nation auf Kosten aller anderen herauszustreichen. Die Idee, daß das, was man die Kinder lehrt, wenn möglich wahr sein sollte, ist – ich weiß es sehr wohl – äußerst subversiv und in einigen ihrer Anwendungsbereiche sogar illegal. Aber ich vermag mich der Überzeugung nicht zu verschließen, daß ein Unterricht besser ist, wenn er die Wahrheit lehrt, als wenn er die Unwahrheit vermittelt.

Geschichte sollte in allen Ländern der Welt in genau derselben Weise gelehrt und geschichtliche Lehrbücher sollten vom Völkerbund unter der Assistenz eines Amerikaners und eines Sowjetrussen ausgearbeitet werden. Geschichte sollte weniger nationale Geschichte als Weltgeschichte sein, und sie sollte weniger auf Kriege als auf kulturell wichtige Dinge Nachdruck legen. Soweit von Kriegen im Unterricht überhaupt die Rede sein muß, sollten sie nicht nur von der Warte des Siegers und unter dem Gesichtspunkt heroischer Taten gelehrt werden. Der Schüler sollte auf dem Schlachtfeld unter den Verwundeten weilen, man sollte ihn die traurige Lage von Obdachlosen in verwüsteten Gebieten nachvollziehen lassen, und man sollte ihm all die Grausamkeiten und Ungerechtigkeiten bewußt machen, für die der Krieg eine günstige Gelegenheit bietet. Derzeit ist fast der ganze Unterricht so geartet, daß er den Krieg verherrlicht. In Anbetracht des an Schulen vermittelten Wissens ist die Arbeit der

Pazifisten vergebens. Dies betrifft natürlich speziell die Schulen für die Reichen, die den Schulen für die Armen überall moralisch und intellektuell unterlegen sind. Die Kinder lernen in der Schule die Fehler anderer Nationen, nicht aber die ihrer eigenen. Die Fehler anderer Nationen zu kennen, dient nur der Selbstgerechtigkeit und einem Gefühl, das den Krieg bejaht, während es heilsam ist, um die Fehler der eigenen Nation zu wissen. Welchen kleinen Engländer lehrt man in der Schule schon die Wahrheit über die Black and Tans in Irland? [Name für die britischen Verstärkungen, die zur Unterstützung der Royal Irish Constabulary bei der Bekämpfung des irischen Aufstandes 1920 nach Irland entstandt wurden. Sie trugen Khaki-Uniformen, schwarze Mützen und schwarze Armbinden. (D. H.] Welchen kleinen Franzosen lehrt man schon die Wahrheit über die Ruhrbesetzung durch farbige Truppen? Welchen kleinen Amerikaner lehrt man schon die Fakten über Sacco und Vanzetti [Niccolo Sacco (1891–1927) und Bartolomeo Vanzetti (1888–1927), amerikanische Anarchisten italienischer Herkunft, deren Verurteilung zum Tode (wegen angeblichen Mordes) 1921 heftig umstritten war und weltweite Proteste hervorrief. Ungeachtet dessen wurden beide 1927 in Boston, Mass., hingerichtet. (D. H.)] Oder über Mooney und Billings? [Thomas J. Mooney und Warren K. Billings: amerikanische Gewerkschaftler. Nach einer Bombenexplosion auf einer Straße in San Francisco am 22. Juni 1916, die zehn Tote und vierzig Verletzte forderte, wurden beide als angebliche Mittäter verhaftet und unter Anklage gestellt. Mooney wurde zum Tode, Billings zu lebenslänglicher Haft verurteilt. Die Anklage stand von vornherein auf schwachen Füßen und führte zu einer jahrelangen Protestkampagne. 1918 wurde Mooney zu lebenslänglicher Haft begnadigt; 1939 wurden beide freigelassen. (D. H.)]? Aufgrund derartiger Versäumnisse wiegt sich der gewöhnliche Bürger jedes Kulturstaates in Selbstgefälligkeit. Er weiß über andere Nationen all die Dinge, die sie über sich nicht wissen; aber die Dinge, die sie über sein Land wissen, kennt er nicht.

Die Unterweisung in patriotischem Denken ist, obwohl intellektuell in falsche Bahnen geleitet, moralisch gesehen größtenteils harmlos. Die Menschen, welche unterrichten, wurden selbst nach einem falschen System ausgebildet und haben gelernt, sich das Gefühl zu eigen zu machen, daß in einer Welt, in der die Ausländer so schlecht sind, nur große militärische Anstrengungen ihr eigenes Land vor Unglück zu bewahren vermögen. Die patriotische Propaganda hat jedoch auch noch eine weniger harmlose Seite an sich. Da sind gewisse Interessengruppen, die aus ihr Geld machen, und zwar nicht nur Gruppen, die an der Rüstung interessiert sind, sondern auch jene, die in den sogenannten unentwickelten Ländern Kapital investiert haben. Besitzt man etwa Öl in einem noch nicht in sich gefestigten Land, so setzen sich die Ausgaben für die Erlangung des Öls aus zwei Teilen zusammen – erstens aus den technischen, nicht verschleierten Kosten seiner Gewinnung und zweitens aus den politischen oder militärischen Kosten, die dazu aufgewandt werden müssen, die »Eingeborenen« gefügig zu halten. Nur der erstere Teil der Kosten trifft den Ölbesitzer; der zweite, unter Umständen viel größere Teil trifft den Steuerzahler, der mit Hilfe patriotischer Propaganda dazu gebracht wird, diesen Teil zu übernehmen. Auf diese Art und Weise entsteht zwischen Patriotismus und Finanzen eine höchst unerwünschte Verbindung. Auch dies ist wiederum eine Tatsache, die den jungen Menschen sorgsam verschwiegen wird.

Der Patriotismus in seinen militanteren Formen ist eng mit Geld verknüpft. Die bewaffneten Kräfte des Staates können für die Bereicherung seiner Bürger herangezogen werden, und sie werden es auch. Dies geschieht teils dadurch, daß man einen Tribut oder Entschädigungen fordert, teils dadurch, daß man auf der Zahlung von Schulden besteht, die sonst erlassen würden, teils durch die Wegnahme von Rohstoffen und teils mit Hilfe aufgezwungener Handelsverträge. Wäre der ganze Prozeß nicht vom falschen Glanz des Patriotismus überstrahlt, so würde seine Niederträchtigkeit und Verruchtheit allen normalen Menschen deutlich. Die Erziehung könnte, wenn die Menschen nur wollten, ohne weiteres ein Gefühl der Solidarität der Menschheit sowie einen Sinn für die Bedeutung internationaler Kooperation erzeugen. Innerhalb einer Generation könnte dann der ungestüme Nationalismus, an dem die Welt krankt, ausgelöscht sein. Innerhalb einer Generation könnte man die Zollmauern, durch die wir uns alle selbst arm machen, niederreißen, könnte man die Rüstung, durch die wir uns selbst mit dem Tode bedrohen, abschaffen, könnte an die Stelle der Gehässigkeit, mit der wir uns selbst am meisten schaden, Wohlwollen treten. Der heute überall seine Blüten treibende Nationalismus ist hauptsächlich ein Produkt der Schulen, und wenn ihm ein Ende gesetzt werden soll, muß ein anderer Geist die Erziehung durchdringen.

Diese Angelegenheit muß – wie die Abrüstung – durch ein internationales Abkommen geregelt werden. Vielleicht wird sich der Völkerbund – falls er Zeit, die er gewöhnlich zum Weißwaschen von Aggressoren aufwendet, dafür erübrigen kann – früher oder später der Bedeutung dieser Sache bewußt. Vielleicht stimmen die Regierungen einem einheitlichen Geschichtsunterricht zu. Vielleicht kommen nach dem nächsten großen Krieg die Überlebenden, falls es solche überhaupt gibt, zusammen und beschließen, ihre einzelnen nationalen Flaggen durch die Flagge des Völkerbundes zu ersetzen. Aber dies sind zweifellos utopische Träume. Es liegt in der Natur der Lehrer, das zu lehren, was sie wissen, wie wenig dies auch immer sein mag. Man stelle sich englische Geschichtslehrer vor, denen aufgrund eines internationalen Abkommens die Notwendigkeit droht, Weltgeschichte zu lehren. Sie müßten herausfinden, wann die Hedschra [Die »Auswanderung« Mohammeds von Mekka nach Medina, zwischen dem 28. 6 und dem 20. 9. des Jahres 622 (D. H.)] stattfand und wann Konstantinopel fiel. Sie müßten über Dschingis-Khan und Iwan den Schrecklichen sowie darüber lernen, wie der Schiffskompaß von China zu den arabischen Seeleuten gelangte und wie es dazu kam, daß die Griechen als erste Buddhastatuen anfertigten. Ihre Entrüstung darüber, daß man an ihre Zeit derartige Forderungen stellt, würde keine Grenzen kennen, und sie würden für eine neue Regierung agitieren, der vorher das Versprechen abgenommen worden wäre, sich über den Völkerbund hinwegzusetzen. Die Aktivenergie unserer Zeit findet sich in der ganzen westlichen Welt im kapitalistischen Unternehmen und stellt im ganzen gesehen eine Kraft dar, die der Zerstörung dient. Die Berufsstände, die – wie etwa Lehrer – etwas Besserem dienen sollten, sind größtenteils mit dem Status quo recht zufrieden. Jede soziale Verbesserung hätte einen Wandel im Unterricht zur Folge und muß deshalb, wenn möglich, vermieden werden. Die Anstrengung, die sie vermeiden wollen, ist nicht nur intellektueller, sondern auch emotionaler Natur. Vertraute Emotionen stellen sich ohne weiteres ein, und es ist schwierig, sich beizubringen, aus vertrautem Anlaß, so etwa dem Abspielen der Nationalhymne, neue Emotionen zu empfinden. Und so taumelt unsere moderne Welt, in der die Guten träge und nur die Schlechten voller Energie sind, trunken der Zerstörung zu. In lichten Augenblicken sehen die Menschen den Abgrund, aber der Rausch irrealer Gefühle schließt ihnen bald wieder die Augen. All jenen, die nicht berauscht sind, ist die Gefahr klar. Und der Nationalismus ist die Hauptkraft, die unsere Zivilisation dem Untergang zutreibt.

11. Klassengefühl in der Erziehung

Seit den ersten Anfängen der Zivilisation besteht bereits eine Klassenungleichheit. Bei den Stämmen wilder Völker weist sie heutzutage sehr einfache Formen auf. Ihnen stehen Häuptlinge vor, und diese Häuptlinge können mehrere Ehefrauen besitzen. Im Unterschied zu zivilisierten Menschen haben die Wilden einen Weg gefunden, Ehefrauen zur Quelle ihres Wohlstands zu machen, so daß ein Mann um so wohlhabender wird, je mehr Frauen er besitzt. Aber diese primitive Form sozialer Ungleichheit wich schon bald anderen, komplexeren Formen. Die soziale Ungleichheit war und ist in der Hauptsache mit dem Weitervererben von Besitz und Rechten und deshalb in allen patriarchalischen Gesellschaften mit dem Übergang dieses Erbes auf die männliche Linie verknüpft. Ursprünglich war der größere Wohlstand bestimmter Personen eine Folge soldatischer Tapferkeit. Der erfolgreiche Kämpfer erwarb Reichtum und vererbte ihn an seine Söhne. Durch das Schwert erworbener Reichtum bestand gewöhnlich in Grund und Boden, und der Besitz von Grund und Boden ist bis auf den heutigen Tag das Kennzeichen des Aristokraten, denn er, der Aristokrat, ist theoretisch der Nachkomme irgendeines Feudalbarons, der seine Ländereien dadurch erwarb, daß er den früheren Okkupanten tötete und das eroberte Land gegen alle Neuankömmlinge behauptete.

Dies gilt als die ehrenhafteste Quelle des Wohlstands. Es gibt aber auch andere, etwas weniger ehrenhafte Menschen, so beispielsweise diejenigen, die, obwohl selbst völlig müßig, ihren Reichtum aufgrund einer Erbschaft von einem arbeitsamen Vorfahren erwarben; und außerdem dann jene noch weniger achtbaren, die ihren Reichtum dem eigenen Fleiß verdanken. In der modernen Welt macht der Plutokrat, der, obwohl bereits reich, noch immer arbeitet, dem Aristokraten allmählich seinen Platz streitig, jenem Aristokraten, dessen Einkünfte theoretisch einzig und allein aus dem Besitz von Grund und Boden sowie aus ererbten Monopolen herrührten. Für Besitz waren und sind zwei legale Hauptquellen zu verzeichnen: die aristokratische Quelle, das heißt Besitz an Grund und Boden, ist die eine; die bourgeoise Quelle, das heißt das Recht auf das Produkt der eigenen Arbeit, die andere. Das Recht auf das Produkt der eigenen Arbeit bestand immer nur auf dem Papier, denn Dinge werden aus anderen Dingen gemacht, und derjenige, der den Rohstoff liefert, fordert als

Gegenleistung für Arbeitslöhne – oder, wo die Sklaverei noch besteht, als Gegenleistung für die äußeren Bedürfnisse des Lebens – ein Recht am Fertigprodukt. Wir haben es demnach mit drei Menschenklassen zu tun – mit dem Landeigentümer, dem Kapitalisten und dem Proletarier.

Der Kapitalist ist ursprünglich nur ein Mensch, dessen Ersparnisse es ihm ermöglichten, die für die Herstellung von Waren benötigten Rohstoffe und Werkzeuge zu kaufen, und der dadurch als Gegenleistung für Löhne das Recht am Fertigprodukt erwarb. Die drei Kategorien – Landeigentümer, Kapitalist und Proletarier – heben sich in der Theorie recht deutlich voneinander ab; aber in der Praxis verwischen sich die Unterschiede. Ein Landeigentümer kann, wenn es darum geht, einen Ferienort am Meer zu erschließen, der zufällig auf seinem Besitz liegt, durchaus Kaufmannsmethoden anwenden. Ein Kapitalist, dessen Geld aus der Fabrikation von Waren herrührt, kann sein ganzes Vermögen oder einen Teil davon in Land investieren und sich darauf verlegen, vom Pachtzins zu leben. Ein Proletarier wird, sofern er Geld auf der Sparkasse oder ein Haus hat, das er auf Abzahlung kauft, je nach Lage der Dinge zu einem mehr oder weniger großen Kapitalisten oder Landeigentümer. Der prominente Anwalt, der für eine Vertretung vor Gericht tausend Guineen berechnet, müßte nach streng volkswirtschaftlichen Begriffen als Proletarier klassifiziert werden. Aber er besitzt die Mentalität eines Plutokraten und wäre entrüstet, wenn dies geschähe.

Vom praktischen Gesichtspunkt aus betrachtet, beruhen die wesentlichen Klassenunterschiede außerhalb der UdSSR auf der patriarchalischen Familie und der Gewohnheit, Besitz weiterzuvererben. Aufgrund der patriarchalischen Familie erhalten die Kinder der Reichen eine andere, wenngleich nicht immer bessere Erziehung, als sie den Kindern der Armen vermittelt wird. Aufgrund der Weitervererbung von Besitz können sich die Kinder der Reichen, wenn sie dies wollen, auf den späteren Müßiggang freuen, bei dem sie durchaus nicht Hunger zu leiden brauchen. Gäbe es die Weitervererbung von Besitz nicht, so würden die ungleichen Wohlstandsverhältnisse, die nun einmal weiterhin bestehen, in jeder Generation beseitigt. Und gäbe es die patriarchalische Familie nicht, so würden die Kinder der Reichen nicht anders als die Kinder der Armen erzogen. Die Sozialisten sprechen vom kapitalistischen System meist etwas vage, ohne dabei eine entsprechende Analyse der verschiedenen Faktoren, die zu diesem System beitragen, zu liefern. Die geschäftlichen Aktivitäten des Kapitalisten machen keineswegs das ganze kapitalistische System aus. Die Tatsache, daß sich seine Kinder dank seines Wohlstands in einer privilegierten Lage befinden, stellt einen wesentlichen Teil dieses Systems dar. Ich meine dies nicht als Kritik am Marxismus, denn Marx erkannte sehr wohl den Zusammenhang zwischen Volkswirtschaft und Familie. Aber ich kritisiere damit in der Tat viele Sozialisten englischer Sprache, die sich einbilden, die Wirtschaftsstruktur der Gesellschaft habe keine sehr vitale Verbindung zur Ehe und zur Familie. Tatsächlich ist die Verbindung gegenseitiger Art. Der an der Anhäufung von Privatbesitz interessierte Bourgeois bezieht den Begriff des Privatbesitzes auf seine Frau und seine Kinder und fühlt folglich in bezug auf sie in einer ganz bestimmten Art und Weise. Umgekehrt sind sexuelle Eifersucht und väterliche Liebe wiederum Emotionen, die die Männer zu dem Wunsch nach privatem Besitz an Frauen und Kindern veranlassen. Und aus ihrem Wunsch nach dieser Form des Privatbesitzes entsteht auch der Wunsch nach anderen Formen. In einer primitiven Gemeinschaft wünscht sich ein Mann, um viele Ehefrauen besitzen zu können, wahrscheinlich Wohlstand. In einer zivilisierten Gemeinschaft liegt ein Grund für den Wunsch des Mannes nach Wohlstand in der Tatsache, daß eben dieser Wohlstand ihn in die Lage versetzt, seiner Ehefrau und seinen Kindern einen besseren sozialen Status zu bieten, als er Ehefrauen und Kindern von Lohnempfängern zukommt. Die Verbindung zwischen Privatbesitz an materiellen Dingen und Privatbesitz an Frauen und Kindern ist daher gegenseitiger Natur. Es ist nicht zu erwarten, daß einer der beiden von der Bildfläche verschwindet, ohne daß auch dem anderen ein Ende gesetzt wäre. Der Privatbesitz an Frauen und Kinder öffnet der Rivalität in bezug auf sie Tür und Tor und verschafft so dem Motiv des Klassenunterschieds Eingang in die Erziehung. Wie all diese Dinge von einem perfekten Kommunismus beeinflußt würden, möchte ich in diesem Stadium nicht in Erwägung ziehen.

Wo es um die Erziehung geht, entscheidet natürlich die soziale Stellung des Vaters über die der Kinder. So werden in jeder Gesellschaft, in der Klassenunterschiede bestehen, die Kinder nicht allein wegen ihrer eigenen Leistungen, sondern auch wegen des Wohlstands ihrer Väter geschätzt. Die Kinder der Reichen glauben dadurch schließlich, sie seien den Kindern der Armen überlegen; außerdem scheut man keine Anstrengung, die Kinder der Armen auf den Gedanken zu bringen, sie seien den Kindern der Reichen unterlegen. Diese Mühe ist nötig, da die Kinder der Armen die Ungerechtigkeit, deren Opfer sie sind, sonst übel vermerken würden. Infolgedessen haften der Erziehung, wo immer Klassenunterschiede bestehen, zwangsläufig zwei sich gegenseitig bedingende Mängel an: einmal der, in den Reichen eine Arroganz zu erzeugen, und zum anderen jener, bei den Armen eine irrationale, demütigende Bescheidenheit als Ziel anzustreben. Die Einwände gegen die Arroganz der Reichen liegen offen zutage und werden von den Moralisten seit der Zeit der hebräischen Propheten immer wieder aufgezeigt, obgleich nur ein kleiner Prozentsatz eben dieser Moralisten bemerkt hat, daß man das Übel nicht durch bloßes Predigen, sondern nur durch ein anderes Wirtschaftssystem beseitigen könnte. Die Übel, die sich im Zusammenhang mit dem Versuch einstellen, in den Armen eine irrationale, demütigende Bescheidenheit zu erzeugen, sind etwas anders geartet. Erzeugt man sie, so werden Initiative und Selbstachtung in schädlicher Weise abgebaut. Erzeugt man sie nicht, so entsteht ein zum Zerstörungsdrang tendierendes Ressentiment. Wie dem auch sei, eines steht jedenfalls fest: Der Versuch, sie zu erzeugen, schließt ein, daß man die Unwahrheit lehrt – die ethische Unwahrheit, da die Dinge so dargestellt werden, als wäre die Ungleichheit von Armen und Reichen keine Ungerechtigkeit; die wirtschaftliche Unwahrheit, da suggeriert wird, daß das derzeitige Wirtschaftssystem das bestmögliche sei; die geschichtliche Unwahrheit, da die vorangegangenen Konflikte zwischen Armen und Reichen aus der Sicht der Reichen geschildert werden. Solange es den Lehrern nicht viel besser geht als den Proletariern selbst, bedürfen sie eines sklavischen Gemüts, falls sie das, was sie lehren müssen, auch glauben sollen, sowie mangelnden Muts, falls sie es lehren sollen, ohne es zu glauben.

In den vorindustriellen Gesellschaften, in denen Wohlstand hauptsächlich eine Sache der Aristokratie ist, geht die Verteidigung der Ungleichheit in der Form vor sich, daß man der Geburt eines Menschen Ehrfurcht zollt, eine Ehrfurcht, die oft über die dem tatsächlichen Wohlstand erwiesene hinausgeht und den wirtschaftlichen Ursprung des Sentiments verhüllt. Einem ins Exil verbannten mittellosen Häuptling bringt man unter Umständen mehr Achtung entgegen als einem erfolgreichen Geldverleiher. Trotzdem ist es im Grunde genommen der Wohlstand, dem man Achtung zollt, denn in derartigen Gesellschaften ist in der Regel die aristokratische Abstammung Quelle des Reichtums. Wo die Aristokratie einen starken Einfluß besitzt, wird der Glaube an sie natürlich durch dümmliche Behauptungen künstlich gestützt, so etwa, daß die Aristokraten bessere Manieren, eine gediegenere Ausbildung oder subtilere Gefühle als andere Menschen besäßen. In einer plutokratischen Gesellschaft, wie es die der Vereinigten Staaten ist, begegnet man dem Humbug in anderer Gestalt. Der erfolgreiche Plutokrat soll seine Position angeblich durch harte Arbeit, Genügsamkeit und gewissenhafte Ehrlichkeit erreicht haben. Er soll sich seiner Position angeblich in einer Art bedienen, die das Vertrauen der Öffentlichkeit rechtfertigt, wobei ein Auge immer auf das Wohl der Allgemeinheit gerichtet ist. In den Sechziger- und Siebzigerjahren des vergangenen Jahrhunderts, als die großen Vermögen der Plutokraten noch eine Novität waren, enthüllte die traditionsgeprägte Kultur etwa der Adams-Familie mit Gusto die Tricks und Kniffe und ausgesprochen illegalen Handlungen, mit Hilfe derer viele der führenden Männer ihren Reichtum zusammengetragen hatten. [Siehe: Brothers Adams, High Finance in the Sixties. Neudruck Yale University Press. (B. R.)] Über die ganzen Achtziger- und Neunzigerjahre hinweg wurden Bücher gegen die Methoden der Standard Oil Company geschrieben. Heutzutage ist dies alles anders geworden. Die großen Plutokraten gelten als große öffentliche Wohltäter. Jede Universität erhielt von ihnen bereits Dotationen oder hofft noch darauf. Jeder junge Mann mit akademischem Ehrgeiz erhofft sich Forschungsgelder aus der Spende eines philanthropischen Milliardärs. Die Universitäten und die Presse sind des Lobes der ganz Reichen voll, und den Mann auf der Straße lehrt man zu glauben, daß Tugend und Einkommen proportional gleich seien. Die Klassenunterschiede sind demnach in einem Land wie den Vereinigten Staaten genauso bedeutend wie in einem Land, in dem die Aristokratie das Sagen hat, und um vieles bedeutender als in Ländern wie Norwegen und Dänemark, wo der Wohlstand breit gestreut ist, große Vermögen aber kaum vorkommen.

Der durch die Klassenunterschiede angerichtete Schaden be schränkt sich nicht auf die Kinder. Er erstreckt sich auch auf Lehrer und Lehrplan. Soziales Prestige ist mehr mit der Pflege des Geistes als mit der Pflege des Körpers verbunden. Deshalb verhält sich der Lehrer, der die Kinder intellektuell unterweist, Gesundheitsfragen gegenüber gewöhnlich indifferent und weiß nicht um die Anzeichen, durch die sich die ersten Anfänge einer physischen Unpäßlichkeit feststellen lassen. Die Unterscheidung zwischen Geist und Körper ist künstlich und irreal; aber leider wirkte sie sich auf die soziale Hierarchie aus, mit dem Ergebnis, daß die Pflege des Körpers und die Pflege des Geistes in der Erziehung viel mehr getrennt werden, als es der Fall sein sollte. Dies ist natürlich längst nicht mehr so schlimm wie früher, als ein taubes Kind wegen seiner Unaufmerksamkeit über viele Jahre hinweg bestraft werden konnte, ohne daß einer der Lehrer je entdeckte, daß es taub war. Aber auch wenn derart extreme Fälle heute wahrscheinlich nicht mehr vorkommen, so existiert das Übel doch noch in weniger flagranten Formen. Der Lehrer weiß beispielsweise nicht, wie es um die Verdauung des Kindes bestellt ist, und empört sich vielleicht über seine Dummheit und schlechte Laune, deren Ursache in einer Verstopfung zu suchen ist. Legte man den Lehrern nahe, auf den Stuhlgang ihrer Schüler zu achten, so wäre ihr Snobismus schmählich gekränkt.

Ich möchte nicht, daß der Leser mich in diesem Punkt etwa mißversteht. Ich leugne nicht, daß es in allen modernen Schulen eine körperliche Pflege der Kinder gibt und daß im Vergleich zu dem, was man früher zu tun pflegte, sehr viel getan wird, um sie bei Gesundheit zu halten. Worüber ich mich beklage, ist die Tatsache, daß körperliche und geistige Pflege so völlig getrennt werden und daß die Person, welche das für die eine Sache benötigte Wissen besitzt, in der Regel von dem für die andere Sache erforderlichen Wissen ungetrübt ist. Bei einem erwachsenen Menschen besteht eine beträchtliche Kluft zwischen Geist und Körper, aber es gibt für diese Kluft keine metaphysische Notwendigkeit. Sie ist ein Produkt der Erziehung. Bei einem Baby ist keine Kluft vorhanden, bei einem Kleinkind eine sehr kleine und bei einem Kind keine sehr große. Ich nehme nicht an, daß ein zehnjähriges Kind den Unterschied zwischen Geist und Seele philosophisch sehr gut beschreiben könnte. Aber jedes Kind würde sofort verstehen, wenn man ihm sagte: »Dein Geist ist das, worauf Fräulein A. achtet, und dein Körper ist das, worauf Fräulein B. achtet.« Es ist die Unterscheidung zwischen Fräulein A. und Fräulein B., die der darauffolgenden metaphysischen Unterscheidung zwischen Geist und Materie zugrundeliegt. Wären die Funktionen von Fräulein A. und Fräulein B. in einem Fräulein C. vereint, so würden alle Kinder zu neutralen Monisten heranwachsen und glauben, Geist und Materie seien nur verschiedene Aspekte ein und desselben Phänomens. Auf diese Weise ist die Metaphysik mit dem Klassensystem verknüpft. Geistige Aktivität ist das, was den Gebrauch von Armen und Beinen nicht in sich schließt. Physische Aktivität ist das, was ihn involviert. Geistige Aktivität ist der physischen überlegen, weil jene, die sie ausschließlich üben, Dienstboten dazu benötigen, ihre physischen Arbeiten für sie zu tun. Daraus folgt, daß die Seele edler als der Körper, daß Materie der böse Urstoff sei und so weiter.

Auch im Zusammenhang mit dem Lehrplan übte die Achtung vor dem Wohlstand ihre Wirkung aus, wenngleich diese Wirkung weniger offen zutage tritt als früher. Die Griechen vertraten – wie alle

Gemeinschaften, die sich der Arbeitskraft von Sklaven bedienen – die Meinung, daß jede manuelle Tätigkeit vulgär sei. Dies veranlaßte sie, Dingen wie etwa der Kultur, Philosophie und Rhetorik, die sie ohne den Gebrauch der Hände studieren konnten, ein großes Gewicht beizumessen. Sie tendierten zu der Ansicht, daß jede manuelle Bearbeitung von Materie eines Gentleman unwürdig sei, und dies hatte vermutlich damit zu tun, daß ihnen der Erfolg in der experimentellen Naturwissenschaft teilweise versagt blieb. Plutarch, der über die genialen Erfindungen des Archimedes während der Belagerung von Syrakus berichtet, verteidigt diesen gegen die Beschuldigung, vulgär zu sein, mit der Begründung, er habe es für seinen Vetter, den König getan. Die Römer machten sich den griechischen Bildungsbegriff zu eigen, und diese Vorstellung dominierte und dominiert bis in unsere Tage in allen Ländern Westeuropas. Bildung ist etwas, das sich durch das Lesen von Büchern oder durch das Gespräch erwerben läßt. Was immer mehr als eben dies zum Inhalt hat, ist nicht Kultur in der griechischen Bedeutung des Terminus. Und genau diese griechische Bedeutung des Terminus wird – jedenfalls in England – von den meisten Lehrern an den Schulen, von vielen Dozenten an den Universitäten und von allen alten Gentlemen, die der Literatur zugetan sind, nach wie vor übernommen. Dies trifft nicht nur auf die griechische und römische Antike, sondern auch auf die moderne Geschichte zu. Es gilt als gebildeter, etwas über Horace Walpole [1717–1797, englischer Schriftsteller, Sohn des Premierministers Robert Walpole. (D. H.)] und Bolingbroke [Henry Bolingbroke (1678–1751), englischer Staatsmann und Schriftsteller. (D. H.)] als etwas über Henry Cavendish [Sir Henry Cavendish (1731–1810), englischer Physiker und Chemiker.] und Robert Boyle [Sir Robert Boyle (1627–1691), englischer Chemiker und Physiker, der »Vater der modernen Chemie« (D. H.)] zu wissen, obschon letztere die bedeutenderen Männer waren. All dies hängt letztlich mit der Vorstellung zusammen, daß ein Gentleman nur der sei, der seine Hände nicht benützt, es sei denn, er bediente sich ihrer in der edlen Kunst des Krieges. Ein Gentleman mag ein Schwert benützen, einer Schreibmaschine sollte er sich jedoch nicht bedienen.

In Dingen dieser Art sind die Vereinigten Staaten Europa weit voraus, und zwar aufgrund der Tatsache, daß die Aristokratie in Amerika zu einer Zeit mit allem Nachdruck abgeschafft wurde, als es sie in jedem europäischen Land noch gab. Dafür wächst in der Erziehung eine neue Form des Klassenunterschieds heran, die Unterscheidung nämlich zwischen Geschäftsmanagement und technischen Fabrikationsprozessen. Der im Geschäftsmanagement tätige Mann ist der Aristokrat der Zukunft, und die Wendung »a great executive« vermittelt im modernen Amerika in etwa dieselben Assoziationen, die auch die Wendung »a great nobleman« in den Romanen Disraelis vermittelte. Die Tatsache, daß der große Topmanager den großen Edelmann als den zu bewundernden Typus abgelöst hat, übt derzeit auf die Bildungsideale eine beträchtliche Wirkung aus. Ein großer Edelmann war in den dithyrambischen Wachträumen Disraelis zweifellos ein Mann, der Macht besaß, aber es war eine Macht, die ihm zufiel, ohne daß er sie suchen mußte, und die er etwas lässig ausübte. Er besaß ferner ein großes Vermögen, aber auch dieses fiel ihm ohne Anstrengung zu, und er tat so, als denke er nur wenig daran. Die Dinge, mit denen er sich brüstete, waren seine vorzüglichen Manieren, seine Weinkenntnisse, seine Vertrautheit mit der großen Welt aller Kulturländer, sein Urteilsvermögen in bezug auf Renaissancegemälde und seine Begabung, Epigramme zu verfassen.

Man kann generell sagen, daß die Fähigkeiten und Kenntnisse der Aristokraten nichtssagend, aber harmlos waren. Die Fähigkeiten und Kenntnisse der großen Topmanager unserer Zeit sind sehr viel anders geartet. Sie sind Männer, die ihre Stellung aufgrund ihres starken Willens und ihres Vermögens, andere Menschen zu beurteilen, erlangt haben. Macht ist die sie beherrschende Leidenschaft, Organisieren die Tätigkeit, in der sie sich auszeichnen. Sie sind Männer, die den größten Nutzen zu bringen oder den größten Schaden anzurichten vermögen, Männer, die ihrer Fähigkeiten und ihrer Bedeutung wegen respektiert werden und je nach Art ihrer Arbeit geliebt oder gehaßt werden müssen, denen man aber nie gleichgültig oder herablassend begegnen darf. In einer industriellen Welt müssen Männer dieses Typs in den Vordergrund treten. In der UdSSR bedient sich der Staat Männer dieses Typs in einer Art und Weise, die ihren Fähigkeiten freien Raum läßt, ohne den erbarmungslosen Individualismus, dessen sie sich in der kapitalistischen Welt schuldig machen dürfen, zur Entfaltung kommen zu lassen. Aber sei es nun unter dem Kapitalismus oder unter dem Kommunismus: In jedem Fall sind es Männer dieses Typs, die letztlich eine Zivilisation industrieller Prägung beherrschen müssen, und der Unterschied zwischen ihrer Mentalität und jener der Aristokraten früherer Zeiten muß einen bedeutenden Einfluß dabei ausüben, die Bildung in einer industriellen Welt anders aussehen zu lassen als die feudalistischer und kommerzieller Zeitalter.

Der Begriff der »Erziehung zum Gentleman« übte auf die Universitäten eine schlechte Wirkung aus. Junge, intellektuell nicht außerordentlich begabte Menschen finden es im Alter zwischen achtzehn und zweiundzwanzig Jahren schwierig, den Erwerb akademischen Wissens, das ihnen im späteren Leben unmittelbar nicht weiterhelfen wird, sehr ernst zu nehmen. Sie neigen deshalb dazu, an der Universität faul zu sein, oder, wenn überhaupt, nur aus gedankenloser Gewissenhaftigkeit zu arbeiten. Für jene, deren Beruf der von Forschern sein wird, sind die Universitäten eine herrliche Sache, aber für einen Großteil der übrigen ist die Verbindung von der Universität zum Berufsleben zu wenig gegeben. Man kann die Universitätsjahre durchaus damit verbringen, dem Beruf zugutekommendes Wissen zu erwerben; konservative Akademikertypen erfüllt dies jedoch mit Entsetzen. Ich glaube, hier irren sie sich. Ich meine, viele kluge junge Menschen werden geistlos und zynisch aus dem Bewußtsein heraus, daß ihre Arbeit, solange sie an der Universität sind, keine echte Bedeutung hat. Jenen jungen Menschen, die Medizin oder Technik oder Agrikultur oder irgendein anderes Fach studieren, dessen Nutzen offensichtlich ist, passiert dies nicht. Ein Gentleman sein, meint weniger nützlich als dekorativ zu sein, aber um hinreichend dekorativ sein zu können, müssen ihm Einkünfte zufließen, die er nicht selbst verdient hat. Für diejenigen, die ihren Lebensunterhalt einst selbst verdienen müssen, kann es wohl kaum klug sein, eine Erziehungsform anzustreben, deren Hauptzweck es war, den Müßiggang salonfähig zu machen. Bloßes Lernen als Ideal hat im Leben der Gemeinschaft selbstverständlich seinen Platz – allerdings nur für jene, die ihre Energien später einmal der Forschung widmen. Für jene, die einem anderen Beruf nachzugehen beabsichtigen, wäre es besser, die letzten Ausbildungsjahre mit der Aneignung solcher Kenntnisse zu verbringen, die sie in die Lage versetzen, ihren Beruf mit Intelligenz und Weitblick auszüben. So etwas wie eine Allrounderziehung gibt es heutzutage nicht, vielmehr trifft man, besonders in England, eine Tendenz an, jene Elemente in der Erziehung übermäßig zu betonen, die einen Menschen befähigen, sich scheinbar intelligent zu unterhalten. Überdies ist das an der Universität erworbene Wissen, falls zwischen ihm und der späteren Berufsarbeit keinerlei Verbindung besteht, bald wieder vergessen. Würde man im Berufsleben stehende vierzigjährige Männer in den Fächern prüfen, die sie an der Universität studiert hatten, so würde man feststellen, fürchte ich, daß in den meisten Fällen nur sehr geringe Kenntnisse übriggeblieben sind. Hätten sie dagegen etwas studiert, das sie in die Lage versetzte, ihren Beruf im Zusammenhang mit dem Leben der Gemeinschaft zu sehen und seine sozialen Aspekte zu begreifen, so wären ihre späteren Erfahrungen wahrscheinlich Illustrationen dessen gewesen, was sie früher einmal lernten, und hätten folglich bewirkt, daß das Wissen ihrem Gedächtnis erhalten bleibt.

Ich habe mich bisher mit den auf die Klassenunterschiede zurückzuführenden gelegentlichen Nachteilen befaßt, aber ich bin nur auf den größten, nämlich den ethischen Schaden zu sprechen gekommen. Wo immer ungerechte Ungleichheiten bestehen, tendiert ein Mensch, der von ihnen profitiert, dazu, sich gegen ein Schuldgefühl mit Theorien abzusichern, die ihm suggerieren, daß er eben irgendwie besser sei als die vom Glück weniger Begünstigten. Diese Theorien schließen eine Einschränkung des Mitgefühls, Opposition gegen Gerechtigkeit und eine Tendenz ein, den Status quo zu verteidigen. Sie machen so die vom Glück begünstigteren Mitglieder der Gemeinschaft zu Opponenten jeglichen Fortschritts; Furcht ergreift ihre Seelen, und sie schrecken ängstlich vor allen Doktrinen zurück, die bei ihnen im Verdacht stehen, subversiv zu sein und deshalb eine Bedrohung ihres eigenen Wohlstands darzustellen. Andererseits müssen die vom Glück weniger begünstigten Mitglieder der Gemeinschaft entweder an einer so starken Atrophie des Intellekts leiden, daß sie der Ungerechtigkeit, deren Opfer sie sind, gar nicht gewahr werden, und an einem so großen moralischen Verlust der Selbstachtung, daß sie gewillt sind, vor Menschen zu kriechen, die eigentlich um nichts besser sind als sie selbst; oder aber sie müssen von Zorn und Ressentiment erfüllt sein und entrüstet protestieren, ein ständiges Gefühl der Kränkung empfinden und die Welt allmählich mit den scheelen Blicken eines Menschen, der an Verfolgungswahn leidet, betrachten.

Jede tolerierte Ungerechtigkeit hat demnach zwei schlechte Seiten: eine hinsichtlich des vom Glück Begünstigten, die andere hinsichtlich des vom Glück nicht Begünstigten. Aus diesen Gründen und nicht so sehr wegen eines in der Gerechtigkeit um ihrer selbst willen zu suchenden abstrakten Vorzugs sind ungerechte Sozialsysteme von Übel. In einer auf Ungerechtigkeit gegründeten Gemeinschaft kann die ethische Seite niemals das sein, was sie sein sollte. Vom Ressentiment geprägte Emotionen, die für sich allein betrachtet schlecht sind, können eine sehr notwendige Triebkraft sein, wenn es darum geht, Ungerechtigkeit – sei es zwischen Klassen, Nationen oder Geschlechtern – zu beseitigen. Aber dadurch, daß sie politisch notwendig sind, hören sie nicht auf, ihrer Natur nach unerwünscht zu sein. Und es sollte ein Prüfstein der intakten Gesellschaft sein, daß in ihr die nützlichen Emotionen weniger die zornigen und destruktiven als vielmehr die gütigen, freundlichen und konstruktiven sind. Diese Überlegung führt uns, falls weiterverfolgt, sehr weit. Aber da unser Thema die Erziehung ist, möchte ich es dem Leser überlassen, die ganze Problematik bis zum Ende durchzudiskutieren.

12. Konkurrenz in der Erziehung

Von den dominierenden Idealen des neunzehnten Jahrhunderts sind einige unserer Zeit erhalten geblieben, andere dagegen nicht. Jene, die auch weiterhin Gültigkeit besitzen, haben heutzutage meist einen begrenzteren Anwendungsbereich, als dies noch vor hundert Jahren der Fall war. Und für diese Ideale wiederum ist das Konkurrenzideal ein gutes Beispiel. Es ist, so meine ich, falsch, im Glauben an die Konkurrenz eine Folge des Darwinismus zu sehen. Das Gegenteil ist der Fall: Der Darwinismus war eine Folge des Glaubens an die Konkurrenz. Der moderne Biologe hat, obgleich er nach wie vor an die Evolution glaubt, einen viel geringeren Glauben an die Konkurrenz als deren Triebkraft, als ihn Darwin noch hatte; und eben dieser Wandel spiegelt jenen Wandel wider, der die Wirtschaftsstruktur der Gesellschaft ergriff.

Der Industrialismus begann mit einer großen Zahl kleiner Firmen, die alle gegeneinander konkurrierten und zunächst vom Staat, damals noch landwirtschaftlicher und aristokratischer Prägung, nur sehr wenig Hilfe erhielten. Frühe Vertreter des Industrialismus glaubten deshalb an Selbsthilfe, Laissez-faire und Konkurrenz. Von der Industrie griff die Konkurrenzidee auf andere Bereiche über. Darwin machte den Menschen klar, daß Konkurrenz zwischen verschiedenen Lebensformen die Ursache des evolutionären Fortschritts sei. Erziehungsexperten waren in der Folge davon überzeugt, daß Konkurrenz im Klassenzimmer die beste Möglichkeit biete, den Fleiß unter den Schülern zu fördern. Die Arbeitgeber benutzten den Glauben an die freie Konkurrenz als Argument gegen Gewerkschaftsbewegungen, und in den rückständigen Teilen Amerikas geschieht dies auch heute noch. Aber die Konkurrenz zwischen den Kapitalisten wurde allmählich immer geringer. Es bestand die Tendenz, die Gesamtheit einer Industrie auf nationaler Ebene zusammenzuschließen, so daß die Konkurrenz sich hauptsächlich zu einer Konkurrenz zwischen Nationen und damit weit weniger als früher zwischen verschiedenen Firmen innerhalb einer bestimmten Nation entwickelte. Mittlerweile waren die Kapitalisten, obgleich sie sich selbst zusammenschlossen, selbstverständlich bestrebt, Zusammenschlüsse, an denen ihre Angestellten beteiligt waren, so gut sie irgend konnten zu verhindern. Ihr Motto lautete: »Vereint stehen wir; entzweit fallen sie.« Die freie Konkurrenz wurde so mit Ausnahme der die Aktivitäten von Industriemagnaten umfassenden Bereiche auf allen Gebieten des menschlichen Lebens als großes Ideal konserviert. Wo die Interessen der Industriemagnaten im Spiel sind, findet die Konkurrenz auf nationaler Ebene und daher in einer Form statt, die den Patriotismus fördert.

In der Erziehung übte das Konkurrenzideal zweierlei schädliche Wirkungen aus. Einerseits hat es dazu geführt, daß den Schülern besonders in internationalen Angelegenheiten Respekt vor der Konkurrenz beigebracht wird, einer Konkurrenz, die der Kooperation abträglich ist; andererseits hat es zu einem ausgedehnten Konkurrenzsystem geführt, das sowohl im Klassenzimmer als auch bei der Bewerbung um ein Stipendium und später bei der Arbeitssuche angewandt wird. Diese letzte Etappe wurde, wo es um Lohnempfänger geht, durch die Gewerkschaften etwas gemildert. Aber unter Menschen mit gehobenen Berufen hat sie nichts von ihrer Härte verloren.

Einer der schlimmsten Mängel des Glaubens an die Konkurrenz in der Erziehung ist die Tatsache, daß er, insbesondere bei den besten Schülern, zu einer Erziehung geführt hat, die weit über das Ziel hinausschießt. Derzeit besteht in allen Ländern Westeuropas – allerdings nicht in Nord- oder Südamerika – die gefährliche Tendenz, der Jugend Erziehung in einem Maß aufzubürden, das für die Phantasie und den Intellekt, ja, sogar für die physische Gesundheit schädlich ist. Unglücklicherweise leiden die klügsten jungen Menschen am meisten unter dieser Tendenz; in jeder Generation werden der Intellekt und die Phantasie in ihren besten Ausprägungen auf dem Altar des Großen Gottes Konkurrenz geopfert. Einem Menschen, der, wie es bei mir der Fall war, an der Universität einige der besten Köpfe einer Generation erleben darf, bricht der durch Überanstrengung in der Jugend angerichtete Schaden das Herz. Der Erziehungsapparat in den Vereinigten Staaten ist in vieler Hinsicht den westeuropäischen unterlegen, aber in dieser Beziehung ist er besser. Fähige junge Akademiker in höheren Semestern sind in Amerika selten so umfassend gebildet oder so ausgesprochen gelehrt, wie man sie in derselben

Gesellschaftklasse in Europa antrifft, aber sie bringen eine Liebe zum Wissen, einen Enthusiasmus für die Forschung und eine Frische in bezug auf die intellektuelle Initiative mit, die in Europa gewöhnlich einer langweiligen und zynischen Korrektheit gewichen ist. Zu lernen, ohne am Lernen immer von neuem Vergnügen zu finden, ist schwierig, und für eben diese Schwierigkeit haben die europäischen Erzieher bis jetzt keine Lösung gefunden.

Das erste, das in den jungen Menschen zu töten der Durchschnittserzieher sich ans Werk macht, ist die Phantasie. Die Phantasie ist gesetzlos, undiszipliniert, individuell und weder korrekt noch unkorrekt; aus all diesen Gründen ist sie dem Lehrer besonders dann unbequem, wenn die Konkurrenz eine starre Leistungsordnung erfordert. Das Problem der richtigen Behandlung der Phantasie wird durch die Tatsache noch schwieriger, daß sie bei den meisten Kindern spontan abnimmt, sobald das Interesse an der realen Welt wächst. Die Phantasie bleibt bei jenen Erwachsenen stark ausgeprägt, die sich aus der Kindheit ihre, der Phantasie, Emanzipation vom Faktum zum Teil bewahrt haben; aber wenn die Phantasie der Erwachsenen von Wert sein soll, so darf ihre, der Phantasie, Emanzipation vom Faktum nicht der Unwissenheit entspringen, sondern muß von der Tatsache herrühren, daß den Erwachsenen sklavisches Denken fremd ist. Farinata degli Uberti brachte der Hölle, ungeachtet dessen, daß er dort für immer leben mußte, nur große Verachtung entgegen. [Siehe: Dante, Göttliche Komödie, Inferno, X. Gesang. – Farinata degli Uberti, Führer der kaisertreuen Ghibellinen in Florenz im 13. Jahrhundert, wurde 1258 aus seiner Heimatstadt vertrieben, besiegte aber später die Guelfen bei Monteaperti/Adria. Er starb 1266. (D. H.)] Eben diese Einstellung gegenüber dem Faktum fördert eine fruchtbare Phantasie im Erwachsenen wohl am ehesten.

Um zu konkreteren Betrachtungen zu kommen, ist es vielleicht angebracht, sich etwa mit dem Zeichnen und Malen von Kindern zu befassen. Die meisten Kinder beweisen, wenn man sie dazu ermutigt, im übrigen aber ungestört läßt, ungefähr vom fünften bis zum achten Lebensjahr ein beachtliches Maß an malerischer Phantasie. Einige, wenn auch nur eine kleine Minderheit unter ihnen, sind in der Lage, den Malimpuls auch noch beizubehalten, nachdem sie bereits selbstkritisch geworden sind. Hat man ihnen jedoch beigebracht, getreu zu kopieren und um eine genaue Darstellung bemüht zu sein, so werden sie zunehmend eher wissenschaftlich als künstlerisch orientiert und ihre Malerei weist keinerlei Phantasie auf. Soll dies vermieden werden, so darf man ihnen nicht zeigen, wie man korrekt zeichnet, es sei denn, sie bitten selbst um eine entsprechende Anleitung; und man darf sie auch nicht in dem Gedanken gewähren lassen, Korrektheit stelle ein Verdienst dar. Dies ist für den Lehrer schwierig, da überragendes Können im künstlerischen Bereich eine Frage der Auffassung und des persönlichen Geschmacks ist, während Genauigkeit objektiven Tests unterzogen werden kann. Das soziale Element in der schulischen Erziehung, die Tatsache nämlich, einer aus einer ganzen Klasse zu sein, führt, wenn der Lehrer nicht sehr außergewöhnlich ist, in der Tendenz dazu, daß eher auf die sozial verifizierbaren Vorzüge als auf jene ein besonderes Gewicht gelegt wird, die von der persönlichen Qualität abhängen. Wenn die persönliche Qualität erhalten werden soll, so muß die keinen Spielraum bietende Belehrung auf ein Minimum reduziert werden, und die Kritik darf niemals so weit gehen, daß sie im Schüler Zaghaftigkeit erzeugt, wenn es darum geht, sich selbst auszudrücken.

Dasselbe gilt in einem etwas späteren Alter für den Literaturunterricht. Die Lehrer tendieren dazu, zuviel zu lehren und alberne Stilregeln aufzustellen, so etwa, daß kein Satz mit »und« oder »aber« beginnen sollte. Bestimmte Regeln der Grammatik müssen selbstverständlich eingehalten werden, obschon selbst die Grammatik elastischer ist, als die meisten Lehrer annehmen. Jedes Kind, das etwa schriebe

> Und verdammt sei der wo zuerst schreit halt, genug

erhielte Vorwürfe nicht nur wegen der profanen Ausdrucksweise, sondern auch wegen der schlechten Grammatik. Wie beim Malen besteht auch bei der Literatur die Gefahr, daß man künstlerisches Können durch Korrektheit ersetzt. Der Literaturunterricht sollte sich auf das Lesen von Texten beschränken, und das Lesen sollte weniger extensiv als vielmehr intensiv sein. Es ist durchaus gut, Dinge auswendig zu wissen, denen man spontanes Vergnügen abgewinnt, vom Standpunkt der literarischen Ausbildung ist es jedoch völlig sinnlos, etwas zu lesen – wie klassisch es auch immer sein mag–, das dem Leser nicht auch tatsächlich Freude bereitet. Literatur, die man gierig verschlingt und mit der man intim vertraut ist, formt die Diktion und den Stil, während Literatur, die man einmal teilnahmslos liest, lediglich das pseudo-intellektuelle Gespräch fördert. Die Schüler sollten natürlich ebensogut schreiben wie lesen können, aber das, was sie schreiben, sollte nicht kritisiert werden, noch sollte man ihnen zeigen, wie sie es nach Ansicht des Lehrers hätten besser machen können. Was das Schreiben betrifft, sollten keine Unterweisungen gegeben werden.

Wenden wir uns von der Phantasie ab und dem Intellekt zu, so stellen wir fest, daß hier in etwa ähnliche Überlegungen relevant sind. Dazu kommen allerdings noch gewisse andere, die mit Erschöpfung zu tun haben. Eine Erschöpfung kann genereller oder spezieller Natur sein; erstere ist im Zusammenhang mit der Gesundheit zu sehen, letztere sollten jedoch all jene bedenken, die mit der Schulung des Intellekts befaßt sind. Der Leser erinnert sich vielleicht an Pawlows Hund, der Ellipsen von Kreisen unterscheiden lernte. Als Pawlow die Ellipsen aber allmählich immer mehr dem Kreis annäherte, war schließlich ein Punkt erreicht – als nämlich das Verhältnis von größerer zu kleinerer Achse 9 : 8 betrug –, an dem das Unterscheidungsvermögen des Hundes plötzlich nicht mehr vorhanden war, und danach vergaß er alles, was er vorher zum Thema Kreise und Ellipsen gelernt hatte. Dasselbe passiert vielen Jungen und Mädchen in der Schule. Sind sie gezwungen, sich mit Problemen herumzuschlagen, die entschieden über ihre Kräfte gehen, so bemächtigt sich ihrer eine Art wirren Entsetzens nicht nur hinsichtlich des speziellen Problems, um das es gerade geht, sondern auch in bezug auf jedes intellektuell benachbarte Gebiet. Viele Menschen sind in den mathematischen Fächern ihr ganzes Leben lang schlecht, weil sie zu jung damit begannen. Wie den in Piagets aufschlußreichem Buch zum Thema »Judgement and Reasoning in the Child« [Jean Piaget, Le Jugement et le raisonnement chez l'enfant, 1925. (Deutsch: Urteil und Denkprozeß des Kindes, Düsseldorf 1972) (D. H.)] zusammengetragenen Daten zu entnehmen ist, entwickelt sich von den in der Schule getesteten Fähigkeiten das Vermögen, abstrakt zu denken, als letzte.

Wenn ein Pädagoge nicht sehr psychologisch denkt und viel Erfahrung hat, kann er es gar nicht glauben, daß Kinder so verworren sind, wie es tatsächlich der Fall ist: solange die richtigen verbalen Antworten kommen, nimmt man an, daß das Thema verstanden wird. Arithmetik und Mathematik lernt man im allgemeinen in einem zu frühen Alter, mit dem Ergebnis, daß viele Schüler in bezug auf diese Fächer sich die künstliche Stupidität des Pawlowschen Hundes, des Geometriestudenten, aneignen. Um diesem Mißgeschick vorzubeugen, müssen die Lehrer psychologische Kenntnisse besitzen, in der Kunst des Unterrichtens hinreichend geschult sein und eine gewisse Freiheit haben, den Lehrplan, wo nötig, zu lockern. Jene, die die Armen unterrichten, halten es heute für wichtig, vom Unterrichten tatsächlich etwas zu verstehen, aber die Söhne der »Gentlemen« werden nach wie vor von völlig ungeübten Lehrern unterrichtet.

Erschöpfung schädigt die tatsächliche Qualität des Intellekts und wiegt deshalb sehr schwer. Weniger unheilvoll, wenngleich immer noch ernsthaft schädlich, ist die Tatsache, daß man den Schülern jegliches Interesse an intellektuellen Dingen nimmt, was darauf zurückzuführen ist, daß ein Großteil dessen, was gelehrt wird, völlig nutzlos ist (oder zumindest scheint). Nehmen wir etwa eine Durchschnittsklasse mit hundert Schülern: Ich würde meinen, daß neunzig von ihnen nur aus Angst vor Bestrafung, neun aus einem vom Konkurrenzgedanken bestimmten Wunsch nach Erfolg und einer aus Liebe zum Wissen lernen. Diese beklagenswerte Sachlage ist nicht unvermeidlich. Durch Kurzstunden, freiwillige Teilnahme und guten Unterricht kann man etwa 70 % dazu bringen, daß sie aus Liebe zum Wissen lernen. Wenn dieses Motiv angesprochen werden kann, stellt sich die Aufmerksamkeit von selbst und ungezwungen ein, mit dem Ergebnis, daß der Erschöpfungszustand weitgehend verringert und das Gedächtnis weitgehend verbessert werden. Überdies wird der Erwerb von Wissen schließlich als Vergnügen empfunden, was wiederum zur Folge hat, daß man diese Beschäftigung wahrscheinlich auch noch pflegt, nachdem die Zeit der formellen Ausbildung bereits zu Ende ist. Man wird eines Tages feststellen, daß während der kürzeren Stunden eines freiwilligen Unterrichts mehr gelernt wird als in den längeren Stunden aufgezwungener, von Unaufmerksamkeit geprägter Langeweile. Aber der Lehrer muß den Unterricht dem Gefühl der Schüler für das Wissenswerte anpassen und darf nicht versuchen, sie durch Einschüchterungsmethoden in dem falschen Glauben zu wiegen, aus alten Zeiten stammender Schutt besitze einen okkulten und mysteriösen Wert.

Ein weiterer intellektueller Mangel fast jeden Unterrichts – mit Ausnahme der höchsten Vorlesungsstufe an den Universitäten – ist die Tatsache, daß er die Gelehrigkeit und den Glauben fördert, es lägen zu Problemen, die legitime Streitobjekte darstellen, fertige Antworten vor. Ich erinnere mich an eine Gelegenheit, als mehrere von uns darüber diskutierten, welches wohl das beste von Shakespeares Stücken sei. Den meisten ging es darum, Argumente für unkonventionelle Meinungen vorzutragen, aber ein kluger junger Mann, der, von Grundschulen kommend, erst kurz zuvor zur Universität aufstieg, belehrte uns, daß »Hamlet« das beste von Shakespeares Stücken sei, eine Tatsache, von der wir unverantwortlicherweise nichts wußten. Danach war das Thema abgeschlossen. Jeder Geistliche in Amerika weiß, warum Rom fiel: Es fiel infolge des von Juvenal und Petronius geschilderten Sittenverfalls. Die Tatsache, daß dieser Verfall der Sitten sich bereits etwa zweihundert Jahre vor dem Untergang des Westreiches anbahnte, ist unbekannt oder wird ignoriert. Englische Kinder lehrt man eine Auffassung von der Französischen Revolution, französische Kinder eine andere; keine von beiden stimmt, aber in beiden Fällen wäre es höchst unklug, dem Lehrer zu widersprechen, und nur wenige sind geneigt, dies zu tun. Die Lehrer sollten intelligente Widersprüche von seiten ihrer Schüler unterstützen, sie sogar drängen, Bücher zu lesen, in denen Meinungen vertreten werden, die denen des Lehrers entgegenstehen. Aber dies geschieht nur selten, mit dem Ergebnis, daß ein Großteil der Erziehung darin besteht, nicht fundierte Dogmen einzuflößen anstelle eines Geists kritischer Untersuchung. Schuld daran ist nicht zwangsläufig der Lehrer, sondern ein Lehrplan, der zuviel sichtbares Wissen verlangt und, daraus folgend, Hast und übermäßige Genauigkeit nötig macht.

Der ernsteste Aspekt einer ausufernden Erziehung ist deren Auswirkung auf die Gesundheit, und zwar insbesondere auf die geistige Gesundheit. Dieses Übel, wie man es etwa in England antrifft, ist eine Folge der übereilten Anwendung einer liberalen Losung, die »Chancengleichheit« heißt. Bis in die jüngste Zeit war die Erziehung ein Vorrecht der Söhne begüterter Schichten, aber unter dem Einfluß der Demokratie trat sehr zu Recht das Gefühl in den Vordergrund, daß eine höhere Schulbildung all jenen offenstehen sollte, die von ihr zu profitieren vermögen, und daß die Fähigkeit, von ihr zu profitieren, in der Hauptsache vom Intellekt abhänge. Man fand die Lösung in einem ausgedehnten Stipendiensystem, wobei die Stipendien schon in frühen Jahren von der schulischen Tüchtigkeit des Schülers und sehr weitgehend von Konkurrenzprüfungen abhängig sind. Der Glaube an die über alles erhabenen Tugenden der Konkurrenz hindert jedermann daran, einmal darüber nachzudenken, daß Jungen und Mädchen und heranwachsende Jugendliche der damit verbundenen sehr strengen Belastung nicht ausgesetzt werden sollten. Wäre die Belastung nur intellektueller Natur, so wäre dies schon schlimm genug, aber sie ist auch emotionaler Art: Die ganze Zukunft eines Jungen oder eines Mädchens steht und fällt nicht nur wirtschaftlich, sondern auch sozial gesehen mit dem Erfolg in einer nach langer Vorbereitung abgelegten kurzen Prüfung. Betrachten wir etwa die Situation eines intelligenten Jungen aus armem Hause, dessen Interessen fast ausschließlich intellektueller Art sind, dessen Kameraden sich aus Büchern jedoch nicht das geringste machen. Wenn es ihm gelingt, an der Universität anzukommen, so kann er nur hoffen, kongeniale Freunde zu gewinnen und sein Leben mit kongenialer

Arbeit zuzubringen; wenn nicht, so ist er nicht nur zu Armut, sondern auch zu geistiger Vereinsamung verurteilt. Mit dieser Alternative vor sich, arbeitet er fast sicher mit großem Eifer, aber nicht intelligent, und zerstört seine geistige Elastizität, noch ehe seine Ausbildung beendet ist.

Obwohl das Übel jedem, der Lehrerfahrung an einer Universität besitzt, ins Auge fällt, ist es nicht leicht, ein Mittel dagegen zu finden. Wahrscheinlich ist es nicht wünschenswert und sicherlich finanziell auch unmöglich, jedem eine Universitätsausbildung zukommen zu lassen; folglich ist ein gewisses Ausleseverfahren nötig, und eben dieses Verfahren muß sich hauptsächlich auf die intellektuelle Tüchtigkeit stützen. Es wäre besser, die Belastung wäre nicht so konzentriert wie sie es dann ist, wenn sie von einem Examen abhängt, und die Lehrer könnten einen gewissen Teil ihrer Schüler nach ihrem generellen Eindruck auslesen. Zweifellos würde dies hier und da zu Kriecherei und Günstlingswirtschaft führen, aber wahrscheinlich wären diese Übel weniger gravierend als die des gegenwärtigen Systems. Es wäre gut, diejenigen, die eine Universitätsausbildung erhalten sollen, bereits im Alter von zwölf Jahren auszulesen: nach diesem Alter sollten sie nicht mehr der Konkurrenz, sondern nur noch vernünftigen Bedingungen, die an ihren Fleiß gestellt werden, unterliegen. Und mit zwölf Jahren sollte man sie weniger aufgrund ihrer Tüchtigkeit als aufgrund ihrer Intelligenz auslesen.

Darin liegt ein Verdienst der Intelligenztests, deren man sich in England zuwenig bedient, während man sich in Amerika in einem Maß auf sie verläßt, das sich für mein Gefühl wissenschaftlich nicht rechtfertigen läßt. Ihr Verdienst liegt nicht etwa darin, daß sie unfehlbar seien – kein Test vermag das –, sondern daß sie im großen und ganzen mehr oder weniger korrekte Ergebnisse zutage fördern und daß sie nicht die mühselige und nervenaufreibende Vorbereitung nötig machen, die für den üblichen Examenstypus erforderlich ist.

In Stadtgebieten und überall dort, wo die Bevölkerungsdichte entsprechend groß ist, sollte es Spezialschulen für sehr kluge Jungen und Mädchen geben, wie sie schon für die geistig Behinderten existieren. In Amerika wurde ein Anfang in dieser Richtung bereits gemacht, bis jetzt allerdings nur in geringem Umfang. [Siehe: Hollingworth, Gifted Children, Kapitel IX und X. (B. R.)].

Einige der Ergebnisse sind interessant. So fand man beispielsweise einen Jungen mit einem Intelligenzquotienten von 190 (100 ist der Durchschnitt) in einer gewöhnlichen Schule, wo er keine Freunde hatte und als Narr galt. Man schickte ihn in eine Spezialklasse für

Jungen mit einem mittleren Intelligenzquotienten von 164, wo er rasch als ein in der Klasse Führender anerkannt und »in viele Vertrauens- und Ehrenämter gewählt wurde«. Klugen Kindern würde sehr viel unnötige Pein und Reiberei erspart, währen sie nicht gezwungen, mit dummen Altersgenossen engen Umgang zu pflegen. Bisweilen begegnet man dem Gedanken, sich in der Jugend an allem und jedem zu reiben, sei eine gute Vorbereitung für das Leben. Dies scheint mir barer Unsinn. Niemand pflegt im späteren Leben Umgang mit allem und jedem. Buchmacher sind weder verpflichtet, unter Geistlichen zu leben, noch Geistliche unter Buchmachern. Im späteren Leben liefern die Beschäftigung und der Status eines Menschen einen Hinweis auf seine Interessen und Fähigkeiten. Ich habe in meinem Leben in den unterschiedlichsten Gesellschaftsschichten gelebt – unter Diplomaten, englischen Dons, Pazifisten, Zuchthäuslern und Politikern –, aber nirgendwo fand ich die Erbarmungslosigkeit eines jeden einem jedem gegenüber, die man in einer Clique junger Burschen antrifft. Intellektuelle junge Burschen haben meist noch nicht gelernt, ihre Intellektualität zu verbergen, und sind deshalb wegen ihres seltsamen Wesens ständiger Verfolgung ausgesetzt. Die Anpassungsfähigeren unter ihnen lernen rechtzeitig, ganz normal zu scheinen und sich ein glattes und leeres Äußeres zuzulegen, aber ich vermag nicht einzusehen, daß dies eine Lektion sei, die zu lernen sich lohnte. Geht man durch einen Bauernhof, so kann man dort Kühe und Schafe und Schweine und Ziegen und Gänse und Enten und Hennen und Tauben beobachten, die sich alle auf ihre Art verhalten; niemand ist der Meinung, daß eine Ente dadurch, daß sie sich wie ein Schwein zu verhalten lernt, die Fähigkeit erwerben sollte, sich sozial anzupassen. Genau dies wird jedoch für Jungen in der Schule, wo die Schweine dazu tendieren, die Aristokratie darzustellen, als so ungeheuer kostbar erachtet.

Die Vorteile von Spezialschulen für die klügeren Kinder sind sehr groß. Sie wollen nicht nur soziale Verfolgung vermeiden und dadurch viel Pein und emotionale Erschöpfung und all die Lektionen in feigem Verhalten verhindern, Lektionen, die kluge Erwachsene oft dazu bringen, ihren Verstand im Dienste mächtiger Narren zu prostituieren. Vom rein intellektuellen Standpunkt aus betrachtet kann der Unterricht mit ihnen viel schneller vorangehen, und sie müssen nicht langweilige Stunden über sich ergehen lassen, während derer Dinge, die sie schon längst verstehen, den anderen Klassenkameraden erklärt werden; überdies ist ihr Gespräch untereinander wahrscheinlich so geartet, daß es ihnen Wissen einprägt, und ihre Freizeitbeschäftigungen können intelligenter Natur sein, ohne daß sie Angst vor Spott zu haben brauchten. Gegen derartige Schulen läßt sich im Ernst nichts vorbringen, es sei denn, administrative Schwierigkeiten und jene Form demokratischer Gesinnung, deren Ursprung im Neid liegt. Derzeit kommt sich jeder kluge Junge bzw. jedes kluge Mädchen seltsam vor; in einer solchen Umwelt würde dieses Gefühl verschwinden.

Eine Schwierigkeit jedes ausgedehnten Erziehungsapparats ist die Tatsache, daß die Administratoren in der Regel keine Lehrer sind und ihnen die nötige Erfahrung fehlt, zu wissen, was möglich ist und was nicht. Wenn ein Lehrer zum erstenmal unterrichtet, so stellt er, falls er nicht ausgewählte Gruppen besonders intelligenter Schüler unterrichtet, mit Überraschung fest, daß junge Menschen weit weniger und wesentlich langsamer lernen, als er es vermutet hatte. Ein bestimmtes Thema mag durchaus wissenswert, trotzdem aber nicht lehrenswert sein, weil die meisten Schüler in der verfügbaren Zeit nichts davon lernen. Diejenigen, die einen Lehrplan entwerfen, ohne Erfahrung im Unterrichten mitzubringen, neigen dazu, ihn zu sehr zu überladen, was zu dem Ergebnis führt, daß nichts gründlich gelernt wird. Andererseits hat der erfahrene Lehrer meist einen anderen, nicht weniger unerwünschten Hang: er tendiert dazu – und dies weitgehend, weil er die Schüler nach ihrer Leistung einstufen muß –, jenen Themen den Vorzug zu geben, bei denen kein Zweifel darüber bestehen kann, ob der Schüler auch die richtige Antwort gegeben hat. Die althergebrachte Mode, lateinische Grammatik zu lehren, ist teilweise darauf zurückzuführen. Aus demselben Grunde wird die Arithmetik überbewertet; in britischen Grundschulen nimmt sie weit mehr Zeit in Anspruch, als sie eigentlich sollte. Der Durchschnittsmensch sollte rechnen können, aber darüber hinaus hat er wohl selten Gelegenheit, schwierige Rechenprobleme zu lösen. Was er an komplizierter Arithmetik gelernt haben mag, nützt ihm im späteren Leben praktisch nicht mehr als all das Latein ihm nützen würde, das er in derselben Zeit hätte lernen können; andererseits ist sie aber für ihn von weit geringerem Nutzen als das, was er auf dem Gebiet der Anatomie und Physiologie und der elementaren Hygiene hätte lernen können.

Das Problem der über das Ziel hinausschießenden Erziehung ist sowohl wichtig als auch schwierig. Es ist wichtig, weil ein kluger Mensch, dessen Erziehung zu weit getrieben wurde, seine Spontaneität, sein Selbstvertrauen und seine Gesundheit verliert und dadurch ein weniger nützliches Mitglied der Gemeinschaft wird, als er es eigentlich hätte sein können. Es ist schwierig, weil es, da das Wissensvolumen ständig anwächst, zunehmend mühsamer wird, alles zu wissen, was sowohl im Zusammenhang mit den komplizierteren praktischen Fragen als auch mit wissenschaftlichen Entdeckungen relevant ist. Die mit einer über das Ziel hinausschießenden Erziehung verbundenen Übel lassen sich deshalb nicht einfach dadurch vermeiden, daß man lediglich sagt: »Laßt die Jungen und Mädchen doch sich frei austoben und plagt sie nicht mit zu vielem Lernen.« Unsere Sozialstruktur beruht mehr und mehr auf der geschulten und gutinformierten Intelligenz. Die gegenwärtige weltweite Depression ist weitgehend mangelnder Ausbildung der im praktischen Leben stehenden Männer zuzuschreiben: verstünden Bankiers und Politiker etwas von Währung und Kredit, so wären wir alle, vom Höchsten bis zum Niedrigsten, viel reicher, als wir es tatsächlich sind. Der Fortschritt der Naturwissenschaft kann sich – um ein weiteres Beispiel zu nennen – keineswegs weiterhin mit der gegenwärtigen Geschwindigkeit vollziehen, falls ein Mensch die Grenzen des vorhandenen Wissens nicht schon mit etwa fünfundzwanzig Jahren zu erreichen vermag, nachdem nur wenige Menschen nach ihrem dreißigsten Lebensjahr zu echter Originalität fähig sind. Und der Durchschnittsbürger kann seinen Part in einer komplizierten Welt nicht spielen, falls er nicht besser als derzeit daran gewöhnt ist, praktische Streitfragen als Gegenstände zu sehen, die weniger aufgrund von Vorurteilen, Emotionen und Effekthascherei als vielmehr durch Anwendung geschulter Intelligenz auf Faktenhäufungen entschieden werden sollten. Aus all diesen Gründen stellt die intellektuelle Erziehung ein vitales Bedürfnis der modernen Sozialordnung dar.

Sein muß eine Ausbildung, die den Erfordernissen genügt, nicht sein dürfen die Übel einer zu weit getriebenen Erziehung. Dies macht drei Dinge nötig. In erster Linie muß der Erwerb von Wissen mit möglichst geringer emotionaler Belastung verbunden sein; das erfordert große Änderungen im Prüfungs- und Stipendiensystem sowie die Segregation der klügeren Schüler, wo immer dies möglich ist. Emotionale Belastung ist die Hauptursache einer schädlichen Erschöpfung; die rein intellektuelle Erschöpfung wird, wie die Muskelermüdung, nachts während des Schlafes wieder behoben, die emotionale Erschöpfung aber verhindert einen ausreichenden Schlaf oder gestaltet diesen aufgrund böser Träume unruhig. Während der Ausbildung sollten junge Menschen daher, soweit überhaupt möglich, ein sorgenfreies Dasein führen.

Zweitens ist eine drastische Eliminierung jenes Unterrichts erforderlich, der keinem nützlichen Zweck dient. Ich bin nicht der Ansicht, daß Kinder und junge Leute nur das Wissen erwerben sollten, das als »brauchbar« bezeichnet wird, sondern ich meine, daß sie Dinge nicht nur deshalb lernen sollten, weil dies immer geschah. Ich habe junge Menschen, die kurz vorher mit der Schule fertig waren, häufig danach gefragt, was sie in der Geschichte gelernt hatten. Ich habe im allgemeinen festgestellt, daß sie die englische Geschichte von Hengist und Horsa [Brüder, die im 5. Jahrhundert ihre Stammesgenossen, die Jüten, nach England geführt haben sollen. (D. H.)] bis zur normannischen Eroberung [1066] in jeder Klasse von neuem durchgepaukt hatten und daß sie darüber hinaus nichts wußten. Ich mag eine Ausnahme sein, jedenfalls befand ich mich noch nie in einer Lage, in der es tatsächlich von Vorteil war, etwa über die Beziehungen der Königreiche von Marcia und Wessex im achten Jahrhundert Bescheid zu wissen. Die Geschichte enthält vieles, das durchaus wissenswert ist, doch wird dies in Schulen kaum je gelehrt.

Drittens ist es erforderlich, daß jeder höhere Unterricht weniger unter dem Gesichtspunkt richtiger Antworten auf Fragen als vielmehr in der Absicht erteilt wird, den Geist und die Technik des Erforschens der Dinge zu lehren. Auch in diesem Zusammenhang sind Prüfungen zu verurteilen. Ein junger Mensch, der etwa eine Grundprüfung in englischer Literatur abzulegen hat, ist wahrscheinlich gut beraten, kein einziges Wort eines der großen Schriftsteller zu lesen, sondern irgendein Handbuch auswendig zu lernen, das ihm alle Informationen liefert – mit Ausnahme jener, deren Besitz sich lohnt. Der Prüfungen wegen müssen junge Leute alle möglichen Dinge – so etwa Jahreszahlen – auswendig lernen, die in Nachschlagewerken nachzulesen weit sinnvoller ist. Die richtige Art des Unterrichts lehrt den Gebrauch von Büchern, nicht sinnlose Gedächtnisakrobatik, die darauf abzielt, Bücher überflüssig zu machen. Für die Arbeit von Studenten der höheren Semester wird dies bereits anerkannt, aber es sollte für ein viel früheres Ausbildungsstadium gelten. Und die Untersuchungen des Schülers sollten nicht nach orthodoxen oder sonstigen Maßstäben der von ihm gezogenen Schlußfolgerung, sondern nach dem Wissensvolumen und danach beurteilt werden, ob die Argumentation vernünftig ist. Diese Methode lehrt nicht nur, sich ein gesundes Urteil zu bilden und die Initiative des Lernenden lebendig zu halten, sondern macht auch den Erwerb von Wissen zu einem interessanten Erlebnis und verringert dadurch sehr weitgehend den Erschöpfungszustand, den dieser Prozeß mit sich bringt. Die im Zusammenhang mit intellektueller Arbeit auftretende Erschöpfung ist größtenteils eine Folge der Anstrengung, die nötig ist, weil man sich dazu zwingen muß, Dingen, die langweilen, seine Aufmerksamkeit zu widmen, und deshalb behebt jede Methode, die die Langeweile behebt, auch einen Großteil des Erschöpfungszustands.

Mit diesen Methoden läßt sich eine hervorragende Bildung erlangen, ohne daß dabei Gesundheit und Spontaneität gefährdet würden. Solange jedoch die Tyrannei von Prüfungen und Konkurrenz bestehen bleibt, ist dies nicht möglich. Konkurrenz ist nicht nur als erzieherisches Faktum, sondern auch als ein gegenüber der Jugend zu verteidigendes Ideal schlecht. Was die Welt heute braucht, ist nicht Konkurrenz, sondern Organisation und Kooperation; aller Glaube an die Nützlichkeit der Konkurrenz ist inzwischen zum Anachronismus geworden. Und selbst wenn die Konkurrenz nützlich wäre, so ist sie, da die mit ihr verbundenen Emotionen von Feindseligkeit und Erbarmungslosigkeit geprägt sind, an sich nicht bewundernswert. Die Vorstellung von der Gesellschaft als einem organischen Ganzen ist für jene, deren Geist von Konkurrenzideen durchtränkt ist, sehr schwierig. Es ist daher weder ethisch noch wirtschaftlich wünschenswert, junge Menschen konkurrenzmäßiges Verhalten zu lehren.

13. Erziehung unter dem Kommunismus

In früheren Kapiteln haben wir die in der Erziehung durch die Institution des Privatbesitzes und dessen Zusammenhang mit der patriarchalischen Familie heraufbeschworenen Übel gesehen. Wir haben nun zu untersuchen, ob unter dem Kommunismus andere, gleichermaßen ernste Übel zu erwarten sind oder ob im Gegenteil die öffentliche Erziehung unter dem Kommunismus besser sein könnte als sie unter dem Kapitalismus je sein kann.

Der gegenwärtige Stand der Erziehung in der UdSSR ist natürlich, auch wenn er in diesem Zusammenhang betrachtet werden muß, keineswegs entscheidend, da Rußland nach wie vor mit seinem Aufbau beschäftigt und vom Endziel immer noch weit entfernt ist. Für unsere Zwecke ist es daher instruktiver, Gedanken darüber anzustellen, was die Sowjetregierung sich erhofft und zu tun beabsichtigt, als was sie bereits zustande gebracht hat. Was bisher geschah, ist notwendigerweise – das liegt in der Natur der Sache – ein Kompromiß. Bei Ausbruch der Revolution war die Mehrheit der Russen des Lesens und Schreibens unkundig, und die Bauern, die 80 Prozent der Bevölkerung ausmachten, waren in ihrer Mentalität höchst konservativ. Mangel an Geldmitteln, Mangel an Schulgebäuden, Mangel an Lehrkräften – all dies stellte ernste Hindernisse dar. Trotz dieser Schwierigkeiten wurde genug getan, um in etwa deutlich zu machen, wie das Erziehungssystem aussehen wird, wenn es einmal vollendet ist. Wir wollen daher zunächst überlegen, was im Augenblick in der Erziehung geschieht, und dann versuchen, die im Zusammenhang mit der Erziehung geplante Zukunft abzuschätzen.

In seinem Buch zum Thema »The New Education in the Soviet Republic«, in London von Williams & Norgate, Ltd. herausgegeben, gibt Albert P. Pinkewitsch, Rektor der Zweiten Staatsuniversität in Moskau, einen mehr oder weniger offiziellen Rechenschaftsbericht. Dieses Buch kann in allen Fragen, die mit der Schulorganisation und ihren derzeitigen Zielsetzungen zu tun haben, als maßgebend bezeichnet werden. Viele Leser mögen überrascht sein festzustellen, wieviel Dinge es dort gibt, die den in westlichen Ländern vorhandenen ähnlich sind. Kindern Lesen und Schreiben und Rechnen beizubringen, ist ein Stück technischer Arbeit, die vom Wirtschaftssystem nicht sehr stark beeinflußt wird. Auch Gesundheitsfragen sind nicht umstritten. Aber zusätzlich zu derartigen Dingen stellt man fest, daß dort Systeme existieren, deren Ziel es ist, Pfadfinder zu organisieren, Schulmoral zu lehren, Loyalität gegenüber dem Staat einzuschärfen und so weiter, Systeme also, die den in England und Amerika üblichen sehr ähnlich sind. Und die vertraute Sicht des Universitätsrektors, wie man ihn in den Vereinigten Staaten kennt, durchdringt zum Teil auch die unvertraute kommunistische Phraseologie. Ungeachtet dieser Echos älterer Systeme trifft man dort jedoch viel Neues an, und was neu ist, ist von großer Bedeutung.

Der auf den vorangehenden Seiten unterstrichene enge Zusammenhang zwischen Erziehung und Sozialsystem wird natürlich von allen Kommunisten fast zu entschieden behauptet. Pinkewitsch zitiert aus dem Werk Lenins eine Passage zum Thema Schulen in kapitalistischen Ländern des Westens:

> »Je kultivierter ein bourgeoiser Staat war, desto subtiler täuschte er – indem er behauptete, die Schule könne sich aus der Politik heraushalten und so der Gesellschaft als Ganzem dienen – über die wahren Tatbestände hinweg. Tatsächlich war die Schule ausschließlich ein Instrument der Klassen-

> herrschaft in den Händen der Bourgeoisie; sie war völlig vom Kastengeist durchdrungen und zielte darauf ab, den Kapitalisten dienstfertige Leibeigene und fähige Arbeiter zu liefern.«

Im kommunistischen Staat soll die Schule, ohne daß daraus ein Hehl gemacht würde, Instrument der Klassenherrschaft des Proletariers sein, und Moral soll mit Ausnahme dessen, was für die Arbeiter im Klassenkampf nützlich ist, nicht gelehrt werden. Lassen wir Lenin noch einmal zu Wort kommen:

> »Wir leugnen jede Art von Moral, die sich aus jenem Begriff herleitet, aus dem Mensch und Klasse eliminiert sind; und wir betrachten eine derartige Moral als einen Betrug und eine die Gedankengänge von Arbeitern und Bauern im Interesse von Landeigentümern und Kapitalisten hemmende Täuschung. Wir sagen, daß unsere Moral ausschließlich den Interessen des Klassenkampfes des Proletariats dient.«

Daraus folgt, so könnte man zumindest schließen, daß es, wenn das Proletariat einmal den endgültigen Sieg errungen hat, so daß der Klassenkampf beendet ist, eine wie auch immer geartete Moral nicht geben wird. Pinkewitsch räumt jedoch das Zutagetreten einer etwas positiveren Ethik ein, wenn er nämlich sagt:

> »Ziel der Erziehung und generellen Ausbildung in Sowjetrußland ist es, zur allseitigen Entwicklung eines gesunden, starken, in aktiver Weise tapferen, unabhängig denkenden und handelnden Menschen beizutragen, eines Menschen, der die zeitgenössische Kultur in ihrer ganzen Vielschichtigkeit kennt, der schöpferisch ist und für die Interessen des Proletariats, in letzter Konsequenz folglich für die Interessen der gesamten Menschheit streitet.«

Man braucht lediglich den beiläufigen Bezug auf das Proletariat in dieser Passage wegzulassen, um eine sehr bestimmte Ethik zu erhalten, die nichts eindeutig Kommunistisches enthält. Aber in der Übergangsperiode muß die Propaganda eine große Rolle spielen; während dieser Periode »ist das Ziel sozusagen die Indoktrination der Jugend mit proletarischer Philosophie«.

Pinkewitsch erkennt an, daß »vom Gesichtspunkt der Charakterbildung die sehr frühe und spätere Kindheit unstreitig die wichtigste Lebensperiode darstellt«. Er vertritt die Überzeugung, daß es wünschenswert wäre, wenn Kleinkinder in Institutionen betreut werden könnten, dies nicht nur in ihrem eigenen Interesse, sondern auch in der Absicht, »den sozialistischen Staat vollständig zu realisieren, einen Staat, in dem die von der Mühsal niedriger, stumpfsinniger und unproduktiver Arbeit befreite Frau ihren Platz an der Seite des Mannes einnimmt«. Sowohl während der sehr frühen als auch während der späteren Kindheit hält er die Schule für einen besseren Einfluß als die Familie:

> »Unsere Hauptkritik an der zeitgenössischen Schule richtet sich darauf, daß sie es mit Kindern zu tun hat, die Dreiviertel ihrer Zeit außerhalb der Schule verbringen und damit deren Einfluß entzogen sind, mit Kindern, die mit gewissen Informationen, gewissen Gewohnheiten und zumindest mit der Disposition für eine gewisse Sicht der Welt in die Schule eintreten. Es besteht nicht der geringste Zweifel, daß das Kinderheim, in das Jungen und Mädchen im Säuglingsalter oder in der frühen Kindheit kommen und in dem sie bleiben, bis sie erwachsen sind, eine perfektere Form der Erziehung bietet ... Im Kinderheim vermögen wir ohne hemmende Begleitumstände jene Art erzieherischer Umwelt zu schaffen, die wir heutigen Lehrer anstreben. Wegen der Übermacht des Elternhauses und anderer außerhalb der Schule liegender Einflüsse (sind wir) an normalen Tagesschulen hingegen machtlos.«

Diese Passagen verdeutlichen die Aspirationen der Sowjetregierung; sie sind vorläufig aber nichts mehr als eben Aspirationen, und nur 4 oder 5 % der Kinder im Vorschulalter besuchen eine wie auch immer beschaffene Institution. Die allgemeine Schulpflicht beschränkt sich derzeit auf die vier Jahre vom achten bis zum zwölften Lebensalter, die die Kinder in der Volksschule zubringen.

Während der gesamten Ausbildungszeit – sei sie nun lang oder kurz – unterscheidet sich die russische Schule von der anderer Länder insofern, als sie weit weniger akademisch, weit weniger engstirnig auf die Vermittlung von Wissen konzentriert ist. »Wissen darf nicht das Ziel sein; es muß vielmehr das natürliche und zufällige Produkt einer bestimmten Organisation des Schullebens der Kinder sein. In Wahrheit müssen wir unsere Schule zu einer ›Schule des Lebens‹ machen.« »In ihren Aufgaben muß die Schule äußerst eng mit der Realität verknüpft sein; der produktiven Arbeit muß ein hervorragender Platz eingeräumt werden: die gesamte Schulstruktur muß die Entfaltung der sozialen Instinkte fördern und eine sozialistische Schulung der revolutionär gesinnten Kommunisten der Zukunft bieten.« Die Kinder erhalten in der Schule nicht nur theoretischen Unterricht, sondern verrichten, soweit ihre Kräfte und ihr Geschick es zulassen, auch nützliche manuelle Arbeit; und sie tun diese Arbeit nicht etwa, weil es zur Ausbildung gehört, sondern als Teil der Pflichten eines Bürgers. Pinkewitsch spricht von »der ungeheuren sozialen und politischen Rolle der Arbeit in der Schule ... Solange man in der Arbeit eine unter dem Gesichtspunkt des motorischen Trainings utilitaristische oder wertvolle Sache sieht, werden wir eine Schule, die die Bezeichnung sozialistisch oder kommunistisch verdient, nicht haben. Unser Schüler muß sich als Mitglied einer Arbeitergesellschaft und als Werktätiger in eben dieser Gesellschaft fühlen«. Dies ist eines der wichtigsten Wesensmerkmale der in Rußland praktizierten Erziehung.

Pinkewitsch schildert nicht genau und so detailliert, wie man es sich eigentlich gewünscht hätte, welche Arbeit die Kinder leisten und wie viele Stunden des Lehrplans damit ausgefüllt sind. »Regelmäßige Beschäftigungen in der echten Produktion einer Fabrik oder Mühle«, so sagt er, »stellen in dem Sinne einen Teil der manuellen Arbeit einer Schule dar, als sie mit dem Lehrprogramm eng verknüpft sind.« In Landgebieten tritt an die Stelle der Fabrikarbeit die Arbeit auf dem Bauernhof. In diesem Zusammenhang sagt Julian Huxley [Geboren 1887, britischer Zoologe, Biologe und Bevölkerungswissenschaftler; 1931 besuchte er mit einer Gruppe von Wissenschaftlern die Sowjetunion. (D. H.)] sehr richtig:

> »Für diese Verbindung von Landschulen und Bauernhöfen spricht weit mehr als für die Verbindung von Stadtschulen und Fabriken. Denn die Landwirtschaft ist ein umfassendes Gebiet, während jede Fabrik nur mit einem einzigen spezialisierten Industriezweig zu tun hat; die Landwirtschaft hat mit dem Landleben mehr gemein als die Industrie mit dem Leben in der Stadt. Und die enge Verschmelzung von Schule und Bauernhof als integrierender Bestandteil einer einzelnen Institution ist vom erzieherischn Standpunkt aus eine gute Sache.« [A Scientist Among the Soviets (1932), S. 102. (B. R.)]

Dieser Standpunkt unterscheidet sich jedoch radikal von dem sowjetischer Erzieher, die die Arbeit von Schulkindern eher im Lichte einer moralischen Disziplin verstehen. »Wenngleich Studieren notwendig ist«, sagt Pinkewitsch, »ist doch die Unterweisung in den Aktivitäten des praktischen Lebens nicht weniger wesentlich. In einer sozialistischen Arbeiterschule müssen diese Aktivitäten sozialer Natur und daher nützlich sein ... Sollen wir sozial nützliche Arbeit als eine für die Schule und ihre Schüler nützliche Arbeit sozialer Prägung oder als eine für die umliegende Gemeinschaft nützliche Arbeit der Schule betrachten? Nach unserer Denkweise hängt die ganze Bedeutung des Problems von der Akzeptierung der zweiten Interpretation ab.« Das heißt, daß die Kinder gewöhnlich notwendige und nicht etwa wegen ihres erzieherischen Werts ausgewählte Spezialarbeit tun sollen.

Die sozial nützliche Arbeit in der Schule ist in zwei Hauptbereiche aufgeteilt, wobei der erste in Agitation und Propaganda, der zweite in praktischer Arbeit besteht. Unter ersterer Parole sollen die Kinder auf den verschiedenartigsten Gebieten agitieren, so etwa für Fruchtwechselwirtschaft, für die »würdigsten« Wahlkandidaten, gegen Religion, Malaria, Bettwanzen, Rauchen und Trunksucht. Die praktische Arbeit weist eine ähnliche Vielfalt auf. Die Kinder sollen sich damit befassen, Getreide mit Formalin zu desinfizieren, gegen das Wegschwemmen von Erdreich durch Anpflanzen von Bäumen anzugehen, in die Heime der Bauern elektrisches Licht zu legen, Wahlliteratur zu verteilen, Analphabeten Zeitungen vorzulesen, Parasiten zu vertilgen und bedürftigen Witwen beizustehen.

Die sowjetische Schule zielt nicht nur darauf ab, die Welt zu verstehen, sondern sie zu transformieren; ihr Zweck ist, wie Pinkewitsch konstatiert, »die Rekonstruktion der Welt im Einklang mit der marxistischen Theorie«. Der ganze Begriff passiver Erkenntnis ist dem System fremd; dies muß man bedenken, soll das System fair beurteilt werden.

Ich glaube, daß die Teilnehmer der »Fünfunddreißigsten Gesamtrussischen Konferenz für Vorschulerziehung« die folgende Resolution eher als Russen denn als Marxisten annahmen: »Musik sollte das Leben des Kindes völlig durchdringen. Es sollte Musik während der Arbeit, Musik während des Spiels und Musik während der Ferien geben. Der Lehrer sollte die persönliche Kreativität des Kindes berücksichtigen und ihm durch das Organisieren eines Orchesters und kollektiven Singens die nötigen musikalischen Erfahrungen verschaffen«. Dies ist eine bewundernswerte Sache, aber ich vermag nicht zu glauben, daß eine kommunistische Revolution die Engländer gleichermaßen musikalisch machen würde.

Die Kriegsmentalität, die in Rußland infolge der Feindseligkeit anderer Länder dem Kommunismus gegenüber notwendig ist, hat der Erziehung eine Anzahl charakteristischer Merkmale gebracht, die den vom Patriotismus anderswo bewirkten weitgehend ähnlich sind. Die »Jungen Pioniere« sind eine Kopie der Pfadfinder und haben weitgehend ähnliche Gesetze und Gelöbnisse. Ihre Gesetze sind folgende:

1. Der Pionier ist der gerechten Sache der Arbeiterklasse und den Weisungen Lenins treu.
2. Der Pionier ist der jüngere Bruder und Helfer des Komsomolzen und Kommunisten.
3. Der Pionier ist den Pionieren und den Arbeiter- und Bauernkindern der Welt ein Kamerad.
4. Der Pionier organisiert die Kinder in der Umgebung und nimmt mit ihnen am Leben in der gemeinsamen Umwelt teil: Der Pionier ist allen Kindern ein Beispiel.
5. Der Pionier strebt nach Wissen. Wissen und Geschick sind eine Macht im Kampf um die gerechte Sache der Arbeiter.

Die Pioniere schwören außerdem einen feierlichen Eid:

»Ich, ein Junger Pionier der Sowjetunion, gelobe im Beisein meiner Kameraden feierlich, daß ich 1) die gerechte Sache der Arbeiterklasse im Kampf um die Befreiung der Arbeiter und Bauern der Welt standhaft verteidigen werde; 2) die Weisungen Lenins und die Gesetze und Bräuche der Jungen Pioniere redlich und unerschrocken ausführen werde«.

Obschon uns explizite gesagt wird, daß die Sowjetregierung an die »Moral«erziehung nicht glaubt, umgibt ein deutlicher Hauch von Moralität diese Gesetze und Gelöbnisse. Das Bild des Jungen Pioniers, der nach Wissen strebt und allen Kindern ein Beispiel ist, ruft mir die frommen Kinderbücher meiner Jugend ins Gedächtnis zurück.

Diejenigen, die mit reaktionärer Propaganda vertraut sind, werden überrascht feststellen, daß die sowjetische Einstellung zur sexuellen Erziehung weit davon entfernt ist, radikal zu sein. »Die Rolle des Lehrers und des Vaters bzw. der Mutter ist es, das Kind vor übertriebener Stimulierung des Interesses am Sex zu bewahren«, sagt Pinkewitsch. Die Energie des jungen Menschen »sollte auf Körperpflege, athletische Wettkämpfe, manuelle Arbeit, intellektuelle Aktivität, auf die Pionierbewegung und alle Formen der Sozialarbeit ausgerichtet sein, die ein beachtliches Maß an physischer Potenz erfordern. Werden die Kräfte des Kindes normalerweise hierfür verausgabt, so bleiben für die hypertrophe Entwicklung sexueller Triebe keine Kräfte mehr«. Die Koedukation wird als jene Erziehungsform gutgeheißen, die die sexuelle Anziehung zwischen Jungen und Mädchen verringert. Informationen im Zusammenhang mit sexuellen Themen sollten das normale Maß nicht überschreiten, da, falls dies geschieht, »das Ergebnis nur die Stimulierung einer ungesunden und – so ist zu vermuten – zu wenig reinen Einstellung zur sexuellen Beziehung sein kann«. Er weist mit Entsetzen die Anregung zurück, daß Kinder den Koitus bei Hunden, Hühnern, Rindern und Pferden beobachten sollten, und sagt dann: »Isoliert man sexuelle Fragen nicht von anderen Bereichen, um sie dann getrennt und besonders betont zu behandeln, so richtet sich die Aufmerksamkeit der Kinder und heranwachsenden Jugendlichen auch nicht auf sie«. Er vertritt die Meinung, daß sexuelle Fragen »anderen, interessanteren und wichtigeren Problemen« untergeordnet werden sollten. All dies mag richtig oder unrichtig sein, es weist jedoch nichts auf, was der Revolution zuzuschreiben wäre. Mit Ausnahme der Tatsache, daß er der Koedukation, die sich wohl schwerlich als subversiv bezeichnen läßt, das Wort redet, stimmen die geäußerten Ansichten substantiell mit denen englischer Schulleiter überein.

Die Aussichten der Erziehung unter dem Kommunismus aufgrund der derzeit in Rußland praktizierten Methode abzuschätzen, ist nicht leicht. Dies nicht nur deshalb, weil die Intentionen der Regierung in wichtigen Punkten bis jetzt noch nicht durchgeführt wurden, sondern, was noch wichtiger ist, weil die durch den weltweiten Kampf zwischen Kapitalismus und Kommunismus heraufbeschworene Kriegsmentalität die Schulen so sehr beherrscht, daß es schwer abzusehen ist, wie sie sich entwickeln würden, wenn der Kommunismus überall siegreich wäre. Ich war seit 1920, als noch recht wenig getan war, nicht mehr in Rußland. Damals sah ich Kinderschulen, in denen die Kinder glücklich und die körperliche Betreuung vorzüglich waren, in denen sie aber, sobald sie sprechen konnten, intensiver Propaganda ausgesetzt wurden. Ich sah Schulen für größere Jungen, und diese Schulen taten trotz eines erschreckenden Mangels an nötiger Ausstattung ihr Bestes. Ich sprach mit Universitätsprofessoren, deren Lage alles andere als angenehm war. Aber diese Erfahrung hilft im Hinblick auf die späteren Entwicklungen nur wenig weiter, Entwicklungen, die mir allerdings durch Berichte aus erster Hand bekannt wurden.

In bezug auf Religion und Sex scheint der Unterschied zwischen russischen und westlichen Schulen gegenwärtig nur gering zu sein. Die dort gelehrte Religion ist nicht dieselbe, aber man lehrt sie mit demselben Dogmatismus. In Rußland begegnet man – nicht anders als im Westen – Behauptungen, die man blind glauben muß und die keiner kritischen Prüfung unterzogen werden dürfen. Es trifft zu, daß die russische Religion sich im Unterschied zu jener christlicher Länder in einer Form präsentiert, die die meisten jungen Menschen, die ihr ausgesetzt sind, begeistert aufnehmen und zur Grundlage ihres Lebens machen. Es trifft zu, daß intelligente Menschen in der russischen Religion ein Mittel für die Schaffung einer besseren Welt zu sehen und ihre Dogmen ohne intellektuellen Verzicht zumindest pragmatisch zu akzeptieren vermögen. In dieser Hinsicht hat der Marxismus heute den Vorteil, den das Christentum besaß, als es noch in seinen Anfängen steckte. Aber würde er diese Vorteile auch noch beibehalten, wenn er etabliert und siegreich wäre? Für den Augenblick wird er mit der derzeit vielversprechenden Situation und fruchtbaren Aktivität in Zusammenhang gebracht, Dinge, die auf das Vorhandensein eines riesigen halbleeren, für die wirtschaftliche Entwicklung reifen Landes zurückzuführen sind. Amerika befand sich einst in dieser Lage und war damals Protagonist der Demokratie. Alle progressiven Europäer begeisterten sich zu jener Zeit für Amerika und die Demokratie, der sie Tugenden zuschrieben, die, wie wir heute sehen können, mit der Existenz einer in Maßen zu erwartenden Ausbeutung verknüpft wurden. Ein ähnlicher geographischer Zufall arbeitet heute zugunsten des Kommunismus, und wir müssen seine Auswirkung zunächst einmal von unseren Überlegungen trennen, ehe wir die Ergebnisse abzuschätzen vermögen, die der Kommunismus in wirtschaftlich entwickelten Ländern wahrscheinlich erzielen würde, in Ländern nämlich, in denen er kaum zu dem lang anhaltenden Optimismus Anlaß geben könnte, der Rußland in jüngster Zeit kennzeichnete.

Bleibt das marxistische Dogma so virulent wie es derzeit ist, so muß es schließlich zu einem großen Hindernis für den intellektuellen Fortschritt werden. Bereits heute finden sich Aspekte der modernen Naturwissenschaft, die mit ihrer Theologie in Einklang zu bringen Kommunisten für schwierig halten, so zum Beispiel die Vorstellungen vom Atom, zu denen die Quantentheorie führte. Die Ansicht, daß alles im menschlichen Charakter wirtschaftliche Ursachen habe, kann jeden Moment in heftigen Konflikt mit der Naturwissenschaft geraten. Zum Beispiel: Der Hakenwurm schwächt die Energie in warmen Ländern weitgehend, und hier ist das Klima, nicht die Volkswirtschaft der ausschlaggebende Faktor. Überdies befaßt sich die marxistische Philosophie so sehr mit dem Klassenkampf, daß sie vage und unbestimmt wird, wenn sie Betrachtungen über die klassenlose Welt anstellt, die zu schaffen sie anstrebt. Sollte ein siegreicher dogmatischer Marxismus die Stelle des Christentums einnehmen, so könnte er für den wissenschaftlichen Fortschritt ein ebenso großes Hindernis sein, wie es das Christentum war.

Es scheint jedoch unwahrscheinlich, daß die derzeit mit dem Kommunismus in Zusammenhang gebrachte Philosophie ihre Kraft behalten würde, wenn dem Kommunismus der Sieg beschieden wäre. Der Kommunismus ist an sich lediglich ein Wirtschaftssystem, das nach wirtschaftlichen und politischen Kriterien beurteilt werden muß. Die Doktrin des dialektischen Materialismus und die wirtschaftliche Interpretation der Geschichte sind keine logisch notwendigen Bestandteile der kommunistischen Theorie. Würde der Kommunismus als Wirtschaftssystem nicht mehr länger herausgefordert, so bestünde auch nicht dieselbe Notwendigkeit, die Häresie zu unterdrücken: Marx und Lenin würden zweifellos noch immer verehrt, aber man würde feststellen, daß sie das, was sie sagten, nicht auch wirklich gemeint hatten. Der Dogmatismus unserer Tage ist eine Nebenerscheinung in diesem Kampf, und wir dürfen hoffen, daß er, würde der Kampf erfolgreich zu Ende geführt, allmählich abklänge.

Ähnliche Überlegungen gelten im Zusammenhang mit dem Klassenkonflikt. Wie wir sahen, krankt die Erziehung in kapitalitischen Ländern an der Herrschaft der Reichen, und die Erziehung in Rußland krankt umgekehrt an der Herrschaft des Proletariats. Den Proletarierkindern bringt man bei, die Kinder der »Bourgeois« zu verachten, und junge Menschen »bourgeoiser« Herkunft tun sich schwerer als andere, eine höhere Ausbildung zu erhalten. Aber innerhalb einer Generation wird diese Schwierigkeit, da es dann nur noch Proletarierkinder geben wird, beseitigt sein.

Eine in bezug auf die Zukunft ernsthaftere Frage ist die virtuelle Abschaffung der Familie. Es ist zu erwarten, daß die Sowjetregierung, sobald die Geldmittel dies erlauben, dafür sorgen wird, daß nach und nach immer mehr Kinder ausschließlich in Schulanstalten erzogen werden und nur noch wenig oder gar keinen Kontakt zu ihren Eltern haben. Die Vor- und Nachteile dieses Systems wurden bereits in einem früheren Kapitel untersucht, und ich werde sie daher nicht noch einmal wiederholen, doch ist dies, sei es nun eine Sache, die sich zum Guten oder zum Schlechten hin entwickelt, wahrscheinlich das wichtigste Wesensmerkmal einer voll ausgereiften kommunistischen Erziehung.

Die Erziehung unter dem Kommunismus enthält Wesensmerkmale, aufgrund derer sie bereits heute jeder in kapitalistischen Ländern möglichen Ausbildung vorzuziehen ist. Eines dieser Merkmale ist die nur in abgeschwächter Form auftretende Konkurrenz sowie die Tatsache, daß die individuelle Arbeit durch Gruppenaktivität ersetzt wurde. Vereinzelte progressive Schulen können sich in Ländern wie England und Amerika zwar in dieser Richtung versuchen, aber sie sind durch die Notwendigkeit gehandikapt, daß sie die Kinder auf die Prüfungen und die Konkurrenzkämpfe im Leben der Erwachsenen vorbereiten müssen. Überdies haben die in außergewöhnlichen Schulen erzogenen Kinder nicht selten Schwierigkeiten, sich an die Umwelt anzupassen – Schwierigkeiten, die zu ertragen sich lohnen mag, von denen das russische Kind jedoch verschont bleibt. Eine Schule, deren Ziel es ist, eine besondere Umwelt zu schaffen, muß von der herkömmlichen Welt mehr oder weniger isoliert sein, was, selbst wenn notwendig, bedauerlich ist. In Rußland ist die Konkurrenz nicht nur aus der Schule, sondern auch aus dem Alltag verbannt, eine Tatsache, die es möglich macht, in den Menschen einen im Westen unbekannten Geist der Kooperation zu wecken.

Die Teilnahme der Schule an der auf der Welt zu bewältigenden Alltagsarbeit weist, obgleich sie Gefahren in sich birgt, Vorteile auf, die nach meinem Gefühl alle möglicherweise damit verbundenen Schattenseiten überwiegen. Gegenwärtig enthält die von den Kindern erwartete Arbeit zuviel Propaganda: Man macht sie schon in jungen Jahren zu Missionaren des kommunistischen Glaubens, was zwangsläufig eine gewisse Selbstzufriedenheit und unerwünschte Selbstsicherheit mit sich bringt. Aber es ist für junge Menschen gut, sich als Teil der Gemeinschaft zu empfinden und das Gefühl zu haben, daß sie, soweit ihre Fähigkeiten es erlauben, nützlich sein sollten. Progressive Erzieher im Westen waren, so glaube ich, immer geneigt, im Kind einen Eigendünkel zu wecken und es zuzulassen, daß es sich als kleiner Aristokrat fühlt, dem die Erwachsenen zu dienen haben. Dies führt dazu, daß man einen Anarchisten heranzieht, der die Zwänge eines Lebens innerhalb der Gesellschaft nicht hinnimmt. Von diesem Mangel ist die russische Erziehung frei: Man vermittelt dem Kind von Anfang an das Gefühl, daß es in der Gesellschaft eine feste Einheit darstellt und der Gemeinschaft verpflichtet ist. Und man vermittelt ihm dieses Gefühl nicht so sehr in Form von Vorschriften, sondern vielmehr dadurch, daß man ihm seine Tätigkeiten anweist. Dieser behavioristische Teil der Moralerziehung in Rußland ist eine bewundernswerte Sache und hat, wenn man den Zeugenaussagen glauben darf, zur Folge, daß selbst die Fähigsten der jungen Menschen sich als wesentlichen Bestandteil der Gemeinschaft und nicht, wie dies oft im Westen der Fall ist, als isolierte Einheiten fühlen, die aus Verzweiflung frivol werden oder aus Zynismus verrotten. Der Kommunismus hat eine moralische Disziplin entdeckt, die die moderne Jugend durchaus akzeptieren kann, und eine Lebensweise gefunden, bei der die moderne Jugend glücklich zu sein vermag. Die kapitalistischen Länder halten dieses Problem, weil sich ihre Institutionen ohne Humbug nicht konservieren lassen, nach wie vor für unlösbar.

Dem in der reichen und komplexen Kultur einer alten Zivilisation erzogenen Intellektuellen erscheint an der kommunistischen Perspektive zugegebenermaßen einiges recht dünn und fast unerträglich monoton. Die Gewohnheit, alle Fragen, wie weit hergeholt sie auch immer sein mögen, auf den Klassenkampf zu beziehen, macht alles zu einer vulgären Angelegenheit und zerstört die Freude an der geistigen Gewandtheit. Ein illustrierendes Beispiel aus der reinen Naturwissenschaft soll dartun, was ich damit meine. Nehmen wir etwa die Methoden, mit deren Hilfe die Distanzen entfernter Sterne und Sternennebel geschätzt werden. Diese Methoden sind ein Meisterstück der Ingeniosität sowie vorsichtigen, mit genauer Beobachtung verbundenen Schlußfolgerns. Soviel ich weiß, macht es für den Ausgang des Klassenkampfes nur wenig Unterschied, ob ein bestimmter Stern hundert oder tausend Lichtjahre entfernt ist, aber daß die Menschen tatsächlich zu entscheiden in der Lage sein sollten, welche der beiden Entfernungen der Wahrheit näher ist, hebt unsere Achtung vor dem Menschengeschlecht. Ich suggeriere damit nicht etwa, daß der Kommunismus sich grundsätzlich gegen die astronomische Forschung erkläre, aber ich suggeriere damit in der Tat, daß seine Philosophie, falls man aus Überzeugung daran glaubt, den Impuls für die wissenschaftliche Neugierde atrophieren würde, die die Menschen zu derartigen Untersuchungen bewegt. Die marxistische Perspektive führt zu einer falschen Emphase. So mag das Werk Newtons beispielsweise alle möglichen wirtschaftlichen Ursachen gehabt haben, aber das Werk selbst ist trotz allem weit interessanter und bedeutender als seine Ursachen. Volkswirtschaft hat schließlich mit dem Problem zu tun, den Menschen ihre Lebensgrundlage zu erhalten; würde dieses Problem, wie es mit Hilfe des Kommunismus möglich wäre, zufriedenstellend gelöst, so brauchten wir etwas anderes, worüber wir nachdenken, und ein neues Prinzip, auf das gestützt wir die *künftige* Geschichte interpretieren könnten. Im Slogan stellt Simplizität ein Verdienst dar, nicht aber in einer Philosophie.

Alles bewußt und überlegt Geplante krankt wahrscheinlich an einer übertriebenen Simplizität, die zur Monotonie und, weil man ständig dieselben Reden hört, sogar zu einer Art geistiger Beschränktheit führt. Mag sein, daß das Leben selbst diese Gefahr meidet; auf jeden Fall sind in Rußland noch immer so viele Dinge aus der Zeit vor der Revolution erhalten, daß die kommunistische Planung noch auf lange Sicht einer übertriebenen Simplizität nicht Einlaß gewähren kann. Aber in der Erziehung bestünde, wären nicht derart einleuchtende und interessante praktische Aufgaben zu erfüllen, die sehr reale Gefahr einer übermäßigen Simplifizierung. Die Welt ist reicher und vielfältiger als die Marx'sche Formel. Eine in die Schranken der Philosophie des »Kapital« verwiesene Generation mag nützlich, glücklich und furchtbar sein, sie kann aber nicht weise sein und auch nicht wissen, daß sie es nicht ist; intellektuell ist sie seicht und ihrer Sache zu sicher. Aber wenn ich dies sage, so gehe ich vom philosophischen, nicht vom politischen Standpunkt aus. Vom Standpunkt der Politik aus betrachtet (Politik im weitesten Sinne) muß unser Urteil, so glaube ich, anders lauten. Der Kommunismus bietet eine Lösung für das schwierige Problem, das da heißt Familie und sexuelle Gleichheit – eine Lösung, die uns mißfallen mag, die aber auf alle Fälle eine mögliche Entscheidung herbeiführt. Er vermittelt den Kindern eine Erziehung, aus der die antisoziale Konkurrenzidee fast völlig verbannt ist. Er schafft ein Wirtschaftssystem, das die einzig praktikable Alternative zu einem System von Herren und Knechten zu sein scheint. Er beseitigt die Trennung zwischen Schule und Leben, eine Trennung, die die Schule ihrem aus der Mönchstradition herrührenden Ursprung verdankt und aufgrund deren der Intellektuelle im Westen ein immer unnützeres Mitglied der Gesellschaft wird. Er bietet jungen Männern und Frauen eine Hoffnung, die nicht chimärisch ist, sowie eine Aktivität, an deren Nützlichkeit sie nicht zweifeln. Und wenn er, was immerhin möglich ist, eines Tages die Welt erobert, so wird er die meisten größeren Übel unserer Zeit beseitigen. Aus diesen Gründen verdient er – trotz aller Vorbehalte – Unterstützung.

14. Erziehung und Volkswirtschaft

In der öffentlichen Erziehung, wie man sie derzeit in westlichen Ländern antrifft, haben wir in früheren Kapiteln Wesensmerkmale entdeckt, die die Kritik herausfordern. Manche behaupten, daß die Ursache all dessen, was in der Erziehung oder etwa in anderen Bereichen nicht in Ordnung ist, in einem schlechten Wirtschaftssystem liege. Ich selbst glaube dies nicht; ich neige zu der Ansicht, daß ein gewisses Maß an Dummheit und an Liebe zur Macht unter jedem Wirtschaftssystem anzutreffen ist, die beide der Schaffung eines perfekten Erziehungssystems im Wege stehen. Dessenungeachtet üben wirtschaftliche Faktoren auf die Erziehung zweifellos einen tiefgehenden und an der Oberfläche nicht immer deutlich erkennbaren Einfluß aus. Ich werde in diesem Kapitel versuchen, den wirtschaftlichen Faktor in der Erziehung zu verschiedenen Zeiten und in verschiedenen Ländern isoliert zu betrachten.

Die europäische Erziehung war, als sie nach dem finsteren Mittelalter zum erstenmal wiederauflebte, das Vorrecht der Priesterschaft, und sie weist bis zum heutigen Tag Charakteristika auf, die sie ihrem geistlichen Ursprung verdankt. Vor der Renaissance besaß die weltliche Aristokratie im allgemeinen nur ein geringes Wissen, während der Klerus, besonders aber der Ordensklerus, nicht selten beachtlich gelehrt war. Gewisse geringfügige Kenntnisse in Latein waren eine berufliche Notwendigkeit, aber dieses bare Minimum hätte nicht sehr viel gezählt. Hauptsächlich der mit den Mauren besonders in Sizilien und Spanien gepflegte Kontakt bewirkte, daß Bildung im elften, zwölften und dreizehnten Jahrhundert zu neuem Leben erwachte. Und obgleich dieser Kontakt natürlich weitgehend wirtschaftliche Ursachen hatte, muß seine Auswirkung auf die Bildung in der Hauptsache der uneigennützigen intellektuellen Neugierde einer recht kleinen Anzahl von Personen zugeschrieben werden. [Siehe: The Legacy of Israel, Oxford University Press, S. 204 ff. (B. R.)] Scholastik und mittelalterliche Gelehrsamkeit ganz generell waren dem Enthusiasmus einer Minorität von Geistlichen zu verdanken, von denen die meisten aus ihrer Arbeit nur geringe pekuniäre Vorteile zogen, während nicht wenige sich durch die Dreistheit ihrer Spekulationen den Mißkredit der anderen zuzogen. Die Existenz von Mönchen und Fratres war für die Bewegung notwendig, aber ihre primäre Ursache war der bloße Wissensdurst.

Für die etwas später beginnende Erziehung aristokratischer Laien gilt dasselbe. Kaiser Friedrich II. [1194–1250, deutscher Kaiser aus dem Geschlecht der Staufer. (D. H.)], mit dem man den Beginn der säkularen Bildung annehmen kann, stand von seiner frühesten Jugend an in Kontakt mit den Mohammedanern und wurde von einer unersättlichen Neugierde allem gegenüber verzehrt, was sich ermitteln ließ. Das Wiederaufblühen der griechischen Sprache im Italien des fünfzehnten Jahrhunderts sowie die sich von dort auf die nördlichen Nationen ausbreitende höfische Bildung sind in ihren Anfängen der Liebe zum Wissen um seiner selbst willen zuzuschreiben. Dieses Motiv war allerdings bald von der Bildfläche verschwunden: Kenntnisse in Latein und gewisse Kenntnisse in Griechisch wurden zur Marke eines Gentleman und den jungen Burschen mit dem Ergebnis aufgezwungen, daß die erwachsenen Männer die Lust daran verloren. Aber selbst dann war das Motiv dafür, klassisches Wissen zu erwerben, weniger wirtschaftlicher als vielmehr snobistischer Natur: kein Landeigentümer erhielt seine Pachtzinsen nicht mehr, wenn es ihm nicht gelang, sich Bildung anzueignen. Der Aristokrat war wie der Mönch ein Mann, der sich der Muße verschreiben und, falls es ihm beliebte, zu seinem Vergnügen lernen konnte, ohne dabei irgendeinen utilitaristischen Zweck zu verfolgen.

Wenngleich an Universitäten und unter ein paar gestrigen Philosophen (deren einer ich bin) noch immer daran festgehalten wird, daß das Wissen um seiner selbst willen wünschenswert sei, so ist inzwischen doch einiges geschehen, was die landläufige Meinung über die Funktion der Erziehung vollständig gewandelt hat. Der wichtigste dieser Faktoren ist die Einführung der allgemeinen Schulpflicht. Man stellte fest, daß man Jungen und Mädchen, falls sie des Lesens und Schreibens kundig waren, zu besseren Bürgern und effizienteren Arbeitskräften machen konnte, als wenn dies nicht der Fall war. In Verfolgung dieses Ziels wurden die Staatsmänner allerdings durch die Tradition der Schule behindert: Die Erziehung an den Grundschulen ist fast völlig theoretisch orientiert, obschon Beweise gebracht werden könnten, daß eine halbpraktische Ausbildung das Vorhaben der Staatsmänner am meisten gefördert hätte. In dieser Hinsicht ist die Erziehung in Rußland der Zeit besser angepaßt. Dessenungeachtet haben die Grundschulen im großen und ganzen getan, was von ihnen verlangt wurde, und stellen heute in jedem Kulturstaat eines der wesentlichen Regierungsinstrumente dar.

Ein weiterer, zu einer utilitaristischen Auffassung von der Erziehung tendierender Faktor waren wissenschaftlicher Fortschritt und industrielles Wachstum. Technische Verfahren erfordern heutzutage wissenschaftliche Kenntnisse, und neue Erfindungen sind Quelle sowohl des Wohlstands als auch nationaler Größe. Auch in dieser Beziehung haben – außer in Rußland – die Traditionen aus früherer Zeit eine völlige Anpassung an die Bedürfnisse der Gegenwart verhindert. Würde die Erziehung ausschließlich von utilitaristischen Überlegungen bestimmt, so wäre der von Naturwissenschaft und industrieller Technik eingenommene Raum weit größer als er es in der Tat ist, während der der literarischen Bildung eingeräumte Platz wesentlich kleiner wäre. Aber obgleich dies bis jetzt noch nicht völlig der Fall ist, geschieht es derzeit stufenweise und wird binnen kurzem ganz eingetreten sein.

Der Einfluß wirtschaftlicher Ursachen auf die Erziehung läßt sich unter fünf Hauptgesichtspunkten abhandeln, die der Reihe nach untersucht werden sollen.

Erstens: Je nach Wirtschaftslage eines Staates variieren die Geldmittel, die er für die Erziehung aufzubringen vermag. Aber ohne die Bereicherung der westlichen Nationen durch die industrielle Revolution wäre die allgemeine Schulpflicht unmöglich gewesen. Kein Land brachte der Bildung je größere Achtung entgegen als dies in China geschah, ehe die Chinesen die westlichen Wertmaßstäbe übernommen hatten, aber China war nicht reich genug, um mehr als 5 Prozent der Bevölkerung Lesen und Schreiben beizubringen. Im England des Jahres 1780, ja, selbst noch 1830 wäre es sehr schwierig gewesen, neue Steuern einzuführen, die ausgereicht hätten, alle in den Genuß einer schulischen Ausbildung kommen zu lassen. Auch heute hält man es, von einigen seltenen Fällen abgesehen, noch für unmöglich, Vorschulen zur Verfügung zu stellen. Andererseits ist man nicht der Meinung, daß das Anheben des Schulentlassungsalters zu wirtschaftlichen Schwierigkeiten führen würde. Aufgrund von Arbeitslosigkeit und Protektionismus sind sich die in der Praxis stehenden Menschen darüber einig, daß eine Beschäftigung aller alle anderen ärmer mache, so daß es für die Gemeinschaft von Vorteil sei, einen Teil ihrer Mitglieder von der produktiven Arbeit fernzuhalten. Aus diesem Grunde glaubt man, daß wir, falls die Kinder länger die Schulbank drücken müßten, alle reicher wären. In England steht der Verlängerung der Schulzeit kein wirtschaftliches, sondern ein theologisches Hindernis entgegen: die Sekten vermögen sich über die Sorte Aberglauben, mit der Jungen und Mädchen in die Welt hinausgeschickt werden sollen, nicht zu einigen.

Zweitens: Eine Zielsetzung der Erziehung ist die Steigerung der

Gesamtproduktion. Dies stellte wahrscheinlich das Hauptmotiv in den Köpfen jener dar, die eine universelle Erziehung zuerst einführten, und es ist zweifellos ein vernünftiges Motiv. Eine Bevölkerung, die lesen und schreiben kann, ist effizienter als eine, die dazu nicht in der Lage ist. Aber das Motiv der Produktionsmaximierung wirkt insofern noch direkter, als es technische Ausbildung, wissenschaftlichen Unterricht und Forschung fördert. Die britische Regierung wendet für die Forschung sehr viel weniger Geldmittel auf, als sie ausgeben würde, wenn eine vernünftige Kalkulation der Finanzen sie darin bestärkte – Grund dafür ist die Tatsache, daß die meisten Staatsbeamten eine klassische Erziehung genossen und ihnen all das unbekannt ist, was ein moderner Mensch wissen sollte.

Betrachten wir beispielsweise die medizinische Forschung. Der Durchschnittsbürger ist für die Gemeinschaft zu Beginn und am Ende seines Lebens ein Kostenfaktor, während seiner Arbeitsjahre bringt er jedoch Nutzen. Menschen, die schon als Kinder sterben, waren rein wirtschaftlich ein Verlust, und eine Senkung der Kindersterblichkeit ist deshalb für den Staat ein Gewinn. Oder nehmen wir etwa die wirtschaftlich orientierte Entomologie [Insektenkunde (D. H.)], die in vielen Zweigen der Agrikultur von ausschlaggebender Bedeutung ist: unsere minimalen öffentlichen Ausgaben auf diesem Gebiet müssen als willentliche Extravaganz angesehen werden. Die augenfälligeren und durch gute Werbemittel bekanntgemachten Zweige der industriellen Forschung – so etwa synthetische Farbstoffe, brisante Sprengstoffe, Giftgase etc., von denen einige nützlich, die anderen genau das Gegenteil sind – will ich dabei unerwähnt lassen. Selbst die Mehrzahl der Menschen, die als gebildet gelten, realisieren bis heute die Nützlichkeit wissenschaftlicher Kenntnisse nicht; geschieht dies eines Tages, so dürfen wir beträchtlich größere Dotationen erwarten und damit rechnen, daß der Naturwissenschaft im Lehrplan höherer Schulen ein weit größerer Platz eingeräumt wird.

Drittens: Das Verteilungssystem übt auf die Erziehung eine tiefgreifende Wirkung aus, die viel größer ist als die der zwei bisher untersuchten Faktoren. Das Verteilungssystem determiniert die Einteilung der Gemeinschaft in Klassen, und wo immer Klassen existieren, genießen unterschiedliche Klassen auch eine unterschiedliche Art der Erziehung. In einer kapitalistischen Gesellschaft erhalten Lohnempfänger die geringste Ausbildung, und jene, die einen akademischen Beruf anstreben, die ausgedehnteste, während man für jene, die einmal »Gentlemen« oder Geschäftsleute werden wollen, ein Mittelmaß für geeignet hält. Nach generell gültiger Regel gehört ein Junge oder ein Mädchen derselben Gesellschaftsklasse an wie seine Eltern. Aber diejenigen, die aufgrund ihrer außergewöhnlichen Begabung Stipendien bekommen, können von der Klasse der Lohnempfänger in die der Akademiker aufsteigen. Dadurch werden die in die Klasse der Lohnempfänger hineingeborenen besten Köpfe politisch mattgesetzt und sind in der Regel nicht mehr auf jener Seite, die ihre Herkunft ihnen eigentlich zugewiesen hätte. In diesem Fluß der Klassen unterscheidet sich eine plutokratische Gesellschaft von einer aristokratischen; dies ist *ein* Grund, weshalb Revolutionen unter Plutokratien nicht so leicht vorkommen wie unter Aristokratien.

Das von seinen Opponenten »Kapitalismus« genannte Wirtschaftssystem ist komplexer Art, und es ist für unsere Zwecke wichtig, es bis zu einem gewissen Grad einer Analyse zu unterziehen. In der modernen Welt außerhalb der UdSSR trifft man, so würde ich sagen, drei Hauptquellen des Wohlstands an. Erstens den Besitz von Land und natürlichen Monopolen; zweitens den Tatbestand des Erbens in der patriarchalischen Familie; drittens das Geschäftsunternehmen. Diese drei sind nicht untrennbar miteinander verknüpft: Henry George [1839–1897, amerikanischer Nationalökonom, Publizist und Reformer, der die Aufhebung des privaten Grundeigentums oder die Wegsteuerung der Grundrente durch eine Einheitssteuer (single tax) forderte (Progress and Poverty, 1879). (D. H.)] wollte die erste Quelle abschaffen, die zweite und dritte dagegen unangetastet lassen; bei der weltlichen Priesterschaft der katholischen Kirche ist die erste vorhanden und die dritte könnte es sein, wogegen die zweite eliminiert ist; gewisse Antisemiten würden, falls man sich aufgrund ihrer Diatriben ein Urteil erlauben darf, die erste und zweite bestehen lassen, die dritte jedoch beseitigen. Ich glaube, daß der Besitz von Land und der Tatbestand des Erbens, beides Überbleibsel des aristokratischen Regimes, die Kritik der Sozialisten in weit größerem Maße herausfordern als das Geschäftsunternehmen; wo eben dieses Geschäftsunternehmen, wie beispielsweise im Falle Henry Fords, die alleinige Erfolgsquelle darstellt, ist es fraglich, ob es der Gemeinschaft als einem Ganzen gleichermaßen schadet wie nützt. Und sicherlich ist der Klassenbegriff, wie man ihn generell versteht, anders als in Verbindung mit dem Tatbestand des Erbens unmöglich.

Ein wichtiger Faktor in der Erziehung ist, um spezieller zu werden, die Tatsache, daß die Kinder der Begüterten eine andere Erziehung genießen, als sie den Kindern von Lohnempfängern vermittelt wird. In Amerika, wo die sich hartnäckig haltenden Überreste der Aristokratie auf die Plutokratie weniger Einfluß ausüben als in Europa, wird das Geschäftsunternehmen gemeinhin als Hauptquelle des Wohlstands bezeichnet. Dies wirkt sich auf die Mentalität der jungen Menschen aus, eine Mentalität ganz verschieden von jener, die man in einer Gesellschaft antrifft, wo der Besitz von Land und der Tatbestand des Erbens die sozial hervorstechenden Wohlstandsquellen darstellen. Es fördert nachdrücklich die Anstrengungen des einzelnen und ist insoweit eine gute Sache; aber es fördert eben diese Anstrengungen in Form von Konkurrenz und ist in dieser Hinsicht antisozial. Unter einem gerechteren Wirtschaftssystem träfe man eine Konkurrenz derzeitiger Prägung nicht an, noch gäbe es Klassen, wie sie uns wohlvertraut sind. Eine Art von Konkurrenz sowie in gewissem Sinne unterschiedliche Klassen wären auch dann noch möglich, aber ihre Art und ihr Sinn wären sehr verschieden von dem, woran wir gewöhnt sind. In einer kommunistischen Gesellschaft träfe man Machtpositionen an, und es gäbe Positionen, in denen zu wirken ungewöhnlich angenehm wäre. Die diese Positionen bekleidenden Männer würden in gewissem Sinne eine höhere Klasse bilden als jene, die nur geringe Macht und unangenehme Arbeit mit sich bringende Stellungen einnähmen. Und vermutlich wäre Konkurrenz um jene Posten an der Tagesordnung, mit denen mehr Macht und angenehmere Arbeit verbunden ist. Aber in einer Welt ohne Erbrechte und väterliche Macht ginge jeder einzelne ausschließlich aufgrund seiner eigenen Leistungen und nicht mit dem unfairen Vorteil besserer Ausbildungschancen in die Konkurrenz. Erhielte er eine bessere Ausbildung als sein Nachbar, so geschähe dies, weil er sich für eben diese Ausbildung als qualifizierter erwiesen hätte und nicht etwa, weil sein Vater zufällig reich ist. Welche Rechtfertigung für die Klassen sich auch immer in einer solchen Gesellschaft finden könnte: sie würde aus obigen Gründen in jedem einzelnen Fall auf der eigentlichen Leistung basieren. Ein großer Violinist wird, beispielsweise, einem mittelmäßigen immer überlegen sein und, selbst wenn er nicht besser bezahlt ist, mehr verehrt werden. Dies Maß an Ungleichheit und Konkurrenz ist unvermeidlich. Die Ungleichheit ist in der Natur der Dinge verwurzelt, und die Konkurrenz ist nötig, damit schwierigere Arbeit von den kompetentesten Menschen geleistet werden kann. Deshalb ist das Problem der zu weit getriebenen Erziehung, das wir in einem frühren Kapitel untersuchten, auch so schwierig. Die Konkurrenz in der Erziehung wird jedoch dann weit weniger hart als derzeit sein, wenn alle nicht nur für sich, sondern auch für ihre Kinder wirtschaftliche Gleichheit und wirtschaftliche Sicherheit vorfinden. Ungleichheit und Unsicherheit machen gegenwärtig die Konkurrenz so unerbittlich, und wenn diese Elemente einmal beseitigt sind, wird ihr der Stachel genommen sein.

Was den Patriotismus anlangt, so besteht hier, obgleich auch noch andere Motive mit hereinspielen, ein Zusammenhang mit dem Privatbesitz, ein Zusammenhang, der allerdings nicht unmittelbar ersichtlich ist und im Bewußtsein der meisten Menschen gar nicht existiert. Es ist ein weitläufiger, von den ausbeuterischen Formen des Kapitalismus verursachter Zusammenhang. Unentwickelte Länder sind vom Standpunkt des Investors für zwei Dinge zu gebrauchen: als Märkte und als Rohstoffquellen. Für beide Zwecke sind sie dann rentabler, wenn sie unter der Kontrolle des Staates stehen, dem der Investor angehört. Französischem Kapital bietet sich in Nordafrika ein einträgliches Investitionsfeld; britischem Kapital in Indien und amerikanischem Kapital in Mittelamerika. Auf diese Art und Weise findet der Investor, der sein Geld außerhalb seines eigenen Landes anzulegen gedenkt, ein wirtschaftliches, wenn nicht sogar territoriales Interesse am Imperialismus und stellt fest, daß sich durch entsprechende patriotische Propaganda ein beträchtlicher Teil der Ausgaben seines Unternehmens auf die Schultern des Steuerzahlers abwälzen läßt. Dies ist – auch wenn die Bürger, die lauthals nach der Flagge rufen, sich im allgemeinen der finsteren Kräfte, die sie dazu bewegten, nicht bewußt sind – die Quelle für einen wesentlichen Teil des Patriotismus mächtiger Nationen.

Der Nationalismus schwächerer Nationen stellt eine Verteidigung gegen jenen der Plünderernationen dar. Sofern sie sich der Ausbeutung widersetzen, anstatt sie selbst zu praktizieren, befinden sie sich momentan in einer besseren moralischen Position als die stärkeren Nationen. Aber die in einer schwachen, um ihre Unabhängigkeit kämpfenden Nation geweckten Gefühle sind so geartet, daß sie, sobald ihr Erfolg beschieden ist, alle Laster annimmt, die sie vorher bei ihren Unterdrückern anprangerte. Polen erlangte nach fast zweihundert Jahren der Unterwerfung seine Freiheit, sah aber keinen Grund, die früher von den Polen ertragenen Bürden nicht den Ukrainern aufzuladen. Der Nationalismus ist, selbst in Nationen, die für ihre Freiheit kämpfen, als Prinzip ein Laster und keineswegs zu bewundern. Dies heißt nun nicht etwa, daß Nationen sich der Unterdrükkung nicht widersetzen sollten. Es heißt nur, daß sie ihr von einem internationalen und nicht einem rein nationalen Standpunkt aus Widerstand leisten sollten. Die Übel des Nationalismus, mag er nun in einer starken oder in einer schwachen Nation auftreten, stehen in Zusammenhang mit dem Privatbesitz. Sie haben mit Ausbeutung oder

Widerstand gegen die Ausbeutung zu tun. Man kann deshalb mit gutem Grund annehmen, daß, wenn der Privatkapitalismus abgeschafft würde, der vom Nationalismus derzeit in der Erziehung gespielte unheilvolle Part, auch wenn der Nationalismus selbst nicht völlig von der Bildfläche verschwände, stark eingeschränkt würde.

Der vierte Hauptgesichtspunkt in unserer Untersuchung, die sich mit der Auswirkung wirtschaftlicher Ursachen auf die Erziehung befaßt, sind die Dotationen. Wo immer die Freiheit besteht, testamentarische Verfügungen zu treffen, kann ein Mensch seinen Besitz einem beliebigen Zweck vermachen, der nicht als zur öffentlichen Politik im Widerspruch stehend gilt. Bis vor kurzem waren Vermächtnisse zur Propagierung des Rationalismus in England nichtig, weil der Rationalismus zur öffentlichen Politik eines christlichen Landes in Widerspruch steht; heute ist dies nicht mehr der Fall. Aber obgleich Dotationen für progressive Zwecke nicht illegal sein dürfen, ist es doch nicht zu vermeiden, daß eben diese Dotationen in der Hauptsache eine konservative Kraft darstellen sollten. Sie verkörpern den Wunsch von Verstorbenen, oft sogar von Menschen, die bereits seit Hunderten von Jahren tot sind. Die Kirchen, die älteren Universitäten und viele Schulen stützen sich mehr oder weniger auf ehemalige Vermächtnisse. In Amerika sind Dotationen weitgehend neu, aber dort, wo es sie gibt, stammen sie von eminenten Plutokraten, die notwendigerweise konservativ und gewöhnlich ungebildet sind. Sie üben daher insofern eine erhebliche Wirkung aus, als sie progressive Bewegungen in der Erziehung verzögern. Für einen Universitätsdirektor, dessen Professoren des Radikalismus verdächtig sind, ist es wahrscheinlich schwieriger, sich Schenkungen von philanthropischen Industriekapitänen zu sichern, als für einen, dessen Kollegen unbeirrt für den Status quo eintreten.

Dotationen erzielen insofern einen erheblichen Effekt, als sie die religiöse Seite der Erziehung konservativer gestalten als dies sonst der Fall wäre. Die Verbindung von Religion und Privatbesitz ergibt sich aus der Tatsache, daß Menschen ihr Geld religiösen Körperschaften vermachen und daß dies noch jahrhundertelang nach ihrem Tod die Propagierung der speziellen Sorte Aberglauben sicherstellt, an die sie glaubten. In England und Schottland läßt sich dies allerdings durch die Gesetzgebung ändern. Zur Zeit der Reformation wurde der von frommen Menschen im Mittelalter hinterlassene Besitz seinem ursprünglichen Zweck entfremdet und dafür verwendet, den Anglikanismus unter die Leute zu bringen. Als man durch Gerichtsentscheid feststellte, daß der Besitz der Free Churches in Schottland dem Gesetze nach den Wee Frees gehöre, wurde das Gesetz geändert, so daß die Vermächtnisse bigotter Anhänger der Prädestinationslehre dafür benutzt werden konnten, Doktrinen zu lehren, aus denen die Prädestination eliminiert worden war. Aber in Amerika verbietet die Verfassung eine derartige Gesetzgebung. Vermacht man sein Geld einer Institution, die sich der Doktrin verschrieben hat, welche besagt, daß die Bewohner von Kentucky die Zehn Verlorenen Stämme seien, so kann das Geld diesem Verwendungszweck nicht entzogen werden. Und in England ist ein derartiger Entzug zwar möglich, aber selten. Die anglikanische sowie die römisch-katholische Kirche sind wohlhabende Körperschaften, deren Einkünfte nur jenen zur Verfügung stehen, die sich zu entsprechenden Doktrinen bekennen. Das wirtschaftliche Motiv, dieselben Meinungen zu vertreten, wie sie auch schon Ahnen aus grauer Vorzeit hatten, ist also enorm groß. Jeder intellektuelle Fortschritt hat seine wirtschaftliche Strafe: als Colenso entdeckte, daß der Hase kein Wiederkäuer ist, wurden ihm seine Bezüge gekürzt. [John William Colenso (1814–1883), anglikanischer Theologe, 1853 erster Bischof von Natal (Südafrika). Sein sechsbändiges bibelkritisches Werk »The Pentateuch and the Book of Joshua Critically Examined« (1862–79) erregte großes Aufsehen und führte zu disziplinarischen Maßnahmen der Bischöfe gegen Colenso, der jedoch vom Privy Council freigesprochen und wieder in sein Amt eingesetzt wurde. (D. H.)]

Gäbe es keine religiösen Dotationen, so würden sich die Dinge zweifellos viel schneller ändern, als dies tatsächlich geschieht. Selbst bei der derzeitigen Sachlage ändern sie sich in Wirklichkeit wesentlich schneller als der Form nach. Es gibt so viele Dinge, die zu glauben anglikanische Geistliche bekennen müssen, wenngleich es ihnen offensteht zu sagen, dies sei ein bloßes Bekenntnis, und niemand sie für schlechter hält, falls sie dies tatsächlich tun. Einige Teile des gesamten christlichen Dogmas sind zum einen Zeitpunkt unantastbar, einige zu einem anderen. Gegenwärtig sind beispielsweise die meisten Christen der Ansicht, daß die Bemerkungen Christi zum Thema Scheidung wörtlich zu interpretieren seien, wogegen seine Äußerungen zu Themen wie etwa der Widerstands- oder Eidesverweigerung sowie zu dem Gebot, sein Eigentum den Armen zu geben, im bildlichen Sinne interpretiert werden müßten, also genau das Gegenteil dessen bedeuteten, was sie eigentlich besagen. Aber die Frage, welche Teile der Lehre Christi zu akzeptieren für einen Christen statthaft sei, ist eine komplizierte Angelegenheit, die ich nicht weiterzuverfolgen beabsichtige.

Der fünfte Hauptgesichtspunkt unserer Untersuchung, bei der es um die wirtschaftlichen Einflüsse auf die Erziehung geht, ist die Tradition. Ich meine damit nicht die Tradition ganz generell, die viel weitere Bereiche umfaßt. Ich meine die aus einer wirtschaftlichen Ursache hergeleitete Tradition, wobei die Ursache in der Vergangenheit ihre Wirkung tat, nicht aber in der Gegenwart wirkt. Die gewöhnlich sehr konservativen Moralvorstellungen in bezug auf die Sexualität liefern die beste Illustration dazu. In früheren Zeiten, als die Welt weniger dicht bevölkert und die Kindersterblichkeit hoch war, erfüllten Ehepaare einen öffentlichen Dienst, indem sie viele Kinder hatten. Bis zu dem Zeitpunkt, als die Erziehung und das Verbot der Kinderarbeit Kinder zu einem Kostenfaktor machten, stellten eben diese Kinder für ihre Eltern oft einen finanziellen Vorteil dar. Die ablehnende Einstellung gegenüber Geburtenkontrolle und Abortus fand in jenen Tagen ihre begründete Rechtfertigung in der wirtschaftlichen Situation, eine Rechtfertigung, die heute fehlt; aber die Einstellung hält sich nach wie vor, weil sie mit der Religion verknüpft wurde.

Die patriarchalische Familie weist, da die Frauen während ihrer Schwangerschaft und Stillzeit nicht erfolgreich auf die Jagd gehen konnten, verständlicherweise einen wirtschaftlichen Ursprung auf. Bis in die jüngste Zeit hatten die Frauen nur wenig Gelegenheit, sich ihr Leben unabhängig zu gestalten und waren daher gezwungen, sich in die Abhängigkeit ihrer Ehemänner oder männlicher Verwandter zu begeben. Die den Unterhalt der Frauen sowie die Übertragung von Besitz auf die männliche Linie involvierende patriarchalische Familie führte natürlicherweise dazu, daß man auf der Tugend der Ehefrauen bestand, einer Tugend, die durch strenge ethische und religiöse Sanktionen und in früheren Kulturen gewöhnlich durch die Todesstrafe für des Ehebruchs schuldige Frauen erzwungen wurde. Während man die legalen Strafen lockerte und schließlich – außer in ein paar rückständigen Regionen wie etwa im Staate New York – überhaupt nicht mehr verhängte, blieb die ethische und religiöse Zensur. Dieser Teil des konventionellen Kodex ist, wie wir sahen, in der Praxis, nicht aber in der Theorie, mit der Forderung nach Gleichheit von Frauen und Männern unvereinbar. Wo Frauen sich ihren Lebensunterhalt selbst verdienen können, kann man sich ihrem Anspruch auf Gleichheit nicht widersetzen. Verbissene Anstrengungen werden unternommen, um zu verhindern, daß verheiratete Frauen Arbeit erhalten; aber es ist nicht anzunehmen, daß diesen Bemühungen auf die Dauer viel Erfolg beschieden ist. Außerdem wird eine immer größere Anzahl von Möglichkeiten bestehen, die es der Frau erlauben, ihr Auskommen zu finden, ohne von einem konventionellen Standpunkt aus unfehlbar tugendhaft zu sein.

Der bestehende Moralkodex ist daher im Begriff, aus wirtschaftlichen Gründen seine Gültigkeit zu verlieren. Da es aus der Sicht der Regierung reine Verschwendung ist, wenn ein männliches Wesen stirbt, noch ehe es alt genug ist, um auf dem Schlachtfeld zu fallen, vermitteln sinkende Geburtsraten in Verbindung mit Militarismus dem Staat ein wachsendes Interesse am Wohl der Kinder. Wo wirtschaftliche Ursachen zusammenkommen und damit die Tugend der Frauen abbauen sowie den Anteil des Staates am Unterhalt der Kinder verstärken, muß sich die Bedeutung des Vaters – und mit ihr alle jene Gefühle und Moralvorschriften, die mit der patriarchalischen Familie eng verknüpft sind – klarerweise verringern. Derzeit verbünden sich Eltern und Staat in dem Gedanken, daß es für Kinder gut sei, wenn ihnen im Zusammenhang mit sexuellen Dingen eine Einstellung gelehrt werde, die aus der Vergangenheit stammt und der Welt der Gegenwart nicht gut angepaßt ist. Dies ist ein Beispiel für den Gesinnungskonservativismus, ein Beispiel nämlich, bei dem es um Sex und Familie geht. Dieser Konservativismus ist, da die meisten Menschen der Meinung sind, daß es der Jugend nicht schaden könne, wenn ihr eine sehr strenge Moral beigebracht werde, in bezug auf die Erziehung besonders ausgeprägt. Die Erziehung tendiert deshalb dazu, Gesellschaften daran zu hindern, sich so schnell, wie sie dies eigentlich sollten, neuen Bedürfnissen anzupassen, und bewirkt außerdem, daß viele Erwachsene im Hinblick auf Dinge, die als Selbstverständlichkeit zu akzeptieren gut wäre, ein aus ihrer frühen Erziehung herrührendes Entsetzen verspüren. Obwohl also wirtschaftliche Ursachen bei der Entstehung der in Schulen gelehrten Sexualmoral eine Rolle spielten, liegen diese Ursachen doch in der Vergangenheit und finden in den wirtschaftlichen Bedürfnissen von heute keinerlei Rechtfertigung. Wenngleich wirtschaftliche Ursachen in Verbindung mit Privatbesitz, wie wir gesehen haben, dazu tendieren, der Erziehung ein konservatives Gepräge zu geben, läßt sich bezweifeln, ob sie unter dem Kommunismus, wenn die revolutionäre Periode dereinst zu Ende gegangen ist, wesentlich weniger konservativ geprägt sein wird. Sie unterliegt dann einer völlig einheitlichen bürokratischen Kontrolle, und Bürokraten sind in der Regel nicht sehr auf einen Wandel erpicht. Vielleicht besteht dann ein geringeres Bedürfnis nach rascher Veränderung, als dies heute der Fall ist; vielleicht verbessert sich die Lage der Menschheit während einer Periode friedlicher Konsolidierung. Wie auch immer die Dinge sich entwickeln mögen: Die Ersetzung der Konkurrenz durch die Kooperation als ein erzieherisches Ideal wird ein echter moralischer Fortschritt bleiben, den nur ein völliger Wandel im Wirtschaftssystem möglich macht. Allein aus diesem Grund ist die Hoffnung legitim, daß eine Erziehung unter dem Kommunismus bessere Menschen schaffen wird als jene es sind, die der Westen hervorzubringen vermag, solange das gegenwärtige System weiterbesteht.

15. Propaganda in der Erziehung

Propaganda läßt sich definieren als ein Versuch, Menschen durch Überredung widerspruchslos für den Dienst einer Partei zu gewinnen. Sie unterscheidet sich also von der Verfolgung durch ihre Methode, die Gewalt vermeidet, und von der Instruktion durch ihr Motiv, das nicht die Verbreitung von Wissen, sondern die Erzeugung einer Art Parteigefühl ist. Es ist durchaus möglich, daß sie von der Instruktion in nichts anderem als dem Motiv verschieden ist, da sie (was allerdings außergewöhnlich ist) ausnahmslos aus genauen Informationen bestehen kann; aber selbst dann besteht sie aus solchen Informationen, die in eine bestimmte Richtung tendieren, und schließt jene aus, die eine entgegengesetzte Tendenz aufweisen. Eulogie und Invektive sind, im Widerspruch zur wissenschaftlichen psychologischen Analyse stehend, beide Propaganda, aber die meisten Menschen besitzen genügend Tugenden und genügend Fehler, so daß beide auf die Unwahrheit verzichten können. Ähnlich ist es möglich, die Geschichte einer Nation von einem freundschaftlichen oder einem feindlichen Standpunkt aus zu schreiben und sich dabei auf wahre Aussagen zu beschränken: der dem Leser vermittelte Eindruck ist unrichtig, dies aber einzig und allein aufgrund weggelassener Fakten.

In der gesamten Erziehung spielt Propaganda eine Rolle; kein Erwachsener kann es vermeiden, seine Aversionen und Präferenzen zu äußern, und jede derartige Äußerung in Gegenwart junger Menschen hat Propagandawirkung. Für den Erzieher erhebt sich nicht die Frage, ob, sondern wieviel, in welcher Form organisiert und welcher Art die Propaganda sein soll; ferner stellt sich ihm das Problem, ob in irgendeinem Stadium der Erziehung ein Versuch unternommen werden sollte, Jungen und Mädchen soweit wie möglich von Propagandaeinfluß dadurch zu befreien, daß man sie Methoden lehrt, mit deren Hilfe sie zu unparteiischen Urteilen gelangen können.

Seit der Reformation wächst die Rolle der Propaganda in der Erziehung ständig. Die ersten, welche ihre Technik perfektionierten, waren die Jesuiten, die dadurch, daß sie die Kontrolle über die Erziehung erlangten, ihre während der Gegenreformation erzielten Vorteile konsolidieren konnten. Aber die Protestanten standen ihnen nicht weit nach; in England wurden beispielsweise die spanische Inquisition, der Brand von Smitzfield und die Pulververschwörung weidlich ausgenützt. Das achtzehnte Jahrhundert war im Kontrast zum siebzehnten bis zum Ausbruch der Französischen Revolution friedlich und ziemlich frei von Propaganda. Die Kriege des achtzehnten Jahrhunderts erwiesen sich, so wichtig sie in bezug auf ihren Ausgang auch waren, als nicht sehr heftig und hinderten die Kombattanten auch nicht daran, sich gegenseitig zu achten. Aber das Jakobinertum führte zu einem strengeren Geist in Europa, da in dem langen Kampf gegen Napoleon die Engländer auf ihrer Insel isoliert waren und die Deutschen patriotisch wurden. Der Konflikt zwischen Fortschritt und Reaktion gestaltete sich von damals bis heute immer erbitterter, da der Nationalismus im Leben gewöhnlicher Menschen eine zunehmend größere Rolle spielte. In der heutigen Zeit sind Nationen, ja selbst verschiedene politische Gruppen innerhalb derselben Nation, nicht nur durch ihre Glaubensvorstellungen, sondern auch durch das, was sie wissen und nicht wissen, durch ihr Urteil über prominente Menschen sowie durch ihre Hoffnungen und Ängste in bezug auf die Zukunft völlig voneinander getrennt.

Propaganda stellt zunächst einen Effekt und dann eine Ursache der in der modernen Welt bestehenden Teilungen dar. Vor der Reformation bestand in Europa ein gewisses Maß an Einheit; eventuelle Häretiker wurden mit Verfolgung bestraft, und für Propaganda im modernen Sinn bestand keine Notwendigkeit. Während der Religionskriege konnten Sieg oder Niederlage hingegen von dem Vermögen abhängen, Konvertiten zu gewinnen. Der Sieg Frankreichs in den Revolutionskriegen war weitgehend der durch jakobinische Propaganda entfachten Energie und Begeisterung zuzuschreiben. Sozialismus und Kommunismus wurden ausschließlich durch Propaganda aufgebaut, und ohne patriotische Propaganda hätten die Nationen die von ihnen im Weltkrieg geforderten Opfer auch nicht ertragen.

Die universelle Erziehung hat die Gelegenheiten, Propaganda zu treiben, unermeßlich vermehrt. Die Erziehung wirkt nicht nur selbst überall propagandistisch, sondern die Tatsache, daß die gesamte Bevölkerung lesen kann, macht sie für den Einfluß der Presse empfänglich. Dies war der Hauptgrund dafür, daß der jüngste Krieg erbitterter geführt wurde als vorangehende Kriege. Menschen, die zu lesen, sonst aber nichts gelernt hatten, ließen sich durch Greuelgeschichten beeinflussen, wogegen die meisten Menschen früher entweder gar keine oder sehr viel Bildung besaßen und in beiden Fällen vergleichsweise immun waren. Wie dieses Beispiel zeigt, kommt der Propaganda heute eine Bedeutung zu, die sie nie zuvor hatte.

Propaganda tritt in drei Hauptformen auf: für politische Parteien, für Glauben verschiedener Prägung und für Nationen. Die erste dieser Formen läßt sich vom Staat nicht offen betreiben; er kann sich jedoch auf Propaganda gegen sehr kleine Parteien, so gegen die Kommunisten in England und Amerika, einlassen. Propaganda für politische Parteien steht während der Ausbildung in der Hauptsache nicht auf dem Programm. Selbstverständlich ist die Atmosphäre in einer Schule für Reiche konservativ, aber die meisten Kinder würden in jedem Falle konservativ aufwachsen, so daß kein großes Bedürfnis für Parteipropaganda besteht. Glaubensvorstellungen sowie Nationen gelten als für die Propaganda in Schulen geeignete Gegenstände. Katholiken bevorzugen es, ihre Kinder in römisch-katholischen Schulen erziehen zu lassen; Protestanten ziehen eine leicht religiös gefärbte, in etwa ihre Glaubensvorstellungen zum Ausdruck bringende Atmosphäre vor. Jede große Nation sorgt dafür, daß ein Geist nationalistischer Prägung die staatlichen Schulen durchdringt, und hält dies für eine der wertvollsten Seiten in der Erziehung normaler Bürger. Unter dem Kommunismus wird nationalistisches Denken zwar nicht gelehrt, aber die Propaganda für den Kommunismus ist sehr intensiv und wird in Verbindung mit der Information unter die Leute gebracht, daß die UdSSR sein Protagonist sei. Es läßt sich bezweifeln, ob die Auswirkungen auf die Gedankenwelt der Kinder sich von dem durch eine Erziehung in kapitalistischen Ländern erzeugten Nationalismus sehr weitgehend unterscheiden.

Ist ihr nicht aus einem speziellen Grund der Erfolg versagt, so erreicht die Propaganda gewöhnlich ihr Ziel. Die große Mehrzahl der Menschheit akzeptiert die Religion, in der sie erzogen wurde, und den Patriotismus, den sie in der Schule lernte. Einwandererkinder in den Vereinigten Staaten werden patriotische Amerikaner und lehnen das Herkunftsland ihrer Eltern ab; dies ist hauptsächlich die Wirkung der Schulen. Das einzige, was in großem Umfang zum

Versagen der nationalistisch orientierten Propaganda führt, ist die Niederlage im Krieg. 1917 waren die meisten Russen plötzlich nicht mehr patriotisch, und viele Deutsche waren es 1918 nicht mehr; die meisten eben jener Deutschen waren durch den Vertrag von Versailles jedoch gezwungen, dem Internationalismus abzuschwören. Der Propaganda ist in der Regel Erfolg beschieden, wenn sie nicht versucht, Menschen Dinge glauben zu machen, gegen die sie einen starken anfänglichen Widerwillen empfinden. So fand man beispielsweise keine Möglichkeit, den Südiren ein Gefühl zu vermitteln, das von britischem Patriotismus geprägt ist, oder sie dazu zu bringen, die protestantische Religion anzunehmen. Soll die Propaganda erfolgreich sein, so muß sie den Menschen etwas einschärfen, was einen instinktiven Anreiz bietet; in jenem Falle vermag sie die Virulenz des Gruppengefühls enorm zu steigern. Wo Haß die Menschen bereits erfüllt, vermag sie diesen zu verstärken; wo abergläubisches Empfinden lauert, vermag sie sich dessen zu bemächtigen und es dominieren zu lassen; wo Liebe zur Macht schlummert, vermag sie sie zu wecken. Aber dem, was die Propaganda sowohl an Positivem als auch an Negativem zu tun vermag, sind Grenzen gesetzt. Zumindest ist dies bisher der Fall; vielleicht sind dem, was Regierungen ihre Untertanen glauben zu machen vermögen, dann keine Grenzen mehr gesetzt, wenn die Massenpsychologie einmal so entwickelt ist, daß sie ihre Funktion perfekt erfüllt.

Propaganda kann mit Wertbegriffen oder mit allgemeinen Behauptungen oder mit Tatbeständen zu tun haben. Für diese drei Fälle gelten etwas unterschiedliche Überlegungen.

Im Zusammenhang mit endgültigen Werten ist eine Argumentation nicht möglich. Behauptet ein Mensch, daß Not eine wünschenswerte Sache sei und daß es gut wäre, wenn jedermann ständig heftige Zahnschmerzen hätte, so mögen wir seine Meinung zwar nicht teilen und ihn auslachen, wenn wir ihn bei seinem Gang zum Zahnarzt erwischen, aber wir können nicht beweisen, daß er sich irrt, wie dies etwa möglich wäre, falls er sagte, Eisen sei leichter als Wasser. Würde ein Prophet die Theorie aufstellen, daß Glück nur auf jene beschränkt sein sollte, deren Vorname mit Z beginne, so wäre ihm die begeisterte Unterstützung einer Armee von Männern namens Zacharias, Zedekia und Zebedäus gewiß, er würde letztlich aber von einer starken Legion von Männern namens Johann und Georg geschlagen. Dies wäre jedoch nur eine pragmatische Widerlegung der Botschaft des Propheten, einer Botschaft, die logisch ebenso gültig bleiben würde wie die ihr widersprechende. In bezug auf endgültige Werte können Menschen gleicher oder geteilter Meinung sein, sie können mit Kanonen oder Wahlzetteln kämpfen, sie vermögen aber keine logischen Schlüsse zu ziehen.

Im praktischen Leben erheben sich Fragen im Zusammenhang mit endgültigen Werten kaum je in ihrer logischen Reinheit, da die Menschen sich damit befassen, was *getan* werden sollte. Ob eine Handlung vollzogen werden sollte, hängt von zwei Überlegungen ab: erstens, welche Wirkungen dabei wahrscheinlich erzielt werden; zweitens, ob diese Wirkungen im ganzen gesehen gut sind, oder – genauer gesagt – ob sie nach Abwägung des Für und Wider besser sind als die Wirkungen einer anderen Handlung, die unter den gegebenen Umständen möglich ist. Von diesen beiden Fragen ist erstere wissenschaftlicher, nicht ethischer Natur und – wie jede andere wissenschaftliche Frage – einer rationalen Argumentation zugänglich. Erst wenn ein Disput darüber, was getan werden sollte, sich um die zweite Frage dreht, besteht keine theoretische Möglichkeit, sie aufgrund einer Argumentation zu entscheiden.

In politischen Auseinandersetzungen besteht die Tendenz zu zweierlei Meinungsverschiedenheiten, von denen die eine nominaler, die andere realer Art ist. Jeder dem alleinigen Wirken der Instinkte ausgelieferte Mensch würde behaupten, daß sein eigenes Glück das höchste Gut darstelle, daß als nächstes das der Familie komme, während das seiner Nation, seiner Partei und seiner Glaubensbrüder so lange zu wünschen sei, wie es mit seinem eigenen nicht in Konflikt gerate. Ist er ein absoluter Monarch, so kann er diese Ansicht während seines ganzen Lebens beibehalten. Ist er es aber nicht (was schließlich der Regel eher entspricht), so vermag er seinen Weg nur mit Hilfe von Verbündeten zu machen und Verbündete nur dadurch zu gewinnen, daß es zumindest den Anschein hat, als verfolge er ein ihm und ihnen gemeinsames Ziel. In der Regel ist dieser Schein teilweise echt, teilweise nicht echt. Sofern er nicht echt ist, beruht er zum Teil auf der Erzeugung von Emotionen, zum Teil auf Trugschlüssen.

Trugschlüsse spielen eine größere Rolle, als viele moderne Anhänger des Irrationalismus vermuten. Zum Beispiel: In der Zeit vom Ende des Krieges bis zum Herbst 1931 wurde die britische Industrie dem britischen Bankwesen geopfert, weil man die Mehrzahl der britischen Industriellen durch trügerische, von britischen Bankiers vorgebrachte Argumente dazu überredete. Jede politische Partei versucht, obwohl sie in Wahrheit die Interessen einer gewissen Gruppe vertritt, durch Argumente zu beweisen, daß sie auch diejenigen anderer Gruppen vertritt, oder sie bemüht sich, falls eine überzeugende Argumentation nicht möglich ist, dasselbe Resultat mit Hilfe zu diesem Zwecke geweckter Emotionen zu erzielen. In beiden Fällen werden Dispute in bezug auf endgültige Werte unterlassen, da keine politische Partei den Egoismus der Gruppe ungeschminkt zu bekennen wagt, deren Interessen zu fördern sie sich formiert hat. Jede politische Partei nimmt für sich in Anspruch, das größtmögliche Glück der gesamten Gemeinschaft – falls nicht für diese, dann für die nächste Welt – als Ziel anzustreben. Fragen im Zusammenhang mit endgültigen ethischen Werten lassen sich daher, auch wenn sie in ihrer emotionalen Form nach wie vor von politischer Bedeutung sind, in ihrer intellektuellen Form ignorieren. Aus dem bisher Gesagten folgt, daß für einen beträchtlichen Bereich innerhalb politischer Dispute eine wissenschaftliche Argumentation durchaus möglich ist. Wenn eine Gruppe geltend macht, daß ihre Interessen mit denen einer anderen tatsächlich identisch seien, so lassen sich ihre Argumente in der Theorie stets, in der Praxis zuweilen beweisen oder widerlegen. Inperialistische Nationen behaupten, daß rückständige Nationen (sprich diejenigen ohne mächtige Streitkräfte) unter ihrer Herrschaft glücklicher seien als wenn sie frei wären. Bis die Frauen das Wahlrecht erhielten, behaupteten die Männer, daß Frauen unter einer Regierung von Männern glücklicher seien als in einem Regime, in dem sexuelle Gleichheit herrsche. Industriekapitäne behaupten, daß es Lohnempfängern unter ihrer klugen Führung besser gehe als es der Fall wäre, wenn die Industrie öffentlicher Lenkung unterliege. Derartige Argumente überzeugen im allgemeinen einen bestimmten Prozentsatz der abhängigen Gruppe, an die sie adressiert sind; da ihnen in diesem Falle aber ein Eigeninteresse nicht entgegenkommt, ist es dann, wenn sie trügerisch sind, möglich, diesen Tatbestand durch Argumente deutlich zu machen. Und selbst die dominierende Gruppe verliert ihre Selbstsicherheit, wenn ihre Überzeugung, im Recht zu sein, sich erschüttern läßt. 1789 zweifelten viele französische und 1917 viele russische Aristokraten, ob die Privilegien ihrer Größenordnung gerechtfertigt seien, und wären eben diese Zweifel nicht gewesen, so wären der Französischen und der Russischen Revolution ihre Erfolge schwerer gefallen.

Soweit die intellektuellen Aspekte im Zusammenhang mit Wertfragen. In der Praxis sind die in der ethisch bestimmten Propaganda angewandten Methoden freilich eher emotionaler denn intellektueller Natur. Da alle Werturteile bei genauester Analyse auf Emotionen beruhen, sollte eine ethisch bestimmte Propaganda natürlicherweise emotionaler Natur sein. Dessenungeachtet ist hinsichtlich der verschiedenartigen Emotionen, die zutage gefördert werden, sowie der Methoden, mit deren Hilfe dies geschieht, zu differenzieren.

Die emotional bestimmte Propaganda kann direkter oder indirekter Art sein. »Onkel Toms Hütte« [»Uncle Tom's Cabin«, 1852 erschienener Roman von Harriet Beecher Stowe, scharfer Angriff auf die Negersklaverei in den USA. (D. H.)] stellt, wie »Ye Mariners of England« [Populäres englisches Kriegslied von Thomas Campbell (1772–1844). (D. H.)], direkte Propaganda dar. In der direkten Propaganda wird das Ziel, um das es dabei geht, in Begriffen geschildert, die die vom Propagandisten gewünschten Emotionen für eben dieses Ziel wecken. Indirekte Propaganda besteht darin, in Situationen, die eine Assoziation mit dem Ziel herstellen, mit dem Ziel an sich nicht in Zusammenhang stehende Emotionen zu wecken. Genau diese Funktion hat die Kirchenmusik sowie generell jede Art von Musik, deren man sich in Verbindung mit einer sozialen Gruppe bedient. Die von Engländern der Oberschicht gegenüber ihrer public school empfundene Anhänglichkeit stellt ein komplexes Gefühl dar, dies weitgehend aufgrund der Tatsache, daß sie als Schüler innerhalb der Gruppe stark sozial geprägte Emotionen verschiedenster Art empfanden; dieses Gefühl ist mächtig genug, um das ganze Leben hindurch anzuhalten und politisch von erheblicher Bedeutung zu sein. Das von den Katholiken der Kirche entgegengebrachte Gefühl ist eng mit den Emotionen verknüpft, die sie in ihrer Jugend während der Mitternachtsmesse, anläßlich feierlicher Karfreitagsandacht und fröhlicher Osterstimmung, angesichts von Weihrauch, Finsternis und Mysterium empfanden. Immer dann, wenn starke, vom Kind oder vom heranwachsenden Jugendlichen empfundene Emotionen dieser Art mit einer politischen Gruppe in Verbindung geraten, können sie – und oft geschieht dies auch in der Tat – ein Gefühl erzeugen, das alle intellektuellen Überzeugungen umzustoßen vermag. Auf diese Form der Propaganda versteht sich die katholische Kirche am besten, eine Kirche, die fast zweitausend Jahre Zeit hatte, um ihre Technik zu perfektionieren. Derselben Methoden bedienen sich aber auch, wenngleich weniger perfekt, Nationalstaaten in Form von martialischer Musik und Militärparaden. Während meiner Kindheit trugen die britischen Soldaten noch ihre traditionellen roten Röcke, und ich entsinne mich lebhaft der großen Freude, die es bereitete, Regimenter vorbeimarschieren zu sehen. Derartige Freuden haben, falls man ihnen nicht entgegenwirkt, die Tendenz, den Glauben an den Militarismus zu wecken.

Die emotional bestimmte Propaganda birgt mehrere Gefahren in sich. Erstens bedient man sich ihrer für eine schlechte Sache mit genau derselben, vielleicht sogar mit größerer Leichtigkeit wie für eine gute. Da rationales Verhalten im allgemeinen eine gewisse Kontrolle der Gefühle in sich schließt, kann eine Form von Propaganda, die darin besteht, eher simple und unkultivierte Emotionen zu wekken, in der Tat nur ein Hindernis für vernünftiges Verhalten darstellen. Immer dann, wenn sich ein Krieg anbahnt, freuen sich die Menschen darüber, daß sie ihren barbarischen Emotionen freien Lauf lassen können; sie erleben eine Wonne, nicht völlig unähnlich jener, die ein gewöhnlich zurückhaltender Mensch erlebt, wenn er sich verliebt. Sowohl Religion als auch Patriotismus sprechen sehr primitive, für die Kultur gefährliche Emotionen an. Sind Menschen gezwungen, auf engem Raum zusammengepfercht zu leben, so bedürfen sie einer sorgfältig bedachten sozialen Organisation und müssen ihre instinktive Feindseligkeit gegeneinander unterdrücken. Der Fortbestand einer so großen Bevölkerung, wie zivilisierte Länder sie derzeit aufweisen, ist unmöglich, wenn man ungezügelte Leidenschaften sich frei und ungehemmt entfalten läßt, und deshalb verspüren zivilisierte Menschen eine gewisse Besorgnis, ein körperliches Unbehagen darüber, zu einer primitiveren Art und Weise des Empfindens zurückzukehren, an die jener Propagandist appelliert, dessen Absicht es ist, Emotionen zu wecken. Krieg und Religion sind die politisch wichtigsten Formen dieser Art Nostalgie.

Eine weitere Gefahr der emotional bestimmten Propaganda ist die Tatsache, daß sie dazu tendiert, den Verstand Argumenten gegenüber zu schließen. Die bewußte Gedankenwelt mag rational geprägt sein, aber genau unterhalb der Bewußtseinsebene halten sich unveränderliche Überzeugungen aus früher Jugend. Viele Menschen sind in ruhigen Zeiten Anhänger des Internationalismus und Freidenker, doch bei Kriegs- oder Todesgefahr werden sie patriotisch oder religiös. Dies ist natürlich nur zum Teil der Propaganda früher Jahre zuzuschreiben; großenteils ist es eine natürliche Folge der Angst. Aber die Propaganda spielt ihren Part insofern, als sie dazu beiträgt, daß Angst unter dem Deckmantel von etwas Ehrenwerterem – so Liebe zum Vaterland oder Liebe zu Gott – in Erscheinung treten kann.

Propaganda in bezug auf generelle Behauptungen – wie etwa religiöse Dogmen – wird in der Hauptsache mit emotionalen Mitteln betrieben. Für den Katholiken sind beispielsweise die von ihm genährten Emotionen mit der katholischen Glaubenslehre verbunden, so daß er ohne Glauben an bestimmte metaphysische Aussagen unglücklich wäre. Wo es um den Glauben an ein religiöses Bekenntnis geht, besteht selbstverständlich die theoretische Möglichkeit, dagegen mit rein intellektuellen Mitteln anzukämpfen, doch wird dem – außer bei einem kleinen Prozentsatz außergewöhnlich rational denkender Menschen – kein Erfolg beschieden sein. Wenn viele Menschen irgendwann einen Glauben aufgaben, in dem sie erzogen wurden, war im allgemeinen, freilich oft unbewußt, ein wirtschaftliches Motiv im Spiel. Ohne kirchliche Ländereien und den von Rom geforderten Tribut hätte die Reformation nicht den tatsächlich erzielten Erfolg verzeichnen können. Die Sozialisten auf dem europäischen Festland waren in der Hauptsache antichristlich gesinnt und zeigten anhand wirtschaftlicher Argumente auf, daß das Christentum die Interessen der Reichen vertrete. Selten nur wurde ein religiöser Glaube erfolgreich durch Logik bekämpft; der französische Rationalismus des achtzehnten Jahrhunderts ist vielleicht der bedeutendste Fall. Die Vernunft sollte jedoch – und dies ist sehr zu wünschen – eine größere Rolle spielen, als es tatsächlich der Fall ist, wenn es darum geht, der Menschen Überzeugungen bzw. fehlende Überzeugungen im Zusammenhang mit Dingen zu bestimmen, mit denen eine dogmatische Religion zu tun hat. Jene Propaganda, die den Glauben an gewisse Behauptungen bzw. den Zweifel daran mit Emotionen, insbesondere mit Lob oder Tadel, in Verbindung bringt, bedeutet ein Hindernis für die wissenschaftliche Einstellung und folglich für die Zivilisation.

Obschon wohl kaum die Wahrscheinlichkeit besteht, daß Regierungen sich des Mittels bedienen werden, junge Menschen im Zusammenhang mit wichtigen umstrittenen Fragen von der Propaganda entgegengesetzter Lager berieseln zu lassen, zweifle ich nicht daran, daß dies, könnte man es einführen, die beste Methode wäre. Von einem Lehrer zu verlangen, daß er sich völlig enthalte, kontroverse Ansichten zu äußern, hieße von ihm zu verlangen, daß er dumm sei und seine Persönlichkeit zur Hälfte unterdrücke. Manche entwickeln zwar den Dingen gegenüber keine geteilten Gefühle, aber sie geben auch selten mitreißende Lehrer ab. Auch ist es keineswegs wünschenswert, daß die Erziehung künstlich allen Fragen aus dem Wege geht, um die sich zeitgenössische Ereignisse drehen. Junge Menschen sollten dazu ermutigt werden, über derartige Fragen nachzudenken, was dadurch geschehen könnte, daß eben diese Fragen in ihrer Gegenwart von jedem Gesichtspunkt aus diskutiert werden. Der sowjetische Botschafter und Winston Churchill sollten jeweils montags im Radio über den Kommunismus debattieren; man sollte die Schulkinder dazu zwingen, sich dies anzuhören, und nach dreimonatiger Debatte sollte jede Schule frei abstimmen lassen. Dienstags sollten Gandhi und der Vizekönig über Indien debattieren; mittwochs Stalin und der Erzbischof von Canterbury über das Christentum. Dies wäre eine echte Vorbereitung für eine Beteiligung an der Demokratie und würde die schwierige Kunst lehren, einem ex parte-Statement die Wahrheit zu entnehmen. Nicht die Propaganda als solche, sondern die einseitige Propaganda beschreitet den falschen Weg. Der Propaganda gegenüber kritisch zu sein, das zu praktizieren, was man in Amerika »sales resistance« nennt, ist höchst wünschenswert und läßt sich dadurch, daß man sich von der Propaganda fernhält, genausowenig erreichen wie man eine Immunität gegen die Masern dadurch erlangt, daß man sich den Masern fernhält. Man erreicht es, indem man mit der Propaganda seine Erfahrungen macht und dabei feststellt, daß sie oft irreführend ist. Für diesen Zweck könnte sich keine Methode gleichermaßen eignen wie etwa die, in jeder Schule rivalisierende Propagandisten auftreten zu lassen, wofür der Rundfunk den Mechanismus liefert.

Man muß, so glaube ich, zugeben, daß ein gewisses Maß an einseitiger Propaganda für ein Minimum an sozialem Zusammenhalt notwendig ist. Es mag zwar Anlässe geben, bei denen eine Gesetzesübertretung zur Pflicht wird, aber deren sind wenige; im großen und ganzen ist die Respektierung des Gesetzes zu wünschen. Sollen Kriege jemals vermieden werden, so bedarf dies eines internationalen Apparats, der Dispute zu schlichten vermag; außerdem ist es nötig, Achtung vor jener Institution zu lehren, die die Schlichtung vornimmt. Ein Pazifist könnte nun argumentieren, daß nicht das Vorhandensein von Propaganda an sich, sondern die Existenz von in entgegengesetzte Richtungen zielenden Formen der Propaganda den Schaden anrichte; würden alle Nationen, anstatt die Menschen jeweils im eigenen Nationalismus zu unterweisen, ihnen Bewunderung für die Vereinigten Staaten beibringen, so bestünde kein Anlaß mehr für einen Konflikt zwischen den Nationen; und wäre der Wirtschaftsunterricht auf der ganzen Welt kommunistisch oder kapitalistisch orientiert, so wäre der Konflikt zwischen der Sowjetregierung und den Regierungen des Westens bald beendet. So, meine ich, könnte ein Pazifist argumentieren. Gegen ein derartiges Verfahren ließen sich allerdings mehrere Einwände erheben. In einer Welt, in der man im Zusammenhang mit einem Thema, zu dem sich Zweifel anmelden lassen, nur eine einzige Doktrin lehren könnte, wäre kein Fortschritt möglich. Und in einer Welt, in der kein Gegenstand je debattiert wurde, würden die Menschen nicht dazu erzogen, kritisch zu urteilen. Die Propaganda muß daher, wenn es darum geht, sowohl um des Fortschritts als auch um der Erziehung willen das Pro und Kontra abzuwägen, so vielfältig wie möglich sein; dies macht einen Teil des Einwands gegen jede Art politischer Zensur aus.

Eine der wichtigsten und am meisten vernachlässigten Aufgaben der Erziehung ist die, den Schülern beizubringen, wie sie aufgrund unzulänglicher Daten zu richtigen Schlußfolgerungen gelangen können. Als Logiker bin ich mir bewußt, daß ich, wenn ich dies sage, etwas äußere, was – streng logisch genommen – reiner Unsinn ist; trotzdem beruht aller Erfolg im praktischen Leben auf dem Vermögen, dieses scheinbar unmögliche Kunststück zu vollbringen. Ein erfolgreicher General ist derjenige, welcher richtig errät, was sein Gegner zu tun beabsichtigt; ein erfolgreicher Organisator ist derjenige, welcher nach kurzen Interviews zuverlässige Untergebene auszusuchen vermag. Selbst der erfolgreiche Wissenschaftler stellt eine Vermutung an, die später verifiziert wird. In der Politik reichen die Daten kaum je aus, um einen rational denkenden Menschen in die Lage zu versetzen, zu einem begründeten Schluß zu kommen, sie sind aber oft so geartet, daß sie es einem sowohl rational denkenden als auch mit Scharfsinn ausgestatteten Menschen ermöglichen, zu einem klugen Schluß zu gelangen. Dies zu erreichen, erfordert wissenschaftliche Unbefangenheit und die Fähigkeit, hypothetisch zu denken, doch es erfordert noch etwas anderes – jene Qualität nämlich, die man vage »Urteilsvermögen« nennt. Dies ist eine Qualität, die, bringt man einem Menschen das geeignete Material nahe, sich in einer bestimmten Richtung erheblich verbessern läßt. Junge Menschen sollte man während eines gewissen Stadiums ihrer Ausbildung lehren, sich ein politisches Urteil zu bilden; dazu sollten sie sich beredt vorgetragene Erklärungen anhören, von denen schon im voraus bekannt ist, daß sie irreführend sind, sie sollten Berichte verschiedener Seiten über frühere Geschehnisse lesen und daraus zu schließen versuchen, was sich tatsächlich ereignete, usw. All dies ist das Gegenteil von Propaganda; es ist die Technik, mit deren Hilfe man Menschen gegen Propaganda immun machen kann.

Ich weiß, daß ich mit dem von mir Gesagten in einer Kontroverse, die für dieses Kernproblem sehr relevant ist, stillschweigend Partei ergriffen habe. Ich bin davon ausgegangen, daß Ansichten richtig oder falsch und nicht nur nützlich oder schädlich sein können; ich bin davon ausgegangen, daß es – jedenfalls dort, wo es um Tatbestände geht – in der Regel leichter sei zu erkennen, ob eine Ansicht richtig denn ob sie nützlich ist; und schließlich bin ich davon ausgegangen, daß es nach genereller Regel zweckmäßiger sei, das zu glauben, was wahr ist, als das, was falsch ist. Alle diese Annahmen lassen sich bestreiten, und sowohl Pragmatiker als auch Kommunisten tun dies auch. Es ist deshalb angebracht, sie näher zu untersuchen.

Es heißt, daß Cäsar an den Iden des März umgebracht wurde. Ich habe das Beweismaterial zwar keineswegs sorgfältig geprüft, las die Darstellung aber in verschiedenen verläßlich scheinenden Büchern und glaube es daher. In der Jugend mag dies zu glauben zweckmäßig sein, da es dazu beitragen kann, in Prüfungen durchzukommen; doch wenn die Zeit der Prüfungen einmal vorbei ist, erfüllt dieser Glaube nicht mehr länger einen brauchbaren Zweck. Jedenfalls ist es, um auf unsere zweite Annahme zu kommen, eindeutig leichter, den Wahrheitsgehalt der Behauptung »Cäsar wurde an den Iden des März umgebracht« denn deren Nützlichkeit zu erkennen, eine Nützlichkeit, die – außer für Prüflinge – äußerst fragwürdig ist. Mit dieser Äußerung erwecke ich vielleicht den Anschein, als stelle ich meine dritte Annahme in Abrede, die nämlich, daß es nach genereller Regel zweckmäßiger sei, das zu glauben, was wahr ist, denn das, was falsch ist. Dies ist nur dann richtig, wenn im einen oder anderen ein Nutzen steckt. Bei den meisten Behauptungen lohnt es sich weder, sie zu glauben, noch sie nicht zu glauben. Man stelle sich das unbestimmt auf immer größere Zahlen erweiterte Einmaleins vor: es enthielte eine unendliche Zahl von Behauptungen, von denen in der Praxis nur eine endliche Anzahl brauchbar wäre. Aber wann immer man eine dieser Behauptungen aus irgendeinem Grund benötigt, ist es im höchsten Grade unwahrscheinlich, daß es dann besser sei, ein falsches denn ein richtiges Ergebnis zu erhalten. Unmöglich ist es nicht, da man schon vorher einen Fehler gemacht haben kann, der durch den neuerlichen ausgeglichen wird. Aber diese Möglichkeit liegt zu fern, als daß sie den Politiker, der zu Recht verlangt, daß Kinder richtig rechnen, zu interessieren brauchte.

Die Sache mit der Arithmetik würde der Kommunist vielleicht noch billigen, doch in bezug auf kontroverse Meinungen würde er behaupten, daß es eine bourgeoise und eine proletarische Sicht der Dinge gebe und daß jeder gute Soldat in der Proletarierarmee die proletarische Sicht vertreten müsse. Als Beispiel möge hier die Frage der Unsterblichkeit dienen. Befaßt man sich mit dieser Frage, dann geht es, so würde ein Kommunist sagen, nicht darum, die Beziehung von Körper und Seele oder das aufgrund psychischer Forschung zusammengetragene Beweismaterial zu untersuchen, auch nicht darum, ein Urteil deswegen aufzuschieben, weil die Beweisstücke für eine Entscheidung nicht ausreichen, sondern es geht vielmehr darum zu merken, daß die Himmelsverheißung für das künftige Leben dazu herhalten muß, die Proletarier mit ihrem Los hier auf Erden und mit niedrigeren Löhnen, als sie sie sonst fordern würden, auszusöhnen. Auf diese Weise läßt man die Unsterblichkeitsdoktrin als eine der Waffen des Kapitalismus erscheinen, während ihre Verneinung eine der Waffen des Kommunismus darstellt. Die Frage, ob wahr oder unwahr, hat hier keinen Platz; ebensogut könnte man fragen, ob ein Geschoß wahr oder unwahr ist. Wichtig bei einem Geschoß ist: welcher Armee nützt es? Und genau dasselbe ist bei einer Meinung wichtig.

Diese Ansicht ist selbstverständlich eine Negierung der wissenschaftlichen Einstellung zu den Dingen, eine Einstellung, die besagt, daß es über einen ausgedehnten Bereich hinweg möglich sei, die ungefähre Wahrheit zu ermitteln, und daß dort, wo dies nicht möglich ist, ein Aufschub des Urteils die einzig rationale Haltung darstelle. Überdies hält der Kommunist nicht konsequent an seiner eigenen skeptischen Position fest. Der dialektische Materialismus gilt als tatsächlich richtig und nicht nur als das, was für einen Proletarier zu glauben angezeigt ist. Und die Behauptung, daß der und der Glaube für den Proletarier angezeigt sei, gilt ebenfalls als unverfälscht richtig; gälte sie es nicht, so könnte man sie nicht zur Basis propagandistischer Praxis machen. Der Pragmatismus des Kommunisten ist also eine halbherzige Angelegenheit und nur wenig mehr als ein Ausdruck der Unduldsamkeit.

Ich schließe daraus, daß es Wahrheiten gibt, daß man sie zuweilen in etwa erkennen kann, daß dies oft nützlich und daß der Glaube an die Unwahrheit sehr selten von Nutzen ist. Ich schließe daraus ferner, daß es unter anderem Zielsetzung der Erziehung sein sollte, junge Menschen zu lehren, wo immer möglich, zu richtigen Schlußfolgerungen zu gelangen. Ein Mißerfolg dabei fördert den Parteigeist in seiner ganzen Unerbittlichkeit sowie die Gefahr eines destruktiven Konflikts, während er auf der Seite des Intellekts den wissenschaftlichen Fortschritt ernsthaft behindert. Die Staatsmänner täten gut daran, sich all dieser Dinge dann zu erinnern, wenn sie versucht sind, in der Erziehung einen bloßen Zweig politischer Propaganda zu sehen.

16. Versöhnung von Individualität und Bürgerdasein

Im ersten Kapitel stellten wir eine Frage: läßt sich die uneingeschränkte Entfaltung des Individuums mit dem notwendigen Minimum an sozialem Zusammenhalt vereinen? Dies veranlaßte uns, die Art und Weise zu untersuchen, in der Politik und Volkswirtschaft die Erziehung beeinflussen, was, wie wir feststellten, in den meisten Fällen für die davon betroffenen Jungen und Mädchen schädlich ist. Müssen die Auswirkungen von Politik und Volkswirtschaft auf das Individuum stets schädlich sein? Oder ist dies ein vorübergehendes Mißgeschick unserer Zeit? Und welche Hoffnung auf eine größere Harmonie zwischen Individualität und Bürgerdasein besteht in letzterem Falle für eine nicht zu ferne Zukunft?

Der der Erziehung durch die Politik zugefügte Schaden rührt hauptsächlich von zwei Quellen her: erstens von der Tatsache, daß man die Interessen einer Teilgruppe vor die Interessen der Menschheit stellt; zweitens davon, daß man sowohl bei der Masse als auch beim Bürokraten eine zu große Liebe zur Uniformität antrifft. Von diesen zwei Übeln stellt ersteres derzeit das größere dar; würde eben dieses erste allerdings überwunden, so könnte das zweite zu einer sehr ernsthaften Gefahr werden.

Daß die Erziehung eines Menschen eigenen Staat, eines Menschen eigene Religion, das männliche Geschlecht und die Reichen favorisiert, wurde inzwischen zur Gewohnheit. In Ländern, wo verschiedene Religionen nebeneinander bestehen, ist der Staat nicht in der Lage, in seinen Schulen irgendeine davon zu favorisieren, doch führte dies zur Gründung von Schulen, die den verschiedenen Sekten gehören, oder, so etwa in New York City und Boston, zur Entstellung der in den public schools gelehrten Geschichte, und zwar im Interesse der katholischen Kirche. [In New York City müssen die Lehrer zum Beispiel von der Reformation als »der protestantischen Revolte« sprechen. (B. R.)] Das männliche Geschlecht läßt sich, wie dies früher der Fall war, heute nicht mehr favorisieren. Aber die Erziehung wird außerhalb Rußlands nach wie vor so gehandhabt, daß sie die Interessen der Reichen fördert; und selbstverständlich lehrt sie die Schüler überall eine ausschließliche Loyalität gegenüber ihrem eigenen Staat.

Das Ergebnis dieses Sachverhalts ist, daß die Erziehung in den Machtkampf zwischen Religionen, Klassen und Nationen hineingezogen wurde. Man sieht im Schüler nicht einen Menschen, dessen eigene Belange zu wahren sind, sondern einen Rekruten: dem Erziehungsapparat ist es nicht um sein Wohl, sondern um anderweitige politische Zielsetzungen zu tun. Es besteht kein Grund anzunehmen, daß der Staat die Interessen des Kindes je vor seine eigenen stellen wird; wir müssen deshalb untersuchen, ob überhaupt ein Staat möglich ist, dessen Interessen dort, wo es um Erziehung geht, mit denen des Kindes annähernd identisch sein können.

Erstes Erfordernis hierfür ist, das leuchtet jedem ein, die Abschaffung großangelegter Kriege. Ließe sich dies durch die Einsetzung einer internationalen Behörde erreichen, so würde eine Unterweisung in militantem nationalistischem Denken zu nichts mehr dienen und sich bald auf ein Maß reduzieren, wo sie unschädlich wäre. Für Offiziersausbildungskorps, allgemeine Wehrpflicht oder das Lehren einer verfälschten Geschichte bestünde dann kein Bedürfnis mehr. Die moralische Schulung eines Menschen strebte den Menschenmord nicht mehr als Apex [Lat.: Gipfel, Spitze. (D. H.)] eines tugendhaften Lebens an, zu dem alles andere hinführt. Die Einsetzung einer internationalen Behörde, die stark genug ist, um die von ihr bewerkstelligte Beilegung eines Disputs auch renitenten Staaten aufzuzwingen, stellt, davon bin ich überzeugt, sowohl vom erzieherischen als auch von jedem anderen Standpunkt aus die wichtigste Reform dar.

Der Einsetzung einer derartigen Behörde stehen jedoch gewaltige Hindernisse im Wege – viel gewaltigere, als den meisten Pazifisten bewußt ist. Man braucht sich nur eine Auseinandersetzung wie die zwischen Kommunismus und Kapitalismus näher anzusehen. Es ist äußerst unwahrscheinlich, daß eben diese Auseinandersetzung friedlich beigelegt werden wird: auf beiden Seiten halten die Menschen sie für lebenswichtig genug, daß für einen erfolgreichen Ausgang zu kämpfen sich lohnte; außerdem kann man sich nur schwer einen internationalen Apparat vorstellen, der genügend stark wäre zu verhindern, daß sie zum Krieg führt. Man stelle sich etwa einen Bürgerkrieg zwischen Kommunisten und Nationalisten in Deutschland vor. Sähen Frankreich und Rußland passiv zu? Bliebe Großbritannien, falls Frankreich und Rußland sich daran beteiligten, neutral? Riskierten die Vereinigten Staaten die Ausbreitung des Kommunismus über den gesamten europäischen Kontinent? Würden China und Indien es versäumen, diese günstige Gelegenheit zu nützen?

Solange die Auseinandersetzung zwischen Kommunismus und Kapitalismus nicht so oder so entschieden ist, läßt sich der Weltfriede – welchen Apparat auch immer man ins Leben ruft – nicht sichern.

Und es ist schwer abzusehen, wie diese Auseinandersetzung entschieden werden kann – es sei denn, durch einen Sieg des Kommunismus zumindest in ganz Europa. Der Kapitalismus wird die Menschen in Zukunft nicht mehr befriedigen. In nicht allzulanger Zeit kann der generelle Lebensstandard in Rußland bereits höher liegen als anderswo; der propagandistischen Wirkung eines derartigen Sachverhalts vermag sich dann niemand zu entziehen. Es scheint daher nicht unwahrscheinlich, daß der kürzeste Weg zum Weltfrieden über die russische Propaganda führt. Wenn dem so ist, dann ist es kurzsichtig, die etwas rüden Methoden zu verurteilen, welche die Sowjetregierung dabei anwendet, ihren Jungen und Mädchen den Kommunismus beizubringen. Ich bejahe dies durchaus nicht alles; ich schlage es lediglich als eine keineswegs unwahrscheinliche Hypothese vor.

Es versteht sich natürlich von selbst, daß der Friede sich nicht sichern läßt, solange Deutschland weiterhin dafür bestraft wird, den Krieg verloren zu haben. Und dies wird der Fall sein, solange Frankreich weiterhin Europa beherrscht. Und Frankreich wird dort vielleicht weiterhin dominieren, es sei denn, die Folgen eines Krieges setzen dem ein Ende.

Außerdem ist auch zu bezweifeln, ob die Befreiung Indiens von der Herrschaft Englands sowie jene Chinas von der Japans sich anders als durch einen Krieg erster Rangordnung verwirklichen lassen.

All diese umfassenden Fragen müssen gelöst werden, ehe eine ernsthafte Hoffnung darauf besteht, daß der Friede durch die Schaffung einer internationalen Behörde bewahrt werden könne. Vielleicht werden sie alle aufgrund eines kommunistischen Sieges innerhalb der nächsten zwanzig Jahre gelöst, doch ist mein Optimismus kaum groß genug, um damit zu rechnen.

Das neben der Abschaffung des Krieges für die Versöhnung von Individuum und Staatsbürger wichtigste Erfordernis ist die Ausmerzung des Aberglaubens. Im Zusammenhang damit bezeichne ich eine Auffassung als abergläubisch, wenn ihre einzige Basis traditioneller oder emotionaler Natur ist. Immer dann, wenn die Menschen es für wichtig erachten, derartige Auffassungen zu konservieren, schaffen sie Erziehungssysteme, die Respekt gegenüber der Weisheit unserer Vorfahren sowie die Gewohnheit in sich begreifen, Fragen aufgrund anderer denn rationaler Überlegungen zu entscheiden. Machthaber wünschen sich ihre Untertanen – dies ist kaum zu vermeiden – weniger von der Ratio als vielmehr von Emotionen bestimmt, da dies die Absicht erleichtert, jene mit ihrem Los auszusöhnen, die die Opfer eines ungerechten Gesellschaftssystems sind. Der Aberglaube wird so zum natürlichen Verbündeten des Unrechts, und nur dort, wo die wirtschaftlichen und politischen Institutionen gerecht sind, ist die staatlich gelenkte Erziehung von solcher Art, daß sie eine rationale Sicht der Dinge zu fördern vermag.

Selbstverständlich steht keineswegs fest, daß ein gerechtes Wirtschaftssystem, würde ein solches als Resultat eines langen Konflikts etabliert, zunächst nicht gleichermaßen von Aberglauben geprägt wäre. In Kriegszeiten bedient man sich falscher Auffassungen, um Begeisterung zu erzeugen; außerdem hält man eine strenge intellektuelle Disziplin dann für zweckmäßig, wenn es Zweifel an der Bedeutung der Sache zu verhindern gilt. Der Kommunismus russischer Prägung hat bereits sein fertiges theologisches Dogma, seine Hagiologie und seine sakrale Geschichte. Bekehrt die russische Doktrin nach einem Jahrhundert des Kampfes die Welt, so hat sie in der Zwischenzeit viele Mythen kreiert und zeichnet sich durch große, Doktrinen eigene Härte aus. Derjenige, welcher dann zu sagen wagt, daß Marx und Lenin nicht die größten Männer waren, die je lebten, wird wahrscheinlich beträchtlich verfolgt. Wenngleich ich es nicht für wahrscheinlich halte, ist es durchaus möglich, daß die kommunistische Partei im Laufe der Zeit vielleicht eine Position einnehmen wird, die jener der Kirche im finsteren Mittelalter nicht unähnlich ist. Es ist durchaus möglich, daß die dem Sieg des Kommunismus vorangehenden Kriege die gesamte Industrie der Welt zerstören und den Tod aller Wissenschaftler und maßgebenden Techniker verursachen werden. In diesem Falle mögen sich die Menschen – wenn man in der »Bibel« einst niedergeschrieben findet, daß Lenin sich von der »Elektrifizierung« Rettung versprach – fragen, was dieses Wort wohl bedeutete, und vielleicht zu dem Schluß kommen, daß es einen mystischen Bund mit Karl Marx bezeichnete.

Es ist deshalb nicht undenkbar, daß irgendwann in der Zukunft ein Weltstaat entsteht, mit einem gerechten Wirtschaftssystem und trotz alledem vom Aberglauben beherrscht. Dieser Fall kann jedoch kaum eintreten, es sei denn, man gehe von der Hypothese schrecklicher Vernichtungskriege aus. Legt man eine andere Hypothese zugrunde, so ist zu erwarten, daß die derzeit mit der Sowjetregierung in Verbindung gebrachten abergläubischen Elemente dann allmählich verschwinden, wenn der Sieg die Notwendigkeit einer Kriegsmentalität ausgeräumt hat. Auf lange Sicht scheint selbst der Glaube an den Kommunismus, nachdem kein anderes System ihm im Bereich der praktischen Politik den Rang abläuft, nicht mehr wichtig.

Ich komme nun auf eine zweite Gefahr zu sprechen, auf die Gefahr nämlich einer zu großen Liebe zur Uniformität. Diese ist, wie vorher bereits festgestellt, sowohl beim Bürokraten als auch bei der Masse anzutreffen. Besonders im Alter von zehn bis fünfzehn Jahren nehmen Kinder allem gegenüber, was sie an anderen Kindern »seltsam« finden, instinktiv eine feindliche Haltung ein. Würden die Behörden einsehen, daß dieses konventionelle Verhalten unerwünscht ist, so können sie auf verschiedene Art und Weise dagegen angehen und, wie in einem früheren Kapitel bereits angedeutet, die klügeren Kinder in separaten Schulen unterbringen. Die von mir angesprochene Intoleranz gegenüber der Exzentrik ist bei den dümmsten Kindern am stärksten ausgeprägt, jenen Kindern, die dazu tendieren, in den speziellen Neigungen kluger Kinder berechtigte Gründe dafür zu sehen, diese zu verfolgen. Sind die Behörden ebenfalls dumm (was vorkommen kann), so tendieren sie ihrerseits dazu, die Partei der dummen Kinder zu ergreifen und zumindest stillschweigend die grobe Behandlung derjenigen zu billigen, die Intelligenz beweisen. In diesem Falle entsteht eine Gesellschaft, in der jene alle wichtigen Positionen erhalten, deren Dummheit sie in die Lage versetzt, der Masse zu gefallen. Eine solche Gesellschaft hat korrupte Politiker, ignorante Schulmeister, Polizisten, die nicht imstande sind, Verbrecher zu fassen, und Richter, die Unschuldige verurteilen. Eine solche Gesellschaft wird selbst dann, wenn sie ein Land voller natürlicher Reichtümer bewohnt, am Ende schließlich arm, weil sie unfähig ist, fähige Menschen für wichtige Posten auszuwählen. Eine derartige Gesellschaft ist, auch wenn sie von *Freiheit* schwafelt und ihr zu Ehren sogar Statuen errichtet, eine Sozietät, die sich der Verfolgung als des ihr adäquaten Mittels bedient und ausgerechnet jene Menschen bestraft, deren Ideen sie vor Unglück bewahren könnten. All dies entsteht einmal aus dem zuerst in der Schule und dann draußen im Leben verspürten zu intensiven Druck der Masse. Wo ein derart exzessiver Druck ausgeübt wird, wissen diejenigen, welche die Erziehung bestimmen, in der Regel nicht, daß er ein Übel darstellt; sie sind in der Tat durchaus nicht abgeneigt, ihn als eine Kraft bereitwillig zu akzeptieren, die zu gutem Verhalten verhilft. Deshalb ist es wichtig zu untersuchen, welche Umstände dazu führen, daß Schulmeister und in Erziehungsbehörden tätige Beamte diesem Irrtum erliegen, und ob ein System denkbar ist, das sie daran hindern könnte.

Im Lehrberuf trifft man zwei sehr verschiedene Typen an, jene nämlich, die sich für ein Thema begeistern, dieses mit großem Vergnügen lehren und ihren Schülern die eigene Begeisterung einimpfen, und andererseits dann jene, die die Machtposition und die leichte

Überlegenheit genießen, die gerne herrschen, aber nicht genügend Geschick besitzen, erwachsene Menschen zu beherrschen. Einige Systeme begünstigen den ersteren Typus, einige den letzteren; die moderne Effizienzidee tendiert immer mehr dazu, denjenigen zu begünstigen, der weniger lehrt als herrscht. Ich leugne durchaus nicht, daß auch der Herrschertyp seine Existenzberechtigung hat: ich kannte einst eine Dame, die an einer public school in Texas unterrichtet hatte und es dabei für nötig hielt, immer mit einem Revolver bewaffnet aufzutreten. Aber von entlegenen und dünn besiedelten Gebieten abgesehen, lassen sich abnormal renitente Jungen oder Mädchen isolieren, mit dem Erfolg, daß die verbleibenden Schüler, nachdem sie ihren Rädelsführer verloren haben, durchaus gewillt sind, sich mit weniger drastischen Methoden zu begnügen. Der von Liebe zu seinem Thema inspirierte Lehrer vermag bei gleichzeitiger Zuneigung zu den Kindern in den meisten Fällen durch Vermittlung von Wissen und Kultur weit mehr zu erreichen, als derjenige je zuwege bringen kann, der Ordnung und Methode und Effizienz liebt, aber des Wissens ermangelt und Kinder haßt. Leider ist an jeder großen Schule eine ganze Menge administrativer Routinearbeit zu verrichten, die im allgemeinen von den schlechtesten Lehrern am besten erledigt wird; und da die höheren Stellen zwar die Verwaltungsarbeit zu Gesicht bekommen, meist aber den Unterricht nicht erleben, besteht die Tendenz, daß der den Lehrkräften gezollte Kredit völlig falsch verteilt wird. Überdies betrachten in jedem großen Verwaltungsapparat die an seiner Spitze stehenden Beamten die Verwaltung als die ehrenvollste und schwierigste Art von Arbeit, was zur Folge hat, daß man denjenigen, die die Verwaltungsarbeit an den Schulen erledigen, einen besseren Status und ein höheres Gehalt zugesteht als jenen, die tatsächlich unterrichten. Durch all dies entsteht nicht selten der falsche Lehrertypus. Der Exekutivtypus fördert die Uniformität, während der andere Typus am Können seine Freude hat (was an sich schon exzentrisch ist) und um des Könnens willen andere Formen seltsamen Verhaltens bereitwillig toleriert. Wenn es gilt, gegen die Gefahr der Uniformität anzukämpfen, ist es daher sehr wichtig, weniger die Lehrer, die gerne herrschen, als vielmehr jene zu unterstützen, die gerne unterrichten.

Wir stoßen hier auf einen speziellen Aspekt eines Problems, das, nachdem die Welt in Zukunft in größerem Maße organisiert sein wird als bisher, wahrscheinlich immer ernster wird. Derjenige, welcher in einer großen Organisation eine Machtposition innehat, bedarf einer Fähigkeit ganz bestimmten Typs, jener nämlich, die man als exekutiv oder administrativ bezeichnet; dabei ist es ziemlich gleichgültig, womit die Organisation zu tun hat; die Art des für die Spitzenpositionen erforderlichen Geschicks ist immer dieselbe. Derjenige, welcher etwa in der Lage ist, den Baumwollhandel von Lancashire erfolgreich zu organisieren, hat auch Erfolg, wenn er die Luftverteidigung Londons, die Erforschung Zentralasiens oder den Holztransport von Britisch-Kolumbien nach England in die Hand nimmt. Für diese verschieden gearteten Unternehmen braucht er nichts über die Baumwolle, nichts über den Luftkrieg, nichts über die versunkenen Städte Turkestans zu wissen und von Forstwirtschaft oder Navigation nichts zu verstehen. Seine Helfer in untergeordneten Positionen benötigen in den speziellen Fällen jeweils diese speziell ausgerichteten Kenntnisse, während sein Geschick in gewissem Sinne abstrakter Natur ist und nicht auf spezialisiertem Wissen beruht. So kommt es, daß die wichtigsten Machtpositionen – nachdem die Organisationen an Umfang zunehmen – immer häufiger in die Hände von Menschen gelangen, die mit dem Inhalt der von ihnen organisierten Arbeit nicht intim vertraut sind. Dies läßt sich zwar nicht vermeiden, birgt aber Gefahren in sich; und – um auf unser Thema zurückzukommen – es birgt Gefahren in sich im Bereich der Erziehung.

Im Bereich der Erziehung liegt die Gefahr des Administrators in dessen Liebe zur Klassifizierung und zur Statistik. Da er riesige Mengen an Material rasch zu bewältigen hat – wozu ihn nur eine entsprechende Klassifizierung in die Lage versetzt –, kann er gar nicht umhin, dieser Leidenschaft nicht zu frönen. Nun entspricht die Klassifizierung bei einigen Materialarten durchaus den Absichten; dies trifft dort zu, wo es um festumrissene natürliche Materialien geht. Der Gemüsehändler verkauft Erbsen und Bohnen und Spinat und Kohl; er muß sich nie beim Verkauf stockend fragen: »Ist dieser Gegenstand eine Erbse oder ein Blumenkohl?« Bei Kindern liegen die Dinge anders. Die Frage, ob ein bestimmtes Kind geistig behindert ist, ist oft eine Grenzfrage, auf die man wissenschaftlich gesehen keine präzise Antwort geben kann. Administrativ gesehen *muß* man jedoch eine präzise Antwort geben: man muß das Kind entweder in eine Sonderschule schicken oder es in der Normalschule belassen. Der Administrator sucht daher nach einem Weg, wie er sich einen präzisen Befund verschaffen kann, einen Befund allerdings, den es in dieser Präzision eigentlich nicht gibt; dies ist einer der Gründe, weshalb ihm Intelligenztests nicht ungelegen kommen. Und was für den geistig Behinderten gilt, gilt gleichermaßen für jede andere geistige Klassifizierung.

Derjenige, welcher eine kleine Gruppe von Kindern liebevoll betreut, kennt diese als Individuen und empfindet ihnen gegenüber etwas, das in Worte zu fassen schwierig wäre; oft mag ein solcher Mensch an einem Kind gerade das am liebsten, was diesem besonders eigen ist. Derjenige aber, welcher die Kinder aus der Distanz, durch einen Schleier amtlicher Berichte sieht, duldet so etwas nicht. Er wünscht sich, da ihm dies die Arbeit erleichtern würde, alle Kinder genau gleich, ist aber gezwungen, eine Klassifizierung nach Alter, Geschlecht, Nationalität und Religion zuzugestehen. Die Aufgeklärtesten unter diesen lassen auch eine Klassifizierung nach Intelligenztests gelten. Aber selbst diese Aufgeklärtesten mögen alles Schablonenhafte und vergessen dabei das Leben des Individuums in seiner speziellen Eigenart, die jedem menschlichen Wesen sein eigenes, ihn von allen anderen unterscheidendes Gepräge gibt. Aus diesem Grund besteht die Gefahr, daß die mit Erziehungsfragen befaßten Beamten eine Uniformität fördern, zu der die Welt ohnehin bereits tendiert.

Dies ist ein administratives Problem, und es bietet sich dafür eine administrative Lösung, die Devolution nämlich. Gäbe es eine Weltregierung, so würde diese zweifellos bis zu einem gewissen Grade die gesamte Erziehung überwachen: Sie würde eine exzessive Unterweisung in lokalpatriotischem Denken untersagen und könnte eventuell Doktrinen verbieten, die sie für subversiv hielte. In bezug auf alle anderen Dinge würde sie die Erziehung aber zweifellos der Organisation lokaler Behörden überlassen. Wäre sie vom Geist der Wissenschaft inspiriert, so ließe sie auch Experimente im Zusammenhang mit neuen Methoden zu. Den meisten Administratoren geht derzeit der Sinn für Experimente ab; wäre die Erziehung allerdings wissenschaftlicher ausgerichtet, so würde er viel selbstverständlicher. Damit Ausbrüche aus der Gewohnheit sowie Ausnahmen im wissenschaftlich geprägten Staat in Zukunft toleriert werden, müssen wir darauf achten, daß der Sinn für Experimente sich stärker entwickelt. Ohne Ausbrüche aus der Gewohnheit und ohne Ausnahmen ist der Fortschritt nur gering und die Diversität unzulänglich; aber wenn alle Beamten einmal eine vernünftige wissenschaftliche Ausbildung nicht nur in der Physik und Chemie, sondern auch in der Biologie erfahren haben werden, sehen sie dies, so glaube ich, allmählich selbst ein.

In einer dichtbevölkerten industriellen Welt muß der Individualismus, obschon es natürlich wichtig ist, seine berechtigten Ansprüche nicht zu vergessen, selbst in der individuellen Psychologie mehr als früher gesteuert werden. Diejenigen unter uns, welche schon einmal in großen Städten lebten, haben alle gelernt, sich innerhalb einer

Masse von Menschen in einer Art und Weise zu verhalten, die eine Störung der Ordnung verhindert: wir fahren rechts, bewegen uns mit der angemessenen Geschwindigkeit fort und überqueren Straßen dort, wo wir dazu angehalten sind. Dies sind geringfügige und äußerliche Dinge, aber im Zusammenhang mit ernsthafteren Angelegenheiten gilt dasselbe. Johannes der Täufer pflegte mangelhaft bekleidet herumzuziehen und dabei auszurufen: »Tut Buße, denn das Himmelreich ist nahe.« Müßte ein Mann dies in London oder New York tun, so würde er eine so große Menschenmenge um sich versammeln, daß der Verkehr ins Stocken geriete, und die Polizei hätte ihn aufzufordern, sich, ehe er von neuem seine Gefühle äußert, eine Halle zu mieten. In einer Industriegesellschaft sind nur sehr wenige Menschen bei ihrer Arbeit unabhängige Einheiten; die überwiegende Mehrheit gehört Organisationen an und muß ihren Anteil an einem Kollektivunternehmen leisten. Deshalb ist heute ein Sinn für bürgerbewußtes Verhalten, für soziale Zusammenarbeit notwendiger, als er es früher war; aber es ist nach wie vor wichtig, daß sich dies ohne zu große Einschränkung des Urteilsvermögens sowie der Initiative eines Individuums gewährleisten läßt.

Soll das Leben eines Menschen – sei es aus seiner eigenen oder aus der Sicht der übrigen Welt – befriedigend verlaufen, so bedarf es der Harmonie in zwei verschiedenen Formen: einer inneren Harmonie zwischen Intelligenz, Emotion und Willen sowie einer äußeren Harmonie mit dem Willen anderer. In beiderlei Hinsicht weist die derzeit praktizierte Erziehung Mängel auf. Die innere Harmonie wird durch das in der Kindheit und Jugend vermittelte religiöse und moralische Gedankengut verhindert, ein Gedankengut, das im späteren Leben gewöhnlich die Emotionen, nicht aber die Intelligenz auch weiterhin beherrscht, während der Wille nach wie vor schwankt, dabei, je nachdem, ob Emotion oder Intelligenz augenblicklich die Oberhand haben, nach der einen oder anderen Seite hin tendierend. Derartigen Konflikten könnte man vorbeugen, wenn man junge Menschen Doktrinen lehrte, die sie auch als Erwachsene vom Intellekt her noch zu akzeptieren vermögen. In kleinem Umfang läßt sich dies in Privatschulen durchführen, aber ohne die Mitwirkung des Staates ist es in einem Rahmen, groß genug, um Ergebnisse von mehr als nur experimenteller Bedeutung zu erzielen, nicht zu verwirklichen.

Das Problem der äußeren Harmonie mit dem Willen anderer ist schwieriger und nicht vollständig zu lösen. Sowohl Konkurrenz als auch Kooperation sind natürliche Aktivitäten des Menschen, und es ist schwer, die Konkurrenz völlig zu unterdrücken, ohne dabei auch die Individualität zu zerstören. Aber nicht die individuelle und unorganisierte Konkurrenz richtet in der modernen Welt Schaden an. Zwei Männer können sich durchaus ohne Schaden für den einen oder anderen um dieselbe Frau bewerben, vorausgesetzt allerdings, ihre Rivalität läßt sie sich nicht zu einem Mord hinreißen. Gefährlich ist in der modernen Welt die organisierte Form der Disharmonie, jene zwischen Nationen und zwischen Klassen. Solange diese Form anhält, vermag die Welt nicht jene Vorteile zu genießen, die Wissenschaft und technisches Können ihr ermöglichten. Die Erziehung fördert gegenwärtig die Disharmonie zwischen den Nationen, und die Einführung einer internationalistisch orientierten Propaganda an den Schulen könnte eben dieser Disharmonie ein Ende setzen. Ohne einen vorangehenden Sieg des politischen Internationalismus ist dies jedoch kaum möglich. Die Erziehung kann politische Errungenschaften konsolidieren, aber solange sie von Nationalstaaten gesteuert wird, vermag sie eben diese Errungenschaften wohl kaum zu veranlassen.

Es gab Zeiten, da Konkurrenz in Form von Kriegen für die Sieger von Vorteil war. Jene Zeiten sind vorbei. Jedem denkenden Menschen ist heute klar, daß alle Nationen glücklich wären, wenn man alle bewaffneten Kräfte überall auf der Welt auflösen würde und wenn ein internationales Tribunal alle Dispute zwischen den Nationen beilegen und man alle Zolltarife abschaffen würde, und alle Menschen frei ungehindert von einem Land ins andere gehen könnten. Die Wissenschaft hat unsere Technik in einem Maß verändert, daß die Welt dadurch zu einer einzigen wirtschaftlichen Einheit geworden ist. Aber unsere politischen Institutionen und Auffassungen hinken hinter der Technik her, und jede einzelne Nation macht sich aufgrund wirtschaftlicher Isolierung künstlich arm. Wir erfinden arbeitssparende Vorrichtungen und haben Schwierigkeiten mit der Arbeitslosigkeit. Können wir unsere Erzeugnisse nicht verkaufen, dann kürzen wir – allem Anschein nach unter dem Eindruck, daß die Menschen um so mehr ausgeben, je weniger sie verdienen – die Löhne. All diese Übel kommen aus einer gemeinsamen Quelle: Obwohl unsere Technik die Kooperation des gesamten Menschengeschlechts als einer einzigen Produktions- und Konsumeinheit verlangt, bedürfen unsere Leidenschaften und politischen Auffassungen nach wie vor der Konkurrenz.

Unsere Welt ist eine verrückte Welt. Seit 1914 ist sie nicht mehr konstruktiv, weil die Menschen nicht bereit sind, ihrer Intelligenz zu folgen und eine Kooperation auf internationaler Ebene ins Leben zu rufen, sondern darauf bestehen, an der Aufteilung der Menschheit in feindliche Gruppen festzuhalten. Dieses kollektive Versagen, die Intelligenz, die die Menschen besitzen, für Zwecke der Selbsterhaltung einzusetzen, ist in der Hauptsache den unvernünftigen und destruktiven Impulsen zuzuschreiben, welche im Unbewußten jener lauern, die in der frühen und späteren Jugend sowie in der Adoleszenz unklug behandelt wurden. Trotz ständiger Verbesserung der Produktionstechnik werden wir alle ärmer. Trotz der Tatsache, daß wir alle sehr wohl um die Greuel des nächsten Krieges wissen, kultivieren wir in den jungen Menschen weiterhin jene Gefühle, die ihn unvermeidlich machen. Trotz Wissenschaft wirken wir der Gewohnheit entgegen, die Probleme rational zu sehen. Trotz wachsender Herrschaft über die Natur fühlen sich die meisten Menschen hoffnungsloser und ohnmächtiger, als dies seit dem Mittelalter je der Fall war.

Der Ursprung all dessen liegt nicht in der Außenwelt, noch liegt er, da wir heute mehr wissen, als die Menschen je zuvor wußten, im rein kognitiven Teil unseres Wesens. Er liegt in unseren Leidenschaften; er liegt in unseren emotionalen Gewohnheiten; er liegt in den während der Jugend eingeimpften Gefühlen und in den während der frühen Kindheit heraufbeschworenen Phobien. Unser Problem läßt sich kurieren, indem man die Menschen zur Vernunft bringt, und um die Menschen zur Vernunft zu bringen, muß man sie vernünftig erziehen. Derzeit zielen die verschiedenen von uns untersuchten Faktoren auf ein soziales Desaster hin. Die Religion fördert die Dummheit und trägt dazu bei, daß sich der Wirklichkeitssinn nicht ausreichend entwickeln kann; die Sexualerziehung verursacht häufig nervöse Störungen, und wo es nicht zu offen zutage tretenden Funktionsschäden kommt, pflanzt sie dem Unbewußten nur zu oft Dissonanzen ein, die es unmöglich machen, daß das Leben eines Erwachsenen glücklich verläuft; der Nationalismus, wie man ihn an den Schulen lehrt, impliziert, daß Mord die wichtigste Pflicht junger Menschen sei; das Klassengefühl fördert die Duldung wirtschaftlicher Ungerechtigkeiten, und die Konkurrenz fördert die Erbarmungslosigkeit im sozialen Kampf. Nimmt es wunder, daß eine Welt, in der die Kräfte des Staates dafür bestimmt sind, in den jungen Menschen Unvernunft, Dummheit, Bereitschaft zu Mord, wirtschaftlicher Ungerechtigkeit und Erbarmungslosigkeit zu erzeugen – nimmt es wunder, so frage ich, daß diese Welt nicht glücklich ist? Muß man einen Menschen als unmoralisch und subversiv verdammen, weil er diese Elemente in der gegenwärtigen Moralerziehung durch Intelligenz, Vernunft, Güte und Gerechtigkeitssinn ersetzt sehen möchte? Die Welt ist heute so unerträglich spannungsgeladen, so sehr von Haß erfüllt, so sehr von

Unglück und Leid heimgesucht, daß die Menschen die Fähigkeit verloren haben, ausgewogen zu urteilen, eine Fähigkeit, die nötig ist, um aus dem Sumpf herauszufinden, in dem die Menschheit steckt. Unsere Zeit ist so quälend, daß viele der besten Menschen von Verzweiflung ergriffen sind. Aber zur Verzweiflung besteht kein rationaler Grund: Der Weg, der zum Glück für das Menschengeschlecht führt, ist bereits vorgezeichnet, es muß sich nur dazu entschließen, ihn zu gehen.

Education and the Social Order, London 1932. Deutsche Erstübersetzung 1974 von Ilse Krewinkel.

II. Probleme der Erziehung

1. Erziehung als politische Institution

[1916]

Keine politische Theorie hat wirklichen Wert, wenn sie nicht ebenso gut wie für Männer und Frauen auch auf Kinder anwendbar ist. Theoretiker sind meist kinderlos, oder wenn sie Kinder haben, werden ihnen sorglich die Störungen ferngehalten, die durch jugendliche Unruhe verursacht werden. Manche von ihnen haben Bücher über Erziehung geschrieben, doch meist ohne sich beim Schreiben irgendwelche wirklichen Kinder vorzustellen. Jene Erziehungstheoretiker jedoch, die Kinder wirklich kannten, hatten, wie die Erfinder des Kindergartens und des Montessori-Systems [Was die Erziehung kleiner Kinder betrifft, so erscheint mir die Methode von Madame Montessori ausgezeichnet. (B. R.)], nicht immer eine genügende Vorstellung von dem letzten Erziehungsziel, um sich in erfolgreicher Weise mit dem Unterricht auf vorgeschrittener Stufe beschäftigen zu können. Ich selbst habe weder über Kinder noch über Erziehung Erfahrung, die mich befähigte, die eventuellen Fehler in den Schriften anderer zu verbessern. Aber einige Fragen, in denen es sich um Erziehung als politische Institution handelt, gehören notwendig zu jedem auf soziale Erneuerung gerichteten Bestreben, und gerade sie werden meist nicht von den berufsmäßigen pädagogischen Schriftstellern behandelt. Diese Fragen will ich im folgenden erörtern.

Die Macht der Erziehung, Charakter und Denken zu bilden, ist sehr groß und wird allgemein anerkannt. Die grundlegenden Überzeugungen, freilich gewöhnlich nicht die ausgesprochenen Gebote der Eltern und Lehrer, werden von den meisten Kindern fast unbewußt angenommen, und selbst wenn sie im späteren Leben von diesen Überzeugungen abweichen, so bleibt doch etwas von ihnen tief eingewurzelt zurück und bricht leicht bei einer inneren Aufregung oder Krise wieder hervor. Erziehung ist als Regel die stärkste Macht auf seiten des Bestehenden und ein Widerstand gegen fundamentale Änderungen; bedrohte Institutionen bemächtigen sich, solange sie noch die Macht dazu haben, der Erziehungsmaschinerie und prägen Achtung vor ihrer Vortrefflichkeit in die noch bildsamen Gemüter der Jugend. Reformer versuchen dann ihrerseits, ihre Widersacher aus der vorteilhaften Stellung zu vertreiben. An das Kind denkt keine der beiden Parteien. Die Kinder kommen nur insofern in Betracht, als sie für die eine oder die andere Armee angeworben werden sollen. Würde man an die Kinder selbst denken, so würde die Erziehung nicht danach trachten, einen Bestandteil dieser oder jener Partei aus ihnen zu machen, sondern sie instand zu setzen, verstandesmäßig zwischen den Parteien zu wählen. Man würde danach trachten, sie zum Selbstdenken anzuleiten und nicht zu denken, wie ihre Lehrer denken. Würden wir die Rechte der Kinder achten, könnte die Erziehung nicht als politische Waffe ausgenützt werden. Wir sollten sie erziehen, um ihnen das Wissen und die geistige Fähigkeit zu geben, die zur Bildung unabhängiger Meinungen notwendig ist. Als politische Institution aber ist die Erziehung bestrebt, Gewohnheiten zu bilden und das Wissen derart zu umgrenzen, daß dadurch eine ganze Reihe von Meinungen unvermeidlich gemacht wird.

Die beiden Elemente der *Gerechtigkeit* und *Freiheit*, die eine wesentliche Grundlage der erstrebten sozialen Umgestaltung bilden sollen, reichen als solche nicht aus, wo es um die Erziehung geht. Gerechtigkeit in dem wörtlichen Sinn: gleiche Rechte für jeden – ist in bezug auf Kinder zweifellos nicht ohne Einschränkung anwendbar. Und Freiheit ist zunächst einmal negativ: sie verurteilt jeden vermeidbaren Eingriff in die Selbstbestimmung, ohne jedoch ein positives aufbauendes Prinzip an die Hand zu geben. Aber Erziehung soll doch wesentlich aufbauen und verlangt einen positiven Begriff von dem, was ein Leben, wie es sein soll, ausmacht. Und wenn auch Freiheit in der Erziehung soweit geachtet werden soll als sie überhaupt mit Unterricht vereinbar ist, und wenn man auch ein gutes Teil mehr Freiheit als üblich ohne Nachteil für den Unterricht gestatten kann, so ist es doch klar, daß eine gewisse Einschränkung der vollkommenen Freiheit unvermeidbar ist, wenn Kinder überhaupt etwas lernen sollen, außer wenn es sich um ungewöhnlich intelligente Kinder handelt, die von normalen Gefährten isoliert sind. Dies ist ein Grund für die große Verantwortlichkeit, die auf Erziehern ruht: die Kinder sind mehr oder weniger ihrer Gnade ausgeliefert und können nicht selbst ihre Interessen wahren. Bis zu einem gewissen Grade ist Autorität in der Erziehung unvermeidlich, und die, die erziehen, müssen einen Weg finden, um Autorität in Übereinstimmung mit dem Geist der Freiheit auszuüben.

Hier, wo Autorität unvermeidlich, ist Ehrfurcht notwendig. Ein

Mann, der ein guter Erzieher sein und der Jugend zu vollem Wachstum und reicher Entwicklung verhelfen soll, muß durch und durch vom Geist der Ehrfurcht erfüllt sein. Ehrfurcht gegen andere ist es, die denen mangelt, die maschinenmäßige starre Systeme verteidigen: Militarismus, Kapitalismus, die wissenschaftliche Organisation der Fabier und all die andern Gefängnisse, in welche Reformer und Reaktionäre den menschlichen Geist einzuzwängen suchen. In den Schulen mit Gesetzen, die am grünen Tisch der Regierung verfaßt sind, ihren großen Klassen, festem Lehrplan und überarbeiteten Lehrern, ihrer Bestimmung, ein totes Gleichmaß glatter Mittelmäßigkeit hervorzubringen, ist der Mangel an Ehrfurcht vor dem Kind durchaus allgemein. Ehrfurcht erfordert Einfühlung und lebendige Wärme – sie erfordert den höchsten Grad von Einfühlung in Hinsicht auf diejenigen, die im Augenblick noch völlig unfertig und machtlos sind. Das Kind ist schwach und scheinbar töricht – der Lehrer ist stark und im alltäglichen Sinne klüger als das Kind. Der ehrfurchtslose Lehrer oder der ehrfurchtslose Bürokrat mißachtet das Kind nur zu leicht wegen dieser äußerlichen Inferioritäten. Er hält es für seine Pflicht, das Kind zu »formen«, und bildet sich ein, er sei der Töpfer mit dem Ton. So gibt er dem Kind irgendeine unnatürliche Form, die mit den Jahren verhärtet, und bringt dadurch Sprünge und eine geistige Unzufriedenheit hervor, aus denen Grausamkeit und Neid erwachsen und die Überzeugung, daß andere gezwungen werden müssen, die gleichen Mißbildungen zu erdulden.

Der ehrfürchtige Mensch wird es nicht als seine Pflicht ansehen, das Kind zu formen. Er fühlt in allem, was lebt, besonders aber in menschlichen Wesen und am meisten in Kindern, etwas Heiliges, Unfaßbares, Grenzenloses, etwas Individuelles und Seltsam-Kostbares, das quellende Leben selbst, ein verkörpertes Bruchstück des stummen Strebens der Welt. In der Gegenwart des Kindes fühlt er eine unerklärliche Demut, eine Demut, die mit vernunftmäßiger Begründung nicht leicht zu verteidigen und doch der Weisheit näher ist als das leichtfertige Selbstvertrauen vieler Eltern und Lehrer. Die äußere Hilflosigkeit und Abhängigkeit des Kindes machen ihm die Verantwortung für das Anvertraute bewußt. Seine Vorstellung zeigt ihm, wie das Kind im Guten oder Bösen werden wird, wie seine Triebe sich entwickeln und gehemmt werden, wie seine Hoffnungen geknickt werden müssen, wie das Leben in ihm gedämpfter verlaufen wird, wie sein Vertrauen enttäuscht wird und seine eiligen Wünsche einem dauerhaften Willen Platz machen werden. All dies gibt ihm den Wunsch, dem Kind in seinem Lebenskampf zu helfen, er möchte es ausrüsten und stärken, nicht für ein äußerliches Ziel, das der Staat oder eine andere unpersönliche Autorität aufrichtet, sondern für Ziele, die der Geist des Kindes selbst dunkel sucht. Der Mann, der dies fühlt, kann die Autorität eines Erziehers ausüben, ohne das Prinzip der Freiheit zu verletzen.

Nicht im Geist der Ehrfurcht wird die Erziehung von Staaten und Kirchen und den großen Institutionen, die ihnen unterstellt sind, geleitet. In der Erziehung wird kaum jemals der Knabe oder das Mädchen, der Jüngling oder die Jungfrau beachtet, sondern es handelt sich fast immer irgendwie um die Aufrechterhaltung der bestehenden Ordnung. Wenn man das Individuum in Betracht zieht, so geschieht es fast ausschließlich mit dem Blick auf weltlichen Erfolg – Geld zu verdienen oder eine gute Stellung zu erlangen. So wie alle zu sein und die Kunst des Vorwärtskommens zu erlernen, ist das Ideal, das dem jugendlichen Gemüt präsentiert wird. Eine Ausnahme machen nur seltene Lehrer, die genug Glaubenskraft besitzen, um das System zu durchbrechen, innerhalb dessen sie zu arbeiten haben. Fast jede Erziehung hat ein politisches Motiv: sie strebt danach, irgendeine nationale oder religiöse oder selbst soziale Partei im Wettbewerb mit andern zu stärken. Hauptsächlich dieses Motiv bestimmt die Lehrgegenstände, die dargebotenen und die vorenthaltenen Kenntnisse, und entscheidet auch, welch geistige Haltung man die Schüler gewinnen lassen will. Kaum etwas wird getan, um das innere Wachstum von Geist und Gemüt zu pflegen. Und in der Tat sind jene, welche die beste Schulbildung hatten, sehr oft in ihrem geistigen und seelischen Leben verkümmert, der Impulse beraubt und nur im Besitz gewisser mechanischer Fertigkeiten, die den Platz des lebendigen Gedankens einnehmen. Einiges von dem, was die Erziehung zur Zeit vollbringt, muß von ihr immer und in jedem zivilisierten Lande vollbracht werden. Alle Kinder müssen nach wie vor lesen und schreiben lernen, und einige müssen auch fernerhin die Vorkenntnisse des ärztlichen, juristischen und des Ingenieur-Berufs erwerben. Die höhere, für die Wissenschaften und die Künste erforderliche Schulbildung ist notwendig für Kinder, die sich dafür eignen. Außer in Geschichte, Religion und verwandten Gebieten ist die augenblickliche Belehrung nur unzulänglich, nicht positiv schädlich. Doch sie müßte in freierem Geiste gegeben werden und müßte mehr versuchen, ihre letzten Anwendungen zu zeigen. Und selbstverständlich ist vieles an ihr traditionell und tot. In der Hauptsache aber ist sie notwendig und wird stets einen Teil jedes Erziehungssystems bilden. Dagegen ist in Geschichte, Religion und anderen umstrittenen Gebieten die heutige

Belehrung positiv schädlich. Diese Gegenstände berühren die Interessen, aus denen heraus Schulen unterhalten werden, um durch sie den Kindern bestimmte Meinungen über diese Gegenstände einzuflößen. Geschichte wird in jedem Land so gelehrt, daß sie das Land verherrlicht. Die Kinder lernen glauben, daß ihr eigenes Land immer im Recht war und fast immer siegreich, daß es fast alle großen Leute hervorgebracht hat, und daß es in jeder Hinsicht allen anderen Ländern überlegen ist. Weil diese Glaubenssätze schmeichelhaft sind, werden sie leicht angenommen und kaum jemals durch späteres Wissen aus dem Instinkt ausgeschaltet.

Um ein einfaches und fast triviales Beispiel zu nehmen: die Tatsachen über die Schlacht von Waterloo sind im kleinsten Detail und in peinlicher Genauigkeit bekannt. Aber die in der Elementarschule gelehrten Tatsachen sind ganze verschiedene in England, Frankreich und Deutschland. Der englische Durchschnittsjunge glaubt, daß die Preußen kaum irgendeine Rolle spielten. Der deutsche Junge glaubt, daß Wellington tatsächlich geschlagen war, als der Tag durch Blüchers Ritterlichkeit gerettet wurde. Würden in beiden Ländern die Tatsachen der Wirklichkeit entsprechend gelehrt, so würde der Nationalstolz nicht in gleicher Weise großgezogen, keine Nation würde sich im Kriegsfall so siegesgewiß fühlen, und der Wille zum Kampf würde verringert werden. Dieses Resultat muß verhindert werden. Jeder Staat will den Nationalstolz fördern und ist sich bewußt, daß dies nicht durch unparteiische Geschichtsschreibung geschehen kann. Und so werden die wehrlosen Kinder durch Verdrehungen und Verschweigungen und Suggestionen belehrt. Die falsche Auffassung der Weltgeschichte, die in den verschiedenen Ländern gelehrt wird, begünstigt einen Krieg und dient dazu, einen bigotten Nationalismus zu lehren. Wenn man gute Beziehungen zwischen den Staaten wünscht, so müßte es einer der ersten Schritte sein, allen Geschichtsunterricht einer internationalen Kommission zu unterbreiten, die neutrale Textbücher aufstellen müßte, frei von patriotischer Tendenz, wie man sie jetzt überall verlangt.

Genau dasselbe gilt für die Religion. Die Elementarschulen sind tatsächlich immer in Händen einer religiösen Körperschaft oder eines Staates, der eine bestimmte Stellung der Religion gegenüber einnimmt. Die Existenz einer religiösen Körperschaft beruht darauf, daß all ihre Mitglieder bestimmte entscheidende Glaubenssätze über Dinge haben, deren Wahrheit nicht zu beweisen ist. Schulen, die von religiösen Körperschaften geleitet werden, sollen die von Natur oft fragesüchtige Jugend von der Entdeckung zurückhalten, daß diesen endgültigen Überzeugungen andere gegenüberstehen, die nicht unvernünftiger sind, und daß viele der zum Urteil am meisten befähigten Männer denken, ein bestimmter Glaube sei nicht zu beweisen. Steht der Staat im Säkularisationskampf, wie in Frankreich, so werden die Staatsschulen ebenso dogmatisch wie jene, die in den Händen der Kirche sind. (Wie ich höre, darf das Wort »Gott« in einer französischen Elementarschule nicht erwähnt werden.) Das Resultat ist in allen Fällen das gleiche: freies Fragen wird unterdrückt, und in den wichtigsten Angelegenheiten der Welt wird dem Kind entweder mit einem Dogma oder mit eisernem Schweigen begegnet.

Aber nicht nur in den Elementarschulen finden sich diese Übelstände. In den höheren Schulen nehmen sie feinere Formen an, man gibt sich mehr Mühe, sie zu verbergen, aber da sind sie doch. Eton und Oxford drücken der Denkungsweise eines Menschen einen bestimmten Stempel auf, genau wie ein Jesuiten-Kollegium. Man kann kaum sagen, daß Eton und Oxford ein bewußtes Ziel haben, aber es ist nicht weniger stark und wirkungsvoll, weil es nicht formuliert ist. Fast alle, die durch diese Schulen hindurchgegangen sind, verehren die »gute Form«, die für Leben und Denken ebenso zerstörend ist wie es die mittelalterliche Kirche war. Die »gute Form« verträgt sich wohl mit einer oberflächlichen Offenherzigkeit, einer Geneigtheit, alle Seiten zu hören, und einer gewissen Höflichkeit gegen Widersacher. Aber sie verträgt sich nicht mit grundlegender Offenheit, noch mit innerer Bereitwilligkeit, dem Gegner volles Recht widerfahren zu lassen. Sie besteht wesentlich in der Überzeugung, daß es vor allem auf eine gewisse Art sich zu benehmen ankommt, ein Benehmen, das Reibungen zwischen Gleichgestellten fast unmöglich macht und das in zarter Weise den Niedrigerstehenden die Überzeugung eigner Roheit beibringt. Als politische Waffe, mit der man in einer snobistischen Demokratie die Privilegien der Reichen wahrt, ist die »gute Form« unübertrefflich. Und sie hat ein gewisses Verdienst als Mittel, ein angenehmes soziales Milieu für die zu schaffen, die Geld haben, aber keine starken Überzeugungen oder ungewöhnliche Wünsche. In jeder Beziehung ist sie abscheulich.

Die schlechten Folgen der »guten Form« haben zwei Quellen: die unerschütterliche Überzeugung von eigner Fehlerlosigkeit und den Glauben, daß korrekte Manieren wertvoller sind als Intellekt, künstlerische Schöpferkraft, lebendige Energie oder eine der anderen Quellen des Fortschritts in der Welt. Die unerschütterliche Selbstsicherheit genügt, um jeden geistigen Fortschritt im Menschen zu zerstören. Und wenn sie sich mit Verachtung für das Eckige und Schwerfällige verbindet, das fast ausnahmslos in Begleitung starker geistiger Kraft aufzutreten pflegt, so wird sie zu einer Quelle der Zerstörung für alle, die mit ihr in Berührung kommen. Die »gute Form« selbst ist tot und wachstumsunfähig, und durch ihr Verhalten denen gegenüber, die sie nicht besitzen, überträgt sie den eigenen Tod auf vieles sonst Lebensfähige. Den wohlhabenden Kreisen Englands und den Leuten, die durch ihre Fähigkeiten die Beachtung der Wohlhabenden erworben haben, hat sie unbegrenzten Schaden zugefügt.

Freies Fragen wird verhindert werden, solange es das Ziel der Erziehung ist, Überzeugung statt Denken hervorzubringen und die Jugend zu zwingen, positive Meinungen über zweifelhafte Dinge festzuhalten, anstatt sie anzuleiten, Zweifel zu sehen und sie zu geistiger Unabhängigkeit zu ermutigen. Erziehung sollte den Wunsch nach Wahrheit nähren und nicht die Überzeugung, daß ein bestimmter Glaube die Wahrheit sei. Aber der Glaube hält die Menschen in Kampforganisationen zusammen, in Kirchen, Staaten, politischen Parteien. Die Glaubensstärke verbürgt den Erfolg im Kampf: den Sieg erringen jene, welche die stärkste Gewißheit fühlen in Dingen, denen gegenüber Zweifel die einzig vernünftige Stellungnahme wäre. Um diese Glaubensstärke und den Erfolg im Kampf zu erreichen, wird die kindliche Natur gebogen und der freie Ausblick gehemmt durch Züchtung von Widerständen, die das Wachstum neuer Ideen hindern sollen. So entsteht in nicht sehr aktiven Geistern die Allmacht des Vorurteils, während die wenigen, deren Denken nicht ganz getötet werden kann, jede geistige Hoffnung verlieren, zynisch werden und kritisch zerstörend, geneigt, alles Lebendige als sinnlos anzusehen, und unfähig, selbst die schöpferischen Impulse zu ersetzen, die sie in andern zerstören.

Der Erfolg im Kampf, der durch Unterdrückung der Gedankenfreiheit erreicht wird, ist kurz und wertlos. Auf die Dauer ist Verstandeskraft für den Erfolg ebenso wesentlich wie für ein wertvolles Leben. Die Auffassung von der Erziehung als einer Art von Drill, als eines Mittels, Einstimmigkeit durch Versklavung zu erzielen, ist sehr verbreitet und wird hauptsächlich darum verteidigt, weil sie zum Siege führt. Jene, die Parallelen aus dem Altertum lieben, werden zur Bekräftigung ihrer Moral auf den Sieg von Sparta über Athen hinweisen. Aber Athen hat Macht auf das Denken und die Vorstellungskraft der Menschen ausgeübt, nicht Sparta. Jeder von uns würde, wenn wir in einer vergangenen Epoche geboren werden könnten, lieber in Athen als in Sparta geboren sein. Und in der modernen Welt wird soviel Intellekt für praktische Dinge verlangt, daß selbst der äußere Sieg wohl eher durch Intelligenz als durch Gelehrigkeit errungen wird. Erziehung zu Leichtgläubigkeit führt schnell zu geistigem Verfall. Nur dadurch, daß der Geist freier Forschung lebendig erhalten wird, kann das unerläßliche Minimum von Fortschritt erreicht werden. Gewisse geistige Einstellungen werden gewöhnlich von den Erziehenden der Jugend beigebracht: Gehorsam und Disziplin, Rücksichtslosigkeit im Kampf um weltlichen Erfolg, Verachtung gegenüber Andersdenkenden und eine widerspruchslose Leichtgläubigkeit, ein passives Aufnehmen der Weisheit des Lehrers. All diese Gewöhnungen sind lebensfeindlich. Statt nach Gehorsam und Disziplin sollten wir danach streben, Unabhängigkeit und Impulsivität zu bewahren. Statt Rücksichtslosigkeit sollte die Erziehung versuchen, Gerechtigkeit im Denken zu entwickeln. Statt Verachtung sollte sie Ehrfurcht beibringen und den Wunsch, zu verstehen. Sie sollte nicht unbedingt Fügsamkeit gegenüber der Meinung anderer hervorbringen, jedoch nur solche Opposition, die mit Einfühlung und sicherer Klarlegung der Gründe für die Opposition verbunden ist. Statt Leichtgläubigkeit sollte man aufbauenden Zweifel anspornen, die Liebe zu geistiger Kühnheit und den Sinn dafür, neue Welten durch geistige Unternehmungslust zu erobern. Zufriedenheit mit dem Status quo und Unterordnung des individuellen Schülers unter politische Ziele, was alles aus Indifferenz gegenüber den Dingen des Verstandes entsteht, sind die unmittelbaren Ursachen dieser Übelstände. Aber schließlich steckt unter allen diesen Ursachen eine noch tiefere: die Tatsache, daß man Erziehung behandelt als ein Mittel, um Macht über den Zögling zu gewinnen, anstatt als Mittel, sein persönliches Wachstum zu fördern. Hier zeigt sich der Mangel an Ehrfurcht, und nur durch größere Ehrfurcht kann eine grundlegende Reform erreicht werden.

Gehorsam und Disziplin hält man für unentbehrlich, um eine Klasse in Ordnung zu halten und um Unterricht geben zu können. Bis zu einem gewissen Grade ist das wahr, aber der Grad ist viel geringer als die annehmen, die Gehorsam und Disziplin als solche für wünschenswert ansehen. Gehorsam, die Übertragung des eigenen Willens an äußere Leitung, ist das Gegenstück der Autorität. Beide mögen in gewissen Fällen nötig sein. Widersetzliche Kinder, Geisteskranke und Verbrecher werden Autorität verlangen, und man wird sie zum Gehorsam zwingen müssen. Aber soweit als das notwendig, ist es auch ein Unglück. Nur die freie Wahl der Ziele ist zu wünschen, und dann ist es nicht nötig einzugreifen. Erziehungsreformer haben gezeigt, daß dies alles in viel größerem Maße möglich ist, als unsere Eltern jemals geglaubt hätten. [Was Madame Montessori bei Verringerung von Gehorsam und Disziplin zum Vorteil der Erziehung erreicht hat, scheint fast wie ein Wunder. (B. R.)]

Was den Gehorsam in Schulen notwendig erscheinen läßt, sind die großen Klassen und überarbeiteten Lehrer, die falsche Sparsamkeit verlangt. Menschen, die keine Erfahrung im Lehren haben, können sich keine Vorstellung machen von der Verausgabung an Geist, die durch einen wirklich lebendigen Unterricht verursacht wird. Sie glauben, daß man von Lehrern ganz gut ebensoviel Arbeitsstunden als von Bankbeamten verlangen kann. Intensive Ermüdung und gereizte Nerven sind der Erfolg, und eine absolute Notwendigkeit, die Tagesarbeit mechanisch zu verrichten. Aber mechanisch kann die Aufgabe nur getan werden, wenn Gehorsam gefordert wird.

Wenn wir die Erziehung ernst nähmen, und wenn wir es für ebenso wichtig hielten, die geistigen Kräfte der Kinder lebendig zu erhalten, wie im Kriege den Sieg zu erringen, so würden wir die Erziehung ganz anders anfassen: wir würden das Endergebnis sicherzustellen suchen, selbst wenn die Ausgaben dann hundertmal größer wären, als sie es jetzt sind. Für viele Männer und Frauen ist eine kurzbemessene Lehrtätigkeit eine Freude, und diese kann mit Frische und Lebendigkeit ausgeübt werden, die das Interesse der meisten Schüler wachhält, ohne daß Disziplin notwendig wäre. Die wenigen, bei denen keine Teilnahme erweckt werden kann, müßten von den übrigen getrennt und es müßte ihnen eine andre Art von Unterricht gegeben werden. Ein Lehrer sollte nur soviel Stunden zu geben haben, wie es mit wirklicher Freude an der Arbeit geschehen kann, und mit Aufmerksamkeit auf die geistigen Bedürfnisse des Schülers. Das Ergebnis würden dann Freundschafts- und keine Feindschaftsverhältnisse zwischen Lehrer und Schüler sein, und den meisten der Schüler würde es klar werden, daß der Unterricht ihrer eignen Entwicklung dient, und daß er nicht nur eine äußerliche Aufgabe ist, die dem Spiel entgegensteht und täglich viele Stunden Stillsitzen verlangt. Alles für diesen Zweck Notwendige ist ein größerer Kostenaufwand, um Lehrer zu bekommen, die größere Muße haben und eine natürliche Liebe zum Lehren.

Die Disziplin, wie sie in den Schulen besteht, ist ein großer Übelstand. Wohl gibt es eine Disziplin, die notwendig ist, um überhaupt etwas zu erreichen, und die vielleicht nicht genügend gewertet wird von jenen, die der bloß äußerlichen Disziplin der traditionellen Methoden entgegenwirken. Die wünschenswerte Art von Disziplin ist die, die von innen heraus kommt, und die in der Kraft besteht, ein entferntes Ziel stetig zu verfolgen und auf diesem Wege vielerlei zu umgehen und zu erdulden. Dies bedingt die Unterordnung ablenkender Impulse unter den Willen, die Kraft zu einem Tun, das durch starke schöpferische Wünsche seine Richtung beibehält, selbst in Zeiten, wo diese Wünsche nicht sehr lebhaft sind. Ohne dies kann kein ernster Ehrgeiz, im Guten oder Bösen, verwirklicht werden, kann kein beständiger Zweck herrschen. Diese Art von Disziplin ist sehr notwendig, aber sie kann nur hervorgehen aus einem starken Streben nach Zielen, die nicht sofort erreichbar sind, und sie kann durch Erziehung nur dann hervorgebracht werden, wenn die Erziehung solches Streben fördert, was jetzt nur selten geschieht. Solche Disziplin entsteht aus dem eignen Willen und nicht durch äußerliche Autorität. Gerade diese Art von Disziplin wird in den meisten Schulen nicht verlangt, und gerade sie ist es, die mir nicht als etwas Schlechtes erscheint.

Wenn auch die elementare Erziehung die nicht wünschenswerte Disziplin, die in passivem Gehorsam besteht, begünstigt, und kaum eine der bestehenden Erziehungsweisen die moralische Disziplin der konsequenten Selbstbeherrschung fördert, so gibt es doch eine bestimmte Art rein geistiger Disziplin, die durch die traditionelle höhere Erziehung erzielt wird. Ich meine die, welche einen Menschen befähigt, seine Gedanken willentlich auf einen Gegenstand zu konzentrieren, den er zu betrachten veranlaßt ist, ohne sich durch störende Neigungen, Mühen oder intellektuelle Schwierigkeiten ablenken zu lassen. Wenn auch diese Befähigung keinen großen inneren Wert besitzt, so steigert sie doch sehr die Wirksamkeit des Verstandes als Instrument. Durch sie wird der Richter befähigt, die wissenschaftlichen Details einer Patentsache zu beherrschen, die er sofort vergißt, wenn das Urteil gefällt ist, oder ein Beamter, vielerlei administrative Fragen hintereinander schnell zu behandeln. Durch sie werden die Menschen fähig, ihre privaten Sorgen während der Geschäftsstunden zu vergessen. In einer komplizierten Welt ist das eine sehr notwendige Fähigkeit für alle, deren Arbeit geistige Konzentration verlangt.

Geistige Disziplin hervorzubringen ist das Hauptziel, das sich die traditionelle höhere Erziehung setzt. Ich zweifle daran, daß es auf andere Weise erreicht werden kann als dadurch, daß man die aktive Aufmerksamkeit zu einer vorgeschriebenen Aufgabe zwingt oder überredet. Aus diesem Grund hauptsächlich glaube ich nicht, daß Methoden wie die von Madame Montessori noch anwendbar sind, wenn die Zeit der Kindheit vorbei ist. Das Wesen ihrer Methode besteht darin, eine Auswahl von Beschäftigungen zu geben, von denen jede für die meisten Kinder interessant ist, und die alle belehrend sind. Die Aufmerksamkeit des Kindes ist wie im Spiel gänzlich spontan; es macht ihm Freude, in dieser Weise Kenntnisse zu erlangen, und es nimmt nicht irgendein Wissen an, das es nicht wünscht. Ich bin überzeugt, daß dies für kleine Kinder die beste Erziehungsmethode ist. Die tatsächlichen Resultate machen es fast unmöglich, anders zu urteilen. Aber man kann sich schwer vorstellen, wie diese Methode zu einer Beherrschung der Aufmerksamkeit durch den Willen führen kann. Viele Dinge, die durchdacht werden müssen, sind uninteressant, und selbst jene, die zuerst interessant sind, werden oft sehr ermüdend, ehe sie so lange betrachtet worden sind, wie es notwendig ist. Die Kraft zu langer, angespannter Aufmerksamkeit ist sehr wichtig und kann in weitem Maße kaum anders erreicht werden als durch eine von äußerem Druck bewirkte Gewohnheit. Es ist wahr, einige Knaben haben genügend starke intellektuelle Wünsche, um willens zu sein, sich allem, was nötig ist, aus eigener Initiative und freiem Willen zu unterwerfen. Aber für alle andern ist ein äußerer Beweggrund notwendig, um sie irgendeinen Gegenstand gründlich erlernen zu lassen. Unter den Erziehungsreformern herrscht eine gewisse Angst, große Anstrengungen zu verlangen, und in der Welt im allgemeinen ein wachsender Widerwille, sich von etwas quälen zu lassen. Diese beiden Tendenzen haben ihre guten Seiten, aber beide haben auch ihre Gefahren. Die gefährdete geistige Disziplin kann durch bloßen Rat und ohne äußern Zwang bewahrt werden, wenn man das intellektuelle Interesse und den Ehrgeiz eines Knaben genügend anspornen kann. Für einen guten Lehrer sollte es möglich sein, das bei jedem Knaben zu tun, der dazu befähigt ist, geistig etwas zu erreichen, und für viele von den andern ist die gegenwärtige reine Bucherziehung wohl auch nicht die beste. Auf diese Weise kann die geistige Disziplin, solange ihr Wert anerkannt wird, wohl dadurch erreicht werden – dort, wo es möglich ist –, daß man dem Schüler seine eignen Bedürfnisse ins Bewußtsein bringt. Solange man von den Lehrern keinen Erfolg durch diese Methode erwartet, ist es leicht für sie, sich in träge Schwerfälligkeit zu verkriechen und die Schüler zu tadeln, wenn der Fehler tatsächlich ihr eigener ist.

Rücksichtslosigkeit im wirtschaftlichen Kampf wird in den Schulen fast unvermeidlich so lange gelehrt werden, als die ökonomische Struktur der Gesellschaft unverändert bleibt. Das ist vor allen Dingen nötig für die Schulen der Mittelklassen, die in ihrer Besuchszahl von der guten Meinung der Eltern abhängig sind, und die sich diese gute Meinung der Eltern dadurch sichern, daß sie die Erfolge der Schüler öffentlich bekanntgeben. Dies ist einer der vielen Punkte, in denen diese Organisationen, die dem Staat Konkurrenz machen, schädlich sind. Spontanes und uninteressiertes Verlangen nach Wissen ist ganz und gar nicht selten bei der Jugend und könnte leicht in vielen Kindern erweckt werden, in denen es latent bleibt. Aber es wird gewissenlos gehemmt von Lehrern, die nur an Examen, Diplome und Grade denken. Für die fähigeren Knaben gibt es keine Zeit zum Denken, keine Zeit zur Befriedigung ihres intellektuellen Geschmackes vom ersten Schulgang an bis zum Verlassen der Universität. Von Anfang bis zu Ende gibt es nichts als eine lange Plackerei mit Examens-Aufgaben und Lehrbuch-Tatsachen. Zum Schluß sind gerade die Intelligentesten angeekelt vom Lernen, sehnen sich nur danach, es zu vergessen und in ein Leben der Tätigkeit hinauszuflüchten. Jedoch auch dort hält sie die Wirtschaftsmaschinerie gefangen, und all ihre spontanen Wünsche werden zermalmt und vernichtet.

Das Examinations-System und die Tatsache, daß der Unterricht hauptsächlich als Training für einen Lebensunterhalt betrachtet wird, führt die Jugend dazu, das Wissen von einem rein utilitaristischen Gesichtspunkt zu betrachten, als den Weg zum Gelde, nicht als ein Tor zur Weisheit. Das würde nicht viel bedeuten, wenn diese Auffassung nur die ergriffe, die keine ursprünglichen intellektuellen Interessen haben. Aber unglücklicherweise steckt sie am meisten jene an, deren intellektuelle Interessen am stärksten sind, weil gerade auf ihnen der Druck der Examina am schwersten lastet. Ihnen am meisten, doch allen in gewissem Grade, erscheint der Schulunterricht als ein Mittel, den andern zuvorzukommen; er ist durch und durch mit Rücksichtslosigkeit und Verherrlichung sozialer Ungleichheit infiziert. Wenn auch selbst in einer Utopie allerlei Ungleichheiten zurückbleiben, so zeigt doch jede freie, unvoreingenommene Betrachtung, daß alle gegenwärtigen Ungleichheiten der Gerechtigkeit widersprechen. Aber unser Erziehungssystem neigt dazu, diese Ungerechtigkeit zu vertuschen und so zu tun, als wäre der Mißerfolg immer eine Folge gemachter Fehler, da diejenigen, die Erfolg haben, eben von den Ungleichheiten profitieren und dazu in jeder Weise ermuntert werden von den Leuten, die ihre Erziehung geleitet haben.

Ein passives Aufnehmen der Weisheit des Lehrers ist für die meisten Knaben und Mädchen leicht. Es enthält nicht die Anstrengung unabhängigen Denkens und scheint vernünftig, weil der Lehrer mehr weiß als der Schüler. Überdies ist es der Weg, die Gunst des Lehrers zu gewinnen, falls dieser nicht ein ganz außergewöhnlicher Mensch ist. Doch die Gewohnheit des passiven Aufnehmens ist ein Unglück im späteren Leben. Sie veranlaßt die Menschen, einen Führer zu suchen und als Führer zu akzeptieren, wer immer in diese Stellung eingesetzt ist. Sie begründet die Macht der Kirchen, Regierungen, Parteien und all der andern Organisationen, durch welche harmlose Menschen verleitet werden, alle Systeme zu ertragen, die für die Nation und für sie selbst schädlich sind. Es ist möglich, daß es selbst dann nicht viel Unabhängigkeit im Denken gäbe, wenn Erziehung alles täte, um sie zu fördern, aber zweifellos mehr als jetzt. Bestände das Ziel darin, die Schüler zum Denken zu veranlassen, statt sie zu veranlassen, gegebene Schlußfolgerungen anzunehmen, so würde der Unterricht ganz anders geleitet werden. Man würde weniger schnell im Unterricht vorwärtsgehen und mehr diskutieren, würde den Schülern mehr Gelegenheit geben und sie dazu ermuntern, sich selbst auszusprechen, und würde mehr versuchen, den Unterricht so zu gestalten, daß er sich mit Gegenständen befaßt, für die die Schüler Interesse haben.

Vor allem müßte man Streben wecken und Liebe zu geistigen Entdeckungen anregen. Die Welt, in der wir leben, ist mannigfaltig und erstaunlich: manche von den Dingen, die höchst einfach erscheinen, werden immer schwieriger, je mehr man sie betrachtet. Andere Dinge, deren Entdeckung man für ganz unmöglich hat halten können, sind trotzdem durch Genialität und Fleiß bloßgelegt worden. Die Kräfte des Denkens, die weiten Regionen, die sie beherrschen, und die noch weiteren Regionen, auf die sie die Phantasie nur dunkel hinweisen, geben denen, deren Denken sich jenseits des alltäglichen Kreises bewegt, einen erstaunlichen Reichtum an Stoff, ein Flüchten aus der Trivialität und Langeweile des gewöhnlichen Schlendrians, durch welches das ganze Leben mit Interesse gefüllt ist, und das die Gefängnismauern der Alltagsmeinung niederbricht. Die gleiche Abenteuerlust, die Menschen nach dem Südpol führt, die gleiche Leidenschaft für eine entscheidende Kraftprobe, die gewisse Menschen dazu bringt, sich für den Krieg zu begeistern, kann in schöpferischem Denken eine Auslösung finden, die weder zerstörend noch grausam ist, sondern die Würde des Menschen dadurch vermehrt, daß sie im Leben etwas von jener leuchtenden Kraft sichtbar macht, welche der menschliche Geist aus dem Unbekannten herabbringt. Diese Freude in größerem oder geringerem Maße allen zu geben, die ihrer fähig sind, ist das höchste Ziel, das der geistigen Erziehung gesetzt werden muß.

Man wird einwenden, daß gedankliche Unternehmungslust nur selten sein kann, daß es nur wenige gibt, die sie zu schätzen wissen, und daß die gewöhnliche Erziehung auf etwas so Aristokratisches keine Rücksicht nehmen kann. Ich glaube das nicht. Die geistige Unternehmungslust ist bei der Jugend weit allgemeiner als bei Erwachsenen. Unter Kindern ist sie etwas ganz Allgemeines und wächst natürlich hervor aus der Periode der Phantasien und Märchen. Sie ist nur darum im späteren Leben selten, weil alles getan wird, um sie während der Schuljahre zu töten. Die Menschen fürchten das Denken wie nichts anderes in der Welt, mehr als Verderben, mehr selbst als den Tod. Denken ist umstürzlerisch und revolutionär, zerstörend und erschreckend. Das Denken ist erbarmungslos gegen Privilegien, etablierte Institutionen und bequeme Gebräuche. Denken ist anarchisch und gesetzlos, es fragt nicht nach Autorität und kümmert sich nicht um die wohlerprobte Weisheit der Jahrhunderte. Denken schaut in die Tiefen der Hölle und fürchtet sie nicht. Es sieht den Menschen als kleines Staubkorn, umgeben von undurchdringlichen Tiefen des Schweigens. Und doch hält es sich selbst stolz und sicher, als wäre es der Herr des Weltalls. Das Denken ist groß, kühn und frei, das Licht der Welt und der höchste Ruhm des Menschen.

Aber wenn das Denken der Besitz vieler werden soll und nicht das Privilegium weniger, müssen wir mit der Furcht fertig werden. Die Furcht ist es, welche die Menschen zurückhält – Furcht, daß ihre geliebten Glaubensbekenntnisse sich als Täuschung, daß die Institutionen, durch die sie leben, sich als schädlich erweisen könnten, Furcht, daß sie sich selbst als weniger achtenswert erwiesen als sie dachten. »Soll der Arbeiter frei über Besitz denken? Was wird denn dann aus uns, den Reichen? Sollen junge Männer und junge Frauen frei über geschlechtliche Beziehungen denken? Was wird denn dann aus der Moral? Sollen Soldaten frei über den Krieg denken? Was wird denn dann aus der militärischen Disziplin? Fort mit dem Denken! Zurück in die Schatten des Vorurteils, damit Besitz, Moral und Krieg nicht in Gefahr kommen! Besser, daß die Menschen dumm, träge und unterdrückt sind, als ihre Gedanken frei. Denn wären ihre Gedanken frei, so würden sie nicht so denken wie wir. Und dieses Unheil muß um jeden Preis abgewendet werden.« So argumentieren die Gegner des Denkens in den unbewußten Tiefen ihrer Seelen. Und so handeln sie in ihren Schulen, ihren Kirchen und ihren Universitäten.

Keine durch Furcht veranlaßte Einrichtung kann auf die Dauer leben. Hoffnung, nicht Furcht, ist das schöpferische Prinzip in menschlichen Dingen. Alles, was den Menschen groß gemacht hat, ist aus dem Versuch entstanden, das Gute zu festigen, und nicht aus dem

Kampf, das Schlechte zu verhüten. Weil moderne Erziehung so selten von großer Hoffnung beseelt ist, wird so selten ein großes Resultat erreicht. Der Wunsch, die Vergangenheit festzuhalten, beherrscht diejenigen, die die Erziehung der Jugend leiten, mehr als die Hoffnung, die Zukunft zu schaffen. Die Schulbildung sollte nicht nach einer passiven Kenntnisnahme toter Ereignisse streben, sondern nach einer Aktivität, gerichtet auf die Welt, die unsre Bemühungen schaffen sollen. Sie sollte beseelt sein nicht von einem bedauernden Sehnen nach den erloschenen Schönheiten Griechenlands und der Renaissance, sondern von einer leuchtenden Vision der Gesellschaft, wie sie sein wird, des Triumphes, den das Denken in kommender Zeit erreichen wird, und des sich ständig erweiternden Horizonts der menschlichen Überschau über das Universum. Die in diesem Geist Erzogenen werden mit Leben, Freude und Hoffnung erfüllt sein und fähig, ihren Teil dazu beizutragen, der Menschheit eine Zukunft zu schenken, weniger düster als die Vergangenheit es war, und mit Glauben an die Herrlichkeit, die menschliche Kraft zu erschaffen vermag.

Education as a Political Institution. In: Atlantic Monthly, Juni 1916, S. 750 bis 757. Aus dem Englischen von Margarete Hethey.

2. Sozialismus und Erziehung

[1925]

Der Sozialismus ist primär ein ökonomisches System und erlaubt eine immense Vielfalt in kulturellen Dingen wie der Erziehung. Ob es um die Erziehung unter dem Sozialismus besser oder schlechter bestellt wäre als gegenwärtig, würde von der öffentlichen Meinung abhängen: es gibt nichts im Sozialismus selbst, das sie besser oder schlechter machen würde. Ich schlage vor zu überlegen, wie der Sozialismus dazu benutzt werden kann, sie besser zu machen.

Bis jetzt war die Erziehung, wenngleich in einem sich vermindernden Maße, ein Klassenprivileg. In frühvictorianischen Tagen war Erziehung noch das Kennzeichen eines Gentleman und das Fehlen von Erziehung das Kennzeichen einer Lady. Das Stipendiensystem hat das in beträchtlichem Maße geändert: ein Junge oder ein Mädchen mit der Art von Fähigkeit, die durch Prüfungen getestet wird, kann sich eine Universitäts-Erziehung sichern, selbst wenn er oder sie ziemlich arm ist. Doch verschiedene Faktoren mindern den Effekt dieses Systems bei der Verringerung des sozialen Prestiges der Erziehung.

Um damit zu beginnen: Dumme junge Leute (das heißt solche, die von den Examinatoren als dumm klassifiziert werden) können sich eine höhere Bildung nach wie vor nur sichern, wenn ihre Eltern vermögend sind. Es gibt dann die Schwierigkeit des Unterhalts: wirklich arme Eltern können es sich nicht leisten, die Zeit hinauszuschieben, in der ihre Kinder anfangen, Geld zu verdienen. Ein junger Mann kann kaum Arzt oder Rechtsanwalt werden, ohne daß seine Eltern ihn bis zu seinem siebenundzwanzigsten Lebensjahr oder länger zu unterstützen vermögen. Darum rekrutieren sich diese Berufe noch hauptsächlich aus den nicht lohnabhängigen Klassen. Die wenigen, die Eltern aus der Arbeiterklasse haben, eignen sich den Ton und die Vorurteile ihrer Kollegen an. Die Schwierigkeit des Eintritts in einen Beruf erhöht natürlich die mit diesem verbundenen Einkünfte. Das trägt zu dem Faktum bei, daß die meisten Akademiker Gegner des Sozialismus sind. Sie erfreuen sich sozialen Prestiges und verdienen mehr als sie verdienen würden, wenn die Erziehung billiger wäre und die Konkurrenz entsprechend härter. Diese Vorteile würden sie unter dem Sozialismus einbüßen. Es ist darum nicht überraschend, daß gegenwärtig die Erziehung dazu tendiert, Männer zu Gegnern des Sozialismus zu machen. Gebildete Männer erfreuen sich eines partiellen Monopols, dessen sie nicht beraubt zu werden wünschen. Das Monopol, nicht die Erziehung macht sie zu Reaktionären. Solange soziale Ungerechtigkeit zum Vorteil der Gebildeten wirkt, werden die meisten gebildeten Männer sie unterstützen.

Wie würden wir, hätten wir freie Hand, ein Utopia zu konstruieren, in dieser Frage der höheren Bildung verfahren? Ich meine nicht, daß wir uns dafür entscheiden sollten, jedermann auf eine Universität zu schicken. Höhere Bildung eignet sich nicht für jedermann, sondern nur für Leute mit einer gewissen Art von Intelligenz; andere finden sie langweilig und unergiebig. Es ist wahr, die dummen Reichen, von denen viele heute nach Oxford oder Cambridge gehen, freuen sich ihrer Zeit auf jenen Schulbänken, aber das ist so, weil sie nicht verpflichtet sind, dort irgendeine Erziehung zu erhalten. Wären sie gezwungen, ein vernünftiges Maß an Arbeit zu leisten, so würden sie sich schnell langweilen und bei der Armee oder in der Politik Zuflucht suchen. In einem Utopia sollten wir es jungen Leuten nicht erlauben, die Jahre von 18 bis 22 in luxuriösem Müßiggang zu verbringen, vielmehr auf einem gewissen Maß an Fleiß bestehen.

Fleiß allein genügt jedoch nicht, höhere Bildung ergiebig zu machen; ein gewisses Maß an gelehrter Intelligenz ist ebenso notwendig. Das ist nur eine Form von Intelligenz, doch die anderen Formen finden ihren Platz im praktischen Leben. Es wäre darum offensichtlich der richtige Weg, eine Universitätserziehung nur jenen zu gestatten, die einen bestimmten Grad akademischer Intelligenz erreichen.

Doch ein solches Vorhaben ist mit gewissen Schwierigkeiten verbunden. Wenn das verlangte Niveau eher niedrig ist, wird es eine große Zahl von Qualifizierten und darum enorme Kosten geben – Kosten, die für lange Zeit prohibitiv wären. Ist auf der anderen Seite das verlangte Niveau hoch genug, um die Ausgaben erschwinglich zu machen, dann wird das zu einer Zunahme der Überarbeitung im Jünglingsalter führen. Ich glaube, dies ist bereits ein sehr ernstes Problem. Das Stipendiensystem führt zu einer Forcierung der gescheitesten Jungen und Mädchen, die entsprechend ermüdet und überanstrengt zur Universität kommen und häufig für ihr ganzes Leben geschädigt sind. Das gilt speziell für die ärmeren Jungen und Mädchen, die der nervösen Spannung des Gefühls ausgesetzt waren, daß ihre ganze Zukunft von ihrer Fähigkeit abhing, sich selbst im Examen Ehre zu machen.

Zu dieser Schwierigkeit würde es nicht kommen, wenn es eine Methode gäbe, angeborene Intelligenz im Gegensatz zu einem durch Einpauken erworbenen Wissen zu testen. Bis heute existiert eine solche Methode nicht. Einige amerikanische Autoritäten, Psychologen und College-Präsidenten, glauben, die für die amerikanische Armee während des Krieges ersonnenen Intelligenztests könnten die Prüfungen traditioneller Art ersetzen. Ich halte das für eine Illusion. Was getestet wird, ist jene Art von Fixigkeit, die einen Londoner Jungen befähigt, auf die Frage nach dem Wege postwendend zu antworten »Fünfte Straße links, vierte rechts«. Ich bezweifle, ob ein Prozent der ob ihres intellektuellen Ranges berühmten Männer diese Art von Fixigkeit besitzt.

Es gibt zwei weitere Einwände gegen die Ersetzung des gegenwärtigen Prüfungssystems durch Intelligenztests. Der erste lautet, daß viel von dem Wissen, das verlangt wird, nützlich ist und daß die Schule ein Motiv für seine Vermittlung haben sollte. Dagegen mag geltend gemacht werden, daß man vieles von dem, was man für Prüfungen lernt, binnen einer Woche schon wieder vergißt. Hier aber ergibt sich unser zweiter Einwand. Der Aufschrei gegen das

»Pauken« ist großenteils falsch; die Fähigkeit, eine Anzahl von Tatsachen für eine kurze Zeit zu lernen, ist äußerst wertvoll, insbesondere für Rechtsanwälte und Beamte. Ein Barrister [Barrister: Im englischen Rechtswesen Anwalt, der vor höheren Gerichten plädiert und mit Ausnahme von Strafsachen nicht mit den Parteien selbst verkehrt. (D. H.)], der mit einem komplizierten Patent-Fall zu tun hat, braucht nicht die Details für immer zu behalten; er bedarf genau jener Fähigkeit, die durch eine Prüfung getestet wird, auf die sich die Kandidaten durch »Pauken« vorbereiten.

Wie sollen wir dann mit dem Problem der Überarbeitung im Jünglingsalter fertigwerden? Die beste Lösung scheint die zu sein, daß man eine relativ leichte Eintrittsprüfung einführt, die die begabteren Jungen und Mädchen ohne große Schwierigkeit bestehen können, danach aber jene aussondert, die nach Meinung ihrer Lehrer müßig sind oder unfähig, vom Unterricht zu profitieren. Würde viel Arbeit verlangt, so würden diejenigen, die keine intellektuellen Neigungen hatten, eine Universitätserziehung unangenehmer finden als eine normal bezahlte Tätigkeit. Man darf jedoch nicht annehmen, der Test für ihren Fleiß sei der Besuch von Vorlesungen. Vorlesungen sind ein Überbleibsel des Mittelalters, darauf zurückzuführen, daß sich die Universitäten noch nicht auf die Erfindung der Druckkunst eingestellt haben. Für die besten Studenten sind Vorlesungen ein bloßes Ärgernis. Lehrer sollten sich in diesem Punkte zurückhalten und in der Lage sein, bestimmte ihrer Schüler freizustellen, wenn garantiert ist, daß sie ihre Zeit nicht vertändeln.

In einer sozialistischen Gesellschaft wären Eltern nicht nur von den Kosten für die Erziehung ihrer Kinder befreit, sondern auch von den Gesamtkosten des Unterhalts. Jedem Jungen und jedem Mädchen würde soviel an Erziehung zuteil, wie den Behörden wünschenswert erscheint, ganz unabhängig von den Mitteln der Eltern. Das würde bewirken, daß das soziale Prestige der Erziehung aufgehoben wird und die durchschnittliche Intelligenz derer, die eine Erziehung erhalten, ansteigt.

Man nehme zum Beispiel die Medizin. Die Ausbildung für diesen Beruf ist notwendigerweise lang und hart: wir wünschen nicht unser Leben der Gnade von Leuten auszuliefern, die sich in Anatomie und Psychologie nicht auskennen. Gegenwärtig führt die Länge der Ausbildung dazu, den sozialen Standard zu erhöhen und die Zahl derer, die sich qualifizieren können, zu verringern. Im Sozialismus wäre das nicht der Fall. Eine bestimmte Zahl von Medizinern würde benötigt und könnte aus der ganzen Gesellschaft ausgewählt werden, nicht nur aus jenem Teil derselben, der es sich leisten kann, lange Zeit nichts zu verdienen. Es bestände keine Notwendigkeit, Ärzte höher zu bezahlen als Arbeiter, weil wahrscheinlich eine genügende Zahl von Leuten das Leben eines Arztes dem eines Arbeiters vorziehen würde. Die Leute, die diesen Beruf gewählt haben, weil sie diese Arbeit lieben, würden wahrscheinlich größere ärztliche Fähigkeiten besitzen als diejenigen, deren Qualifikationen und Ambitionen zum großen Teil finanzieller Art sind. Ärzte würden nicht mehr Arbeitern gegenüber als höhere Wesen betrachtet, sondern nur als Menschen mit anderen Neigungen. Die Gesellschaft bedarf beider und darum verdienen beide Respekt, aber keiner von beiden mehr als der andere.

Man mag sagen, der Respekt, der der Bildung entgegengebracht wird, sei ein wünschenswertes Stimulans. Ich bin da völlig anderer Meinung. Was gewünscht wird, das sind nicht die Belohnungen, es ist die Gelegenheit. Man nehme zum Beispiel die Wertschätzung, die Künstler genießen. In keiner zivilisierten Gesellschaft waren sie so selten oder so hoch angesehen wie in den USA. In keiner zivilisierten Gesellschaft waren sie etwas so Gewöhnliches oder genossen weniger Ansehen wie im Athen des Altertums. Wenn ich mich recht erinnere, sagt Plato irgendwo, natürlich würde man den Phidias nicht bei sich zu Tische haben, denn er sei ein vulgärer Bursche, der mit seinen Händen arbeitet. Und die Naturwissenschaften begannen gerade in dem Augenblick aufzublühen, als die Inquisition daran ging, die Wissenschaftler zu verbrennen. Es ist nicht von Vorteil für die Gesellschaft, wenn den Männern, die als hervorragend gelten, Ehrerbietung erwiesen wird. Wichtiger ist die Gelegenheit. Ehrerbietung wird dem erwiesen, was selten ist; man mache das Verdienst allgemein und es wird keine spezielle Ehrerbietung mehr erlangen. Ich möchte hoffen, daß Bildung im Sozialismus so allgemein ist, daß sie keine besondere Beachtung mehr findet.

Ich habe mich einige Zeit bei diesem Thema aufgehalten, weil die gegenwärtigen Privilegien der Gebildeten ein Hindernis für sozialistische Propaganda darstellen und beseitigt werden müssen, wenn jemals eine sozialistische Gesellschaft herbeigeführt werden soll. Überdies ist einer der bedeutendsten geistigen Gewinne, die man vom Sozialismus erhoffen darf, das Ende jener Isolierung von der Mehrheit der Gesellschaft, die derzeit die Intellektuellen kennzeichnet und die ihre Wurzeln in den wirtschaftlichen Verhältnissen hat.

Ich komme nun zu einer Reihe anderer Überlegungen. Einer der ernstesten Einwände gegen den Sozialismus ist der, daß er Experimente entmutigt. Gegenwärtig können Erziehungsexperimente von Minderheiten durchgeführt werden, vorausgesetzt, diese glauben genügend an solche Experimente, um eine gewisse Summe für sie aufzuwenden. Unter dem Sozialismus wird es für Privatpersonen oder selbst für Gruppen von Personen fast unmöglich, Experimente zu finanzieren – das Geld müßte vom Staat zur Verfügung gestellt werden und es besteht die Gefahr, daß er verlangt, alle Erziehung müsse seinen Vorstellungen entsprechen. In Sowjetrußland wird diese Gefahr grell exemplifiziert. Ich traf in Rußland [1920] einen hervorragenden Dichter (inzwischen ist er gestorben), der von der Regierung angestellt worden war, Rhythmik zu unterrichten. Er klagte, man erwarte von ihm, daß er dieses Fach von einem marxistischen Standpunkt aus lehre. Kein Mann könnte in Rußland seine Stellung als Lehrer behalten, wenn er die Meinung äußern würde, das Klima beeinflusse den Charakter, weil man nämlich meint, Marx habe gelehrt, der Charakter sei völlig ein Produkt der ökonomischen Verhältnisse. Kein Mann erhielte die Erlaubnis, Philosophie zu lehren, ohne daß er sich zum Materialismus bekennt. Kürzlich traf ich einen Philosophieprofessor der Moskauer Universität und fragte ihn, ob es dort akademische Freiheit gebe. »Oh nein«, sagte er, »zum Beispiel kann ein Mann nicht Professor werden, wenn er an Gott glaubt.« In einer solchen Atmosphäre wird alle intellektuelle Aktivität erstickt.

Derartige Plagen sind nicht auf Sowjetrußland beschränkt. An amerikanischen Staatsuniversitäten des Südens und des Mittelwestens müssen Lehrer besonders vorsichtig sein, nicht die Vorurteile ignoranter Farmer zu verletzen, deren theologischer Standpunkt der des 17. Jahrhunderts ist. Gäbe es keine privaten Stiftungen, so stände jeder Wissenschaftler in Amerika vor der Alternative Schweigen oder Entlassung.

Selbst eine Minderheit von Bigotten kann Neuerungen von seiten des Staates sehr erschweren. Die gegenwärtige englische Regierung verbietet es, wie ihre Vorgänger, den amtlich bestellten medizinischen Autoritäten in gewissen Fällen, medizinische Informationen zu geben, die diese als unerläßlich für die Lebensrettung ansehen. Diese Haltung hat ihren Grund darin, daß nach Meinung gewisser Leute der Arme nur durch Unwissenheit vor der Sünde bewahrt werden kann. Ich spiele auf die Frage der Geburtenkontrolle an. Der gewöhnliche Sterbliche würde meinen, daß eine Frau, die an einer weiteren Entbindung nahezu mit Sicherheit sterben würde und deren Ehemann es egal ist, ob sie lebt oder stirbt, ein Recht hat zu wissen, wie sie den Folgen seiner Brutalität entgehen kann. Die britische Regierung jedoch hat entschieden, sie habe kein solches Recht, es sei denn, sie ist reich genug, einen privaten praktischen Arzt bezahlen zu können. Dasselbe gilt für eine Frau, die von ihrem Ehemann mit einer Geschlechtskrankheit infiziert worden ist und eine Anzahl ähnlich heimgesuchter Kinder gehabt hat. Die politische Macht gewisser Dogmatiker ist groß genug, um ihrer Auffassung das Übergewicht über alle Argumente der Verunft und der Menschlichkeit zu sichern. Ihnen zu Gefallen werden jedes Jahr Tausende von Kindern in ein Leben von Krankheit, Geisteskrankheit oder Schwachsinn hineingeboren, in Armut und Elend. Unter dem Sozialismus würden sich, wie die Dinge liegen, diese Übel auf die ganze Gesellschaft erstrecken und nicht nur auf ihre ärmsten Teile.

Es mag so aussehen, als hätte ich mich vom Problem der Erziehung entfernt, in Wahrheit scheint das aber nur so. Die Frage, die ich behandelt habe, betrifft die Vorenthaltung von Wissen. Der Sozialismus kann die Erziehung nur verbessern, wenn der Staat sich strikt an die Auffassung hält, daß denen kein Wissen vorenthalten werden darf, die nach ihm verlangen. Kein Dogmatiker – ob Katholik, Protestant oder Bolschewist – kann die unparteiische Verbreitung von Wissen tolerieren. Jeder Dogmatiker weiß im Unterbewußtsein, daß es Tatsachen gibt, die sein Dogma als falsch erweisen; diese Tatsachen wünscht er um jeden Preis zu verschweigen. Wenn er den Staatsapparat erobern kann, wird er ihn dazu benutzen, alles Wissen zu unterdrücken, das für sein Credo nachteilig ist. Jedes Glaubensbekenntnis ist, weil starr, notwendigerweise fortschrittsfeindlich. Darum wird ein sozialistischer Staat, der ein Glaubensbekenntnis hat, Fortschritt unmöglich machen.

Natürlich möchte ich diese Meinung nicht selbst zum Dogma erheben. Der Staat muß, wie das Individuum, Glaubensüberzeugungen und Zielsetzungen haben. Aber diese dürfen nicht starr und unflexibel sein; sie müssen als provisorisch betrachtet und geändert werden, wenn neue Beweismittel auftauchen. Starrheit bedeutet Tod; alles Lebendige befindet sich in ständiger Veränderung.

Bezieht man diese allgemeinen Überlegungen auf die Erziehung, so ist es klar, daß ein sozialistischer Staat zwar die Erziehung finanzieren müßte, sie aber nicht zu streng kontrollieren sollte. Um Erziehungsexperimente unter dem Sozialismus zu gewährleisten, sollte es der Staat jeder Gruppe, die danach verlangt, erlauben, Schulen unter der Leitung von Lehrern zu organisieren, die die Gruppe selbst ausgewählt hat – vorausgesetzt, die Lehrer hatten die notwendige schulische Qualifikation und die Unterweisung ist, nach dem Bericht von Schulinspektoren, unter dem Gesichtspunkt des Unterrichts zufriedenstellend. Unter diesen Umständen sollte der Staat Privatschulen dieselbe finanzielle Unterstützung gewähren wie seinen eigenen Schulen. Natürlich ist der Unterricht nicht die ganze Erziehung – vielleicht nicht einmal deren wichtigster Teil. Aber er ist der Teil, der sich leicht unparteiisch beurteilen läßt und über den es die wenigsten Meinungsverschiedenheiten gibt. Darum ist er der einzige Teil der Erziehung, mit dem der Staat sich selbst befassen sollte. Ob eine Schule gute Bürger aufzieht, das wird immer eine Meinungsfrage sein.

Natürlich sind Umstände vorstellbar, wo selbst ein Bestehen auf Unterricht eine Form von Verfolgung darstellen würde. Eine Sekte könnte behaupten, es sei sündhaft, Lesen und Schreiben zu lehren. Wenn eine solche Auffassung echt und kräftig wäre, dann wäre es töricht, ihre Anhänger zu Märtyrern zu machen.

Gegenwärtig werden praktisch alle Elementarschulen, die nicht vom Staat verwaltet werden, von den Kirchen verwaltet, doch das mag sich ändern. Es würde sich unter dem Sozialismus beinahe sicher ändern, weil derzeit die Eltern, die an Erziehungsexperimente glauben, ihre Kinder meist nicht in Elementarschulen schicken. Erziehungsexperimente werden gegenwärtig von vergleichsweise wohlhabenden Eltern finanziert, aber diese Methode wäre in einem sozialistischen Staat natürlich unmöglich. Madame Montessori, Sanderson von Oundle, Mr. Baddeley von Bedales [Oundle und Bedales: englische Reformschulen. (D. H.)] – sie sind Beispiele wertvoller Experimentatoren, die ein Tätigkeitsfeld in privaten Unternehmen fanden. Unter den Bedingungen des Sozialismus hätten sie nicht ganz dasselbe Tätigkeitsfeld finden können, es wäre aber ein großes Unglück gewesen, hätten ihre Experimente nicht stattfinden können. Experimente müssen möglich bleiben und das verlangt private Unternehmen, die mit öffentlichen Mitteln finanziert werden.

Natürlich ist es wesentlich, daß der Staat seine Unterstützung nicht auf Experimente beschränkt, von denen er meint, sie würden wahrscheinlich in seinem Sinne erfolgreich sein. Jede Schule mit angemessenem Unterricht muß unterstützt werden, selbst wenn der Staat ihre Prinzipien verabscheuenswert findet. Wünschte eine Gruppe von Mormonen eine Schule zu gründen, in der die Polygamie gepriesen wird, so sollte ihr das erlaubt werden. Wenn irgendwelche Experimente verboten werden, ist es fast sicher, daß unter denen, die das Verbot trifft, gerade die wertvollsten sein werden. Eine Ausnahme würde ich natürlich bei solchen Experimenten machen, die offensichtliche Schädigungen der Gesundheit der Kinder oder irgendeine Form indiskutabler Grausamkeit einschließen; wenngleich seit langem herrschende Sitte und religiöser Fanatismus selbst hier bisweilen Konzessionen notwendig machen könnten.

Man muß natürlich annehmen, daß Staatsbeamte unter dem Sozialismus alles in ihrer Macht Stehende tun würden, um den Bereich ihrer Autorität auszudehnen, und daß sie bestrebt wären, alle Erziehung auf eine strenge Uniformität zu reduzieren, wie sie für Klassifizierung und Einordnung bequem ist. Es gibt kein politisches oder ökonomisches System, das wohltätig arbeiten wird, wenn eine Gruppe von Interessen organisiert ist und eine andere nicht. Sowohl Eltern als auch Lehrer müssen organisiert sein, um ihren Standpunkt gegen den der Beamten geltend zu machen. Wünschenswerte Formen von Freiheit können nur bewahrt werden, wenn die durchschnittliche öffentliche Meinung sie als bewahrenswert ansieht: der letzte Appell muß immer an den Mann auf der Straße ergehen. Es ist ein Fehler, anzunehmen, wie dies einige Sozialisten tun, die Abschaffung des Privatkapitalismus werde von selbst jede Art Freiheit sichern. Nichts wird das in einer Industriegesellschaft tun außer Organisation und Wachsamkeit. Es besteht kein Grund, das zu bedauern, da das Leben ohne Konflikte unerträglich langweilig wäre. Unter dem Sozialismus aber würden die Konflikte fair und auf der Basis der Gleichheit ausgetragen: es gäbe nicht, wie jetzt, die Macht einer brutalen Minderheit, die sich gegen das Wohlergehen der Masse der Menschheit richtet.

Wir können also schlußfolgern: der Sozialismus würde dafür sorgen, daß die Erziehung nicht länger ein Privileg der Wohlhabenden bliebe, höhere Bildung vielmehr jenen zuteil würde, die am besten befähigt sind, aus ihr Nutzen zu ziehen. Er würde die derzeitige Isolierung der Intellektuellen verhindern, die von den Armen durch ihre ungerechten Privilegien und von den Reichen durch ihre Intelligenz getrennt sind. In diesen Punkten ist ein sehr großer Gewinn zu erwarten. Weniger sicher ist indes, daß die Erziehung unter dem Sozialismus progressiver oder vorurteilsloser sein würde als heute. Vorurteil und fehlender Fortschritt sind mehr auf angeborene Dummheit als auf irgendein ökonomisches System zurückzuführen. Angeborene Dummheit wird immer der Mehrheit eigen sein; darum ist Fortschritt in intellektuellen Dingen nur soweit möglich, wie die intelligente Minderheit die Freiheit hat, Neuerungen zu versuchen. Daß es diese Freiheit unter dem Sozialismus gibt, ist möglich, aber keineswegs sicher, da sie eine tolerante öffentliche Meinung und energische Organisation verlangt. Der Sozialismus wird Toleranz und Energie nicht überflüssig machen, doch wir dürfen hoffen, daß sie dank seiner weniger selten sein werden.

Socialism and Education. In: Harper's Magazine, September 1925, S. 413–17. Aus dem Englischen von Achim v. Borries.

3. Die Ziele der Erziehung

[1926]

Bevor wir uns mit der Frage befassen, wie erzogen werden soll, müssen wir uns klar darüber sein, welches Ergebnis wir erreichen wollen. Dr. Arnold erstrebte »Demut des Geistes«, eine Eigenschaft, die der »großmütige Mensch« des Aristoteles nicht besaß. [Dr. Thomas Arnold (1795–1842), von 1828 bis 1842 Headmaster (Schulleiter) der Public School von Rugby. Seine Reformen dort waren bahnbrechend für die pädagogische Neuorientierung der englischen Public Schools im 19. Jahrhundert. (D. H.)] Nietzsches Ideal ist nicht das des Christentums. Und das Kants ist es ebensowenig: denn während Christus Liebe verlangt, lehrt Kant, daß keine Handlung, deren Motiv die Liebe ist, in Wahrheit tugendhaft sein kann. Menschen, die über die Ingredienzien eines guten Charakters der gleichen Meinung sind, können über deren relative Wichtigkeit weit auseinander gehen. Der eine legt vielleicht besonderen Wert auf den Mut, der andere auf das Lernen, wieder ein anderer auf Freundlichkeit und noch ein anderer auf Aufrichtigkeit. Wie der ältere Brutus stellt der eine die Pflicht dem Staat gegenüber höher als die Liebe zu seiner Familie. Ein anderer dagegen wird wie Konfuzius die Liebe zur Familie über alles stellen. Diese Divergenzen werden natürlich, so weit es sich um Erziehung handelt, zu Differenzen führen. Wir müssen uns also einigermaßen klar darüber sein, welche Art Mensch wir heranbilden wollen, bevor wir uns zu einer Erziehungsmethode entschließen, die wir für die beste halten.

Ein Erzieher, der andere Resultate erreicht als die, die er erstrebte, macht sicherlich einen lächerlichen Eindruck. Uriah Heep [Figur aus

Dickens' »David Copperfield«] war das Ergebnis der Unterweisung in Demut in einer Armenschule, und diese Unterweisung hatte eine Wirkung, die weit ab lag von der, die man beabsichtigt hatte. Aber in der Hauptsache sind die fähigsten Pädagogen doch ziemlich erfolgreich gewesen. Gute Beispiele in dieser Hinsicht sind die chinesischen Gelehrten, die modernen Japaner, die Jesuiten, Dr. Arnold und die, die die Politik der amerikanischen Volksschulen leiten. Sie alle sind, wenn auch in verschiedener Weise, in höchstem Maß erfolgreich gewesen. In den verschiedenen Fällen waren die erstrebten Ergebnisse durchaus verschieden, aber in der Hauptsache wurde doch erreicht, was man wollte. Es ist schon der Mühe wert, bei diesen verschiedenen Systemen ein paar Augenblicke zu verweilen, bevor wir den Versuch wagen, zu entscheiden, was wir selbst als die Ziele ansehen, auf die die Erziehung hinstreben sollte.

In mehr als einer Hinsicht hatte die traditionelle chinesische Erziehung Ähnlichkeit mit der Athens in seinen besten Tagen. Die athenischen Knaben mußten Homer vom Anfang bis zum Ende auswendig lernen. Mit ähnlicher Gründlichkeit mußten die chinesischen Knaben die Schriften des Konfuzius lernen. Den athenischen Kindern wurde eine Art Verehrung der Götter gelehrt, die sich in äußerlichen Gebräuchen erschöpfte und für die freie Spekulation des Geistes keinerlei Schranke bedeutete. In ähnlicher Weise lernten die Chinesen gewisse Riten, die mit dem Ahnenkult in Verbindung standen, ohne daß dabei aber von ihnen verlangt wurde, den Glauben zu haben, den diese Riten in sich zu schließen schienen. Von einem gebildeten Erwachsenen erwartete man eine Haltung, die von einem leichten und eleganten Skeptizismus bestimmt war: über alles konnte man diskutieren, dabei aber zu positiven Schlüssen zu kommen, galt als etwas gewöhnlich. Die Ansichten mußten immer derart sein, daß man beim Essen mit Vergnügen über sie sprechen konnte, doch nie so, daß man bereit gewesen wäre, sich für sie zu schlagen. Carlyle nennt Plato »einen stolzen athenischen Herrn, der sich in Zion sehr wohl fühlte«. Dieses charakteristische »Sich-in-Zion-wohl-fühlen« findet man auch bei den chinesischen Weisen. In der Regel fehlt es bei den Weisen, die die christlichen Zivilisationen hervorgebracht haben, es sei denn, sie hätten wie Goethe den Geist des Hellenismus tief in sich aufgenommen. Die Athener und die Chinesen strebten nach Lebensfreude, aber diese Freude war durch ein köstliches Schönheitsgefühl verfeinert. Aber zwischen den beiden Kulturen bestanden doch große Unterschiede, die, allgemein gesagt, darin wurzelten, daß die Griechen tatkräftig und die Chinesen faul waren. Die Griechen widmeten ihre Energien der Kunst, der Wissenschaft und der gegenseitigen Vernichtung. In all diesem hatten sie bis dahin nicht erreichte Erfolge zu verzeichnen. Politik und Patriotismus waren die Kanäle, durch die die griechische Energie verströmte. Wurde ein Politiker verbannt, dann griff er mit einer Schar Verbannter seine Vaterstadt an. Fiel ein chinesischer Beamter in Ungnade, dann zog er sich in die Berge zurück und schrieb Gedichte auf die Freuden des Landlebens. So zerstörte die griechische Kultur sich selbst, die chinesische Kultur aber konnte nur von außen zerstört werden. Diese Unterschiede sind nun doch wohl nicht auf die Erziehung zurückzuführen, denn in Japan hat die Lehre des Konfuzius nie den indolenten kultivierten Skeptizismus hervorgebracht, der den chinesischen Gelehrten eigen war, außer in dem Kyoto-Adel, der eine Art Faubourg Saint-Germain darstellte.

Die Frucht der chinesischen Erziehung war Stetigkeit und Kunst. Fortschritt oder Wissenschaft hat sie nicht hervorgebracht. Vielleicht ist das die Folge des Skeptizismus. Leidenschaftlicher Glaube erzeugt entweder Fortschritt oder Unheil, aber niemals Stetigkeit. Die Wissenschaft hat, auch wenn sie traditionellen Glauben angreift, ihre eigenen Glaubenssätze und kann in einer Atmosphäre des literarischen Skeptizismus kaum gedeihen. In einer kämpferischen Welt, die durch die modernen Erfindungen zu einer Einheit wurde, erfordert die nationale Selbsterhaltung Energie. Und ohne Wissenschaft ist die Demokratie ein Ding der Unmöglichkeit. Die chinesische Kultur beschränkte sich auf den kleinen Hundertsatz erzogener Menschen, und die griechische Kultur basierte auf der Sklaverei. Aus diesen Gründen ist die traditionelle Erziehung Chinas für die moderne Welt nicht geeignet, und die Chinesen selbst haben sie aufgegeben. Aus den gleichen Gründen sind kultivierte Gentlemen des achtzehnten Jahrhunderts, die in mancher Hinsicht den chinesischen Gelehrten glichen, unmöglich geworden.

Das moderne Japan bietet das beste Beispiel für eine Tendenz, die bei allen Großmächten prominent ist – nationale Größe zum vornehmsten Ziel aller Erziehung zu machen. Das Ziel der japanischen Erziehung ist es, Bürger heranzubilden, die dem Staat ergeben sind durch die Schulung ihrer Leidenschaften und nützlich durch die Kenntnisse, die sie erworben haben.

Die Geschicklichkeit, mit der dieses doppelte Ziel verfolgt wurde, kann man nicht genug rühmen. Seit der Ankunft von Commodore Perrys Geschwader [Anfang Juli 1853] haben sich die Japaner in einer Lage befunden, in der Selbsterhaltung nicht so einfach ist.

Der Erfolg rechtfertigt ihre Methoden, wenn wir nicht annehmen wollen, daß Selbsterhaltung an sich strafbar ist. Aber nur eine verzweifelte Lage könnte ihre Erziehungsmethoden gerechtfertigt haben, die bei jeder anderen Nation, die sich nicht in unmittelbarer Gefahr befand, sträflich gewesen wäre. Die Shinto-Religion, die nicht einmal von Universitätsprofessoren bezweifelt werden darf, enthält Geschichte, die genau so zweifelhaft ist wie die Genesis. Der Dayton-Prozeß verblaßt neben der theologischen Tyrannei in Japan zur Bedeutungslosigkeit. In der Ethik herrscht die gleiche Tyrannei. Nationalismus, Kindesliebe, Verehrung des Mikado usw. dürfen nicht bezweifelt werden, und damit ist manche Art des Fortschrittes kaum möglich. Die große Gefahr eines derart starren Systems liegt darin, daß es als die einzige Methode des Fortschritts eine Revolution hervorruft. Diese Gefahr besteht, wenn auch nicht unmittelbar, und ist zum großen Teil eine Folge des Erziehungssystems.

Wir haben also im modernen Japan einen Mangel, der grundverschieden ist von dem des alten China. Während die chinesischen Gelehrten zu skeptisch und faul waren, sind die Ergebnisse der japanischen Erziehung zu dogmatisch und energetisch. Erziehung sollte weder Zustimmung zum Skeptizismus noch Zustimmung zu einem Dogma zeitigen. Zeitigen sollte sie allein den Glauben, daß Kenntnisse, wenn auch mit Schwierigkeiten, in gewissem Maße erreichbar sind, daß viel von dem, was man für Kenntnisse hält, zu irgendeiner Zeit mehr oder weniger ein Irrtum ist, daß diese Irrtümer aber durch Sorgfalt und Fleiß behoben werden können. Wenn wir nach unserem Glauben handeln, sollten wir da sehr vorsichtig sein, wo ein kleiner Fehler Unheil bedeuten würde. Und doch müssen wir nach unserem Glauben handeln. Dieser Geisteszustand ist nicht so einfach: er verlangt einen hohen Grad geistiger Kultur ohne Atrophie der Gefühle. Aber wenn er auch schwer ist, so ist er dennoch nicht unmöglich. Kenntnisse sind wie andere gute Dinge schwierig, aber nicht unmöglich. Der Dogmatiker vergißt die Schwierigkeit, der Skeptiker leugnet die Möglichkeit. Beide irren sich, und wenn ihre Irrtümer sich verbreiten, bringen sie soziales Unglück hervor.

Wie die modernen Japaner machten die Jesuiten den Fehler, die Erziehung einer Institution ... in ihrem Fall der katholischen Kirche ... unterzuordnen. Primär kümmerte sie wenig das Wohlergehen des einzelnen Schülers, sie waren nur darauf bedacht, ihn zu einem Mittel zum Besten der Kirche zu machen. Wenn wir ihre Theologie hinnehmen, so können wir ihnen keinen Vorwurf machen: die Seele vor der Hölle retten ist wichtiger als jede andere irdische Sorge, und das kann nur durch die katholische Kirche erreicht werden. Wer dieses Dogma aber nicht anerkennt, beurteilt die jesuitische Erziehung nach ihren Resultaten. Und diese Resultate waren manchmal genau so unerwünscht wie Uriah Heep: Voltaire war das Ergebnis jesuitischer Methoden. Im ganzen aber und lange Zeit hindurch wurden die beabsichtigten Ergebnisse erzielt: die Gegenreformation und der Zusammenbruch des Protestantismus in Frankreich sind zum großen Teil den Anstrengungen der Jesuiten zuzuschreiben. Um das zu erreichen, machten sie die Kunst sentimental, die Gedanken oberflächlich und die Moral locker. Schließlich mußte dann die Französische Revolution den Schaden wieder beseitigen, den sie angerichtet hatten. Sie versündigten sich im Bereich der Erziehung dadurch, daß sie nicht aus Liebe zu ihren Schülern handelten, sondern andere Ziele verfolgten.

Dr. Arnolds System, das heute noch in den englischen höheren Schulen in Kraft ist, hatte einen anderen Fehler: es war aristokratisch orientiert. Sein Ziel war, Männer heranzubilden für hohe, mit Autorität und Macht verbundene Stellungen, sei es nun zu Hause oder in den fernen Teilen des Empire. Soll eine Aristokratie am Leben bleiben, so verlangt das gewisse Tugenden: und die sollte die Schule geben. Was sie hervorbrachte, mußte energisch sein, stoisch, körperlich geeignet, einen gewissen Glauben besitzen, der sich durch nichts erschüttern ließ, mußte aufrichtig und davon überzeugt sein, daß es in der Welt eine wichtige Mission zu erfüllen hatte. Und diese Resultate wurden in erstaunlichem Ausmaß erreicht. Ihnen wurde der Intellekt geopfert, denn der Intellekt konnte Zweifel hervorbringen. Sympathie wurde geopfert, denn sie konnte bei der Regierung »niedriger« Rassen und Klassen hindernd wirken. Freundlichkeit fiel der Zähigkeit zum Opfer, Phantasie mußte der Festigkeit weichen. In einer unwandelbaren Welt wäre das Ergebnis vielleicht eine permanente Aristokratie gewesen, die alle Verdienste und Mängel der Spartaner besaß. Aber von Aristokratie will kein Mensch mehr etwas wissen, und unterworfene Völker haben keine Lust mehr, den klügsten und tugendhaftesten Menschen zu gehorchen. Die Herrscher werden in die Brutalität getrieben, und Brutalität löst Empörung aus. Die Verzweigtheit der modernen Welt verlangt in immer größerem Maße Intelligenz, und Dr. Arnold opferte die Intelligenz der »Tugend«. Die Schlacht von Waterloo wurde vielleicht auf den Spielplätzen von Eton gewonnen, aber das Britische Empire ging dort verloren. Die moderne Welt verlangt einen anderen Typ mit mehr imaginativer Sympathie und geistiger Geschmeidigkeit, weniger

Glauben an bulldoggischen Mut und mehr Glauben an technische Kenntnisse. Der Administrator der Zukunft muß der Diener freier Bürger und nicht der wohlwollende Herrscher über bewundernde Untertanen sein. Die aristokratische Tradition in der britischen höheren Erziehung ist deren Untergang. Vielleicht kann diese Tradition allmählich ausgeschaltet werden. Vielleicht stellt es sich heraus, daß die älteren Erziehungseinrichtungen sich nicht anpassen können. Was das angeht, so wage ich nicht, eine Meinung zu äußern.

Die amerikanischen Schulen bewältigen mit Erfolg eine Aufgabe, die in so großem Ausmaß bisher noch niemals versucht wurde: eine heterogene Auswahl aus der Menschheit in eine homogene Nation zu verwandeln. Das geschieht derart geschickt und ist im Ganzen ein so wohltätiges Werk, daß denen, die es vollenden, großes Lob gebührt. Aber wie Japan befindet sich auch Amerika in einer ganz besonderen Lage, und was die besonderen Umstände rechtfertigt, ist nicht notwendigerweise ein Ideal, dem man überall und immer nachstreben sollte. Amerika hat gewisse Vorteile und gewisse Schwierigkeiten gehabt. Unter den Vorteilen waren: ein höherer Reichtumsstandard, Freisein von der Gefahr, im Krieg besiegt zu werden, Fehlen hindernder, verkrampfter Tradition als Erbe des Mittelalters. Wer nach Amerika einwanderte, fand ein allgemein verbreitetes Gefühl für Demokratie und eine ziemlich fortgeschrittene industrielle Technik. Das sind meiner Ansicht nach die beiden Hauptgründe, weshalb fast alle Einwanderer Amerika mehr bewunderten als ihr Heimatland. In der Regel huldigten die Einwanderer einem doppelten Patriotismus: bei Verwicklungen und Kämpfen in Europa stellen sie sich leidenschaftlich auf die Seite des Landes, dessen Bürger sie früher waren. Ihre Kinder verlieren alle Treue dem Lande gegenüber, aus dem ihre Eltern kommen, und sind schon bald nichts als nur Amerikaner. Die Haltung der Eltern ist eine Folge der allgemeinen Verdienste Amerikas, die der Kinder aber wird zum größten Teil durch die Erziehung bestimmt, die sie in der Schule erhalten. Und uns interessiert nur, was die Schule hier leistet.

Soweit sich die Schule auf die echten Verdienste Amerikas verlassen kann, ist es nicht notwendig, das Lehren des amerikanischen Patriotismus mit der Einschärfung falscher Ideale in Verbindung zu bringen. Wo aber die alte Welt der neuen überlegen ist, ist es notwendig, Verachtung für etwas zu erwecken, was in Wirklichkeit etwas ganz Hervorragendes ist. Das geistige Niveau in Westeuropa und das künstlerische Niveau in Osteuropa ist im ganzen höher als in Amerika. Abgesehen von Spanien und Portugal herrscht in ganz

Westeuropa weniger theologischer Aberglaube als in Amerika. In fast allen europäischen Ländern ist das Individuum der Massenbeherrschung weniger unterworfen als in Amerika. Seine innere Freiheit ist auch da noch größer, wo seine politische Freiheit es weniger ist. In dieser Hinsicht richten die amerikanischen Schulen Schaden an. Der Schaden besteht in der Hauptsache darin, daß ein exklusiver amerikanischer Patriotismus gelehrt wird. Wie bei den Japanern und den Chinesen beruht der Schaden darin, daß man in den Schülern ein Mittel zum Zweck und nicht den Zweck selbst sieht. Der Lehrer muß seine Schüler mehr lieben als seinen Staat oder seine Kirche. Tut er das nicht, dann ist er kein idealer Lehrer.

Wenn ich sage, daß man in den Schülern den Zweck und nicht das Mittel zum Zweck sehen muß, so mag man mir vielleicht erwidern, das schließlich jeder als Mittel wichtiger ist denn als Zweck. Was der Mensch als Zweck ist, verschwindet mit seinem Tode, was er als Mittel hervorbringt, dauert bis ans Ende der Zeit. Das können wir nicht leugnen, wohl aber die hieraus deduzierten Folgerungen. Die Wichtigkeit eines Menschen als Mittel kann nach der guten oder nach der bösen Seite wirken. Die späteren Wirkungen menschlicher Taten sind so ungewiß, daß der Weise sie lieber aus seinen Berechnungen ausschließt. Ganz allgemein kann man sagen: gute Menschen haben gute und schlechte Menschen haben schlechte Wirkungen. Das ist aber kein unumstößliches Naturgesetz. Ein böser Mensch kann einen Tyrannen ermorden, weil er Verbrechen begangen hat, die der Tyrann zu bestrafen die Absicht hat. Die Wirkungen seiner Tat können gut sein, obwohl er und das, was er tat, böse ist. Trotzdem aber wird im allgemeinen eine Gemeinschaft aus Männern und Frauen, die wesentlich ausgezeichnet sind, bessere Wirkungen haben als eine, die aus unwissenden und böswilligen Menschen besteht. Ganz abgesehen von solchen Erwägungen, empfinden Kinder und junge Menschen instinktiv den Unterschied zwischen denen, die ihnen in Wahrheit wohl wollen, und denen, die in ihnen nur das Rohmaterial für irgendeinen Plan sehen. Weder der Charakter noch die Intelligenz werden sich da gut oder frei entwickeln, wo es dem Lehrer an Liebe mangelt. Und die hier in Frage kommende Liebe besteht in der Hauptsache in dem *Gefühl*, daß das Kind ein Zweck ist. Wir alle haben dieses Gefühl uns selbst gegenüber: wir wünschen uns alles Gute, ohne erst groß den Beweis dafür zu verlangen, daß ein großer Zweck dadurch gefördert wird, wenn wir das Gewünschte erhalten. Alle Eltern fühlen so ihren Kindern gegenüber. Eltern wollen, daß ihre Kinder wachsen, daß sie stark und gesund sind, in der Schule vorankommen und so weiter, genau in derselben Weise, wie sie anderes für sich selbst wünschen. Selbstverleugnung oder der abstrakte Gerechtigkeitsbegriff spielen hierbei nicht die geringste Rolle und kommen als solche auch gar nicht in Frage. Dieser elterliche Instinkt beschränkt sich nicht immer nur auf die eigenen Kinder. In diffuser Form existiert er sicher in jedem, der ein guter Lehrer von kleinen Jungen und kleinen Mädchen werden will. Wenn die Schüler älter werden, ist er weniger wichtig. Aber nur denen, die diesen Instinkt besitzen, kann man das Aufstellen von Erziehungsplänen anvertrauen. Wer der Ansicht huldigt, daß eines der Ziele der männlichen Erziehung darin besteht, Männer heranzubilden, die willens sind, zu töten und sich aus frivolen Gründen töten zu lassen, denen fehlt dieses diffuse elterliche Gefühl. Leider kontrollieren sie in allen zivilisierten Ländern, mit Ausnahme von China und Dänemark, das Erziehungswesen.

Aber damit, daß der Erzieher den jungen Menschen liebt, ist es noch nicht getan. Notwendig ist es auch, daß er eine richtige Vorstellung von dem hat, was man als bestes Menschentum bezeichnet. Katzen lehren ihre Jungen, wie man Mäuse fängt und mit ihnen spielt. Genau so verfahren die Militaristen mit dem jungen Menschen. Die Katze liebt ihr Junges, aber sie liebt nicht die Maus. Vielleicht liebt der Militarist seinen eigenen Sohn, aber er liebt bestimmt nicht die Söhne der Feinde seines Landes. Aber auch die, die die ganze Menschheit lieben, können sich infolge einer falschen Vorstellung über das, was ein gutes Leben ist, in einem Irrtum befinden. So werde ich denn, bevor ich weitergehe, versuchen, eine Vorstellung von dem zu vermitteln, was meiner Ansicht nach in Männern und Frauen ausgezeichnet ist, ganz abgesehen davon, ob es praktischen Wert hat, und ohne Rücksicht auf die Erziehungsmethoden, durch die es geweckt und gefördert werden könnte. Damit ist uns sicher für später gedient, wenn wir uns mit den Einzelheiten der Erziehung befassen. So wissen wir von vornherein die Richtung, in der wir uns bewegen wollen.

Auf eines muß gleich hingewiesen werden: manche Eigenschaften sind nur für einen gewissen Teil der Menschheit wünschenswert, andere dagegen für alle. Wir brauchen Künstler, aber wir brauchen auch Wissenschaftler. Wir brauchen große Verwaltungsbeamte, aber wir brauchen auch Bauern und Müller und Bäcker. Die Eigenschaften, die in irgendeiner Hinsicht einen großen Menschen ausmachen, können oft so sein, daß man sie der Allgemeinheit nicht wünschen kann. Shelley beschreibt den Tagesablauf eines Dichters folgendermaßen:

Vom ersten schwachen Licht des Morgens bis zum Abend
Er schauet auf den See, in dem sich leuchtend spiegelt die Sonne,
Und auf die gelben Bienen, die im Efeu summen vor Wonne,
Doch was das alles ist, das sieht er nicht und kümmert ihn auch nicht.

Diese Gewohnheiten mögen bei einem Dichter allen Lobes wert sein, bei einem, sagen wir, Postboten wären sie ein Verhängnis. Wir können also unsere Erziehung nicht darauf einstellen, jedem das Temperament eines Dichters zu geben. Aber manche Charakteristika sind allgemein wünschenswert und diese allein werde ich nun betrachten.

Dabei mache ich keinerlei Unterschied zwischen männlicher und weiblicher Vortrefflichkeit. Eine gewisse Menge beruflicher Ausbildung ist für eine Frau erwünscht, die später für kleine Kinder zu sorgen hat, aber das bringt nur die gleiche Art Unterschied mit sich wie zwischen einem Bauern und einem Müller. Er ist in keiner Weise fundamental und bedarf augenblicklich noch keiner näheren Betrachtung.

Nach meiner Meinung bilden vier Merkmale die ideale Basis eines idealen Charakters: Vitalität, Mut, Empfindungsfähigkeit und Intelligenz. Ich behaupte nicht, daß diese Liste vollständig ist, aber ich glaube, daß sie uns ein gutes Stück weiterzubringen vermag. Außerdem bin ich der festen Überzeugung, daß, wird bei einem jungen Menschen das Körperliche, das Gefühlsleben und das Geistige in sorgsamer Weise behandelt, diese Eigenschaften zu einem Allgemeinbesitz gemacht werden könnten. Ich werde sie eine nach der anderen betrachten und näher untersuchen.

Vitalität ist eher ein physiologisches als geistiges Charakteristikum. Vermutlich ist sie immer da vorhanden, wo die Gesundheit nichts zu wünschen übrig läßt. Leider verebbt sie mit zunehmendem Alter und ist in hohem Alter ganz verschwunden. Bei kräftigen Kindern erreicht sie schon vor dem schulpflichtigen Alter ein Maximum, um dann durch die Erziehung vermindert zu werden. Wo sie vorhanden ist, ist gesteigertes Lebensgefühl, das nicht an irgendwelche äußeren Umstände gebunden ist. Sie erhöht die Freude und mindert die Schmerzen. Sie fördert das Interesse an allem und weist damit den Weg zur Objektivität, die ein Hauptwesenszug geistiger Gesundheit ist. Menschen neigen dazu, sich mit sich selbst zu beschäftigen und sind dann außerstande, für das, was sie sehen oder hören, kurzum für alles, was sie nicht selbst betrifft, auch nur das geringste Interesse aufzubringen. Das bedeutet für die Betreffenden ein großes Unglück, denn es hat bestenfalls Langeweile und schlimmstenfalls Melancholie für sie im Gefolge. Abgesehen von einigen wenigen Fällen sind solche Menschen meist zu nichts nütze. Vitalität fördert das Interesse an der äußeren Welt, sie fördert auch die Kraft zu schwerer Arbeit. Sie schützt außerdem gegen Neid, denn sie macht das eigene Leben zur Freude. Da Neid eine der großen Quellen des menschlichen Elends ist, ist dessen Abwehr ein nicht hoch genug zu bewertendes Verdienst der Vitalität. Natürlich sind mit der Vitalität auch viele schlechte Eigenschaften vereinbar – zum Beispiel die eines gesunden Tigers. Und viele der besten Eigenschaften sind durchaus mit ihrem Fehlen vereinbar: Newton und Locke zum Beispiel hatten nur sehr wenig Vitalität. Diese beiden Menschen waren von einer Reizbarkeit und einem Neid, von denen eine bessere Gesundheit sie zweifellos befreit hätte. Vielleicht wäre der ganze Streit Newtons mit Leibniz, der der englischen Mathematik für mehr als hundert Jahre zum Schaden gereichte, vermieden worden, wenn Newton kräftig und imstande gewesen wäre, gewöhnliche Freuden zu genießen. Trotz der Beschränkungen, denen sie unterworfen ist, rechne ich die Vitalität unter die Eigenschaften, die zu besitzen für alle Menschen wichtig ist.

Der Mut, die zweite Eigenschaft auf unserer Liste, hat mehrere Formen, die alle wieder sehr kompliziert sind. Das Fehlen von Furcht ist nicht dasselbe wie die Kraft, die Furcht zu kontrollieren. Wenn die Furcht rational ist, ist das Fehlen von Furcht etwas anderes als wenn sie irrational ist. Das Fehlen von vernunftwidriger Angst ist zweifellos gut, und gut ist auch die Kraft, die imstande ist, Angst zu kontrollieren. Aber das Fehlen von rationaler Angst ist etwas, über das sich streiten läßt. Diese Frage soll aber vorderhand noch zurückgestellt werden, denn ich habe über die anderen Formen des Mutes noch allerlei zu sagen.

Vernunftwidrige Angst spielt im instinktiven Gemütsleben der meisten Menschen eine außerordentlich große Rolle. In ihren pathologischen Formen – Verfolgungswahnsinn, Angstkomplex etc. – wird sie von den Irrenärzten behandelt. In ihren milderen Formen findet man sie aber auch sehr häufig bei Menschen, die man für geistig gesund hält. Vielleicht handelt es sich um ein allgemeines Gefühl, daß man von Gefahren umgeben ist, genauer ausgedrückt: um ein »Angstgefühl« oder eine spezifische Furcht vor Dingen, die an sich gar nicht gefährlich sind, z. B. Mäuse oder Spinnen. Bisher hat man vermutet, daß manche Furcht rein instinktiver Natur ist. Aber das lehnen heute die meisten Forscher ab. Es gibt augenscheinlich so etwas wie instinktive Furcht – z. B. die Furcht vor lauten Geräuschen – aber zum größten Teil hat diese Furcht ihren Ursprung in der Erfahrung oder sie ist auf rein suggestiver Basis entstanden. Die Furcht vor der Dunkelheit scheint z. B. rein suggestiven Ursprungs. Es besteht allerhand Grund zu der Annahme, daß die Wirbeltiere für gewöhnlich keine instinktive Furcht vor ihren natürlichen Feinden haben, sondern diese Erregung erst von ihren Eltern lernen. Wenn sie von den Menschen großgezogen werden, verschwindet manche Furcht, die der Spezies an sich eigentümlich ist. Aber Furcht ist ungeheuer ansteckend. Kinder lernen sie von ihren Eltern, ohne daß diese sie ihnen bewußt gezeigt zu haben brauchen. Ängstlichkeit bei Müttern und Ammen wird von den Kindern schnell durch Suggestion nachgeahmt. Bisher haben die Männer es bei Frauen als sehr reizvoll empfunden, wenn diese voll irrationaler Angst waren, denn dadurch wurde den Männern die Möglichkeit gegeben, den Beschützer zu spielen, ohne irgendeiner wirklichen Gefahr ausgesetzt zu sein. Aber die Söhne dieser Männer haben die Ängste ihrer Mütter erworben und mußten später wieder zu Mut erzogen werden, den sie nie hätten zu verlieren brauchen, wenn ihre Väter nicht gewünscht hätten, ihre Mütter zu verachten. Der Schaden, der durch die Abhängigkeit der Frauen angerichtet wurde, ist unberechenbar. Die Furcht bietet in dieser Frage ein vielsagendes Beispiel.

Ich will vorläufig noch nicht über die Methoden berichten, durch die Angst und Furcht auf ein Minimum reduziert werden können. Das wird später geschehen.

Aber schon jetzt ergibt sich eine Frage: können wir der Angst durch einfache Unterdrückung Herr werden oder müssen wir zu einer radikaleren Kur unsere Zuflucht nehmen? Nach der Tradition durften Aristokratien keine Furcht zeigen, während man unterworfene Nationen, Klassen und Geschlechter ermutigte, feige in ihrem Zustand zu verharren. Der Beweis für Mut ist, allgemein gesprochen, immer behavioristisch gewesen: ein Mann darf in der Schlacht nicht davonlaufen, er muß in allem »männlichen« Sport bewandert sein, er darf seine Haltung weder bei Feuersbrünsten, noch bei Schiffbrüchen oder Erdbeben etc. verlieren. Er muß nicht nur das Richtige tun, er darf auch nicht blaß werden, darf nicht zittern, darf nicht nach Atem ringen, darf kein Zeichen, das Furcht verrät, von sich geben. Das alles halte ich für sehr wichtig. Ich für mein Teil sähe es gern, wenn in allen Nationen, in allen Klassen und bei beiden Geschlechtern der

Mut besonders gepflegt würde. Ist die Methode aber allein auf Unterdrückung der Angst abgestellt, so bleiben die üblen Folgen, die meist mit dieser Praxis verbunden sind, nicht aus. Scham und Schande sind immer starke Waffen in der Hervorbringung anscheinenden Mutes gewesen. In Wirklichkeit aber sind sie nur die Ursache für allerlei Konflikte aus Angstgefühlen, wobei man hofft, daß sich die Angst vor der Verurteilung durch die Öffentlichkeit als die stärkere erweist.

»Sag immer die Wahrheit, nur dann nicht, wenn du vor etwas Angst hast« war eine Maxime, die mir in meiner Jugend beigebracht wurde. Ich kann die oben gemachte Ausnahme nicht anerkennen. Furcht sollte nicht nur in der Tat, sondern auch im Gefühl überwunden werden, und nicht nur im bewußten, sondern auch im unbewußten Gefühl. Der rein äußere Sieg über die Furcht, mit der sich der aristokratische Kodex zufriedengibt, läßt den Impuls im Innern weiter wirken und hat allerlei böse Reaktionen zur Folge, die man als Ergebnisse der Angst nicht erkennt. Ich denke dabei nicht an den »shell-shock«, der offenbar eng mit der Angst verbunden ist. Ich denke vielmehr an das ganze System aus Bedrückung und Grausamkeit, durch die herrschende Klassen ihren Einfluß aufrechtzuerhalten versuchen. Wenn kürzlich ein britischer Offizier in Shanghai eine Anzahl unbewaffneter chinesischer Studenten ohne vorherige Warnung von hinten erschießen ließ, so handelte er zweifellos unter dem Zwange von Furcht, genau wie der Soldat, der in der Schlacht davonläuft. Aber militärische Aristokratien sind nicht intelligent genug, solchen Taten bis in ihre psychologische Quelle nachzugehen. Für sie sind sie vielmehr ein Beweis von Festigkeit und besonderer Haltung.

Psychologisch und physiologisch gesehen sind Furcht und Wut sehr eng miteinander verwandte Gefühle. Der Mensch, der Wut zeigt, besitzt nicht den höchsten Mut. Die Grausamkeit, die immer wieder bei der Unterdrückung von Negeraufständen, bei kommunistischen Revolten und anderen Bedrohungen der Aristokratie zu Tage tritt, hat ihre Wurzeln in der Feigheit und verdient die gleiche Verachtung wie die offensichtlicheren Formen dieses Lasters. Ich bin der Überzeugung, daß man Männer und Frauen so erziehen kann, daß sie imstande sind, ohne Angst zu leben. Bisher haben nur wenige Helden und Heilige ein solches Leben vollendet. Aber was sie konnten, das können auch andere, wenn man ihnen nur den richtigen Weg zeigt.

Der Mut, der nicht in Verdrängung besteht, wird durch eine ganze Anzahl von Faktoren gebildet. Um mit den bescheidensten zu beginnen: Gesundheit und Vitalität tun gute Dienste, sind aber nicht unbedingt erforderlich. Übung und Geschicklichkeit in gefährlichen Situationen sind sehr erwünscht. Wenn wir aber den Mut, nicht Mut in dieser oder jener Hinsicht, sondern den allgemeinen Mut betrachten, so ist doch etwas Fundamentaleres notwendig. Notwendig ist eine Verbindung aus Selbstachtung mit einer unpersönlichen Lebensauffassung. Beginnen wir mit der Selbstachtung: manche Menschen leben von innen heraus, während andere nur der Spiegel dessen sind, was ihre Nachbarn fühlen und denken. Letztere können niemals echten Mut besitzen: sie gieren nach Bewunderung und sind dauernd von der Furcht besessen, sie zu verlieren. Die »Demut«, die man lehrte und für so erwünscht hielt, brachte nur eine pervertierte Form dieses selben Lasters hervor. »Demut« unterdrückte die Selbstachtung, nicht aber den Wunsch nach der Achtung anderer, sie machte aus der nominellen Selbsterniedrigung das Mittel zu Ansehn zu gelangen. So brachte sie nur Heuchelei und Fälschung der Instinkte hervor. Widerspruchslose Unterwerfung wurde den Kindern beigebracht. Und wenn sie erwachsen waren, verlangten sie sie ebenso. Es wurde ihnen gesagt, daß nur der befehlen kann, der zu gehorchen gelernt hat. Das soll nun nicht heißen, daß niemand gehorchen lernen und niemand versuchen sollte, zu kommandieren. Was ich meine: niemand sollte lernen zu gehorchen und niemand sollte versuchen zu befehlen. Das will nun nicht sagen, daß bei kooperativen Unternehmungen niemand Führer sein sollte. Nur sollte seine Befugnis sein wie die des Anführers eines Fußball-Teams, die man freiwillig hinnimmt, um ein gemeinsames Ziel zu erreichen. Unsere Ziele aber sollten unsere eigenen sein und nicht das Ergebnis äußerer Machtbefugnis. Und niemals soll man seine Ziele anderen aufzwingen. Das allein meine ich, wenn ich sage, daß niemand befehlen und niemand gehorchen sollte.

Höchster Mut verlangt noch etwas: was ich eben als unpersönliche Lebensauffassung bezeichnete. Der Mensch, dessen Hoffnungen und Ängste sich nur auf ihn selbst zentrieren, kann dem Tod kaum mit Gleichmut entgegensehen, denn der Tod löscht ja seine ganze emotionelle Welt aus. Auch in diesem Fall stoßen wir wieder auf eine Tradition, die den einfachen und billigen Weg der Verdrängung dringend empfiehlt: der Heilige muß auf sein Selbst verzichten, muß das Fleisch abtöten und auf alle instinktiven Freuden verzichten. Das ist natürlich möglich, aber die Folgen sind schlimm. Da der Asket für sich auf alle Freuden verzichtet hat, verzichtet er auf sie auch für andere, was leichter ist. Im Innern aber lauert immer noch der Neid und bringt ihn zu der Ansicht, daß Leiden adelt und deshalb auferlegt werden kann. Das aber hat eine vollkommene Umwertung der Werte zur Folge: was gut ist, wird für schlecht gehalten, und was schlecht ist, wird für gut gehalten. Die Quelle allen Übels: einem negativen Imperativ gehorchend, suchte man das gute Leben, nicht dadurch, daß man natürliche Wünsche und Instinkte auf eine breiteres Basis stellte und entwickelte. Es gibt gewisse Elemente in der menschlichen Natur, die uns mühelos über das Selbst hinaustragen. Das allgemeinste ist die Liebe, besonders die Elternliebe, die bei manchen so weit ist, daß sie das ganze Menschengeschlecht umspannt.

Ein anderes ist das Wissen. Nichts zwingt uns zu der Annahme, daß Galileo besonders gütig gewesen wäre, aber er lebte einem Ziel, das mit seinem Tode nicht verschwand. Wieder ein anderes ist die Kunst. Jedes Interesse an etwas außerhalb des eigenen Körpers des Menschen macht sein Leben in dem Grade unpersönlich. Aus diesem Grunde ... und mag es noch so paradox klingen ... hat ein Mensch mit weitgespannten und lebendigen Interessen viel weniger Schwierigkeiten, das Leben zu verlassen als ein armer Hypochonder, dessen Interesse nichts anderes kennt als nur seine eigenen Beschwernisse. Daher findet man den wahren Mut bei dem Menschen mit vielen Interessen, der fühlt, daß sein Ich nur ein kleiner Teil der Welt ist. Zu dieser Erkenntnis kommt er nicht dadurch, daß er sich selbst verachtet, sondern daß er vielem, das er nicht selbst ist, einen Wert zuerkennt. Das aber tritt nur bei denen in Erscheinung, deren Instinkt frei und deren Intelligenz aktiv ist. Aus der Vereinigung beider erwächst eine weite Lebensauffassung, die sowohl dem sinnlichen als auch dem asketischen Menschen vollkommen unbekannt sind. Eine solche Lebensauffassung sieht in dem persönlichen Tod nichts von Bedeutung. Ein solcher Mut ist positiv und instinktiv, nicht negativ und repressiv. Es ist Mut in dem positiven Sinn wie ich ihn für eins der wichtigen Ingredienzien in einem vollkommenen Charakter halte.

Empfindungsfähigkeit, die dritte Eigenschaft auf unserer Liste, ist in gewisser Hinsicht ein Korrektiv des reinen Mutes. Mutiges Verhalten ist für den, der keine Gefahren fürchtet, leichter, aber ein solcher Mut ist zuweilen töricht. Keinerlei Tun, das auf Unkenntnis und Vergeßlichkeit beruht, kann als befriedigend betrachtet werden: gründliche Kenntnis und Erkenntnis sind ein wesentlicher Teil dessen, was erwünscht ist. Der Erkenntnis-Aspekt spielt erst bei der Intelligenz eine Rolle, Empfindungsfähigkeit in dem von mir gebrauchten Sinn, gehört zu den Emotionen. Rein theoretisch erklärt: ein Mensch ist emotionell sensitiv, wenn viele Stimuli Emotionen in ihm hervorbringen. Aber so allgemein betrachtet, ist die Eigenschaft nicht notwendigerweise eine gute. Soll die Empfindungsfähigkeit gut sein, muß die emotionelle Reaktion in gewissem Sinne dazu passen. Mit der Intensität an sich ist uns nicht geholfen. Die Eigenschaft, die ich im Sinne habe: von vielen Dingen angenehm oder unangenehm berührt werden, und zwar von den richtigen Dingen. Wie diese richtigen Dinge aussehen, will ich zu erklären versuchen. Der erste Schritt, den die Kinder im Alter von etwa fünf Monaten tun: von den reinen Sinnesfreuden, wie Nahrung und Wärme sie geben, gehen sie über zu den Freuden aus der Zustimmung ihrer Umgebung. Ist diese erst einmal wachgeworden, entwickelt sie sich sehr schnell: jedes Kind liebt Lob und haßt Tadel. Gewöhnlich bleibt der Wunsch, von anderen günstig beurteilt zu werden, eines der beherrschenden Motive durch das ganze Leben hindurch. Als Stimulus für ein angenehmes Verhalten und als Hemmschuh gegen Impulse der Gier ist er sicher von großem Wert. Wären wir in unseren Bewunderungen vorsichtiger, er könnte noch viel wertvoller sein. Aber so lange die am meisten bewunderten Helden die größte Zahl an Menschen umgebracht haben, kann Liebe der Bewunderung dem guten Leben allein nicht adäquat sein.

Die nächste Stufe in der Entwicklung einer wünschenswerten Form der Empfindungsfähigkeit ist die Sympathie. Es gibt eine rein physische Sympathie: ein sehr junges Kind weint, weil ein Bruder oder eine Schwester weint. Das bietet meiner Meinung nach die Basis für die späteren Entwicklungen. Die beiden notwendigen Erweiterungen sind folgende: erstens: Sympathie empfinden, auch wenn der Leidende nicht der Gegenstand besonderer Zuneigung ist, zweitens: sie auch dann empfinden, wenn man erfährt, daß das Leid sich zugetragen hat, ohne aber augenblicklich in irgendwelcher Weise direkt spürbar zu sein. Die zweite dieser Erweiterungen hängt in weitem Maße mit der Intelligenz zusammen. Vielleicht ist ihr Bereich nicht weiter wie der der Sympathie mit dem in einem guten Roman lebendig und rührend dargestellten Leiden des Helden. Andererseits aber kann sie auch so weit gehen, daß ein Mensch durch Statistiken emotionell erregt wird. Diese Fähigkeit zur abstrakten Sympathie ist ebenso selten wie wichtig. Jeder ist tief ergriffen, wenn jemand, den er liebt, an Krebs leidet. Die meisten Menschen sind ergriffen, wenn sie ihnen ganz unbekannte Patienten in den Hospitälern leiden sehen. Wenn sie aber lesen, daß die Sterblichkeitsquote infolge von Krebs so oder so aussieht, so empfinden sie in der Regel nur eine augenblickliche persönliche Angst, daß sie oder jemand, der ihnen teuer ist, von der Krankheit befallen werden könnten. Dasselbe gilt auch vom Krieg: für manche ist es furchtbar, wenn der Sohn oder der Bruder verstümmelt wird, aber daß Millionen andere verstümmelt werden, läßt sie die Furchtbarkeit nicht millionenmal stärker empfinden. Ein Mensch, der in allem, was er tut, die Güte selbst ist, verdient sein Geld vielleicht als Kriegshetzer oder dadurch, daß er die Kinder im »Hinterland« quält. Alle diese bekannten Phänomene wurzeln in der Tatsache, daß bei den meisten Menschen Sympathie nicht durch einen rein abstrakten Stimulus erregt wird. Ein großer Teil allen Elends in der heutigen Welt würde verschwinden, wenn hier Abhilfe geschaffen werden könnte. Die Wissenschaft hat allerlei erreicht, womit wir das Leben ferner Menschen beeinflussen können, aber unsere Sympathie für sie hat sie nicht vermehrt. Man nehme an, man wäre Aktionär einer Gesellschaft in Shanghai, die Baumwolle verarbeitet. Vielleicht ist der Betreffende ein Geschäftsmann, der auf den Rat eines Finanzmannes sein Geld in der Gesellschaft investiert hat. Den Betreffenden interessieren weder Shanghai noch Baumwolle. Ihn interessiert nur die Dividende. Der Betreffende wird ein Teil jener Kraft, die zur Hinmetzelung unschuldiger Menschen führt, und seine Dividenden würden verschwinden, wenn nicht Kinder zu einer unnatürlichen und gefährlichen Arbeit gezwungen würden. Das aber kümmert den Betreffenden gar nicht, denn er hat die Kinder nicht gesehen, und ein abstrakter Stimulus kann ihn nicht erregen. Das ist der tiefste Grund für die Grausamkeit der Industrie in großem Stil, und deshalb allein wird die Bedrückung unterworfener Rassen geduldet. Eine Erziehung, die es fertigbringt, daß die Empfindungsfähigkeit auf abstrakte Stimuli reagiert, würde das alles unmöglich machen.

Von Erkenntnis getragene Empfindungsfähigkeit, die hier auch eine Rolle spielen sollte, ist praktisch dasselbe wie eine zur Gewohnheit gewordene Beobachtung – aber es ist wohl richtiger, sie in Zusammenhang mit der Intelligenz näher zu betrachten. Ästhetische Empfindungsfähigkeit bringt eine Menge von Problemen mit sich, die ich jetzt noch nicht behandeln möchte. Und somit gehe ich denn über zu der letzten der vier genannten Eigenschaften: der Intelligenz.

Einer der großen Fehler der traditionellen Moral war die Mißachtung der Intelligenz. Die Griechen irrten sich in dieser Hinsicht nicht, aber die Kirche brachte die Menschen zu der Anschauung, daß nichts neben der Tugend zu bestehen vermöchte, und daß Tugend Enthaltsamkeit von einer Reihe von Handlungen bedeutet, die ganz willkürlich als Sünde bezeichnet werden. So lange diese Haltung andauert, ist es unmöglich, die Menschen zu der Erkenntnis zu bringen, daß die Intelligenz mehr Gutes tut als eine künstlich konventionelle »Tugend«. Wenn ich von Intelligenz spreche, so meine ich wirkliches Wissen und die Aufnahmefähigkeit für Wissen. Beide sind in der Tat eng miteinander verbunden. Unwissende Erwachsene sind nicht zu belehren. So sind sie z. B. vollkommen außerstande zu glauben, was die Wissenschaft über Hygiene und Diät sagt. Je mehr ein Mensch gelernt hat, desto leichter ist es für ihn, noch mehr zu lernen – immer in der Annahme, daß er nicht im Geist enger Dogmatik belehrt worden ist. Unwissende Menschen haben nie ihre geistigen Gewohnheiten ändern müssen und sind in einer unveränderlichen Haltung erstarrt. Sie sind nicht nur leichtgläubig, wo sie skeptisch sein sollten. Wo sie rezeptiv sein sollten, sind sie genau so ungläubig.

Natürlich bedeutet das Wort »Intelligenz« eher die Fähigkeit, Kenntnisse zu erwerben, als die erworbenen Kenntnisse selbst. Aber ich glaube nicht, daß diese Fähigkeit nur durch Übung erworben wird, wie ja auch die Fähigkeiten eines Pianisten oder Akrobaten nicht nur durch Übung erworben werden. Es ist natürlich möglich, Unterweisung in einer Art zu geben, bei der die Intelligenz nicht herangebildet wird. Ja, das ist nicht nur möglich, sondern leicht und geschieht auch oft. Aber ich glaube nicht, daß es möglich ist, die Intelligenz zu fördern, ohne Kenntnisse mitzuteilen oder dafür zu sorgen, daß Kenntnise erworben werden. Und ohne Intelligenz kann unsere weitverzweigte moderne Welt nicht bestehen, noch weniger aber kann sie Fortschritte machen. Die Pflege der Intelligenz ist deshalb für mich eines der Hauptziele der Erziehung. Das mag wie ein Gemeinplatz klingen, ist es aber nicht. Der Wunsch, das zu vermitteln, was man für korrekten Glauben hielt, hat viele Pädagogen gegen die Förderung der Intelligenz oft zu gleichgültig gemacht. Um das klar erkennen zu lassen, ist es notwendig, Intelligenz ein wenig genauer zu definieren, um auf diese Weise die geistigen Gewohnheiten zu entdecken, die sie erfordert. Deswegen werde ich nur die Fähigkeit, Kenntnisse zu erwerben, betrachten und nicht den Vorrat an wirklichem Wissen, der von rechts wegen in die Definition der Intelligenz eingeschlossen sein müßte.

Die instinktive Grundlage des intellektuellen Lebens ist die Neugierde, der man bei den Tieren in ihrer elementaren Form begegnet. Intelligenz erfordert eine immer wache Neugierde, aber sie muß von besonderer Art sein. Die Art Neugierde, die einen veranlaßt, durch die verhängten Fenster des Nachbarn zu schauen zu versuchen, hat keinen besonders hohen Wert. Das weitverbreitete Interesse an Geschwätz und Gerede wurzelt nicht in der Liebe zu Kenntnis, sondern in der Bosheit: über die geheimen Tugenden eines Menschen schwatzt niemand, nur über dessen geheime Laster. So ist denn das meiste

Gerede unwahr, aber niemand nimmt die Mühe auf sich, es nachzuprüfen. Die Sünden unserer Nachbarn sind wie die Tröstungen der Religion so angenehm, daß man sich nicht die Mühe gibt, den Beweis für sie genauer zu untersuchen. Die echte Neugierde aber wurzelt in einer echten Liebe zur Kenntnis. In einigermaßen reiner Form begegnet man diesem Impuls bei einer Katze, die in ein ihr fremdes Zimmer gebracht wird und nun jede Ecke und jedes Möbelstück beschnüffelt. Man findet sie auch bei Kindern, die mit leidenschaftlichem Interesse einen sonst verschlossenen Schrank oder eine Schublade betrachten, die sich vor ihnen öffnet. Tiere, Maschinen, Gewitter und alle Formen manueller Arbeit erwecken die Neugierde von Kindern, deren Wissensdrang die meisten intelligenten Erwachsenen beschämt.

Dieser Impuls wird mit zunehmendem Alter geringer, bis schließlich das, was nicht von vornherein vertraut ist, Ekel einflößt, ohne den Wunsch nach näherer Bekanntschaft mit ihm zu erwecken. Das ist der Augenblick, in dem man gern sagt, das Land ginge vor die Hunde, in dem man immer wieder hört: »in meiner Jugend war das alles ganz anders«. Das einzige, was anders war in der vergangenen Zeit, ist einzig die Neugierde des Sprechenden. Ist die Neugierde erst einmal tot, dann ist auch die aktive Intelligenz tot.

Wenn nun die Neugierde auch nach dem Ablauf der Kindheit an Intensität und Ausdehnung nachläßt, so kann ihre Qualität sich doch noch lange Zeit hindurch bessern. Neugierde in bezug auf allgemeine Dinge zeigt einen höheren Grad von Intelligenz als Neugierde in bezug auf besondere Tatsachen. Allgemeiner ausgedrückt: je umfangreicher die Allgemeinheit, desto größer die Intelligenz, die dabei eine Rolle spielt. Diese Regel darf allerdings nicht zu wörtlich genommen werden. Neugierde, die nicht mit einem persönlichen Vorteil verbunden ist, zeigt eine höhere Entwicklung als die Neugierde, die zum Beispiel mit einer Aussicht auf Nahrung verbunden ist. Die Katze, die in einem für sie fremden Zimmer herumschnüffelt, ist nicht ein gänzlich desinteressierter, wissenschaftlicher Forscher, wahrscheinlich will sie auch feststellen, ob sie in den Raum Mäuse fangen kann.

Vielleicht ist es nicht ganz richtig zu sagen, daß Neugierde dann am besten ist, wenn sie desinteressiert ist. Richtiger wäre wohl folgende Formulierung: Neugierde ist dann am besten, wenn die Verbindung mit anderen Interessen nicht direkt und nicht offensichtlich ist, sondern nur durch einen gewissen Grad von Intelligenz erkennbar ist.

Soll Neugierde Frucht bringen, dann muß sie mit einer gewissen Technik zur Erwerbung von Wissen verbunden sein. Beobachtung muß zur Gewohnheit geworden sein, und man muß an die Möglichkeit des Wissens, an Geduld und Fleiß glauben. Das alles entwickelt sich von selbst, vorausgesetzt, daß ein Fundus an Neugierde vorhanden und eine intellektuelle Erziehung gewährleistet ist. Da aber unser intellektuelles Leben nur ein Teil unsrer Tätigkeit ist und die Neugierde mit anderen Leidenschaften dauernd in Konflikt gerät, sind gewisse intellektuelle Tugenden, z. B. Aufgeschlossenheit und Unvoreingenommenheit, notwendig. Aufgeschlossenheit ist eine jener Eigenschaften, die die Erziehung hervorzubringen versucht. Bisher geschieht das allerdings nur in sehr beschränktem Maße, wie aus folgender Auslassung des *Daily Herald* vom 31. Juli 1925 hervorgeht:

»Ein besonderer Ausschuß, dessen Aufgabe es war, die Behauptung zu untersuchen, nach der die Schulkinder in Bootle in geistiger Hinsicht von ihren Lehrern geschädigt würden, hat seine Feststellungen dem Stadtausschuß vorgelegt. Der Ausschuß war der Meinung, daß die Beschuldigungen zu Recht bestünden, aber der Stadtausschuß änderte diese Fassung und ersetzte sie durch ›die Beschuldigungen gaben Anlaß zu einer gründlichen Untersuchung‹. Darauf empfahl der Ausschuß, und der Stadtausschuß erklärte sich für diese Empfehlung, bei zukünftigen Anstellungen von Lehrern besonders darauf zu achten, daß die Schüler in der Achtung vor Gott und der Religion, in der Achtung vor den bürgerlichen und religiösen Institutionen des Landes erzogen werden.«

Was sich auch immer sonstwo ereignen mag, in Bootle herrscht keine Unvoreingenommenheit. Es ist damit zu rechnen, daß der Stadtausschuß über kurz oder lang eine Abordnung nach Dayton in Tennessee entsendet, um sich dort nach den besten Methoden zu erkundigen, wie sie ihr Programm durchführen. Aber vielleicht ist das auch gar nicht notwendig. Aus dem Wortlaut der Resolution scheint sich zu ergeben, daß Bootle keiner besonderen Instruktion in bezug auf Obskurantismus bedarf.

Mut ist ein Wesenszug intellektueller Rechtlichkeit und physischen Heldentums. Die wirkliche Welt ist viel unbekannter, als wir es uns vorstellen. Vom ersten Lebenstage an geben wir uns prekären Induktionen hin und verwechseln unsere geistigen Gewohnheiten mit Gesetzen äußerer Natur. Allerlei intellektuelle Systeme ... Christentum, Sozialismus, Patriotismus etc. ... stehen fertig da wie Waisenhäuser und geben Sicherheit für Knechtschaft. Ein freies, geistiges Leben kann nicht so warm, so bequem und so gemütlich sein wie ein

Leben, das eingehüllt ist in ein Glaubensbekanntnis: nur ein Glaubensbekenntnis ist imstande, das Gefühl der Geborgenheit zu vermitteln, während draußen die Stürme tosen.

Und damit kommen wir zu einer etwas schwierigen Frage: bis zu welchem Grad soll sich ein »gutes Leben« von der Herde lösen? Ich zögere, den Ausdruck »Herdeninstinkt« zu gebrauchen, da man über seine Korrektheit sehr verschiedener Meinung ist. Aber wie immer man ihn auch interpretiert, die Phänomene, die er beschreibt, sind bekannt. Wir fühlen uns zu denen hingezogen, von denen wir fühlen, daß sie zu der Gruppe gehören, mit der wir zusammenarbeiten möchten – unsere Familie, unsere Nachbarn, unsere Kollegen, unsere politische Partei oder unsere Nation. Das ist natürlich, denn ohne Zusammenarbeit bleiben uns die Freuden des Lebens versagt. Außerdem sind Erregungen ansteckend, besonders wenn sie von vielen zur selben Zeit empfunden werden. Nur sehr wenige Menschen können einer erregten Versammlung beiwohnen, ohne selbst erregt zu werden. Gehören sie zur Opposition, dann wird diese Opposition erregt. Und für die meisten Menschen ist eine solche Opposition nur möglich, wenn sie von dem Gedanken getragen werden, daß sie von einer anders orientierten Menge umgeben sind, deren Zustimmung sie gewinnen wollen. Deshalb hat die Gemeinschaft der Heiligen den Verfolgten immer so viel Trost und Stärkung gegeben. Sollen wir nun diesem Wunsch nach Zusammenarbeit mit einer Menge zustimmen oder soll unsere Erziehung versuchen, sie zu schwächen? Für beides ließen sich manche Gründe anführen, und die richtige Antwort kann nicht darin bestehen, daß man sich für das eine oder das andere entscheidet, sondern sie muß nach beiden Seiten hin abwägen.

Ich persönlich bin der Ansicht, daß der Wunsch, zu gefallen und mitzuarbeiten, stark und normal sein sollte, doch sollte dieser Wunsch bei gewissen wichtigen Gelegenheiten anderen Wünschen weichen. Die Erwünschtheit eines Wunsches, zu gefallen, wurde bereits im Zusammenhang mit der Empfindungsfähigkeit betrachtet. Ohne ihn wären wir alle Grobiane, und alle sozialen Gruppen, von der Familie aufwärts, wären einfach unmöglich. Die Erziehung von jungen Kindern wäre sehr schwer, wenn ihnen an der guten Meinung der Eltern über sie nichts gelegen wäre. Der ansteckende Charakter der Emotionen hat auch sein Gutes, wenn die Ansteckung von einem weisen Menschen auf einen törichten ausgeht. Im Falle einer panischen Angst oder einer panischen Wut ist er natürlich alles andere als gut oder nützlich. Die Frage der emotionellen Rezeptivität ist also durchaus nicht so einfach. Selbst in rein intellektuellen Angelegenheiten ist die

Frage nicht klar. Die großen Entdecker mußten sich gegen die Herde stemmen und zogen sich durch ihre Unabhängigkeit Feinde zu. Aber die Ansichten des Durchschnittsmenschen sind viel weniger töricht als sie es wären, wenn er für sich dächte: in der Wissenschaft wenigstens ist sein Respekt vor der Autorität im ganzen vorteilhaft.

Ich glaube, daß sich im Leben eines Menschen, dessen Umstände nicht gerade besonders außergewöhnlich sind, ein weiter Bereich befindet, in dem das vorherrscht, was man als Herdeninstinkt bezeichnet, und daß dieser Herdeninstinkt nur in einem kleinen Bezirk keinen Zugang findet. Dieser kleine Bezirk ist der Bereich seiner speziellen Kompetenz. Wir denken schlecht von einem Menschen, der eine Frau nur dann bewundern kann, wenn alle anderen sie auch bewundern: wir glauben, daß ein Mann bei der Wahl einer Frau nur von seinen unabhängigen Gefühlen geleitet werden sollte und nicht durch einen Reflex der Gefühle seiner Gesellschaft. Dabei spielt es keine Rolle, ob sein Urteil über Menschen im allgemeinen mit dem seiner Nachbarn übereinstimmt. Wenn er sich verliebt, soll er sich nur von seinen unabhängigen Gefühlen leiten lassen. Das gilt auch in manch anderer Hinsicht. Ein Bauer sollte in bezug auf die Ertragsfähigkeit seiner Äcker, die er selbst bestellt, nur seinem eigenen Urteil folgen, doch sollte sich dieses sein Urteil auf Erkenntnisse der Ackerbauwissenschaft stützen. Ein Wirtschaftler sollte sich sein eigenes Urteil in Finanzfragen bilden, doch sollte ein gewöhnlicher Sterblicher sich auf eine Autorität verlassen. Wo immer auch spezielle Kompetenz ist, da sollte auch Unabhängigkeit sein. Aber der Mensch sollte sich nicht wie ein Igel sträuben, um sich alles vom Leibe zu halten. Die Masse unserer gewöhnlichen Tätigkeiten muß kooperativ und die Basis aller Kooperation Instinkt sein. Trotzdem aber sollten wir alle lernen, über Dinge, die uns besonders bekannt sind, selbständig denken zu können, und jeder sollte den Mut erworben haben, auch unpopuläre Meinungen zu äußern, wenn er das für wichtig hält. Die Anwendung dieser Grundsätze mag in besonderen Fällen natürlich schwierig sein. Aber sie wird viel weniger schwierig sein als heute, in einer Welt, in der dann die Menschen gemeinhin die Tugenden besitzen, die wir in diesem Kapitel betrachtet haben. In einer solchen Welt gäbe es zum Beispiel keinen verfolgten Heiligen. Der gute Mensch hätte einfach keine Gelegenheit, sich wie ein Igel zu sträuben und befangen zu werden. Seine Güte wäre das Ergebnis seiner Impulse und mit instinktivem Glücksgefühl verbunden. Seine Nachbarn würden ihn nicht hassen, weil sie ihn nicht fürchten würden. Der Haß gegen Pioniere entspricht der Angst, die sie einflößen, und diese Angst würde bei denen, die Mut erworben haben, nicht existieren. Nur ein Mensch, der Angst hat, schließt sich dem Ku Klux Klan oder den Faschisten an. In einer Welt tapferer Menschen könnten solche Verfolgungsorganisationen nicht bestehen, und das gute Leben würde viel weniger Widerstand gegen den Instinkt in sich schließen, als es heute tut. Die gute Welt kann nur von furchtlosen Menschen geschaffen und erhalten werden, aber je mehr sie in ihrer Arbeit Erfolg haben, desto weniger werden sie Gelegenheit haben, ihren Mut in Aktion treten zu lassen.

Eine Gemeinschaft aus Männern und Frauen, die Vitalität, Mut Empfindungsfähigkeit und Intelligenz besitzt und zwar in dem höchsten Grad, den Erziehung zu erreichen vermag, würde ganz etwas anderes sein, als das, was bisher bestanden hat. Sehr wenige Menschen würden unglücklich sein. Die Hauptursachen für Nicht-glücklich-sein sind heute: Krankheit, Armut und ein unbefriedigendes Sexualleben.

Gesundheit könnte fast allgemein sein, und auch die Lebensdauer könnte verlängert werden. Seit der industriellen Revolution ist Armut nur die Folge einer kollektiven Stupidität. Empfindungsfähigkeit würde im Menschen den Wunsch erwecken, sie abzuschaffen, die Intelligenz würde ihnen den Weg hierzu zeigen, und der Mut würde sie dazu führen, ihn einzuschlagen. (Ein ängstlicher Mensch würde lieber elend bleiben, als etwas Ungewöhnliches tun.) Das Geschlechtsleben der meisten Menschen ist heute mehr oder wenig unbefriedigt. Das ist zum Teil die Folge ihrer schlechten Erziehung, zum Teil auch das Resultat der Verfolgung durch die Behörden und Frau Grundy [Imaginäre Figur, exemplifiziert die »soziale Kontrolle« einer Nachbarschaft; zuerst in Thomas Mortons Stück »Speed the Plough«, 1798. D. H.]. Eine Generation von Frauen, die ohne irrationale Geschlechtsangst aufgewachsen wäre, würde dem schon bald ein Ende machen. Man hat die Angst für den einzigen Weg gehalten, auf dem die Frauen zur Tugend gelangen können, und hat sie in aller Absicht zu körperlicher und geistiger Feigheit erzogen. Frauen, in denen die Liebe verkrampft ist, ermutigen die Brutalität und Heuchelei in ihren Männern und verbiegen die Instinkte ihrer Kinder. Eine Generation furchtloser Frauen könnte die Welt verwandeln, indem sie ihr eine Generation furchtloser Kinder gibt, die nicht verkümmert sind, sondern gerade und aufrecht, edelmütig, voller Liebe und frei. Ihre Glut würde alle Grausamkeit und Qual hinwegfegen, die wir erleiden, weil wir faul, feige, hartherzig und stupide sind.

Erziehung gibt uns diese schlechten Eigenschaften und Erziehung muß uns die gegenteiligen Tugenden geben. Erziehung ist der Schlüssel zu der neuen Welt.

The Aims of Education. In: On Education, especially in Early Childhood. London 1926; Chapter II. Erziehung, vornehmlich in frühester Kindheit. Aus dem Englischen von Georg Goyert. Düsseldorf und Frankfurt 1948, S. 30–53.

4. Liebe und Sympathie

[1926]

Meiner Meinung nach sind Liebe und Wissen die beiden Hauptersfordernisse für richtiges Handeln, und doch habe ich bei meiner Auseinandersetzung mit der moralischen Erziehung bisher noch nichts über die Liebe gesagt. Meine Gründe hierfür sind folgende: die echte Liebe muß die natürliche Frucht sein, die aus der richtigen Behandlung des heranwachsenden Kindes entsteht, und sollte während der verschiedenen Altersstufen niemals etwas bewußt Erstrebtes sein. Wir müssen uns vor allem darüber klar sein, welche Art Liebe erstrebt wird, aber ebenso müssen wir uns auch über die Disposition hierzu in den verschiedenen Altersstufen Klarheit verschaffen. Vom zehnten oder zwölften Lebensjahr bis zur Zeit der Pubertät neigt der Knabe zur Lieblosigkeit, und der Versuch, seiner Natur Zwang anzutun, führt zu nichts. Während der Jugend ist weniger Gelegenheit zur Sympathie als im Leben als Erwachsener, weil weniger Kraft vorhanden ist, ihr einen wirkungsvollen Ausdruck zu verleihen, und ein junger Mensch eher an seine eigene Erziehung fürs Leben als an die Interessen anderer Menschen denkt. Aus diesem Grunde sollte man es sich eher angelegen sein lassen, liebevolle und mitfühlende Erwachsene heranzubilden, als eine frühzeitige Entwicklung dieser Eigenschaften in frühen Jahren erzwingen zu wollen. Wie alle Probleme in der Charaktererziehung ist auch unser Problem ein wissenschaftliches und gehört zu dem, was man als psychologische Dynamik bezeichnen könnte. Liebe kann als Pflicht nicht existieren: einem Kind sagen, es müßte seine Eltern und seine Geschwister lieben, ist vollkommen zwecklos, wenn nicht gar schlimmer. Eltern, die geliebt werden wollen, müssen sich so verhalten, daß sie Liebe auslösen, und versuchen, ihren Kindern die körperlichen und geistigen Charakteristika zu vermitteln, die Liebe hervorrufen.

Den Kindern muß die Liebe zu den Eltern nicht nur nicht befohlen, es muß auch alles unterlassen werden, was dieses Resultat beabsichtigt. Wahre Elternliebe unterscheidet sich hierin von der geschlechtlichen Liebe. Es gehört zum Wesen der geschlechtlichen Liebe, einen Partner zu suchen, denn ohne diesen kann sie ihre biologische Funktion nicht erfüllen. Zum Wesen der elterlichen Liebe aber gehört es nicht, einen Partner zu suchen. Der natürliche, echte elterliche Instinkt empfindet dem Kinde gegenüber wie einem Teil des Leibes der Eltern, der in dem Kinde Gestalt angenommen hat. Hat man einen kranken Zeh, dann pflegt man den Zeh aus Selbstinteresse, ohne von dem Zeh irgendwelche Dankbarkeit zu erwarten. So muß meiner Meinung nach eine wilde Frau ihrem Kinde gegenüber empfinden. Sie wünscht sein Wohlergehen in genau der gleichen Weise wie ihr eigenes, und besonders stark ist dieser Wunsch während der Jugend des Kindes. Wenn sie für das Kind sorgt, so ist das ebensowenig Selbstverleugnung, als wenn sie für sich sorgt. Und aus diesem Grunde erwartet sie auch keine Dankbarkeit. Daß das Kind ihrer bedarf, ist ihr genügender Lohn, solange das Kind hilflos ist. Wenn das Kind dann größer wird, wird ihre Liebe geringer, und die Forderungen der Mutter werden vielleicht stärker. Bei den Tieren hört die elterliche Liebe auf, wenn das Junge erwachsen ist, aber bei Menschen, selbst wenn sie sehr primitiv sind, ist das nicht der Fall. Von einem Sohn, der ein tüchtiger Krieger ist, erwartet man, daß er seine Eltern unterstützt und schützt, wenn sie alt und schwach werden. Die Geschichte von Äneas und Anchises verkörpert diese Gefühle auf einem höheren Kulturniveau. Bei zunehmender Beschäftigung mit der Zukunft entwickelt sich eine immer stärker werdende Tendenz bei den Eltern, die Liebe der Kinder als Hilfe für sich im Alter auszunutzen. Daher das Prinzip der Kindesliebe, das in der ganzen Welt existierte und im Fünften Gebot seine Verankerung gefunden hat. Mit der Entwicklung des Privateigentums und einer geordneten Regierung wird die Kindesliebe weniger wichtig. Nach einigen Jahrhunderten werden sich die Menschen dieser Tatsache bewußt und das Gefühl ist nicht mehr modern. In der modernen Welt kann ein Fünfzigjähriger finanziell von seinem achtzigjährigen Vater abhängig sein, so daß die Liebe des Vaters zu seinem Kinde immer noch sehr wichtig ist und zwar viel mehr als die des Kindes zum Vater. Das bezieht sich natürlich hauptsächlich auf die besitzenden Klassen. Bei den Werktätigen dauert die ältere Beziehung fort. Aber auch dort wird sie langsam durch Altersversorgung und ähnliche Maßnahmen verdrängt. So hat denn die Liebe der Kinder zu den Eltern aufgehört, einen Platz unter den Kardinaltugenden zu verdienen, während die Liebe der Eltern zu den Kindern nach wie vor ungemein wichtig ist.

Eine weitere Reihe von Gefahren ist von den Psychoanalytikern in den Vordergrund gestellt worden, wenn ich auch ihre Interpretation der Tatsachen kaum für richtig zu halten vermag. Die Gefahren, an die ich denke, sind mit einer nicht zu rechtfertigenden Zuneigung des einen oder des anderen Elternteils verbunden. Ein Erwachsener oder auch ein Jüngling sollte weder von seinem Vater noch seiner Mutter so überschattet werden, daß er die Selbständigkeit in Denken und Fühlen verliert. Und das kann leicht eintreten, wenn die Persönlichkeit von Vater und Mutter stärker ist als die des Kindes. Ich glaube nicht, daß – seltene krankhafte Fälle ausgenommen – ein Oedipus-Komplex in dem Sinne existiert als eine besondere Anziehung zwischen Müttern und Söhnen und Vätern und Töchtern besteht. Der übergroße Einfluß eines Elternteils gehört da, wo er vorhanden ist, dem Elternteil, der am meisten mit dem Kinde zu tun hat, also im allgemeinen der Mutter, und dabei hat der Geschlechtsunterschied auch nicht das Geringste zu sagen. Natürlich kann es vorkommen, daß eine Tochter, die ihre Mutter nicht mag und ihren Vater nur wenig sieht, letzteren idealisiert. Aber in diesem Fall geht der Einfluß von Träumen und nicht von dem wirklichen Vater aus. Idealisierung besteht darin, daß man Hoffnungen an einen Haken hängt: der Haken ist nur bequem und hat mit den Hoffnungen nichts zu tun. Übermäßiger elterlicher Einfluß ist etwas ganz anderes, denn er ist mit der wirklichen Person und nicht mit einem Phantasiegebilde verbunden.

Ein Erwachsener, mit dem ein Kind dauernd in Berührung ist, kann in dem Leben des Kindes eine derartige Rolle spielen – auch noch in dessen späterem Leben –, daß das Kind zu seinem geistigen Sklaven wird. Dabei kann die Sklaverei intellektueller oder emotioneller Natur oder auch beides zugleich sein. Für erstere ist ein gutes Beispiel John Stuart Mill, der letzten Endes nicht zugeben konnte, daß sein Vater sich geirrt hatte. Intellektuelle Sklaverei der frühen Umgebung gegenüber ist in gewissem Grade normal. Nur wenige Erwachsene sind zu Ansichten fähig, die anders sind als die, die sie von ihren Eltern und Lehrern gelernt haben ... es sei denn, eine allgemeine Strömung hätte auch sie ergriffen. Trotzdem aber kann behauptet werden, daß intellektuelle Sklaverei natürlich und normal ist. Ich neige zu der Ansicht, daß sie nur durch eine Erziehung *ad hoc* vermieden werden kann. Diese Form eines außergewöhnlichen Einflusses von Seiten der Eltern und der Schule sollte sorgfältig vermieden werden, denn in einer sich so schnell wandelnden Welt ist es ungeheuer gefährlich, sich an die Ansichten einer vergangenen Generation zu halten. Vorläufig werde ich nur die Sklaverei der Gefühle und des Willens behandeln, weil beide in engstem Zusammenhang mit unserem Thema sind.

Was die Psychoanalytiker unter dem Oedipus-Komplex verstehen (den ich für irreführend halte), entspringt dem übermäßigen Wunsch von Seiten der Eltern nach emotioneller Reaktion von Seiten der Kinder. Wie ich eben schon sagte, bin ich der Ansicht, daß der elterliche Instinkt in seiner Reinheit keine emotionelle Reaktion wünscht. Er wird schon durch die Abhängigkeit des Kindes befriedigt und dazu durch die Tatsache, daß das Kind von den Eltern Schutz und Nahrung erwartet. Wenn die Abhängigkeit aufhört, hört auch die elterliche Liebe auf. So ist es bei Tieren, die damit durchaus zufrieden sind. Aber eine derartige Einfachheit des Instinkts ist bei Menschen kaum möglich. Die Wirkung militärischer und wirtschaftlicher Erwägungen, wie sie bei den Ermahnungen zur Kindesliebe zu Tage treten, sind schon behandelt worden. Ich muß mich nun mit zwei rein psychologischen Quellen befassen, durch die eine gewisse Verwirrung in den elterlichen Instinkt gelangt.

Die erste dieser Quellen ist von einer Art, die sich immer dann zeigt, wenn der Verstand beobachtet, daß die Freuden aus dem Instinkt kommen. Allgemein gesagt: der Instinkt gibt freudebringendes Tun ein, das nützliche Folgen haben kann, ohne daß aber diese Folgen mit Freude verbunden sind. Essen ist ein Vergnügen, Verdauung aber ist das nicht, besonders, wenn sie mit Störungen verbunden ist. Geschlechtsverkehr ist ein Vergnügen, das Gebären aber nicht. Die Abhängigkeit ist ein Vergnügen, aber die Unabhängigkeit eines erwachsenen kräftigen Sohnes ist es nicht. Der primitive mütterliche Typ der Frau empfindet die größte Freude, wenn sie das Kind an der Brust nährt, aber diese Freude nimmt in dem Maße ab, in dem die Hilflosigkeit des Kindes schwindet. Um der aus ihr sich ergebenden Freude willen wird versucht, die Zeit der Hilflosigkeit zu verlängern und die Zeit hinauszuschieben, in der das Kind ohne die elterliche Führung auskommt. Das zeigt sich ganz deutlich in Ausdrücken wie »an seiner Mutter Schürze hängen«. Man glaubte, mit diesem Übel bei Knaben nur dadurch fertig werden zu können, daß man sie in die Schule schickte. Bei Mädchen hielt man das nicht für einen Übelstand, denn wenn die Eltern reich waren, hielt man es für wünschenswert, sie hilflos und abhängig zu machen, und hoffte, daß sie nach ihrer Heirat an ihrem Gatten hängen würden, wie sie früher an ihrer Mutter gehangen hatten. Aber das war nur selten der Fall, und daraus entstand dann der »Schwiegermutter«-Scherz. Eines der Ziele eines Witzes ist es, das Nachdenken zu verhindern – und darin hat dieser Scherz großen Erfolg gehabt. Niemand schien zu erkennen, daß ein Mädchen, das in Abhängigkeit groß geworden ist, weiterhin von seiner Mutter abhängig sein würde und deshalb nicht mit einem Manne jene vollkommene Partnerschaft bilden konnte, die das Wesen einer glücklichen Ehe ausmacht.

Die zweite psychologische Komplikation nähert sich dem Standpunkt der Freudianer. Sie zeigt sich da, wo die der geschlechtlichen Liebe eigentümlichen Elemente in die elterliche Liebe eindringen. Ich meine damit nicht etwas, das notwendigerweise von der Verschiedenheit der Geschlechter abhängig ist, ich meine vielmehr nur den Wunsch nach einer gewissen Art emotioneller Reaktion. Ein Teil der Geschlechtspsychologie – jener Teil, der die Monogamie erst möglich gemacht hat – ist der Wunsch, das ein und alles für einen anderen zu sein, zu fühlen, daß man selbst für das Glück wenigstens eines Menschen in der Welt wichtiger ist als ein anderer. Hat dieser Wunsch zur Ehe geführt, dann wird er nur von Glück begleitet sein, wenn eine Anzahl anderer Bedingungen erkannt werden. Aus dem einen oder dem anderen Grund findet ein großer Teil der verheirateten Frauen in den zivilisierten Ländern keine Befriedigung im Sexuellen. Ist das aber bei einer Frau der Fall, dann sucht sie bei ihren Kindern eine unstatthafte und unechte Befriedigung von Wünschen, die in adäquater und natürlicher Weise nur von Männern gegeben werden kann. Ich meine hiermit nichts Handgreifliches: ich meine nur eine gewisse emotionelle Spannung, eine gewisse Leidenschaftlichkeit des Gefühls, die sich in übermäßigem Küssen und Verhätscheln äußert. Das alles hielt man bei einer liebevollen Mutter für durchaus in der Ordnung. Der Unterschied zwischen dem, was richtig und dem, was schädlich ist, ist ungeheuer fein. Es ist absurd, wenn manche Freudianer behaupten, daß Eltern ihre Kinder überhaupt nicht küssen und liebkosen sollten. Kinder haben ein Recht auf eine warme Liebe von Seiten ihrer Eltern. Das gibt ihnen einen glücklichen und sorgenfreien Blick in die Welt und ist für eine gesunde psychologische Entwicklung wesentlich. Aber sie sollte für sie etwas Selbstverständliches sein wie die Luft, die sie einatmen, und nicht etwas, auf das man von ihnen eine Reaktion erwartet. Der Kern dieses ganzen Komplexes ist eben die Reaktion. Eine gewisse spontane Reaktion ist vorhanden und die ist zweifellos gut. Aber sie ist ganz verschieden von dem aktiven Streben nach Freundschaft mit kindlichen Gefährten. Psychologisch gesehen: die Eltern sollten sich im Hintergrund halten, und nie sollte ein Kind, um seinen Eltern eine Freude zu machen, zum Handeln veranlaßt werden. Die Freude der Eltern sollte einzig in der Freude über sein Wachsen und seine Fortschritte bestehen. Was das Kind den Eltern auf dem Wege der Reaktion gibt, sollte dankbar als besonderes Geschenk hingenommen werden, wie schönes Wetter im Frühling, doch sollte man nicht damit als etwas Naturgegebenem rechnen.

Es ist sehr schwer für eine Frau eine vollkommene Mutter oder eine vollkommene Lehrerin von kleinen Kindern zu sein, wenn sie sexuell unbefriedigt ist. Was die Psychoanalytiker auch immer sagen mögen, der elterliche Instinkt ist wesentlich unterschieden von dem sexuellen Instinkt und wird durch das Eindringen von Emotionen, die dem Geschlechtlichen eigentümlich sind, geschädigt. Der Brauch, unverheiratete Lehrerinnen zu verwenden, ist psychologisch ganz falsch. Für den Verkehr mit Kindern kommt nur die Frau in Frage, deren Instinkt bei jenen nicht eine Befriedigung für sich selbst sucht, die sie von Kindern nicht erwarten dürfte. Eine Frau, die glücklich verheiratet ist, gehört ohne jede Mühe zu diesem Typ. Aber jede andere Frau bedarf einer fast unmöglichen Subtilität der Selbstbeherrschung. Natürlich gilt das Gleiche für Männer, die sich in derselben Lage befinden, aber eine solche Lage kommt bei Männern viel seltener vor, erstens weil ihre elterlichen Instinkte meist nicht sehr stark sind und sie zweitens selten unter sexueller Unbefriedigung leiden.

Es kann nur von Wert sein, wenn wir in unseren Gedanken bezüglich der Haltung, die wir von Kindern den Eltern gegenüber erwarten können, durchaus klar sind. Haben die Eltern die rechte Art Liebe zu ihren Kindern, dann werden die Kinder so reagieren, wie die Eltern es wünschen. Die Kinder werden sich freuen, wenn die Eltern kommen, und traurig sein, wenn sie sie verlassen, es sei denn, sie wären mit etwas beschäftigt, was ihnen gerade ganz besonders große Freude macht. In jeder Notlage, die sich für sie ergeben mag, werden sie bei ihren Eltern Hilfe suchen. Sie werden unternehmungslustig, weil sie sich auf den Schutz ihrer Eltern, die hinter ihnen stehen, verlassen, aber dieses Gefühls werden sie sich nur in Augenblicken der Gefahr bewußt. Sie erwarten von ihren Eltern Antwort auf ihre Fragen, erwarten von ihnen, daß sie ihre Schwierigkeiten lösen und ihnen bei schweren Aufgaben helfen. Das meiste von dem, was ihre Eltern für sie tun, kommt ihnen gar nicht zum Bewußtsein. Sie lieben ihre Eltern nicht, weil sie für ihre Nahrung und Unterkunft sorgen, sondern weil sie mit ihnen spielen, ihnen zeigen, wie man mit den Dingen umgeht und ihnen Geschichten über die Welt erzählen. Allmählich erkennen sie, daß ihre Eltern sie lieben, aber das sollte immer als etwas Natürliches hingenommen werden. Die Liebe, die sie zu ihren Eltern empfinden, ist etwas ganz anderes wie die Liebe, die sie zu anderen Kindern fühlen. Die Eltern handeln mit Bezug auf das Kind, das Kind aber handelt mit Bezug auf sich selbst und die äußere Welt. Das ist ein wesentlicher Unterschied. In der Beziehung zu seinen Eltern hat das Kind keine wichtige Funktion. Seine Funktion ist einzig und allein, geistig und körperlich zu wachsen, und so lange es das tut, wird ein gesunder elterlicher Instinkt befriedigt.

Es sollte mir leid tun, wenn man aus dem bisher Gesagten den Eindruck gewänne, als redete ich der Verminderung der Liebe im Familienleben oder der Spontaneität ihrer Äußerung das Wort. Das ist in keiner Weise meine Absicht. Ich will nur darauf hinweisen, daß es sich um zwei verschiedene Arten von Liebe handelt. Die Liebe des Mannes zu seiner Frau ist etwas, und die der Eltern zu den Kindern ist etwas anderes, und die der Kinder zu den Eltern wieder etwas anderes. Schaden entsteht nur dann, wenn diese verschiedenen Arten natürlicher Liebe vermischt werden. Ich glaube nicht, daß die Freudianer der Wahrheit nahegekommen sind, weil sie diese Unterschiede in den Instinkten nicht erkennen. Und das macht sie, soweit es Eltern und Kinder angeht, in gewissem Sinne zu Asketen, weil sie jede Liebe zwischen denselben als eine Art inadäquater geschlechtlicher Liebe betrachten. Ich glaube nicht an die Erforderlichkeit einer fundamentalen Selbstverleugnung, vorausgesetzt, daß keine besonderen unglücklichen Umstände vorhanden sind. Ein Mann und eine Frau, die sich und ihre Kinder lieben, sollten imstande sein, so spontan zu handeln, wie das Herz es ihnen vorschreibt. Sie bedürfen vielen Nachdenkens und vieler Kenntnisse, aber die erwerben sie aus der elterlichen Liebe. Sie dürfen von ihren Kindern nicht verlangen, was sie der eine vom anderen erhalten, und wenn der eine im anderen glücklich ist, treibt sie auch nichts dazu, es zu tun. Wird für die Kinder in der geeigneten Weise gesorgt, dann empfinden sie für ihre Eltern eine natürliche Liebe, die keine Schranke gegen Unabhängigkeit bildet. Nicht asketische Selbstverleugnung, sondern Freiheit und Ausdehnungsfähigkeit der Instinkte, die durch Verstand und Kenntnis in adäquater Weise unterwiesen werden, sind vonnöten.

Als mein Junge zwei Jahre und vier Monate alt war, fuhr ich nach Amerika, wo ich drei Monate blieb. Er fühlte sich in meiner Abwesenheit vollkommen glücklich, konnte sich aber vor Freude nicht lassen, als ich wieder zu Hause war. Voller Ungeduld wartete er auf mich am Gartentor. Er nahm meine Hand und zeigte mir alles, was ihn besonders interessierte. Ich mußte hören und er mußte erzählen. Ich hatte keine Lust zu erzählen und er hatte keine Lust zu hören. Die beiden Impulse waren verschieden, aber harmonisch. Wenn es sich um Geschichten handelt, dann will er hören und ich will erzählen. So herrscht auch hier wieder Harmonie. Nur einmal war die Situation umgekehrt. Als er drei Jahre und sechs Monate alt war und ich meinen Geburtstag hatte, sagte ihm seine Mutter, er müßte alles tun, mir Freude zu machen. Geschichten sind seine größte Freude. Als die Zeit für sie gekommen war, sagte er zu unser aller Überraschung, daß er mir Geschichten erzählen wollte, weil ich Geburtstag hätte. Er erzählte ungefähr ein Dutzend, dann sprang er von seinem Stuhl und sagte: »Für heute ist es genug.« Das war vor drei Monaten, aber er hat nie wieder Geschichten erzählt.

Ich komme nun zu Liebe und Sympathie im allgemeinen. Da infolge der Möglichkeit des Mißbrauchs der elterlichen Gewalt Komplikationen entstehen, war es notwendig, sich zuerst mit diesen zu befassen und dann erst die Frage allgemein zu behandeln.

Es gibt keine Methode, ein Kind zu Liebe oder Sympathie zu zwingen. Die einzig mögliche Methode besteht in der Beobachtung der Bedingungen, unter denen diese Gefühle sich spontan entwickeln, und in dem Bemühen, solche Bedingungen zu schaffen. Zweifellos ist Sympathie zum Teil instinktiv. Kinder werden traurig, wenn ihre Geschwister weinen, und fangen manchmal sogar selbst an zu weinen. Sie nehmen heftig gegen Erwachsene Partei, wenn diese etwas tun, das ihnen unangenehm ist. Als mein Junge eine Wunde am Ellbogen hatte, die verbunden werden mußte, hörte seine damals achtzehn Monate alte Schwester ihn in einem anderen Zimmer weinen und wurde ganz aufgeregt. Immer wieder sagte sie: »Jonny weinen! Jonny weinen!«, bis die schmerzvolle Prozedur zu Ende war. Als mein Sohn sah, wie sich seine Mutter mit einer Nadel einen Splitter aus dem Fuß entfernte, sagte er voller Sorge: »Es tut nicht weh, Mammi.« Sie entgegnete ihm, es täte doch weh, denn sie wollte ihm beibringen, nicht von jeder Kleinigkeit viel Aufhebens zu machen. Er aber behauptete nach wie vor, es täte nicht weh, worauf sie dann jedesmal das Gegenteil sagte. Dann fing er auf einmal an zu schluchzen, als wenn es sich um seinen eigenen Fuß gehandelt hätte. Solche

Erscheinungen können ihre Quelle nur in instinktiver physischer Sympathie haben. Auf dieser Basis müssen feinere Formen der Sympathie herangebildet werden. In der positiven Erziehung ist nur eins erforderlich: dem Kinde muß die Tatsache vor Augen geführt werden, daß Menschen und Tiere unter gewissen Umständen Schmerz empfinden. Dabei darf aber eine andere negative Bedingung nicht übersehen werden: das Kind darf es niemals erleben, daß Personen, vor denen es Achtung besitzt, unfreundliche oder grausame Handlungen begehen. Wenn der Vater wütend wird oder die Mutter das Personal anschreit, nimmt das Kind diese Untugenden gleich an.

Sehr schwierig ist die Frage, wie und wann man das Kind auf das Böse in der Welt hinweisen soll. Es ist unmöglich, aufzuwachsen, ohne von Krieg, Blutbad, Armut und verhütbarer Krankheit etwas zu erfahren. Zu irgendeiner Zeit muß das Kind mit diesen Dingen bekanntgemacht werden und diese seine Kenntnis mit der festen Überzeugung verbinden, daß es etwas Furchtbares ist, Leid, das vermieden werden kann, heraufzubeschwören oder zu gestatten. Wir stehen hier vor einem Problem, das mit dem Ähnlichkeit hat, das sich vor denen erhebt, die die Keuschheit des Weibes gewahrt wissen wollen. Diese Leute hielten Unwissenheit bis zur Ehe für das einzig Richtige, sind aber heute schon für positivere Methoden.

Ich habe Pazifisten gekannt, die sich dafür einsetzten, Geschichte ohne jede Bezugnahme auf Kriege zu lehren, und die die Ansicht vertraten, daß Kinder möglichst lange über die Grausamkeit in der Welt in Unkenntnis gehalten werden sollten. Aber ich habe nichts übrig für die »vergängliche und einsame Tugend«, die aufgebaut ist auf dem Fehlen von Kenntnis. Wenn Geschichte gelehrt wird, dann soll man sie der Wahrheit gemäß lehren. Steht die Geschichte im Gegensatz zu irgendwelcher Moral, die wir lehren wollen, dann muß unsere Moral falsch sein, und damit gäben wir sie am besten auf. Ich gebe gern zu, daß viele Menschen, unter Einschluß einiger besonders Tugendhafter, Tatsachen für lästig halten, was aber nur die Folge einer gewissen Schwäche in ihrer Tugend ist. Eine wahrhaft starke Moral kann nur durch die vollste Kenntnis dessen, was wirklich in der Welt passiert, gestärkt werden. Wir dürfen es nicht riskieren, daß die jungen Menschen, die wir in Unkenntnis erzogen haben, sich freudig dem Bösen zuwenden, sobald sie entdeckt haben, daß es so etwas gibt. Wenn es uns nicht gelingt, in ihnen eine Abneigung gegen Grausamkeit zu erwecken, werden sie sich ihrer nicht enthalten. Und sie können diese Abneigung gegen sie nur empfinden, wenn sie wissen, daß sie existiert.

Aber trotzdem ist der Weg, den Kindern eine Kenntnis vom Bösen zu geben, nicht so leicht zu finden. Natürlich lernen die, die in den Slums der großen Städte leben, früh, was Trunkenheit, Streit, das Schlagen von Frauen und so weiter ist. Vielleicht hat das bei ihnen weiter keinen Schaden im Gefolge, wenn andere Einflüsse dagegen wirken. Aber besorgte Eltern würden nie und nimmer ihre Kinder solchen Dingen aussetzen. Meiner Meinung nach vor allem aus dem Grunde, weil die hierdurch erweckte Angst so stark sein kann, daß sie das ganze Leben überschattet. Da ein Kind schutzlos ist, muß es Angst empfinden, wenn es zum erstenmal begreift, daß Grausamkeit Kindern gegenüber möglich ist. Als ich vierzehn Jahre alt war, las ich zum erstenmal *Oliver Twist*, und das Buch erfüllte mich mit solchem Entsetzen, daß ich es in einem früheren Alter nicht hätte ertragen können. Furchtbare Dinge sollten junge Menschen erst dann kennenlernen, wenn sie ein Alter erreicht haben, daß sie ihnen mit einer gewissen Gelassenheit gegenübertreten können. Dieser Augenblick tritt bei den einen Kindern eher ein als bei den anderen. Kinder mit reicher Phantasie oder schüchterne Kinder müssen länger gehütet werden als die schwerfälligen und von Natur aus mutigen. Eine geistige Gewohnheit der Furchtlosigkeit, die sich als Folge von Freundlichkeit ergibt, sollte fest begründet sein, bevor das Kind die Existenz der Unfreundlichkeit erfährt. Die Wahl des geeigneten Augenblicks und die Art und Weise, wie das geschieht, erfordern Takt und Verständnis. Das alles kann nicht durch eine Regel entschieden werden.

Und doch sollte man gewisse Maximen befolgen. Geschichten wie *Blaubart* und *Jack, der Massenmörder* bedingen keinerlei Kenntnis von Grausamkeit und rühren somit auch nicht an die Probleme, die wir betrachten. Für das Kind sind sie reine Gebilde der Phantasie, und nie bringt es sie in irgendeiner Weise mit der Welt in Verbindung. Zweifellos ist die Freude, die es für sich aus ihnen herleitet, mit wilden Instinkten verbunden, aber bei einem machtlosen Kinde sind sie als reine Spielimpulse harmlos, und je größer das Kind wird, desto mehr verschwinden sie.

Aber hat das Kind die Grausamkeit als etwas, das es in der wirklichen Welt gibt, erkannt, dann muß man dafür sorgen, Vorfälle und Ereignisse zu wählen, bei denen es sich mit dem Opfer und nicht mit dem Henker identifiziert. Etwas Wildes in ihm jubelt bei einer Geschichte, in der es sich mit dem Tyrannen identifiziert. Eine solche Geschichte schafft Imperialisten. Aber die Geschichte von Abraham, der sich anschickt, Isaak zu opfern, oder von den Bärinnen, die die Kinder töteten, die Elias verfluchte, erweckt natürlich die Sympathie des Kindes für ein anderes Kind. Wenn solche Geschichten erzählt werden, dann sollte es immer so geschehen, daß sie die tiefe Grausamkeit aufzeigen, zu der die Menschen vor langer Zeit fähig waren. In meiner Kindheit hörte ich einmal eine stundenlange Predigt, die allein dem Beweis galt, daß Elias die Kinder zu Recht verflucht hatte. Gott sei Dank war ich schon so alt, den Pfarrer für einen Narren zu halten. Hätte ich das nicht getan, ich wäre vor Entsetzen verrückt geworden. Die Geschichte von Abraham und Isaak war noch furchtbarer, weil der Vater dem Kinde gegenüber so grausam war. Wenn solche Geschichten zu dem Zweck erzählt werden, darzutun, wie tugendhaft Abraham und Elias waren, dann sollte man sich entweder gar nicht um sie kümmern oder darauf gefaßt sein, daß sie das moralische Gefühl des Kindes schädigen. Werden sie aber als Einführung in das Böse der Menschen erzählt, dann dienen sie einem Zweck, weil sie lebhaft, fern und unwahr sind. Die Geschichte des Hubert, der in *King John* dem kleinen Arthur die Augen aussticht, kann in der gleichen Weise benutzt werden.

Dann kann die Geschichte mit all ihren Kriegen gelehrt werden. Aber bei dem Erzählen von Kriegen sollte die Sympathie immer auf Seiten der Besiegten sein. Ich würde mit der Darstellung von Schlachten beginnen, bei denen es ganz natürlich ist, daß man sich auf die Seite der Besiegten stellt – zum Beispiel der Schlacht von Hastings, wenn es sich um die Unterweisung eines englischen Knaben handelt. Besonders unterstreichen würde ich immer wieder die durch den Kampf hervorgebrachten Wunden und Leiden. Ich würde das Kind langsam dahin führen, sich beim Lesen über Kriege für keine Partei zu entscheiden, und in den kriegführenden Menschen zu sehen, die vor Wut den Verstand verloren und die man wie kleine Kinder ins Bett hätte bringen sollen, bis sie sich wieder beruhigt hätten und artig wären. Ich würde die Kriege mit dem Streit unter Kindern im Kinderzimmer vergleichen. Ich glaube, daß man den Kindern in dieser Weise die Wahrheit über den Krieg näherbrächte, so daß sie erkennen, wie dumm ein Krieg ist.

Erlebt das Kind wirkliche Unfreundlichkeit oder Grausamkeit, so sollte man einer Unterhaltung darüber nicht aus dem Wege gehen, sondern auf die moralischen Werte hinweisen, die der Erwachsene mit dem Vorfall verbindet, und immer betonen, daß die Menschen, die grausam handeln, töricht sind, aber nicht besser handeln konnten, weil sie nicht richtig erzogen wurden. Aber ich würde die Aufmerksamkeit des Kindes auf all solche Vorgänge in der wirklichen Welt nicht lenken, falls das Kind sie nicht von sich aus beobachtet, oder erst, wenn es mit ihnen in Geschichte und Geschichten vertraut geworden ist. Dann würde ich es langsam mit dem Bösen in seiner Umgebung bekanntmachen. Dabei aber würde ich unbedingt dafür sorgen, daß es empfindet, daß das Böse bekämpft werden kann, daß es aus Unkenntnis, Mangel an Selbstbeherrschung und schlechter Erziehung kommt. Ich würde es nicht ermutigen, den Übeltätern gegenüber den Empörten zu spielen, sondern es dahin bringen, daß es in ihnen arme Stümper sieht, die nicht wissen, worin das Glück besteht.

Da die Sympathie im Keim instinktiv ist, ist ihre Pflege in der Hauptsache eine intellektuelle Angelegenheit. Sie besteht darin, daß die Aufmerksamkeit auf das richtige Ziel gelenkt wird und die Tatsachen erkannt werden, die von Militaristen und Anhängern der Macht unterdrückt werden. Man nehme zum Beispiel die Seiten aus Tolstoi, in denen er schildert, wie Napoleon nach der Schlacht bei Austerlitz über das Schlachtfeld geht. Die meisten geschichtlichen Darstellungen kümmern sich, sobald die Schlacht geschlagen ist, weiter nicht um das Schlachtfeld. Aber der Umstand, daß man weitere zwölf Stunden auf dem Schlachtfeld verweilt, gibt ein ganz anderes Bild vom Kriege. Das geschieht dadurch, daß Tatsachen nicht unterdrückt, sondern in größerem Maß gegeben werden. Und was für die Schlachten gilt, das gilt auch für andere Formen der Grausamkeit. In allen Fällen sollte es ganz unnötig sein, auf das Moralische hinzuweisen: man sollte die Geschichte nur in der richtigen Weise erzählen, und das würde genügen. Man fange nicht an zu moralisieren, sondern lasse die Tatsachen durch ihre eigene moralische Kraft auf den Geist des Kindes wirken.

Es wären noch einige Worte über die Liebe zu sagen, die sich dadurch von der Sympathie unterscheidet, daß sie unvermeidlich und wesentlich selektiv ist. Von der Liebe zwischen Eltern und Kindern war bereits die Rede. Jetzt möchte ich mich noch zu der Liebe zwischen Altersgenossen äußern.

Liebe kann nicht geschaffen, sie kann nur freigemacht werden. Eine Art Liebe wurzelt zum Teil in der Furcht. In der Liebe zu den Eltern spielt dieses Element eine Rolle, denn Eltern gewähren Schutz. Während der Kindheit ist diese Art Liebe natürlich. Im späteren Leben aber ist sie unerwünscht, und auch in der Kindheit ist die Liebe zu anderen Kindern nicht so geartet. Meine kleine Tochter hängt ungeheuer an ihrem Bruder, obwohl er der einzige Mensch in ihrer Welt ist, der sie unfreundlich behandelt. Liebe zu einem Gleichgestellten, welches die beste Art Liebe ist, ist höchstwahrscheinlich da vorhanden, wo Glück und Furchtlosigkeit zu Hause sind. Bewußte oder unbewußte Furcht erzeugen leicht Haß, weil man vermutet, andere Menschen könnten einem Schaden zufügen. Bei den meisten Menschen ist Neid eine Schranke gegen weit sich ausbreitende Liebe. Ich glaube, daß Neid nur durch Glück verhindert werden kann. Moralische Disziplin kann seine unterbewußten Formen nicht erreichen. Glück wird in weitem Maße durch Furcht verhindert. Junge Menschen, die eine Aussicht auf Glück haben, werden von Eltern und »Freunden« nominell aus moralischen Gründen, in Wirklichkeit aber aus Neid davon abgehalten. Sind die jungen Menschen furchtlos genug, dann machen sie sich nichts aus den Miesmachern. Täten sie es, sie würden mit offenen Augen in ihr Unglück rennen und bald zu den neidischen Moralisten gehören. Die Charaktererziehung, mit der wir uns befaßt haben, soll Glück und Mut hervorbringen. Deshalb glaube ich, daß sie das Möglichste tut, die Quellen der Liebe zu befreien. Mehr kann nicht geschehen. Sagt man den Kindern, sie müßten liebevoll sein, so läuft man Gefahr, Heuchelei und Schwindel hervorzubringen. Macht man sie aber glücklich und frei, umgibt man sie mit Freundlichkeit, dann sind sie spontan freundlich zu jedermann, und fast jeder reagiert durch Freundlichkeit ihnen gegenüber. Eine vertrauensvolle, liebevolle Charakteranlage rechtfertigt sich selbst, weil sie einen unwiderstehlichen Charm verleiht und die Reaktion im Gefolge hat, die man erwartet. Und das ist eines der wichtigsten Ergebnisse, die man von einer richtigen Charaktererziehung erwarten kann.

Affection and Sympathy. In: On Education, especially in Early Childhood. London 1926. Chapter XI. Erziehung vornehmlich in frühester Kindheit. Aus dem Englischen von Georg Goyert. Düsseldorf und Frankfurt 1948, S. 120–133.

5. Freiheit oder Autorität in der Erziehung?

[1928]

Freiheit in der Erziehung muß wie in anderen Dingen eine Frage des Grades sein. Manche Freiheiten können nicht geduldet werden. Eine Dame behauptete einmal mir gegenüber, man solle einem Kinde nie etwas verbieten, da ein Kind seine Natur von innen entwickeln müsse. »Wie aber, wenn seine Natur es veranlaßt, Stecknadeln zu schlukken?« fragte ich. Aber leider bekam ich, wie ich gestehen muß, nur eine Beschimpfung zur Antwort. Und doch würde jedes Kind, wenn man es sich selbst überließe, in Kürze Stecknadeln verschlucken, Gift aus Medizinflaschen trinken, aus dem Fenster eines oberen Stockwerks fallen oder es sonstwie fertig bringen, ein böses Ende zu finden. Jungen werden in einem etwas späteren Alter wenn irgend möglich ungewaschen herumlaufen, sich überessen, rauchen, bis sie krank werden, sich erkälten, weil sie mit nassen Füßen dasitzen und so weiter – ganz zu schweigen davon, daß sie sich einen Spaß daraus machen werden, ältere Herren zu ärgern, die vielleicht nicht alle Elisas [Israelit. Prophet, Schüler und Nachfolger des Elias (1. Kön. 19, 19 ff.) (D. Ü.)] Schlagfertigkeit besitzen. Wer also Freiheit in der Erziehung befürwortet, kann damit nicht meinen, daß Kinder den ganzen Tag just das tun sollen, was sie wollen. Ohne ein Element der Disziplin und Autorität geht es nun einmal nicht; es fragt sich nur, wie weit und in welcher Weise es geltend zu machen ist.

Die Erziehung läßt sich unter mannigfaltigen Blickwinkeln betrachten: unter dem des Staates, der Kirche, des Lehrers, der Eltern, ja sogar (obwohl dies gewöhnlich vergessen wird) vom Standpunkt des Kindes selbst. Jeder dieser Standpunkte ist einseitig, von jedem Standpunkt aus wird etwas zum erzieherischen Ideal beigetragen, zugleich aber auch Elemente, die nicht gut sind. Wir wollen sie der Reihe nach prüfen und sehen, was für und gegen sie zu sagen ist.

Wir wollen mit dem Staat beginnen als der stärksten Macht bei der Entscheidung, wie die moderne Erziehung beschaffen sein soll. Das Interesse des Staates an der Erziehung ist sehr jungen Datums. In der Antike oder im Mittelalter bestand es nicht; bis zur Renaissance legte nur die Kirche Wert auf Erziehung. Mit der Renaissance setzte das Interesse an fortschrittlicher Gelehrsamkeit ein, das zur Gründung von Instituten wie des Collège de France führte, das als Gegengewicht zur theologischen Sorbonne gedacht war. Die Reformation hatte in England und Deutschland zur Folge, daß der Staat eine gewisse Aufsicht über die Universitäten und Lateinschulen auszuüben wünschte, um zu verhüten, daß sie Brutstätten des »Pfaffentums« blieben. Doch dieses Interesse legte sich bald. Der Staat nahm weder entscheidend noch ständig Anteil bis die sehr moderne Bewegung für die Einführung der allgemeinen Schulpflicht einsetzte. Dessenungeachtet hat der Staat heute bei schulischen Einrichtungen mehr mitzusprechen als alle anderen Instanzen zusammen.

Die Beweggründe zur Einführung der allgemeinen Schulpflicht waren verschiedener Art. Für ihre energischsten Fürsprecher war das Gefühl bestimmend, lesen und schreiben zu können sei an sich wünschenswert, eine unwissende Bevölkerung sei eine Schande für ein zivilisiertes Land und Demokratie ohne Bildung unmöglich. Diese Motive werden durch andere verstärkt. Man sah bald ein, daß die Erziehung kommerzielle Vorteile eintrug, die Jugendkriminalität herabsetzte und Möglichkeiten schuf, die Bevölkerung der Elendsviertel unter Aufsicht zu halten. Die Kirchenfeinde erblickten in der staatlichen Erziehung eine Gelegenheit, den Einfluß der Kirche zu bekämpfen, eine Überlegung, die in England und Frankreich erheblich ins Gewicht fiel. Die Nationalisten waren, namentlich nach dem französisch-preußischen Kriege, der Meinung, allgemeine Bildung werde die Kraft der Nation steigern. Alle diese weiteren Gründe standen indessen zunächst an zweiter Stelle. Der Hauptgrund für die Einführung der allgemeinen Schulpflicht war das Gefühl, daß Analphabetentum eine Schande sei.

Kaum war diese Einrichtung regelrecht eingeführt, als der Staat auch schon ihre vielseitigen Verwendungsmöglichkeiten erkannte. Sie macht die jungen Menschen gelehriger in bezug auf Gutes wie auf Schlechtes; sie bessert die Manieren und setzt die Kriminalität herab; sie erleichtert gemeinsames Handeln im Interesse der Allgemeinheit; sie steigert in dem Gemeinwesen das Verständnis für zentrale Leitung. Ohne sie kann die Demokratie nur als leere Form bestehen. Doch Demokratie bedeutet in den Augen von Politikern eine *Regierungs*form, das heißt: eine Methode, die Menschen das tun zu lassen, was ihre Führer wollen, während sie den Eindruck haben, sie täten, was sie selber wollen. Infolgedessen krankt die staatliche Erziehung an einer gewissen Einseitigkeit. Sie lehrt die Jugend (soweit sie kann), die bestehenden Einrichtungen zu respektieren, sich jeder grundlegenden Kritik an den jeweiligen Machthabern zu enthalten und fremde Völker mit Mißtrauen und Verachtung zu betrachten. Sie steigert das nationale Zusammengehörigkeitsgefühl auf Kosten sowohl des Internationalismus als auch der individuellen Entwicklung. Der Schaden, den die individuelle Entwicklung erleidet, ist eine Folge der Überbetonung der Autorität. Kollektive Gefühle werden mehr gefördert als individuelle und Widerspruch gegen die vorherrschenden Glaubensmeinungen wird streng unterdrückt. Gleichförmigkeit ist erwünscht, weil sie für den Leiter bequem ist, ohne Rücksicht darauf, daß sie nur mit geistiger Verkümmerung erzielt werden kann. Die dadurch entstehenden Übel sind so groß, daß ernstlich zu bezweifeln ist, ob die allgemeine Bildung im Endergebnis bisher von Nutzen oder von Schaden gewesen ist.

Der Standpunkt der Kirche bezüglich der Erziehung ist in der Praxis von dem des Staates nicht sehr verschieden. *Ein* wichtiger Unterschied besteht allerdings: die Kirche sähe es lieber, wenn die Laien überhaupt nicht gebildet wären; sie unterrichtet sie nur, wenn der Staat darauf besteht. Staat und Kirche möchten beide den Menschen Glaubenssätze einimpfen, die durch freie Forschung vermutlich leicht zu widerlegen wären. Aber das Glaubensbekenntnis des Staates ist leichter einer Bevölkerung einzuprägen, die die Zeitung lesen kann, während es für die Kirche einfacher ist, ihr Glaubensbekenntnis einem des Lesens und Schreibens völlig unkundigen Volke einzuimpfen. Staat und Kirche sind beide denkfeindlich, aber die Kirche ist außerdem gegen jeden Unterricht (ohne das allerdings heute noch laut werden zu lassen). Das wird vorübergehen und geht bereits vorüber, da die Kirchenbehörden die Technik, ohne Anregung der Denkfähigkeit zu unterrichten, immer mehr perfektionieren – eine Technik, mit der bereits vor langer Zeit die Jesuiten den Anfang gemacht haben.

Der Lehrer darf in der modernen Welt selten einen eigenen Standpunkt haben. Er wird von einer Schulbehörde ernannt und »fliegt«, wenn er beim Erziehen ertappt wird. Abgesehen von diesem ökonomischen Beweggrund, ist der Lehrer Versuchungen ausgesetzt, deren er sich vermutlich gar nicht bewußt ist. Er vertritt noch unmittelbarer als Staat und Kirche die Disziplin; er weiß von Amts wegen, was seine Schüler nicht wissen. Ohne ein Element der Disziplin und Autorität ist eine Klasse schwerlich in Ordnung zu halten. Es ist einfacher, einen Jungen dafür zu bestrafen, daß er Langeweile bezeigt, als selber interessant zu sein. Überdies wird wahrscheinlich selbst der beste Lehrer seine Bedeutung überschätzen und es für möglich und wünschenswert halten, seine Schüler zu der Sorte Menschen zu modeln, die er für die ideale hält. Lytton Strachey schildert, wie Dr. Arnold am Comer See wandelte und über das »sittlich Schlechte« meditierte. Sittlich schlecht war in seinen Augen alles, was er an seinen Jungen zu ändern wünschte. Der Glaube, daß sehr viel davon in ihnen stecke, war für ihn die Rechtfertigung dafür, sie seine Macht fühlen zu lassen und sich für einen Herrscher zu halten, dessen Pflicht es sei, mehr noch zu züchtigen als zu lieben. Diese Einstellung – deren Umschreibung mit den verschiedenen Epochen wechselt – ist bei jedem begeisterten Lehrer etwas Natürliches, wenn er nicht vor der starken Verlockung des Sichwichtigmachens auf der Hut ist. Trotzdem ist der Lehrer noch bei weitem die beste aller erzieherischen Kräfte, und vornehmlich auf ihn (oder sie) müssen wir unsere Hoffnung auf Fortschritt setzen.

Andererseits möchte der Lehrer auch mit seiner Schule Ehre einlegen. Folglich wünscht er, daß sich seine Jungen bei Sportveranstaltungen und Stipendiatenprüfungen auszeichnen; das veranlaßt ihn, eine bestimmte Elite überlegener Jungen unter Ausschluß der übrigen heranzubilden. Die übrigen kommen dabei zu kurz. Für einen Jungen ist es viel besser, wenn er ein Spiel schlecht spielt, als wenn er zusieht, wie andere es gut spielen. H. G. Wells erzählt in seinem *Life of Sanderson of Oundle*, wie heftig sich dieser wahrhaft große Lehrer gegen alles wandte, was die Fähigkeiten eines durchschnittlichen Knaben brachliegen ließ und nicht förderte. Als er Rektor wurde, stellte er fest, daß erwartet wurde, es würden nur bestimmte, auserwählte Knaben beim Gottesdienst singen; sie waren als Chor ausgebildet und der Rest hörte zu. Sanderson bestand darauf, daß alle mitsängen, ob musikalisch oder nicht. Damit bewies er, daß er über der natürlichen Voreingenommenheit eines Lehrers stand, dem es weniger um seine Jungen geht als darum, selbst Ehre einzulegen. Natürlich gäbe es, wenn man die Ehre gleichmäßig verteilte, keinen Konflikt zwischen diesen beiden Motiven: die Schule, die mit ihren Jungen am besten abschnitte, würde die meiste Anerkennung ernten. Aber in einer geschäftigen Welt werden die in die Augen fallenden Erfolge stets über ihre wirkliche Bedeutung hinaus geschätzt, so daß ein Konflikt zwischen diesen beiden Motiven kaum zu vermeiden ist.

Nun komme ich zum Standpunkt des Elternhauses. Er wird durch dessen jeweilige wirtschaftliche Verhältnisse bestimmt: der durchschnittliche Lohnempfänger hat ganz andere Wünsche als der durchschnittliche Angehörige eines freien Berufs. Der Durchschnittsarbeiter oder -angestellte möchte, daß seine Kinder so bald wie möglich in die Schule kommen, damit zu Hause weniger Unruhe herrscht; er möchte sie auch so bald wie möglich aus der Schule nehmen, damit sie mitverdienen. Als vor kurzem die britische Regierung die Ausgaben für das Erziehungswesen zu beschneiden beschloß, schlug sie vor, die Kinder sollten frühestens mit sechs Jahren eingeschult werden und brauchten nicht länger als bis zum Alter von dreizehn Jahren zur Schule zu gehen. Der erste Vorschlag wurde von der Bevölkerung mit einem derartigen Entrüstungsausbruch quittiert, daß man ihn fallenlassen mußte; die Empörung der geplagten Mütter (die kurz vorher das Stimmrecht erhalten hatten), war nicht zu beschwichtigen. Der zweite Vorschlag, die Herabsetzung des Schulentlassungsalters, fand schon eher Anklang. Parlamentskandidaten, die sich für eine bessere Erziehung einsetzten, würden bei den Versammlungsbesuchern ungeteilten Beifall ernten; bei der Bearbeitung ihres Wahlbezirks aber würden sie feststellen, daß die unpolitischen Arbeiter (die in der Mehrheit sind) den Wunsch haben, daß ihre Kinder so bald wie möglich für bezahlte Arbeit frei werden. Eine Ausnahme bilden hauptsächlich diejenigen, die hoffen, daß ihre Kinder mit einer gediegeneren Erziehung bessere soziale Aufstiegsmöglichkeiten haben.

Die Akademiker vertreten einen ganz anderen Standpunkt. Ihr eigenes Einkommen beruht darauf, daß sie eine bessere Erziehung genossen haben als der Durchschnitt; diesen Vorteil möchten sie auch ihren Kindern zukommen lassen. Dafür sind sie zu großen Opfern bereit. Aber in unserer modernen Wettbewerbsgesellschaft wollen die Eltern im allgemeinen nicht eine Erziehung, die an sich gut ist; sie wollen eine Erziehung, die besser sein soll als die anderer Leute. Dies läßt sich leichter möglich machen, wenn das Durchschnittsniveau niedrig gehalten wird; und deshalb können wir nicht erwarten, daß der Akademiker begeistert ist, wenn den Kindern der Arbeiter die Wege zu höherer Bildung geebnet werden. Wenn jeder Medizin studieren könnte, auch wenn er ganz arme Eltern hat, dann würden logischerweise die Ärzte fortan weniger verdienen, und zwar sowohl infolge der größeren Konkurrenz als auch infolge der besseren Gesundheit der Allgemeinheit. Das gleiche gilt für Juristen, Staatsbeamte usw. Daher wird der Akademiker all das Gute, was seinen Kindern zukommen soll, nicht für die breite Masse wünschen, wenn er nicht ungewöhnlichen Gemeinsinn besitzt.

Der Hauptfehler der Väter in unserer Wettbewerbsgesellschaft ist der Wunsch, mit ihren Kindern Ehre einzulegen. Dieser Wunsch wurzelt im Instinkt und ist nur mit eigens darauf abgestellten Bemühungen zu kurieren. Auch Mütter kranken, wenn auch in geringerem Maße, an diesem Fehler. Wir haben alle instinktiv das Gefühl, daß ein Abglanz von den Erfolgen unserer Kinder auf uns fällt, während uns ihre Mißerfolge mit Scham erfüllen. Leider sind die Erfolge, die uns vor Stolz schwellen lassen, oft von nicht wünschenswerter Art. Von den Anfängen der Zivilisation bis fast zu unserer Zeit – in China und Japan heute noch – haben Eltern das Eheglück ihrer Kinder geopfert und bestimmt, wen sie heiraten sollten, wobei sie sich fast immer für die reichste Partie entschieden, die zu haben war. In der westlichen Welt (mit teilweiser Ausnahme Frankreichs) haben sich die Kinder von dieser Sklaverei durch Rebellion befreit;

die elterlichen Instinkte aber haben sich nicht gewandelt. Nicht Glück noch Tugend, sondern weltlichen Erfolg wünscht sich der Durchschnittsvater für seine Kinder. Sie sollen so sein, daß er sich ihrer vor seiner Bekannten rühmen kann, und dieser Wunsch bestimmt weitgehend seine Bemühungen um ihre Erziehung.

Wenn die Erziehung durch Autorität geleitet werden soll, dann muß diese auf einer oder mehreren der Mächte beruhen, von denen wir gesprochen haben: auf dem Staat, der Kirche, dem Lehrer und dem Elternhaus. Wir haben gesehen, daß auf keine davon soweit Verlaß ist, daß sie in angemessener Weise für das Wohlergehen des Kindes sorgt, denn jede will das Kind für etwas einspannen, was mit seinem Wohlergehen nichts zu tun hat. Der Staat will, daß das Kind dem nationalen Aufstieg und der Erhaltung der bestehenden Regierungsform dient. Die Kirche will, daß das Kind dem Machtzuwachs der Geistlichkeit dient. Der Lehrer sieht in einer auf Wettbewerb eingestellten Welt zu oft die Schule unter dem gleichen Blickwinkel wie der Staat die Nation und möchte, daß das Kind die Schule berühmt macht. Die Eltern wollen, daß das Kind das Ansehen der Familie steigert. Das Kind selbst, als Selbstzweck, als einzelnes Menschenwesen, das Anspruch auf alles erdenkbare Glück und Wohlergehen hat, tritt bei diesen verschiedenen Zwecken gar nicht oder nur sehr partiell in Erscheinung. Leider fehlt dem Kinde die nötige Erfahrung, um sein Leben selbst in die Hand zu nehmen, und so wird es eine Beute unheilvoller Mächte, die sich an seiner Unschuld mästen. Darin besteht die Schwierigkeit der Erziehung als politisches Problem. Aber zuerst wollen wir sehen, was sich vom Standpunkt des Kindes dazu sagen läßt.

Es ist klar, daß die meisten Kinder, wenn sie sich selbst überlassen blieben, weder lesen noch schreiben lernen und ihren jeweiligen Lebensumständen nicht so gut angepaßt aufwachsen würden. Pädagogische Einrichtungen sind also unerläßlich, und die Kinder müssen bis zu einer gewissen Grenze einer Autorität unterstellt werden. Aber angesichts der Tatsache, daß keine Autorität ganz vertrauenswürdig ist, müssen wir versuchen, sie auf ein Mindestmaß zu beschränken, und Mittel und Wege finden, mit denen die natürlichen Wünsche und Triebe in nützliche Bahnen gelenkt werden können. Das ist in weit größerem Maße möglich, als man oft meint, denn die meisten jungen Menschen haben trotz allem das natürliche Verlangen, sich Wissen zu erwerben. Der traditionelle Pädagoge, dessen Wissen gar nicht mitteilenswert war und der nicht das geringste Geschick hatte, es anderen mitzuteilen, bildete sich ein, die Jugend hätte einen angeborenen Abscheu vor jedem Unterricht. Diesem Irrtum fiel er anheim, weil er seine eigene Unzulänglichkeit nicht erkannte. Es gibt eine reizende Geschichte von Tschechow von einem Mann, der ein Kätzchen lehren wollte, Mäuse zu fangen. Wenn es nicht hinter ihnen herlaufen wollte, schlug er es; das Ergebnis war, daß es sich selbst als ausgewachsene Katze entsetzt verkroch, wenn eine Maus da war. »Dieser Mann«, fügt Tschechow hinzu, »hat mir Latein beigebracht«. Nun können die Katzen ihre Jungen wohl das Mäusefangen lehren, sie warten damit aber, bis ihr Instinkt erwacht ist. Dann teilen die Kätzchen die Ansicht ihrer Alten, daß es sich lohnt, diese Kenntnisse zu erwerben, so daß es einer Züchtigung nicht bedarf.

Die ersten zwei oder drei Lebensjahre sind bis jetzt der Fuchtel des Pädagogen entgangen, und doch sind sich alle Fachleute darüber einig, daß dies die Jahre sind, in denen wir am meisten lernen. Jedes Kind lernt durch eigene Anstrengung sprechen. Jeder, der ein kleines Kind beobachtet hat, weiß, daß es dazu sehr beachtlicher Anstrengungen bedarf. Das Kind hört gespannt zu, beobachtet die Bewegung der Lippen, übt den ganzen Tag Laute und konzentriert sich mit verblüffendem Eifer. Natürlich ermuntern es die Erwachsenen, indem sie es loben; sie denken aber nicht daran, es zu bestrafen, wenn es einmal an einem Tag kein neues Wort lernt. Sie sorgen lediglich dafür, daß es nicht an Gelegenheit zum Lernen und an Lob fehlt. Es fragt sich, ob in weiteren Stadien mehr erforderlich ist.

Unerläßlich ist es, im Kinde oder im jungen Menschen das Gefühl zu wecken, daß es sich lohnt, das vermittelte Wissen zu besitzen. Bisweilen ist das schwierig, weil es sich in der Tat nicht lohnt, sich das betreffende Wissen anzueignen. Schwierig ist es auch, wenn erst eine beträchtliche Menge von Kenntnissen auf einem Gebiet sich als nützlich erweist, so daß der Schüler leicht zuerst nur Langeweile verspürt. In solchen Fällen ist die Schwierigkeit jedoch nicht unüberwindlich. Denken wir zum Beispiel an den Mathematikunterricht. Sanderson of Oundle stellte bei fast allen seinen Schülern ein Interesse für Maschinen fest und verschaffte ihnen Gelegenheit, recht kunstvolle Maschinen selbst zu basteln. Im Laufe dieses Werkunterrichts entdeckten sie, daß es ohne Berechnungen nicht ging, und so steigerte sich ihr Interesse an der Mathematik, von der das erhoffte Gelingen eines Konstruktionsversuchs abhing. Diese Methode ist kostspielig und erfordert Geduld und Geschick seitens des Lehrers. Sie verfolgt aber die gleiche Richtung wie der Instinkt des Schülers und ist daher vermutlich mit weniger Langeweile und größerer geistiger Anstrengung verknüpft. Anstrengung ist bei Tieren und Menschen etwas

Natürliches; es muß jedoch eine Anstrengung sein, zu der ein instinktiver Anreiz besteht. Ein Fußballkampf erfordert größere Anstrengung als die Tretmühle; doch das eine ist ein Vergnügen und das andere eine Strafe. Es ist falsch anzunehmen, daß geistige Anstrengung selten ein Vergnügen ist; richtig ist, daß sie erst unter gewissen Voraussetzungen zu einem Vergnügen wird, und daß bis vor kurzem noch kein Versuch gemacht worden ist, diese Voraussetzungen in der Erziehung zu schaffen. Die wichtigsten sind: 1. daß eine Aufgabe gestellt wird, deren Lösung wünschenswert ist; 2. daß ein Gefühl der Hoffnung besteht, möglicherweise eine Lösung zu finden. Erinnern wir uns, wie David Copperfield rechnen lernte:

»Und wenn die Lektion vorüber ist, kommt erst das Schlimmste in Gestalt eines entsetzlichen Rechenexempels. Das ist für mich erfunden und wird mir von Mrs. Murdstone mündlich übergeben. Es fängt an: wenn ich zu einem Käsehändler gehe und fünftausend Doppel-Gloucester-Käse zu vier und einem halben Pence das Stück gegen bar kaufe usw. Ich sehe schon, wie sich Mrs. Murdstone im geheimen freut. Bis gegen 4 Uhr brüte ich über diesen Käsen, ohne zu einem Resultat zu kommen, und wenn ich dann durch das Abwischen der schieferbeschmutzten Finger an dem schweißtriefenden Gesicht einen Mulatten aus mir gemacht habe, bekomme ich eine Schnitte Brot ohne Butter, die mir über die Käse hinweghelfen soll, und ich bin für den Rest des Abends in Ungnade gefallen.«

Selbstverständlich war von dem armen Jungen nicht zu erwarten, daß er sich im mindesten für die Käse interessierte oder die geringste Hoffnung hatte, das Rechenexempel richtig zu lösen. Wenn er sich einen Kasten von einer bestimmten Größe gewünscht und man ihm gesagt hätte, er solle sein Taschengeld sparen, bis er sich genügend Holz und Nägel kaufen könne, hätte das seine rechnerischen Fähigkeiten erstaunlich angeregt.

Rechenaufgaben, die ein Kind zu lösen hat, sollten nichts Hypothetisches enthalten. Ich erinnere mich an den Bericht eines kleinen Jungen über seine Rechenstunde. Die Erzieherin stellte die Aufgabe: »Wenn ein Pferd dreimal soviel wert ist wie ein Pony und das Pony 22 £ wert ist, wieviel ist dann das Pferd wert?« »War es schon mal aus dem Rennen?« fragte der Junge. »Das ist nicht wichtig«, sagte die Erzieherin. »O, James (der Reitknecht) sagt aber, das sei sehr wichtig.« Die Fähigkeit, hypothetische Wahrheiten zu verstehen, entwickelt sich beim logischen Denkvermögen mit am spätesten und sollte bei sehr jungen Menschen nicht erwartet werden. Von dieser Abschweifung müssen wir aber zum eigentlichen Thema zurückkehren.

Ich behaupte nicht, daß sich die geistigen Interessen *aller* Kinder durch entsprechende Anregung wecken lassen. Bei manchen liegt die Intelligenz unter dem Durchschnitt; sie müssen besonders behandelt werden. Es ist durchaus nicht wünschenswert, daß Kinder mit sehr unterschiedlichen Geistesgaben in dieselbe Klasse gesteckt werden; die klügeren werden sich langweilen, wenn Dinge erklärt werden, die sie genau verstehen, und die dümmeren werden ängstlich, wenn etwas als selbstverständlich betrachtet wird, was sie noch nicht begriffen haben. Unterrichtsstoffe und -methoden sollten aber der Intelligenz des Kindes angepaßt werden. Macaulay sollte in Cambridge Mathematik studieren; doch aus seinen Briefen geht deutlich hervor, daß das pure Zeitverschwendung war. Ich sollte Latein und Griechisch lernen, was mich verdroß; mir schien es albern, eine Sprache zu lernen, die nicht mehr gesprochen wurde. Ich glaube, das bißchen, was ich durch jahrelanges Studium der alten Sprachen gelernt habe, hätte ich mir als Erwachsener im Laufe eines Monats aneignen können. Nach Bewältigung des reinen Mindestmaßes an Lehrstoff sollte den Neigungen der Schüler Rechnung getragen und ihnen nur das beigebracht werden, was sie interessant finden. Das stellt gewisse Anforderungen an Lehrer, die es einfacher finden, langweilig zu sein, namentlich wenn sie überarbeitet sind. Aber die Schwierigkeiten wären zu überwinden, wenn die Unterrichtsstunden verkürzt und die Lehrer in der Kunst des Unterrichtens unterwiesen würden, wie es jetzt bei der Ausbildung von Volksschullehrern, jedoch nicht von Universitätsdozenten oder Lehrern für höhere Schulen geschieht.

Freiheit in der Erziehung ist vielgestaltig. Da ist zuerst die Freiheit des Lernens oder Nichtlernens, dann die Freiheit bezüglich dessen, was gelernt werden soll, und in der späteren Erziehung die Freiheit der Meinung. Die Freiheit, zu lernen oder nicht zu lernen, kann nur teilweise in der Kindheit zugestanden werden. Unbedingt sicherzustellen ist, daß alle, die nicht schwachsinnig sind, lesen und schreiben lernen. Wie weit das schon allein durch Beschaffung der dazu erforderlichen Gelegenheit geschehen kann, vermag nur die Erfahrung zu lehren. Aber selbst wenn die Gelegenheit schon genügt, muß sie doch den Kindern erst aufgezwungen werden. Die meisten würden lieber draußen spielen, wo es an den erforderlichen Gelegenheiten fehlt. Später könnte man dann die Wahl den jungen Menschen überlassen, ob sie zum Beispiel auf die Universität gehen wollen; manche würden diesen Wunsch haben, andere nicht. Das wäre ein ebenso gutes Ausleseprinzip wie die Zulassung auf Grund einer Prüfung. Wer nicht arbeitet, sollte nicht auf der Universität bleiben dürfen. Die reichen jungen Leute, die heutzutage ihre Zeit im College verschwenden, wirken demoralisierend auf andere und gewöhnen sich daran, überflüssig zu sein. Wenn der Verbleib dort von harter Arbeit abhinge, würden die Universitäten ihre Anziehungskraft für Leute verlieren, die eine Abneigung gegen geistige Anstrengung haben.

Weit größere Freiheit als bisher sollte bezüglich der Wahl des zu Lernenden herrschen. Ich halte es für notwendig, die verschiedenen Disziplinen nach ihrer natürlichen Verwandtschaft zu ordnen; das Wahlsystem, das es einem jungen Menschen freistellt, unzusammenhängende Fächer zu wählen, hat große Nachteile. Wenn ich in Utopia mit unbegrenzten Mitteln die Erziehung organisieren sollte, würde ich jedem Kinde im Alter von etwa 12 Jahren Unterricht in den alten Sprachen, in Mathematik und Naturwissenschaften erteilen. Nach zwei Jahren müßte sich dann herausgestellt haben, wo die Begabung des Kindes liegt, und die Neigungen des Kindes wären ein sicherer Hinweis, vorausgesetzt, daß es keine »faulen Fächer« zur Wahl hat. Folglich würde ich jedem Jungen oder Mädchen erlauben, wenn es den Wunsch dazu hat, sich mit 14 Jahren zu spezialisieren. Zunächst sollte die Spezialisierung noch in sehr weitgesteckten Grenzen erfolgen, sich aber allmählich auf ein engeres Gebeit beschränken. Die Zeiten, wo man sich Universalbildung erwerben konnte, sind vorüber. Ein fleißiger Mensch kann sich einiges von der Geschichte und der Literatur aneignen, wozu die Kenntnis der alten und neuen Sprachen erforderlich ist. Oder er beherrscht einige Gebiete der Mathematik oder einige Zweige der Naturwissenschaften. Doch das Ideal »allseitiger« Bildung ist nicht mehr zeitgemäß; es ist dem wissenschaftlichen Fortschritt zum Opfer gefallen.

Meinungsfreiheit auf Seiten der Lehrer wie der Schüler ist die wichtigste der verschiedenen Freiheitsarten und die einzige, die überhaupt keine Begrenzung erfordert. In Anbetracht dessen, daß sie nicht existiert, ist eine Rekapitulation der Argumente zu ihren Gunsten der Mühe wert.

Das Hauptargument für die Meinungsfreiheit ist die Zweifelhaftigkeit alles von uns Geglaubten. Wenn wir mit Bestimmtheit die Wahrheit wüßten, dann spräche manches dafür, sie zu lehren. In diesem Falle aber könnte sie kraft der ihr innewohnenden Vernünftigkeit gelehrt werden, ohne daß an eine Autorität appelliert zu werden brauchte. Es ist nicht notwendig, ein Gesetz zu schaffen, daß niemand Rechenunterricht erteilen darf, der ketzerische Ansichten in bezug auf das Einmaleins vertritt, weil hier die Wahrheit klar ist und nicht mit Strafen durchgesetzt zu werden braucht. Wenn sich der Staat einmischt, um sicherzustellen, daß eine Doktrin gelehrt werde, so tut er das, *weil* es keinen stichhaltigen Beweis für diese Doktrin gibt. Die Folge ist, daß dieser Unterricht nicht wahrhaftig ist, auch wenn er zufällig wahr sein sollte. Im Staat New York war es bis vor kurzem gesetzwidrig, zu lehren, der Kommunismus sei gut; in Sowjetrußland ist es gesetzwidrig, zu lehren, der Kommunismus sei schlecht. Zweifellos ist eine von diesen Meinungen richtig und die andere falsch, aber niemand weiß, welche. Entweder New York oder Rußland lehrte die Wahrheit und verwarf die Falschheit, aber beide lehrten nicht wahrhaftig, weil beide eine zweifelhafte Behauptung als sicher hinstellten.

Der Unterschied zwischen Wahrheit und Wahrhaftigkeit ist in diesem Zusammenhang wichtig. Die Wahrheit ist für die Götter; von unserem menschlichen Standpunkt aus betrachtet, ist sie ein Ideal, dem wir uns zwar nähern, das zu erreichen wir aber nicht hoffen können. Die Erziehung sollte uns mit dem nötigen Rüstzeug versehen, damit wir der Wahrheit möglichst nahe kommen, und dazu muß sie uns Wahrhaftigkeit lehren. Wahrhaftigkeit, wie ich sie verstehe, ist die Gewohnheit, uns unsere Meinungen auf Grund der Evidenz zu bilden und sie mit dem Grad von Überzeugung zu vertreten, den die Evidenz rechtfertigt. Dieser Grad wird stets hinter der vollkommenen Gewißheit zurückbleiben; deshalb müssen wir immer bereit sein, eine neue Evidenz, die unseren bisherigen Glauben widerlegt, anzuerkennen. Außerdem müssen wir, wenn wir aufgrund eines Glaubens handeln, möglichst nur solche Dinge tun, die auch dann nützlich sind, wenn unser Glaube mehr oder minder unrichtig ist; wir sollten solche Handlungen vermeiden, die sich als unheilvoll erweisen könnten, falls unser Glaube nicht *vollkommen* richtig ist. In der Wissenschaft legt der Beobachter seine Ergebnisse mit dem Vorbehalt »wahrscheinlichen Irrtums« dar; wer aber hätte jemals einen Theologen oder Politiker bei seinen Dogmen von wahrscheinlichem Irrtum sprechen oder etwa zugeben hören, daß ein Irrtum denkbar sei? Der Grund ist der, daß sich in der Wissenschaft, wo wir wirklicher Erkenntnis am nächsten kommen, ein Mensch fest auf die Beweiskraft seines Arguments verlassen kann, während dort, wo nichts bekannt ist, gewöhnlich mit großer Lautstärke vorgetragene Versicherungen und Hypnotismus die Mittel sind, andere zu unserem Glauben zu bekehren. Wenn die Fundamentalisten glaubten, einen sicheren Beweis gegen die Evolution zu haben, würden sie dennoch das Lehren dieser Theorie nicht für gesetzwidrig erklären.

Die Gewohnheit, eine politische, religiöse oder moralische Orthodoxie zu lehren, hat alle möglichen schlechten Auswirkungen. Zunächst schließt sie alle die Leute vom Lehrberuf aus, die Ehrlichkeit mit geistiger Regsamkeit vereinen und genau die Menschen sind, die vermutlich den besten sittlichen und geistigen Einfluß auf ihre Schüler hätten. Hier drei Beispiele. 1. Beispiel, die Politik betreffend: von einem Lehrer der Wirtschaftswissenschaften wird in Amerika erwartet, daß er nur solche Doktrinen lehrt, die zum Reichtum und zur Macht der Schwerreichen beitragen; tut er das nicht, dann wird er es ratsam finden, woanders hinzugehen, wie Mr. Harold Laski, früher Harvard, jetzt einer der angesehensten Dozenten an der London School of Economics. 2. Beispiel, die Religion betreffend: die meisten geistig bedeutenden Menschen glauben nicht an die Wahrheit der christlichen Religion, halten das aber vor der Öffentlichkeit geheim, aus Angst, ihr Einkommen zu verlieren. So ist auf dem wichtigsten aller Gebiete die Mehrzahl der Menschen, deren Ansichten und Argumente zu erfahren äußerst gewinnbringend wäre, zum Schweigen verurteilt. 3. Beispiel, die Moral betreffend: praktisch alle Männer sind zu irgendeiner Zeit ihres Lebens unkeusch; natürlich sind diejenigen, die diese Tatsache vor der Öffentlichkeit verheimlichen, schlechter als die, die das nicht tun, weil sie sich auch noch der Heuchelei schuldig machen. Doch nur den Heuchlern stehen Lehrämter offen. Soviel über den Einfluß der Orthodoxie auf die Wahl und den Charakter von Lehrern.

Und nun zu den Schülern. Die Auswirkungen auf sie möchte ich in zwei Gruppen gliedern, in geistige und moralische. 1. Geistige Auswirkungen: Was einen jungen Menschen reizt, ist ein Problem von unzweifelhafter praktischer Bedeutung, über das, wie er feststellt, die Ansichten auseinandergehen. Ein junger Mann, der zum Beispiel Wirtschaftswissenschaft studiert, sollte Vorlesungen von Individualisten und Sozialisten, Befürwortern der Schutzzölle, Anhängern des Freihandels, von Inflationisten und Verfechtern des Goldstandards hören. Er sollte dazu angehalten werden, die besten Bücher der verschiedenen Schulen zu lesen, wie sie ihm von denen empfohlen werden, die an sie glauben. Dadurch würde er lernen, Argumente und Evidenz sorgfältig zu prüfen, zu erkennen, daß keine Ansicht bestimmt richtig ist, und Menschen vor allem nach ihrem Wert und weniger nach ihrer Übereinstimmung mit bestehenden Anschauungen zu beurteilen. Geschichte sollte nicht nur vom Standpunkt des eigenen Landes, sondern auch vom Standpunkt des Auslandes her gelehrt werden. Würde in England Geschichte von Franzosen und in Frankreich von Engländern gelehrt, gäbe es keine Unstimmigkeit zwischen beiden Ländern, weil jedes den Standpunkt des anderen verstünde. Ein junger Mensch sollte bedenken lernen, daß alle Fragen offen sind und ein Argument bis zu Ende verfolgt werden muß, wohin es auch führen mag. Die Anforderungen des praktischen Lebens werden dieser Einstellung nur zu bald, nämlich sobald er anfängt, sich sein Brot zu verdienen, ein Ende machen; bis dahin sollte er angespornt werden, die Freuden freier Spekulation auszukosten.

Auch in moralischer Hinsicht ist das Lehren einer Orthodoxie für die Jugend sehr unzuträglich. Nicht nur, weil es die fähigeren Lehrer zwingt, zu Heuchlern zu werden und damit ein schlechtes Beispiel zu geben; wichtiger ist, daß es zu Unduldsamkeit und zur Entwicklung des Herdeninstinkts anregt. Edmund Gosse berichtet in *Father and Son*, wie ihm, als er noch ein Knabe war, sein Vater mitteilte, daß er sich wieder verheiraten werde. Der Junge merkte, daß da etwas war, dessen sich sein Vater schämte; schließlich fragte er mit dem Ausdruck des Entsetzens: »Vater, ist es eine Kindertäuferin?« Und so war es. Bis zu diesem Augenblick hatte er geglaubt, alle Kindertäufer seien schlecht. Ebenso glauben die Kinder in katholischen Schulen, die Protestanten seien schlecht; die Kinder jeder Schule jedes englisch sprechenden Landes glauben, die Atheisten seien schlecht; die Kinder in Frankreich glauben, die Deutschen seien schlecht, und die Kinder in Deutschland glauben, die Franzosen seien schlecht. Wenn eine Schule es als zu ihren Aufgaben gehörig betrachtet, eine Ansicht zu lehren, die verstandesmäßig nicht zu vertreten ist (was praktisch alle Schulen tun), dann muß sie zwangsläufig die Verfechter einer gegensätzlichen Anschauung als moralisch schlecht hinstellen, da sie sonst nicht die nötige Leidenschaft zu entfachen vermag, die zur Abwehr von Angriffen seitens der Vernunft nötig ist. Also läßt man die Kinder um der Orthodoxie willen unbarmherzig, unduldsam, grausam und kriegslustig werden. Das ist unvermeidlich, solange bestimmte politische, moralische und religiöse Anschauungen diktiert werden.

Schließlich entsteht aus dieser moralischen Schädigung des einzelnen unermeßlicher Schaden für die Gesellschaft. Überall grassieren Krieg und Verfolgung, und überall werden sie möglich gemacht durch das, was in den Schulen gelehrt wird. Wellington pflegte zu sagen, die Schlacht von Waterloo sei auf den Sportplätzen von Eton gewonnen worden. Er wäre der Wahrheit näher gekommen, wenn er gesagt hätte, der Krieg gegen das revolutionäre Frankreich sei in den Klassenzimmern von Eton angezettelt worden. In unserem demokratischen Zeitalter hat Eton seine Bedeutung verloren; heute kommt es auf die gewöhnlichen Volks- und höheren Schulen an. In jedem Lande wird mit Fahnenschwenken, Reichsfeiertagen, Feiern des 14. Juli, Offiziersanwärterkorps usw. alles getan, um den Jungen den Geschmack am Morden beizubringen und den Mädchen die Überzeugung einzuimpfen, daß dem Morden sich widmende Männer die größte Hochachtung verdienen. Dieses ganze System moralischer Degradierung, dem unschuldige Jungen und Mädchen ausgeliefert sind, würde es überhaupt nicht geben, wenn die Unterrichtsbehörden Lehrern und Schülern das Recht der freien Meinungsäußerung einräumten.

Die Wurzel des Übels ist die Reglementierung. Die Erziehungsbehörden betrachten die Kinder nicht, wie man es von der Religion annimmt, als Menschenwesen mit Seelen, die gerettet werden müssen. Sie betrachten sie als Material für großartige soziale Vorhaben: als künftige »Hände« in den Fabriken oder als »Bajonette« im Kriege und was nicht alles. Kein Mensch ist zum Erzieher geeignet, der nicht jeden Schüler als Selbstzweck ansieht, als Menschen mit eigenen Rechten und eigener Persönlichkeit, nicht bloß als Teilchen in einem Zusammensetzspiel, als Soldaten eines Regiments oder als Bürger eines Staates. Ehrfurcht vor der menschlichen Persönlichkeit ist der Weisheit Anfang in jeder sozialen Frage, vor allem aber in der Erziehung.

Freedom versus Authority in Education. Siehe: Sceptical Essays; London 1928. Skepsis; Frankfurt am Main, Bonn 1964, S. 156–70. Aus dem Englischen von Dr. Ruth Gillischewski.

6. Erziehung und Disziplin

[1934]

Jede ernsthafte pädagogische Theorie muß zweierlei umfassen: eine feste Vorstellung von den Zwecken und Zielen des Lebens und eine wissenschaftliche Kenntnis der psychologischen Dynamik, d. h. der Gesetze der geistig-seelischen Entwicklungen und Veränderungen. Zwei Menschen von unterschiedlicher Auffassung über Zweck und Ziel des Lebens werden unmöglich in der Frage der Erziehung übereinstimmen können. In der ganzen westlichen Zivilisation wird der Erziehungsapparat von zwei ethischen Theorien beherrscht: dem Christentum und dem Nationalismus. Diese beiden sind, sofern sie ernstgenommen werden, miteinander unvereinbar, wie sich in Deutschland zeigt. Ich persönlich behaupte, daß dort, wo sich die beiden nicht vertragen, dem Christentum der Vorzug zu geben sei, daß sie aber beide mißverstanden werden, wo sie zusammengehen. Statt dessen würde ich als Sinn und Zweck der Erziehung den Begriff der Zivilisation setzen, ein Ausdruck, der nach meiner Auffassung eine teils individuelle, teils soziale Bedeutung hat.

Zivilisation besteht, wenn wir ihre individuelle Seite betrachten, sowohl aus intellektuellen wie aus ethischen Werten: intellektuell gesehen aus einem gewissen Mindestmaß an Allgemeinwissen, Beherrschung der Technik des jeweiligen Berufs und der Gewohnheit, sich an augenscheinlichen Gewißheiten eine Meinung zu bilden; ethisch gesehen aus Unparteilichkeit, Wohlwollen und ein wenig Selbstbeherrschung. Und ich sollte noch eine Eigenschaft hinzufügen, die weder intellektuell noch ethisch, aber vielleicht psychologisch ist: Wohlbehagen und Lebensfreude. In der Gemeinschaft fordert die Zivilisation Achtung vor den Gesetzen, Gerechtigkeit dem Mitmenschen gegenüber, Zielsetzungen, die ständiges Unrecht einem Teil der Menschheit gegenüber ausschließen, und kluge Wahl der Mittel, die dem Erreichen der Ziele dienen sollen.

Wenn dies alles der Zweck der Erziehung sein soll, dann ist es Aufgabe der wissenschaftlichen Psychologie, zu erwägen, auf welche Weise es sich verwirklichen läßt und insbesondere, welches Maß an Freiheit sich dabei höchstwahrscheinlich als am wirksamsten erweisen wird.

Zum Problem der Freiheit in der Erziehung haben wir heute hauptsächlich drei geistige Richtungen, die teils aus abweichenden Auffassungen von den Zielen und teils aus unterschiedlichen psychologischen Theorien entstanden sind. Die einen sagen, alle Kinder sollten vollkommen frei aufwachsen, so schlecht geartet sie auch immer sein mögen; die andern behaupten, sie müßten voll und ganz einer Autorität unterworfen werden, so gutartig auch immer sie sein mögen; und die dritten erklären, die Kinder sollten ohne Zwang aufwachsen, jedoch ungeachtet dieser Freiheit immer gut und brav sein. Diese letzte Gruppe ist größer, als irgendwie logisch berechtigt erscheint, denn Kinder werden so wenig wie Erwachsene durchweg tugendhaft sein, wenn sie alle ganz frei sind. Die Ansicht, daß Freiheit moralische Vollkommenheit gewährleistet, ist ein Überbleibsel aus der Zeit des Rousseauismus und könnte einer wissenschaftlichen Untersuchung der Tiere und Kleinkinder nicht standhalten. Die Anhänger dieser Überzeugung glauben, die Erziehung brauche keinem positiven Zweck zu dienen und solle nur eine angemessene Umgebung für die Entfaltung der natürlichen Anlagen des Kindes schaffen. Ich kann mich dieser Schule nicht anschließen, die mir allzu individualistisch und ungebührlich gleichgültig der Bedeutung der Wissenschaft gegenüber erscheint. Wir leben nun einmal in Gemeinschaften, die eine Zusammenarbeit erfordern, und es wäre utopisch, anzunehmen, die ganze notwendige Zusammenarbeit könne sich zwanglos aus dem natürlichen Impuls des einzelnen ergeben. Das Fortbestehen einer großen Bevölkerung auf begrenztem Raum ist nur dank Wissenschaft und Technik möglich; die Erziehung muß daher das erforderliche Mindestmaß von beiden vermitteln. Die Pädagogen, die ein Höchstmaß an Freiheit einräumen, sind Menschen, deren Erfolg auf Güte, Selbstzucht und geschulter Intelligenz beruht, wie sie aber in diesem Maße schwerlich heranzubilden sind, wo jedem Impuls ungehindert nachgegeben wird; ihre Verdienste werden sich daher kaum forterben, wenn sie ihre Methoden nicht ändern. Vom Standpunkt der Gemeinschaft aus gesehen muß die Erziehung etwas Positiveres sein und nicht allein die Gelegenheit zum Heranwachsen bieten. Selbstverständlich muß sie auch das ermöglichen, zugleich aber für ein geistiges und moralisches Rüstzeug sorgen, wie es die Kinder aus eigenem nicht erwerben können.

Die Argumente zugunsten einer Erziehung, die sehr viel Freiheit einräumt, stützen sich nicht auf den Glauben an die von Natur guten Anlagen des Menschen, vielmehr auf die Auswirkung der Autorität sowohl auf die, die ihr unterworfen werden, als auch auf die, die sie ausüben. Diejenigen, die der Autorität ausgeliefert sind, werden entweder unterwürfig oder aufsässig, und beides hat seine Nachteile. Der unterwürfige Mensch büßt im Denken wie im Handeln die Kraft zur Initiative ein; außerdem sucht sich sein Ärger über die eigene Gehemmtheit meist ein Ventil im Unterdrücken des Schwächeren. Daher hat alles, was ein tyrannisches Vorzeichen trägt, so gefährlich fortwirkende Kraft: was ein Mann von seinem Vater zu erdulden hatte, gibt er an seinen Sohn weiter, und die Demütigungen, deren er sich aus seiner Schulzeit erinnert, überträgt er, wenn er als Staatsbeamter ins Ausland geht, auf die Eingeborenen. Auf diese Weise macht eine ungebührliche Erziehung aus den Schülern furchtsame Tyrannen, die nicht mehr fähig sind, Ursprünglichkeit in Tat oder Wort zu fordern oder auch nur zu dulden. Die Wirkung auf die

Erzieher ist ebenfalls schlecht: sie stehen in Gefahr, sadistische Zuchtmeister zu werden, die mit Genuß Schrecken verbreiten und sonst gar nichts. Da diese Männer die Wissenschaft vertreten, lernen die Schüler das Wissen zu verabscheuen, was nach Ansicht der englischen Oberschicht zur Natur des Menschen gehört, in Wirklichkeit aber auf dem begründeten Haß gegenüber autoritären Pädagogen beruht.

Die Rebellen andererseits werden, obwohl sie notwendig sein mögen, dem Bestehenden gegenüber kaum gerecht sein können. Außerdem gibt es viele Arten zu rebellieren, und nur sehr wenige kann man als klug bezeichnen. Galilei war ein Rebell und zugleich klug; die Anhänger der Theorie, die Erde sei eine flache Scheibe sind ebenfalls Rebellen, aber töricht. Es ist sehr gefährlich annehmen zu wollen, daß Opposition gegen die Autorität an sich schon verdienstvoll sei und daß ungewöhnliche Ansichten zwangsläufig richtig sein müssen: wer Steine nach Straßenlaternen wirft oder behauptet, Shakespeare sei kein Dichter, dient damit noch keinem nützlichen Zweck. Und doch wird häufig ein derart extrem aufrührerischer Geist hervorgerufen durch zuviel Autorität gegenüber lebhaften begabten Schülern. Und wenn solche Empörer dann Erzieher werden, unterstützen sie zuweilen Trotz und Auflehnung bei ihren Schülern, für die sie gleichzeitig eine vollkommene Umgebung zu schaffen suchen, obwohl diese beiden Ziele schwerlich miteinander vereinbar sind.

Wir brauchen aber weder Unterwürfigkeit noch den Geist des Aufruhrs, sondern schlichte Gutherzigkeit und ein allgemeines Wohlwollen gegenüber Menschen und neuen Ideen. Diese Eigenschaften beruhen teilweise auf körperlichen Voraussetzungen, denen altmodische Erzieher zu wenig Beachtung schenkten; sie sind aber in noch höherem Maße abhängig davon, daß kein Gefühl verächtlicher Schwäche und Unfähigkeit aufkommt, wie es entsteht, wenn wesentliche, lebendige Impulse unterdrückt werden. Sollen die Jugendlichen zu freundlich gesonnenen Menschen heranwachsen, dann brauchen sie in den meisten Fällen die Empfindung, daß ihre Umgebung ihnen wohlwollend gegenübersteht. Das bedingt eine gewisse Sympathie für die Wünsche, die dem Kind selbst wichtig sind, und nicht nur das Bemühen, es für abstrakte Ziele einzusetzen, wie zur Ehre Gottes oder zum Ruhm des Vaterlandes. Und im Unterricht sollte alles Erdenkliche versucht werden, um dem Kind das Gefühl zu geben, es lohne sich zu wissen, was da gefordert wird – zumindest sofern das zutrifft. Wenn der Schüler gern mitarbeitet, lernt er doppelt so schnell und ermüdet nicht halb so stark. Das alles sind triftige Gründe, die für ein sehr großes Maß an Freiheit sprechen.

Man kann allerdings, auf diese Begründung gestützt, leicht zu weit gehen. Es ist unerwünscht, daß Kinder, die man vor den Fehlern einer sklavischen Einstellung bewahren will, statt dessen in die Fehler des Aristokraten verfallen. Achtung vor anderen, nicht nur in großen, sondern auch in alltäglichen Fragen ist ein wesentliches Element der Zivilisation, ohne das das Gemeinschaftsleben unerträglich wäre. Ich denke dabei nicht nur an die reinen Höflichkeitsformen, wie »bitte« und »danke« zu sagen: bei den Barbaren sind derartige Umgangsformen oft stark entwickelt, während sie sich mit dem Fortschritt der Kultur immer mehr verlieren. Ich meine vielmehr die Bereitschaft, ein gerechtes Maß an notwendiger Arbeit auf sich zu nehmen und zuvorkommend zu sein im kleinen, um dadurch Störungen des Gleichgewichts im großen zu verhindern. Klarer Blick und gesunder Menschenverstand gehören ebenfalls zur Höflichkeit und man sollte sich nicht so verhalten, daß das Kind sich allmächtig fühlt oder glaubt, die Erwachsenen seien nur dazu da, den Kindern möglichst viel Vergnügen zu bereiten. Und diejenigen, die etwas gegen das müßige Dasein der reichen Leute einzuwenden haben, gehen recht unlogisch vor, wenn sie ihre Kinder aufziehen, ohne ihnen die Überzeugung zu vermitteln, daß Arbeit etwas Notwendiges ist, und ohne sie zu jenen Gewohnheiten zu erziehen, die ein gleichmäßiges, fleißiges Bemühen ermöglichen.

Und noch einer weiteren Erwägung legen die Vorkämpfer der Freiheit zu wenig Bedeutung bei. In einer Gemeinschaft von Kindern, die man ohne das Eingreifen von Erwachsenen sich selbst überläßt, entsteht eine Tyrannei der Stärkeren, die wahrscheinlich weit brutaler ist als in der Regel der von Erwachsenen ausgeübte Zwang. Wenn man zwei zwei- oder dreijährige Kinder im Spiel allein läßt, werden sie nach ein paar Kraftproben erkennen, wer zum Sieger bestimmt ist, woraufhin der andere zum Sklaven wird. In einem größeren Kreis von Kindern erringen ein oder zwei die unumschränkte Herrschaft und die übrigen haben weit weniger Freiheit, als sie andernfalls hätten, wenn nämlich die Erwachsenen eingriffen, um die schwächeren und minder streitsüchtigen zu schützen. Achtung vor anderen entsteht bei den meisten Kindern nicht aus natürlichem Antrieb, muß vielmehr gelehrt werden und läßt sich schwerlich lehren ohne Einsatz einer gewissen Autorität. Das ist vielleicht das gewichtigste Argument gegen das Abdanken der Erwachsenen.

Mir scheint, die Pädagogen haben bisher das Problem noch nicht gelöst, wie sich die wünschenswerten Formen der Freiheit mit dem notwendigen Mindestmaß an moralischer Schulung vereinen lassen.

Allerdings ist häufig die richtige Lösung schon durch manche Eltern unmöglich gemacht, bevor das Kind noch in einen aufgeklärten Schulbetrieb aufgenommen wird. Wie die Psychoanalytiker aus ihrer klinischen Erfahrung heraus schließen, daß wir alle verrückt seien, so neigen auch die Autoritäten an den modernen Schulen dazu, aus ihrem Umgang mit Schülern, deren Eltern die Unlenksamkeit der Kinder verschuldet haben, zu folgern, daß alle Kinder »schwierig« und alle Eltern äußerst töricht sind. Kinder, die durch elterliche Gewalt (die häufig die Form überängstlicher Zuneigung annimmt) wild geworden sind, werden vielleicht auf längere oder kürzere Zeit der absoluten Freiheit bedürfen, ehe sie einem Erwachsenen ohne Mißtrauen begegnen können. Kinder aber, die daheim verständig behandelt worden sind, können ein wenig straffere Zügel vertragen, solange sie dabei das Gefühl haben, daß dadurch ihre Entwicklung auf den Gebieten gefördert wird, die ihnen selbst wichtig sind. Erwachsene, die Kinder lieben und sich im Umgang mit ihnen nicht bis zur Erschöpfung nervös machen lassen, können durch Erziehung zu Disziplin sehr viel erreichen, ohne daß ihre Schüler ihnen deshalb mit unfreundlichen Gefühlen gegenüberstehen.

Meiner Meinung nach neigen die modernen Erziehungstheoretiker dazu, den negativen Auswirkungen, die ein Einwirken auf Kinder haben kann, zuviel Bedeutung beizumessen und zuwenig das Positive zu beachten, das sich aus der Freude am Umgang mit ihnen ergibt. Wenn man an Kindern ein Wohlgefallen findet, wie manche Leute es etwa für Pferde oder Hunde empfinden, dann werden die Kinder auf Ratschläge eingehen und sogar Verbote anerkennen können; sie mögen dabei vielleicht ein bißchen gutmütig brummen, aber keinen bleibenden Groll im Herzen bewahren. Es nützt aber nichts, Kindern jene Zuneigung zu schenken, die in ihnen geeignete Versuchsobjekte für wertvolle gesellschaftliche Bestrebungen sieht oder – was auf dasselbe herauskommt – Geschöpfe, an denen man Machtimpulse abreagieren kann. Kein Kind wird uns ein Interesse zu danken wissen, das nicht ihm selbst gilt, sondern nur dem zuverlässigen künftigen Wähler unserer Partei oder einem Leib und Leben, das möglicherweise für König und Vaterland zum Opfer gebracht werden könnte. Wünschenswert ist das Interesse, das nur aus der spontanen Freude am Umgang mit Kindern ohne jeden höheren Zweck besteht. Lehrer, die diese Fähigkeit haben, werden die Freiheit der Kinder selten einzuschränken brauchen, es aber andernfalls und wenn nötig tun können, ohne damit psychischen Schaden anzurichten.

Unglücklicherweise ist es für überlastete Lehrer fast ein Ding der

Unmöglichkeit, sich eine instinktive Zuneigung für die Kinder zu erhalten; sie werden allmählich für Kinder unweigerlich das gleiche empfinden wie der sprichwörtliche Konditorlehrling für Makronen. Daher meine ich, daß Schulunterricht und -erziehung von niemandem vollberuflich ausgeübt werden sollte: Schulunterricht sollte täglich höchstens zwei Stunden lang von Menschen erteilt werden, die die übrigen Tagesstunden fern von allen Kindern verbringen. Das Zusammensein mit Jugendlichen ist anstrengend und ermüdend, vor allem wenn strenge disziplinarische Maßnahmen vermieden werden. Überanstrengung und Ermüdung führen aber schließlich zu Gereiztheit, die meist irgendwie zum Ausdruck kommt, ungeachtet aller Theorien, die der erschöpfte Lehrer oder die Lehrerin sich zu eigen gemacht haben. Denn das erforderliche Wohlwollen läßt sich nicht allein durch Selbstbeherrschung aufrechterhalten. Wo dieses Wohlwollen aber besteht, dürften vorbeugende Regeln betreffs die Behandlung »ungezogener« Kinder überflüssig sein, da der echte Impuls meist zu richtigen Entscheidungen führen wird, und fast jede Entscheidung wird richtig sein, wenn das Kind spürt, daß man es gern hat. Keine Regel und keine Vorschrift, so klug sie auch sein mag, kann Zuneigung und Taktgefühl ersetzen.

Education and Discipline. Siehe: In Praise of Idleness; London 1935. Lob des Müßiggangs; Hamburg, Wien 1972, S. 223–33. Aus dem Englischen von Elisabeth Fischer-Wernecke.

7. Die Aufgaben des Lehrers

[1940]

Mehr noch als die meisten anderen höheren Berufe hat sich der Lehrberuf während der letzten hundert Jahre aus einer kleinen, hochqualifizierten Gruppe von Spezialisten, die sich mit einer Minderheit der Bevölkerung befaßten, zu einem ausgedehnten und wichtigen Zweig des öffentlichen Dienstes entwickelt. Der Beruf hat eine große und ehrenvolle Tradition, die aus grauer Vorzeit bis in die Gegenwart reicht; aber jedem Lehrer, der sich von den Idealen seiner Vorgänger inspirieren läßt, wird man wahrscheinlich deutlich zu verstehen geben, daß es nicht seine Aufgabe ist, zu lehren, was er denkt, sondern seinen Schülern jene Überzeugungen und Vorurteile einzuflößen, die seine Dienstgeber für nützlich halten. Früher erblickte man in einem Lehrer einen Mann von außergewöhnlicher Bildung oder Weisheit, nach dessen Worten man sich füglich richten konnte. Im Altertum bildeten die Lehrer keinen organisierten Berufsstand und ihre Tätigkeit wurde nicht überwacht. Gewiß wurden sie oft für ihre aufrührerischen Lehren bestraft. Sokrates wurde hingerichtet, Plato angeblich ins Gefängnis geworfen; aber solche Vorfälle taten der Verbreitung ihrer Lehren keinen Eintrag. Jeder Mensch, der die innere Berufung zum Lehrer hat, wird lieber in seinen Büchern weiterleben wollen als in Fleisch und Blut. Der Lehrer muß sich geistig unabhängig wissen, soll er seine Aufgaben wirklich erfüllen; liegt es doch an ihm, zur Bildung der öffentlichen Meinung möglichst viel Wissen und Vernunft beizusteuern. Im Altertum erfüllte er diese Aufgabe ungehindert, abgesehen von gelegentlichen unvermittelten und wirkungslosen Eingriffen von Tyrannen oder des Pöbels. Im Mittelalter wurde die Lehrtätigkeit zum ausschließlichen Vorrecht der Kirche, was zur Folge hatte, daß man auf geistigem wie auf sozialem Gebiet nur geringe Fortschritte machte. Die Renaissance stellte die allgemeine Achtung vor dem Wissen wieder her und gab dem Lehrer wieder ein sehr beträchtliches Maß an Freiheit. Freilich zwang die Inquisition Galilei zum Widerruf und verbrannte Giordano Bruno auf dem Scheiterhaufen, aber diese beiden Männer hatten ihr Werk vollendet, bevor sie bestraft wurden. Bildungsstätten wie die Universitäten verblieben weitgehend in den Händen der Dogmatiker, weshalb die meisten geistigen Errungenschaften unabhängigen Gelehrten zu verdanken sind. Besonders in England gehörte bis gegen Ende des 19. Jahrhunderts mit Ausnahme Newtons kaum ein wirklich hervorragender Gelehrter einer Universität an. Doch tat dies bei dem damaligen Gesellschaftssystem ihrer Tätigkeit und dem Nutzen, den sie stifteten, wenig Eintrag.

In der höher organisierten Welt von heute stehen wir einem neuen Problem gegenüber. Ein Etwas, genannt »Erziehung und Unterricht«, wird heute jedem vermittelt; gewöhnlich durch den Staat, aber manchmal auch durch die Kirchen. So ist der Lehrer in den weitaus meisten Fällen zum Staatsdiener geworden; er ist verpflichtet, die Befehle von Leuten auszuführen, die weder sein Wissen noch seine Erfahrung im Umgang mit Jugendlichen haben und für die jede Erziehung nur ein Propagandamittel ist. Man kann sich schwer vorstellen, wie die Lehrer unter solchen Umständen die Aufgaben erfüllen sollen, zu denen sie in besonderem Maße befähigt sind.

Die Notwendigkeit einer staatlichen Erziehung ist offenkundig; ebenso offenkundig aber sind gewisse Gefahren, die sie mit sich bringt und gegen die man Vorkehrungen treffen müßte. Die Übelstände, die von ihr zu befürchten sind, zeigten sich mit aller Deutlichkeit in Nazideutschland und zeigen sich heute noch in Rußland. Wo solche Übelstände herrschen, kann kein Mensch unterrichten, wenn er sich nicht einem dogmatischen Glaubensbekenntnis verschreibt, das nur wenige Menschen im Besitze ihrer geistigen Freiheit aufrichtig annehmen können. Er muß sich nicht nur einem Glaubensbekenntnis verschreiben, er muß auch Schändlichkeiten gutheißen und sich der freien Meinungsäußerung über Tagesereignisse sorgfältig enthalten. So lange er nur das Alphabet und das Einmaleins unterrichtet – Dinge, aus denen keine Streitfragen entstehen können – werden die offiziellen Dogmen seinen Unterricht nicht unbedingt beeinträchtigen; aber selbst in diesem Elementarunterricht erwartet man von ihm in totalitären Ländern nicht jene Unterrichtsmethoden, die er zur Erreichung des Lehrziels für angebracht hält; er soll vielmehr Angst einflößen, Unterwürfigkeit und blinden Gehorsam züchten, indem er fraglose Unterwerfung unter seine Autorität fordert. Wagt er sich aber auch nur einen Schritt über die bloßen Anfangsgründe hinaus, so hat er in allen strittigen Fragen die offizielle Meinung zu vertreten. Infolgedessen wurde die Jugend Nazideutschlands und wird die Jugend Rußlands zu fanatischen Eiferern, die von der Welt außerhalb ihrer eigenen Landesgrenzen nichts wissen, der freien Diskussion gänzlich ungewohnt, nicht ahnend, daß ihre Überzeugung auch ohne hinterhältige Absicht in Frage gestellt werden kann. Dieser Zustand ist schlimm genug, er wäre aber weniger schlimm, wenn die verkündeten Dogmen, so wie im mittelalterlichen Katholizismus, universal und international wären. Die ganze Auffassung einer weltweiten Kultur wird jedoch abgelehnt von den Dogmatikern der Neuzeit, die in Deutschland, in Italien, dann in Rußland und wieder in Japan ein jeweils verschiedenes Glaubensbekenntnis predigten. In allen diesen Ländern lag das Schwergewicht in der Jugenderziehung auf dem fanatischen Nationalismus; daraus folgt, daß die Bevölkerung des einen Landes mit der eines anderen nichts gemeinsam hat und daß kein gemeinsames Kulturideal kriegerischer Grausamkeit hemmend in den Weg treten kann.

Der Verfall einer internationalen Kulturidee ist seit dem Ersten Weltkrieg immer rascher vor sich gegangen. Bei meinem Aufenthalt in Leningrad im Jahre 1920 lernte ich den Professor für Reine Mathematik kennen, der London, Paris und andere Hauptstädte kannte und an verschiedenen internationalen Kongressen teilgenommen hatte. Heutzutage werden den russischen Gelehrten solche Ausflüge nur selten gestattet, weil man fürchtet, sie könnten ungünstige Vergleiche mit ihrem eigenen Land ziehen. In anderen Ländern ist der Nationalismus weniger radikal, jedoch überall stärker als früher. In England (ich glaube, auch in den Vereinigten Staaten) sind Bestrebungen im Gange, im Französisch- und Deutschunterricht keine Franzosen und Deutschen mehr zu beschäftigen. Dieses Vorgehen, daß man bei der Bestallung eines Lehrers seine Volkszugehörigkeit über seine Fähigkeiten stellt, schadet dem Unterrichtswesen und verletzt das Ideal einer internationalen Kultur, das wir vom Römischen Weltreich und der katholischen Kirche ererbt hatten, das aber heute im Begriffe steht, in einer neuen barbarischen Invasion unterzugehen, die eher von unten als von außen kommt.

In den demokratischen Ländern haben diese Übelstände noch nicht annähernd gleiche Ausmaße erreicht, doch muß zugegeben werden, daß die ernste Gefahr einer ähnlichen Entwicklung im Erziehungswesen auch dort besteht und daß sie nur abgewendet werden kann, wenn die Verfechter der Gedankenfreiheit auf dem Posten sind, die Lehrer vor geistiger Sklaverei zu schützen. Das erste Erfordernis hierzu ist vielleicht eine klare Vorstellung von dem Dienst an der Gemeinschaft, den man von den Lehrern erwarten kann. Ich stimme mit den Regierungen aller Welt darin überein, daß die Vermittlung bestimmten, unbestreitbaren Wissens zu den Mindestaufgaben des Lehrers gehört. Das ist selbstverständlich die Grundlage, auf der der übrige Bau errichtet ist; es ist in einer technischen Zivilisation wie der unseren auch zweifellos von beträchtlichem Nutzen. Es muß in einer modernen Gemeinschaft eine genügende Anzahl von Menschen geben, die über die notwendige technische Ausbildung verfügen, um den Mechanismus in Gang zu halten, von dem unsere leibliche Wohlfahrt abhängt. Außerdem ist es hemmend, wenn ein größerer Prozentsatz der Bevölkerung Analphabeten sind. Aus diesen Gründen sind wir alle für die Schulpflicht in allen Staaten der Welt. Aber die Regierungen haben erfaßt, daß man im Rahmen des Unterrichts leicht Überzeugungen in strittigen Fragen einflößen und Denkhaltungen heranbilden kann, die den Machthabern entweder gelegen oder aber ungelegen sein können. Die Verteidigung des Staates ist in allen zivilisierten Ländern ebensosehr Sache der Lehrer wie der bewaffneten Macht. Eine solche Verteidigung des Staates ist, ausgenommen in den totalitären Ländern, ja wünschenswert, und die Tatsache, daß das Unterrichtswesen in ihren Dienst gestellt wird, allein noch kein Grund zur Kritik. Kritik wird sich vielmehr erst dann erheben, wenn der Staat durch Volksverdummung und Aufstachelung blinder Leidenschaften verteidigt wird. Solcher Methoden kann ein Staat, der wert ist, verteidigt zu werden, leicht entraten. Dennoch neigen ihnen jene von Natur aus zu, die selbst keine Bildung aus erster Hand empfangen haben.

Die Meinung, daß einheitliches Denken und die Unterdrückung der Freiheit der Völker stark machen, ist weit verbreitet. Immer wieder hört man, daß die Demokratie ein Land in Kriegszeiten schwäche, obwohl in allen bedeutenden Kriegen seit 1700 der Sieg den mehr demokratisch eingestellten Ländern zufiel. Völker sind viel öfter durch ihr Verharren in engstirniger doktrinärer Einheitlichkeit zugrunde gegangen als durch freie Diskussion und Duldung entgegengesetzter Meinungen. Die Dogmatiker aller Welt glauben, daß sie zwar im Besitze der Wahrheit seien, andere aber zu falschen Überzeugungen verleitet würden, wenn man ihnen gestattet, beide Parteien zu hören. Aus dieser Geisteshaltung entspringen notwendig die beiden folgenden Übel: entweder eine einzige dogmatische Schule erobert die ganze Welt und unterdrückt alle neuen Ideen, oder, was noch schlimmer ist, dogmatische Nebenbuhler erobern verschiedene Teile der Welt und predigen das Evangelium des Hasses gegeneinander. Der erstgenannte Übelstand herrschte im Mittelalter, der zweite während der Religionskriege, heute erscheint er wieder. Der erste läßt die Kultur erstarren, der zweite läuft auf ihre Vernichtung hinaus. Vor beiden sollte uns in erster Linie der Lehrer bewahren.

Es liegt auf der Hand, daß der organisierte Parteigeist eine der größten Gefahren unserer Zeit ist. In der Form des Nationalismus führt er zu Völkerkriegen, in anderen Formen zum Bürgerkrieg. Aufgabe des Lehrers muß es sein, über dem Parteienstreit zu stehen und der Jugend die unvoreingenommene Untersuchung zur Gewohnheit zu machen; sie anzuleiten, Streitfragen sachlich zu beurteilen, vor einseitigen Behauptungen auf der Hut zu sein und sie nicht unbesehen hinzunehmen. Vom Lehrer darf man keine Zugeständnisse an die Vorurteile des Pöbels oder der Machthaber erwarten. Es sollte der Vorzug seines Berufes sein, bereitwillig allen Parteien gerecht zu werden und sich über die Streitigkeiten hinaus in eine Sphäre leidenschaftsloser wissenschaftlicher Untersuchung zu erheben. Wenn es Leute gibt, denen die Ergebnisse seiner Untersuchung unbequem sind, so sollte er vor ihrem Zorn geschützt werden, es sei denn, daß er sich durch die Verbreitung offenkundiger Lügen nachweislich zu betrügerischer Propaganda hergegeben hat.

Die Aufgabe des Lehrers besteht jedoch nicht allein darin, die Hitze des Meinungsstreites zu dämpfen. Er hat positivere Aufgaben, und er kann kein wahrer Lehrer sein, wenn er nicht von dem Wunsch beseelt ist, diese Aufgaben zu erfüllen. Die Lehrer sind mehr als jeder andere Berufsstand die Hüter der Zivilisation. Sie sollten mit dem Wesen der Zivilisation innig vertraut und bestrebt sein, sie ihren Schülern zu einer Lebensform werden zu lassen. Dies führt uns zu der Frage: Was sind die Voraussetzungen für eine zivilisierte Gemeinschaft?

Diese Frage ließe sich mit dem Hinweis auf rein materielle Gegebenheiten leicht beantworten. Ein Land ist zivilisiert, wenn es viele Maschinen, Autos, Badezimmer und Schnellverkehrsmittel aller Art besitzt. Meines Erachtens messen die meisten Menschen von heute diesen Dingen viel zuviel Bedeutung zu. Zivilisation im tieferen Sinne des Wortes ist etwas Geistiges, kein bloßes materielles Anhängsel zur leiblichen Seite des Lebens. Sie ist Sache des Wissens wie des Gemüts. Was das Wissen betrifft, so sollte sich der Mensch der Winzigkeit seiner selbst und seiner unmittelbaren Umgebung im Verhältnis zur Welt in Zeit und Raum bewußt sein. Er sollte sein eigenes Land nicht *nur* als Heimatland sehen, sondern als eines unter den Ländern der Welt, die alle das gleiche Recht haben, zu leben, zu denken und zu fühlen. Er sollte seine eigene Zeit in ihrem Verhältnis zu Vergangenheit und Zukunft sehen und sich klar darüber sein, daß seine eigenen Streitigkeiten künftige Zeitalter ebenso seltsam anmuten werden, wie uns die der Vergangenheit. Ja, er sollte noch weiter sehen und sich der Unermeßlichkeit geologischer Epochen und astronomischer Abgründe bewußt werden; in dem Wissen um alle diese Dinge aber darf er keine Bürde erblicken, die den Geist des einzelnen erdrückt, sondern eine ungeheure Schau, die den Geist ihres Beschauers weitet. Auf dem Gebiet des Gefühlslebens bedarf es eines ganz ähnlichen Hinauswachsens über das rein Persönliche, wenn ein Mensch wahrhaft zivilisiert sein soll. Menschen pilgern von der Wiege bis zur Bahre, manchmal glücklich, manchmal unglücklich; manche großmütig, andere habgierig und kleinlich; manche heldenhaft, andere feig und sklavisch. Wer diese Prozession als Ganzes an sich vorüberziehen läßt, wird gewisse Dinge bewundern müssen. Einige Menschen waren von Liebe zur Menschheit beseelt; andere haben mit ihrem glänzenden Verstand zu unserer Erkenntnis der Welt, in der wir leben, beigetragen; und wieder andere haben, begabt mit außergewöhnlicher Empfindung, der Schönheit Gestalt verliehen. Diese Menschen haben etwas wirklich Gutes geschaffen, um die lange Geschichte der Grausamkeit, der Unterdrückung und des Aberglaubens aufzuwiegen. Sie haben getan, was in ihren Kräften stand, um aus dem menschlichen Leben etwas Besseres zu machen als den kurzen Kriegstanz von Wilden. Wo der zivilisierte Mensch nicht bewundern kann, wird er eher zu verstehen als zu verwerfen trachten. Er wird es vorziehen, die unpersönlichen Ursachen des Übels aufzuspüren und zu beseitigen, statt die Menschen zu hassen, die ihm verfallen sind. All dies sollte im Hirn und im Herzen des Lehrers lebendig sein; lebt es darin, so wird er es in seinem Unterricht an die Jugend weitergeben, die ihm anvertraut ist.

Niemand kann ein guter Lehrer sein, wenn er seinen Schülern nicht von Herzen zugetan ist und den aufrichtigen Wunsch hegt, ihnen das weiterzugeben, was ihm selbst für wertvoll gilt. Der Propagandist hingegen denkt und fühlt anders. Für ihn sind seine Schüler zukünftige Soldaten einer Armee. Sie sollen einmal Zielen dienen, die über ihr Leben hinausgehen, und zwar nicht in dem Sinn, in dem jedes große Ziel über das eigene Selbst hinaushebt, sondern als Handlanger ungerechter Privilegien und despotischer Macht. Der Propagandist gönnt seinen Schülern den Überblick über das Weltgeschehen und die freie Wahl eines Zieles, das ihnen wertvoll erscheint, nicht; er will vielmehr, gleich einem Kunstgärtner, die jungen Bäumchen nach seinem Sinne heranziehen und biegen. Indem er so ihr natürliches Wachstum verkrüppelt, vernichtet er nur zu leicht in ihnen allen hochherzigen Lebensmut und ersetzt ihn durch Neid, Zerstörungswut und Grausamkeit. Der Mensch hat es nicht nötig, grausam zu sein; ich bin im Gegenteil überzeugt, daß alle Grausamkeit von gewaltsamen Eingriffen herrührt, die Menschen in ihrer Jugend erlitten haben, besonders von solchen, die das Gute in ihnen erstickten.

Leidenschaftliche Unterdrückung und Gesinnungsterror sind sehr weit verbreitet, wie die derzeitige Weltlage nur zu deutlich beweist. Sie sind aber keineswegs im Charakter des Menschen angelegt. Sie sind im Gegenteil meines Erachtens immer die Folge irgendeines unglücklichen Zustandes. Es müßte eine der Aufgaben des Lehrers sein, seinen Schülern die Augen zu öffnen und ihnen zu zeigen, welch ein reiches Arbeitsfeld, freudebringend und nutzbringend zugleich, sie erwartet, und so das Gute in ihnen freizumachen und den Wunsch, andere der Freuden zu berauben, die ihnen selbst entgehen werden, gar nicht erst aufkommen zu lassen. Viele Menschen verwerfen das Glücklichsein als Lebensziel für sich selbst wie für andere; doch drängt sich leicht der Verdacht auf, daß ihnen die Trauben zu sauer sind. Wenn jemand auf persönliches Glück zugunsten des Gemeinwohls verzichtet, so ist das noch lange nicht dasselbe, als wenn er das Glück der Allgemeinheit als unwichtig beiseiteschiebt. Und dennoch geschieht dies oft im Namen eines angeblichen Heroismus. Wer so handelt, hat meist eine grausame Ader in sich, der wahrscheinlich unbewußter Neid zugrunde liegt; die Quelle dieses Neides wird man in den meisten Fällen in der Kindheit oder Jugend des Betreffenden entdecken. Ziel des Erziehers sollte es sein, Erwachsene heranzubilden, die von solchen seelischen Mängeln frei sind und nicht trachten, anderen ihr Glück zu rauben, weil man es auch ihnen nicht geraubt hat.

Wie die Dinge heute liegen, sind viele Lehrer nicht in der Lage, ihr Bestes zu geben. Dafür gibt es viele Gründe; einige davon sind mehr oder weniger zufällig, andere sehr tief eingewurzelt. Was die erstgenannten betrifft, so sind viele Lehrer überarbeitet und müssen ihre Schüler mehr auf Prüfungen vorbereiten, statt ihnen eine aufklärende Geistesbildung vermitteln zu können. Leute, die das Unterrichten nicht gewöhnt sind – und dazu gehören praktisch alle Unterrichtsbehörden – haben keine Ahnung, wie sehr man sich dabei geistig verausgaben muß. Von Geistlichen erwartet man nicht, daß sie jeden Tag mehrere Stunden predigen; vom Lehrer jedoch verlangt man eine Anstrengung, die dieser gleichkommt. Infolgedessen werden viele Lehrer gedrückt und nervös, verlieren den Kontakt mit der neueren Forschung in ihren Lehrfächern und werden unfähig, ihren Schülern eine Ahnung der geistigen Genüsse zu vermitteln, die aus neugewonnenem Verstehen und Wissen entspringen.

Doch das ist keineswegs das Schlimmste. In den meisten Ländern sind gewisse Überzeugungen als richtig anerkannt, andere gelten als gefährlich. Lehrer, deren Überzeugungen nicht richtig sind, haben darüber zu schweigen. Sprechen sie sie aus, so gilt das als Propaganda, während die Äußerung richtiger Überzeugungen eben gesunde Unterweisung ist. Die Folge ist, daß die Jugend ihre Fragen oft außerhalb der Schule stellen muß, um zu erfahren, was von den führenden Köpfen ihrer Zeit gelehrt wird. In Amerika gibt es einen Gegenstand »Staatsbürgerkunde«; die Unterweisung darin ist zwangsläufig irreführender als in jedem anderen Fach. Die Schüler erhalten einen für den Schulgebrauch bearbeiteten Text vorgesetzt, wie die Staatsgeschäfte angeblich geführt werden; jede Einsicht in die wirklichen Vorgänge wird ihnen sorgfältig vorenthalten. Wenn sie als Erwachsene dann erkennen, wie die Dinge wirklich liegen, verfallen sie daher nur zu oft einem radikalen Zynismus, in dem alle staatsbürgerlichen Ideale verlorengehen; hätte man ihnen schon früher mit Bedacht und unter entsprechender Anleitung die Wahrheit beigebracht, so hätten sie vielleicht zu Kämpfern werden können gegen die Mißstände, mit denen sie sich nun achselzuckend abfinden.

Die Vorstellung, daß Falschheit erbaulich sei, ist ein eingefleischtes Laster derer, die Unterrichtspläne entwerfen. Ich selbst würde einen Mann erst dann für einen guten Lehrer halten, wenn er den festen Entschluß gefaßt hat, in seinem Unterricht niemals die Wahrheit zu verheimlichen, weil sie »unerbaulich« ist. Jene Tugend, die aus wohlbehütetem Unwissen entspringt, steht auf schwachen Füßen und erliegt bei der ersten Berührung mit den Tatsachen. Auf dieser Welt gibt es viele bewundernswerte Menschen, und es ist gut, der Jugend vor Augen zu halten, warum diese Menschen bewundernswert sind. Aber es ist nicht gut, sie zur Bewunderung von Schurken anzuleiten, indem man deren Schurkerei verheimlicht. Man meint, das Wissen um die wahren Verhältnisse würde zum Zynismus führen; das wird es auch, wenn dieses Wissen als schreckliche Überraschung unvermittelt hereinbricht. Kommt es jedoch allmählich, entsprechend gepaart mit dem Wissen um das Gute und geleitet von dem Wunsche, auf wissenschaftlichem Wege zur Wahrheit zu gelangen, dann wird es keineswegs so wirken. Abgesehen davon ist es moralisch unhaltbar, die Jugend zu belügen, da sie nicht imstande ist, solche Behauptungen auf ihre Richtigkeit zu prüfen.

Soll die Demokratie erhalten bleiben, so muß ein Lehrer in seinen Schülern vor allem jenen Geist der Duldsamkeit wecken, der aus dem Bemühen entspringt, Menschen, die anders sind als wir, zu verstehen. Es ist vielleicht eine natürliche Regung des Menschen, alle Sitten und Gebräuche, die von den unseren verschieden sind, mit Abscheu und Widerwillen zu betrachten. Die Ameisen und die Wilden töten Fremde. Und wer nie gereist ist, weder in Person noch im Geiste, dem fällt es schwer, die seltsamen Sitten und rückständigen Überzeugungen anderer Völker und Zeiten, anderer Sekten und politischer Parteien zu ertragen. Diese aus Unwissenheit geborene Intoleranz ist das gerade Gegenteil einer zivilisierten Geisteshaltung und eine der schwersten Gefahren, denen unsere überfüllte Welt ausgesetzt ist. Man müßte das Unterrichtswesen darauf abstellen, ihr zu begegnen, doch geschieht derzeit in dieser Richtung viel zu wenig. In jedem Lande wird das Nationalbewußtsein gestärkt, und den Schulkindern erzählt man – was sie nur zu gern glauben –, daß die Bewohner anderer Länder moralisch und geistig denen jenes Landes unterlegen sind, dem die Schulkinder zufällig angehören. Die Massenhysterie, das verrückteste und grausamste aller menschlichen Gefühle, wird noch geschürt anstatt bekämpft, und die Jugend ermutigt man in ihrem Glauben an das, was sie immer wieder sagen hört, statt an das, wofür Vernunftgründe sprechen.

Für all dies kann man die Lehrer nicht verantwortlich machen. Sie sind es ja, die die Bedürfnisse der Jugend am besten kennen. Ihnen ist sie im täglichen Umgang ans Herz gewachsen. Aber nicht sie entscheiden über den Lehrplan oder die Unterrichtsmethoden. Der Lehrberuf muß viel mehr Freiheit haben, mehr Gelegenheit zur Selbstbestimmung, größere Unabhängigkeit von den störenden Eingriffen der Bürokraten und Fanatiker. Niemand wäre heute mehr damit einverstanden, die Ärzte der Kontrolle durch nichtmedizinische Behörden in der Behandlung ihrer Patienten zu unterwerfen, ausgenommen natürlich dann, wenn sie sich gegen den Zweck der Medizin, den Patienten zu heilen, strafrechtlich vergehen. Der Lehrer ist auch in gewissem Sinne ein Arzt, der seinen Patienten von seinen geistigen Kinderkrankheiten heilen soll; ihm aber ist es verwehrt, gestützt auf seine Erfahrung die geeignete Behandlungsmethode selbst zu bestimmen. Einige große historische Universitäten haben sich aufgrund ihres Ansehens praktisch das Selbstbestimmungsrecht gesichert; allein die überwältigende Mehrheit der Bildungsinstitute wird behindert und überwacht von Leuten, die von der Arbeit, in die sie sich einmischen, nichts verstehen. Das einzige Mittel, dem Totalitarismus in unserer hochorganisierten Welt vorzubeugen, ist die Verleihung einer gewissen Unabhängigkeit an Körperschaften, die gemeinnützige Arbeit leisten; unter diesen Körperschaften wieder gebührt den Lehrern ein Ehrenplatz.

Der Lehrer kann, wie der Künstler, der Philosoph und der Gelehrte, seine Aufgabe nur dann richtig erfüllen, wenn er sich als freier Mensch fühlen kann, einem inneren schöpferischen Drang folgend, nicht beherrscht und gehemmt von einer äußeren Autorität. In der Welt von heute ist für die freie Persönlichkeit kaum mehr Raum. Sie kann sich noch an der Spitze einer totalitären Diktatur oder als Industriemagnat in einem plutokratischen Unternehmerstaat erhalten, aber im Reiche des Geistes wird es immer schwerer, seine Unabhängigkeit von den großen organisierten Kräften zu bewahren, die über die materielle Existenz von Männern und Frauen entscheiden. Soll die Welt des Gewinns, den sie ihren größten Geistern zu verdanken hat, nicht verlustig gehen, so wird sie Mittel und Wege finden müssen, ihnen trotz aller Organisation Spielraum und Freiheit zu gewähren. Das erfordert von seiten der Machthaber bewußte Zurückhaltung und die Einsicht, daß es Menschen gibt, die eben freie

Bahn haben müssen. Das war die Haltung, die die Renaissancepäpste den Künstlern der Renaissance gegenüber einnahmen; allein den heutigen Machthabern fällt die Achtung vor außergewöhnlichen Geistesgaben offenbar schwerer. Die rauhe Luft unserer Zeit legt sich wie ein Reif auf die schöne Blume der Kultur. Der kleine Mann hat Angst und will daher Freiheiten, deren Notwendigkeit er nicht einsieht, nicht dulden. Vielleicht müssen wir auf ruhigere Zeiten warten, bis die Zivilisation den Parteigeist wieder überwinden kann. Einstweilen ist es wichtig, daß wenigstens Einige das Wissen um die Grenzen der Organisation bewahren. Jedes System muß Auswege und Ausnahmen zulassen, denn tut es das nicht, so wird es schließlich alles Beste im Menschen ertöten.

The Function of a Teacher. Siehe: Unpopular Essays; London 1950. Unpopuläre Betrachtungen; Wien, Zürich, München 1973, S. 125–36. Aus dem Englischen von Dr. Ernst Doblhofer.

8. Erziehung für eine schwierige Welt

[1961]

Junge Leute, die nicht völlig frivol sind, machen in der heutigen Welt leicht die Erfahrung, daß ihr guter Wille in Verwirrung gebracht wird, weil sie nicht sehen, was sie tun können, um die Gefahren unserer Zeit zu mindern. Ich möchte nicht so tun, als gäbe es eine leichte oder einfache Antwort auf ihre Verwirrung, doch ich meine, eine entsprechende Erziehung könnte dazu führen, daß junge Leute sich eher imstande fühlen, die Probleme zu verstehen und diese oder jene vorgeschlagene Lösung kritisch zu beurteilen.

Es gibt verschiedene Gründe dafür, daß unsere Probleme schwierig zu lösen, ja schon zu verstehen sind. Der erste Grund ist der, daß die moderne Gesellschaft und die moderne Politik von schwierigen Fertigkeiten bestimmt werden, die sehr wenige Menschen verstehen. Der Mann der Wissenschaft ist der moderne Medizinmann. Er versteht sich auf alle Arten von Magie. Er kann sagen »Es werde Licht!« und es wird Licht. Er kann uns im Winter Wärme liefern und sorgt im Sommer dafür, daß unsere Lebensmittel kühl bleiben. Er kann uns so schnell durch die Luft transportieren wie ein fliegender Teppich in Tausendundeine Nacht. Er verspricht, unsere Feinde in wenigen Sekunden auszulöschen, und bleibt die Antwort nur schuldig, wenn wir ihn zu versprechen bitten, daß unsere Feinde nicht uns auslöschen werden. All das erreicht er mit Mitteln, die für uns, von einem einzigen unter einer Million Menschen abgesehen, völlig rätselhaft sind. Und wenn Leute, die geheimnisvoll tun, uns unglaubliche Geschichten von künftigen Wundern erzählen, können wir nicht sagen, ob wir ihnen glauben sollen oder nicht.

Ein anderes die moderne Welt verwirrendes Faktum ist dies, daß technische Entwicklungen eine neue Sozialpsychologie notwendig gemacht haben. Vom Beginn der Geschichte bis zu unserem Jahrhundert war Sieg im Wettstreit der Weg zum Erfolg. Wir stammen von Vorfahren ab, die über viele Jahrhunderte hinweg ihre Feinde auslöschten, deren Land in Besitz nahmen und reich wurden. In England fand dieser Prozeß zur Zeit von Hengist und Horsa, in den Vereinigten Staaten fand er im 18. und 19. Jahrhundert statt. Wir bewundern darum eine bestimmte Art von Charakter, jene nämlich, die uns befähigt, geschickt und bedenkenlos zu töten. Die milderen Bekenner dieses Credos begnügen sich damit, eher den wirtschaftlichen Tod als den physischen zu verhängen, die Psychologie aber ist so ziemlich dieselbe. In der modernen Welt ist diese Methode infolge der Entwicklung der technischen Fertigkeiten nicht mehr so befriedigend. In einem modernen Krieg leiden selbst die Sieger mehr, als wenn es gar keinen Krieg gegeben hätte. Den Briten, die die Folgen zweier totaler Siege in zwei großen Kriegen zu tragen haben, leuchtet das völlig ein. Was für den Krieg gilt, das gilt auch im ökonomischen Bereich. Der Sieger in einer Konkurrenz wird nicht so reich wie beide Teile werden können, wenn sie sich zusammentun würden.

Das halb unbewußte Verständnis dieser Tatsachen erweckt bei jungen Leuten einen Impuls in Richtung auf allgemeinen guten Willen, doch dieser Impuls wird durch die gegenseitige Feindschaft mächtiger Gruppen in Verwirrung gebracht. Guter Wille im allgemeinen – ja; guter Wille im besonderen – nein. Ein Hindu mag die Menschheit lieben, einen Pakistani aber darf er nicht lieben; ein Jude mag glauben, daß alle Menschen eine einzige Familie sind, er darf es aber nicht wagen, dies Gefühl auf die Araber auszudehnen; ein Christ mag es für seine Pflicht halten, seinen Nachbarn zu lieben, aber nur dann, wenn sein Nachbar kein Kommunist ist. Diese Konflikte zwischen dem Allgemeinen und dem Besonderen scheinen jedes klare Handlungsprinzip unmöglich zu machen. Diese Schwierigkeit hat ihren Grund darin, daß eine Anpassung der menschlichen Natur an die Technik weitgehend ausgeblieben ist. Unsere *Gefühle* sind solche, wie sie zu kriegerischen Nomaden in eher menschenleeren Regionen passen, unsere Technik aber ist von der Art, daß sie eine Katastrophe heraufbeschwören muß, wenn unsere Gefühle nicht kooperativer werden können.

Um unseren modernen Bedürfnissen gerecht zu werden, muß die Erziehung junge Leute fähig machen, die aus dieser Situation erwachsenen Probleme zu verstehen. Die Vermittlung von Wissen in der Erziehung hat immer zwei Ziele gehabt: auf der einen Seite die Vermittlung von Sachkenntnis, auf der anderen Seite die Vermittlung von etwas Vagerem, das wir Weisheit nennen mögen. Der Anteil der Sachkenntnis an der Erziehung ist sehr viel größer geworden als früher und droht den der Weisheit in zunehmendem Maße zu verdrängen. Gleichzeitig muß zugegeben werden, daß Weisheit in unserer Welt nur denen möglich ist, die sich über die große Rolle im klaren sind, die die Sachkenntnis spielt, denn was unsere Welt charakterisiert, das ist die Zunahme der Sachkenntnis. Während des letzten Krieges stellte ich beim Essen mit den Fellows meines College fest, daß die Naturwissenschaftler gewöhnlich fehlten; bei ihren seltenen Auftritten aber erhielt man eine Ahnung von geheimnisvoller Arbeit, die nur ganz wenige unter den Lebenden zu verstehen vermochten. Es war die Arbeit von Leuten dieser Art, die im Kriege am stärksten ins Gewicht fiel. Solche Männer bilden unvermeidlich eine Art Aristokratie, da ihre Sachkenntnis selten ist und selten bleiben muß, solange nicht durch eine neue Methode die den Menschen angeborenen Fähigkeiten gesteigert worden sind. Es gibt zum Beispiel eine Menge wichtiger Arbeit, die nur von Leuten mit hervorragender Beherrschung der höheren Mathematik geleistet werden kann, und die weitüberwiegende Mehrzahl der Menschen würde es zu einer solchen Beherrschung selbst dann niemals bringen, wenn ihre ganze Erziehung auf dieses Ziel hin ausgerichtet wäre. Die Menschen sind in ihren angeborenen Fähigkeiten nicht gleich, und ein Erziehungssystem, das annimmt, sie seien es, schließt eine unter Umständen verheerende Vergeudung guten Materials ein.

Aber wenngleich wissenschaftliche Sachkenntnis notwendig ist, sie reicht doch keinesfalls aus. Eine Diktatur von Männern der Wissenschaft würde sehr bald fürchterlich werden. Sachkenntnis ohne Weisheit kann rein destruktiv sein und würde sich sehr wahrscheinlich als rein destruktiv erweisen. Aus diesem Grunde, wenn aus keinem anderen, ist es von großer Wichtigkeit, daß diejenigen, die eine wissenschaftliche Bildung erhalten, nicht *bloße* Wissenschaftler sein sollten, sondern auch ein gewisses Verständnis für die Art Weisheit haben sollten, die, wenn sie sich überhaupt vermitteln läßt, nur durch die kulturelle Seite der Erziehung vermittelt werden kann. Die Wissenschaft gibt uns die Fähigkeit, die Mittel zur Erreichung jedes von uns gewählten Zieles zu kennen, aber sie hilft uns nicht bei der Entscheidung, welche Ziele wir anstreben sollen. Wünschen wir das Menschengeschlecht auszulöschen, so wird sie uns zeigen, wie wir das erreichen können. Wünschen wir das Menschengeschlecht so zahlreich zu machen, daß alle Menschen an den Rand des Hungertodes geraten, so wird sie uns den Weg dahin zeigen. Wünschen wir dem ganzen Menschengeschlecht eine angemessene Prosperität zu sichern, so wird die Wissenschaft uns sagen, was wir tun müssen. Sie wird uns aber nicht sagen, ob eines dieser Ziele eher wünschbar ist als ein anderes. Noch wird sie uns jenes instinktive Verständnis menschlicher Wesen geben, das notwendig ist, wenn unsere Maßnahmen nicht heftigen Widerstand erwecken sollen, den nur eine grausame Tyrannei zu unterdrücken vermag. Sie kann uns nicht Geduld lehren, sie kann uns nicht Sympathie lehren, sie kann uns nicht einen Sinn für menschliches Schicksal lehren. Soweit diese Dinge sich in formaler Erziehung lehren lassen, erwachsen sie am ehesten aus dem Vertrautwerden mit Geschichte und großer Literatur.

Vertrautheit mit großer Literatur ist seit der Zeit des Peisistratus stets eines der nominellen Ziele der Erziehung gewesen. Die Athener strebten sie auf weise Art an: sie lernten den Homer auswendig und waren darum imstande, ihre großen Dramatiker angemessen zu würdigen, obwohl sie ihre Zeitgenossen waren. Moderne Methoden aber haben das alles vervollkommnet. Als ich sehr jung war, gab man mir ein kleines Buch mit dem Titel »A Child's Guide to Literature«. In diesem Buche fand das Kind, von übernatürlicher Intelligenz geleitet, Auskunft über die großen englischen Autoren, in chronologischer Reihenfolge, beginnend mit »Wer war Chaucer?«. Ich bedaure sagen zu müssen, daß ich weiter in diesem kleinen Buche niemals gekommen bin. Wäre ich weiter gekommen, so wäre ich imstande gewesen, genau die Dinge zu sagen, die Examinatioren von uns hören wollen, ohne daß wir ein einziges Wort von den betreffenden Autoren selbst gelesen haben. Ich fürchte, die Prüfungsanforderungen und die Bedürfnisse eines übertrieben erweiterten Lehrplanes haben diesen Weg zum Studium von Literatur nur allzusehr zur Regel gemacht. Es dürfte besser sein, Chaucer selbst zu lesen, liest man ihn aber nicht, dann hilft einem die Kenntnis dieser Daten und der Urteile hervorragender Kritiker über ihn so wenig wie die Kenntnis der Lebensdaten eines obskuren Niemand. Das Gute, das sich aus großer Literatur gewinnen läßt, wird in vollem Maße nur von denen gewonnen, denen sie so vertraut wird, daß sie in das Gewebe ihrer alltäglichen Gedanken eingeht. Ich finde es vortrefflich, wenn Kinder in der Schule ein Stück von Shakespeare aufführen. Es besteht dann ein einleuchtender Grund, es genau kennenzulernen, und das Unternehmen ist eher eine Sache von Kooperation als von Konkurrenz. Ich bin ganz sicher, daß die Teilnahme an der Aufführung eines einzigen guten Shakespeare-Stückes ein besserer Weg zur Aneignung dessen ist, was in einer literarischen Erziehung wertvoll ist, als die hastige Lektüre des ganzen Shakespeare. Frühere Generationen englischsprechender Menschen erwarben dieselbe Art Schulung in Prosa durch ihre Vertrautheit mit der autorisierten Version der Bibel, doch seit man die Bibel nicht mehr kennt, ist nichts gleich Hervorragendes an ihre Stelle getreten.

Im Geschichtsunterricht kann, im Gegensatz zur Literatur, eine oberflächliche Kenntnis von großem Nutzen sein. Denn all denen, die nicht professionelle Historiker werden wollen, kann das, was man in Amerika einen Überblicks-Kurs nennt, bei richtigem Vorgehen ein wertvolles Verständnis des größeren Prozesses vermitteln, in dem sich nahe und vertraute Dinge abspielen. Ein solcher Kurs sollte von der Geschichte des Menschen handeln, nicht von der Geschichte dieses oder jenes Landes, am allerwenigsten von der des eigenen. Er sollte mit den ältesten durch Anthropologie und Archäologie erschlossenen Tatsachen beginnen und ein Verständnis erwecken für das allmähliche Auftauchen jener Dinge im menschlichen Leben, die dem Menschen einen solchen Platz in unserer Wertschätzung einräumen wie er verdienen mag. Als die Helden der Welt sollte er nicht jene präsentieren, die die größte Zahl von »Feinden« abgeschlachtet haben, sondern eher jene, die am meisten beigetragen haben zum Kapital der Welt an Wissen, Schönheit und Weisheit. Er sollte die merkwürdige Regenerationskraft dessen zeigen, was im menschlichen Leben wertvoll ist, immer wieder von Wildheit, Haß und Zerstörung besiegt, aber nichtsdestotrotz bei der ersten möglichen Gelegenheit wieder emporsprießend wie das Gras in der Wüste nach dem Regen. Er sollte, solange die Hoffnungen und Wünsche der Jugend noch formbar sind, diese Hoffnungen und Wünsche nicht auf den Sieg über andere menschliche Wesen fixieren, sondern auf den Sieg über jene Mächte, die das Leben des Menschen bis heute mit Leiden und Gram erfüllt haben – ich meine die

Mächte der Natur, die sich sträubt, ihre Früchte herzugeben, die Mächte militanter Unwissenheit, die Mächte des Hasses und die tiefe Versklavung an die Furcht, die unsere Erbschaft von der ursprünglichen Hilflosigkeit der Menschheit ist. All dies sollte ein Überblick über die Geschichte vermitteln und kann er vermitteln. All dies wird die Menschen weniger schroff und weniger verrückt machen, wenn es in ihr tägliches Gedankengewebe eingeht.

Eines der großen Dinge, die Erziehung vermitteln kann und vermitteln sollte, ist die Fähigkeit, im Besonderen das Allgemeine zu sehen, die Fähigkeit, zu merken, daß dies, wenngleich es *mir* widerfährt, dem sehr ähnlich ist, was anderen widerfährt, was viele Zeitalter hindurch geschehen ist und auch weiterhin geschehen mag. Es ist sehr schwierig, das eigene Unglück nicht als etwas ganz Spezielles und Besonderes zu empfinden, die Ungerechtigkeit, die man erleidet, und das Übelwollen, dessen Objekt man ist, und das gilt nicht nur für einen selbst als Individuum, sondern auch für die eigene Familie, die eigene Klasse, die eigene Nation und sogar den eigenen Kontinent. Solche Dinge mit unpersönlicher Gerechtigkeit zu sehen, ist möglich als Resultat von Erziehung, anders aber ist es kaum möglich.

All dies kann Erziehung tun, all dies sollte Erziehung tun, sehr wenig davon tut Erziehung.

Education for a Difficult World. Siehe: Fact and Fiction. London 1961, S. 144–149. Aus dem Englischen von Achim v. Borries.

III. Beacon Hill

1. Freie Rede in der Kindheit

[1931]

Ich wurde nach den großen liberalen Schlagworten erzogen, unter denen die Redefreiheit mit obenan stand. Doch wie alle anderen Freiheiten des Victorianischen Zeitalters hatte auch sie einen Haken. Erwachsene sollten Redefreiheit haben, aber erst nachdem sie einundzwanzig Jahre lang alle, die älter waren als sie, hatten sagen hören »Still, still!«, wenn immer sie ihre Lippen öffneten. Das Ergebnis war, was man »Freiheit ohne Zügellosigkeit« nennt, das heißt Freiheit, ohne daß man weiß, wie man von ihr Gebrauch machen soll. Unser Zeitalter hat nicht die Fähigkeit zum Kompromiß, die dem Zeitalter unserer Großeltern eigen war. Die meisten jungen Leute haben aufgehört, an die freie Rede zu glauben, während jene, die, wie ich, nach wie vor an sie glauben, der Meinung sind, sie sei selbst für Kinder gut.

In der Beacon Hill Schule in den Südlichen Downs setzen meine Frau und ich unsere Erziehungstheorien in die Praxis um. Wir sind jetzt am Ende des vierten Jahres und haben nun erstmals die Möglichkeit, etwas über Resultate zu sagen. Die Kinder unserer Schule sind im Gegensatz zu dem, was in einigen Zeitungsberichten von ihnen behauptet wurde, nicht völlig frei, aber sie haben absolute Redefreiheit. Keinem Kind wird jemals gesagt: »Das sollst Du nicht *sagen*!« Ich habe Leute getroffen, die die Vorstellung hatten, sie praktizierten diese Politik, im allgemeinen aber einer Selbsttäuschung unterlagen. Fast jedermann hat eine Theorie, wie Kinder sein sollten, und es mißfällt ihm, wenn Kinder Dinge sagen, die zur Widerlegung dieser Theorie führen. Und wenngleich wir alle uns daran erinnern können, unsere Eltern und Lehrer verachtet zu haben, so denken wir gern, daß die Jungen, deren Eltern und Lehrer wir sind, eine ganz andere Haltung einnehmen als wir in unserer Jugend. Auch meint man, die Redefreiheit sei zwar im Prinzip eine gute Sache, aber sie müsse natürlich den Einschränkungen unterworfen sein, die der gute Geschmack gebiete. In der Beacon Hill Schule gibt es solche Einschränkungen nicht. Es gibt keine Schranke für Respektlosigkeit gegenüber Älteren und Besseren, keine Schranke für wissenschaftliche Neugier und keine für die Wahl von Worten.

Die Vorteile dieses Systems sind zahlreich. Erstens ist es innerhalb gewisser Grenzen mehr oder weniger möglich, zu wissen, was die Kinder denken. Die Technik der Psychoanalyse wurde erfunden, um die Wirkungen der »Still, still!«-Politik ungeschehen zu machen, indem sie die Leute sagen lehrt, was sie bisher nur gedacht haben. Wir meinen, daß es eher ein Fehler ist, den Leuten eine kostspielige Erziehung im Verschweigen zu geben, deren Ergebnis nervöse Störungen sind, um sie dann in einer kostspieligen Umerziehung vom Verschweigen abzubringen und möglicherweise ihre nervösen Störungen zu heilen. Wenn Kinder hinsichtlich ihrer Sprache Freiheit haben, so sagen sie von Zeit zu Zeit Dinge, von denen Freudianische Lehrbücher versichern, sie müßten sie denken; da sie aber ihre Gedanken frei äußern können, sind sie nicht gezwungen, sie in irgendeine phantastische Form zu kleiden und in eben diesem Maße den Kontakt zur Wirklichkeit zu verlieren.

Ein robuster Wirklichkeitssinn ist meiner Ansicht nach ein sehr wertvoller Besitz. Um damit zu beginnen: Kinder sind unwissend, aber voll wissenschaftlicher Neugier. Die konventionelle Erziehung zielt darauf ab, sie noch unwissend zu lassen, aber ihre wissenschaftliche Neugier abzutöten. Dafür gibt es viele Motive, politische, religiöse und moralische, doch sie alle haben ihre Quelle in einer tiefverwurzelten Furcht vor der Wirklichkeit. Es scheint orthodoxe Ansicht zu sein, daß Gott die Welt schuf und daß sie so abscheulich ist, daß wir am besten so wenig wie möglich von ihr wissen. Ich für meinen Teil akzeptiere weder diese Prämisse noch die Schlußfolgerung. Durch die bloße Tolerierung der freien Rede vermeiden wir es, die wissenschaftlichen Impulse der Kinder zu zerstören, so daß ihre Gedanken rege und ihre Gefühle normal bleiben.

Ich werde oft gefragt: »Wie wird es euren Kindern ergehen, wenn sie mit der wirklichen Welt in Berührung kommen?« Die Leute haben die Vorstellung, daß wir ein künstliches Paradies schaffen, und wenn die Kinder aus ihm heraustreten, dann entdecken sie zu ihrer Überraschung, daß die Welt voller Übel ist. Ich bin im Gegenteil der Meinung, daß dies die übliche Erziehungspraxis ist und unsere Besonderheit darin besteht, daß wir der kindlichen Phantasie keine Märchenwelt vorsetzen. In der gewöhnlichen Erziehung wird das Kind erzogen, zu glauben – oder zumindest vorzugeben, es glaube –, daß seine Eltern und Lehrer unfehlbar sind, daß dies Land immer im

Recht ist, daß Staatsmänner seines eigenen Landes und seiner eigenen Partei ausnahmslos hochsinnige Leute sind, daß sich die Bösen leicht erkennen lassen und am Ende ohne Ausnahme besiegt werden, und daß nur Menschen von seltener Verderbtheit, wie man ihnen kaum begegnen wird, sich irgendeiner sexuellen Ausschweifung schuldig machen würden. Industriekapitäne, Besitzer großer Zeitungen, Admiräle, Generäle, Staatsräte und dergleichen werden als Leute dargestellt, die ausnahmslos vom erhabensten Gemeinsinn geleitet werden. Wenn der junge Mann in die Welt hinausgeht und alle diese liebenswürdigen Falschheiten durchschaut, wird er beinahe unvermeidlich zum Zyniker. Zynismus ist der Preis, den wir für eine groteske Ethik bezahlen. Kindern, die mit einem Sinn für die Wirklichkeit erzogen werden, bleibt dieser Schock erspart.

Unter spezifisch pädagogischen Gesichtspunkten sind die Wirkungen der freien Rede erstaunlich gut, nicht nur in wissenschaftlicher, sondern auch in literarischer Hinsicht.

Um mit dem wissenschaftlichen Aspekt zu beginnen: Die Nichtexistenz des Sex-Tabus ist viel wichtiger als allgemein angenommen wird, vor allem, so meine ich, für Mädchen. Die meisten Jungen mit wissenschaftlichen Neigungen sind vor allem an Maschinen interessiert, wo das Sex-Tabu kein Hindernis darstellt. So können die mechanischen Wissenschaften gedeihen, während andere es nicht können. Wir machen denn auch die Feststellung, daß Zivilisationen, die von der Maschine beherrscht werden, auf den Puritanismus zurückzuführen sind. Mädchen hingegen, die einen Hang zur Wissenschaft haben, neigen in der Regel zu biologischen Interessen. Die Darstellung von Anatomie und Physiologie endet in Büchern, die für Kinder bestimmt sind, stets an einem gewissen Punkte. Die Kinder bemerken das und ziehen den Schluß, daß die weggelassenen Dinge für eine wissenschaftliche Darstellung nicht geeignet sind. Um so mehr denken sie über sie nach, aber phantasierend, nicht vernünftig. Die phantastischen Ideen ihrer Kindheit sinken allmählich ins Unbewußte, von wo aus sie das Verhalten der Erwachsenen beherrschen, indem sie es zu der lächerlichen und irrationalen Absurdität machen, die es im allgemeinen ist. Und durch diesen Prozeß werden die wissenschaftlichen Interessen intelligenter Mädchen blockiert. Wenn sie später, sagen wir, Medizin studieren, müssen sie Hemmungen überwinden, deren sie nur intellektuell, nicht auch gefühlsmäßig Herr werden. Ein Arzt sollte den Körper seiner Patienten mit dem Hirn *und* mit den Eingeweiden verstehen. In der Regel sind aber Eingeweide und Hirn durch frühe Tabus voneinander getrennt worden.

Was die Literatur betrifft, so ist die Diktion der Kinder exakt und ausdrucksvoll; ihre Emotionen kleiden sich selbst spontan in die angemessene Sprache, und sie erwerben nicht jene Büchergelehrtheit, die der Fluch der künstlichen Kultur ist. Sie machen Gedichte, die durch die normalen Ansichten und Ereignisse ihres alltäglichen Lebens inspiriert werden, und nicht durch die Imitation eines Dichters, der einen Dichter imitierte, der seinerseits den Homer imitierte. Nur in einer Beziehung ahmen sie Homer nach: die meisten ihrer Poeme stammen nicht von einem einzelnen Autor, sondern von einer Gruppe. Dasselbe gilt für ihre Theaterstücke. In jeden Quartal verfassen sie ein Stück, in dem, allgemein gesprochen, jeder Schauspieler seine oder ihre Rolle selbst erfindet, auch wenn andere Kinder gelegentlich Anregungen beisteuern mögen. Sie machen ihre Kostüme selbst und denken sich gewöhnlich ein paar Songs aus, zu denen sie die Musik komponieren. Jedes Stück wechselt zwischen Komödie und hoher Tragödie. Früher bestanden sie darauf, daß am Schluß jedermann starb, jetzt indes begnügen sie sich mit einem einzigen Mord. In der Poesie aber sind sie viel ernsthafter. Einige ihrer Poeme sind individueller Natur, häufiger jedoch geschieht es, daß sie in einer Gruppe zusammensitzen und jeder etwas beisteuert, mag auch einer von ihnen das Thema vorgeschlagen haben. Der Älteste von ihnen ist gerade elf Jahre alt, er aber trägt zu den Poemen nicht viel bei. Die beiden besten Dichter sind in der Tat erst sieben Jahre alt. Dieser Aspekt ihrer Aktivität läßt sich am besten durch Beispiele illustrieren.

Eines Tages kamen sie auf einem Spaziergang an ein Bauernhaus, das nur noch eine Ruine war und das sie mit großem Interesse untersuchten. Auf dem Heimweg dichteten sie das folgende Poem:

The Deserted Farmhouse

Over the hills in a valley to the East,
Lies a ruin of a farmhouse where the fires have ceased,
The glitter on the barn-top
Makes it seem alive,
But only feathered pheasants hop
Where chickens used to thrive.

There is an ancient donkey-well,
But the donkey is not there;
Years ago the slates all fell
And left the roof quite bare.

The house was built of Sussex stone,
Its roof was tiled with red,
But now a ruin, all alone,
It crumbles down instead.

Its wooden beams are rotten now,
Of grass and earth the floor.
In dirty shed the rusty plough
Stands useless by the door.

There used to be chattering people,
There used to be flocks and herds,
But now the fields are empty,
Except for the rabbits and birds.

Bei einer anderen Gelegenheit stießen sie auf einen Friedhof, der sie zu einer noch phantastischeren Form von Imagination anregte:

In the Graveyard

Sitting on a gravestone
I saw an old crone,
Counting yew berries
And shrivelled up cherries,
Weaving nettles
And tearing petals.

»Have you seen my husband
Wandering around,
Ghost from the graveyard
Out of the ground?«
I answered: »No, crone,
Nothing I've seen
Except one shin-bone
With flesh between.«

Up rose the moon high;
Three shadows danced by:
One was her husband,
One was her child,
One was her love-bird
Weird and wild.

She threw
Cherries at her husband,
Berries at her child,
And a little shirt of nettles
For her love-bird wild.

Ich könnte noch viele andere Beispiele geben, doch diese beiden sollten genügen, um die Vorstellung zu vertreiben, eine wissenschaftliche Einstellung sei feindlich gegen die Phantasie. Ich bin fest davon überzeugt, daß unsere Methoden ein Kind befähigen, Wissen zu erwerben, ohne seine Lebensfreude einzubüßen, und wissenschaftlich zu werden, ohne daß damit das Ende seiner Spontaneität verbunden ist. Bei der Gründung der Schule hoffte ich, dies könnte der Fall sein, und meine Hoffnungen sind nun durch eine nahezu vierjährige Erfahrung besätigt worden.

Free Speech in Childhood. In: New Statesman and Nation, 30. Mai 1931.
Aus dem Englischen von Achim v. Borries.

2. Moderne Tendenzen in der Erziehung

[1931]

Die wichtigste Neuerung in der Erziehungstheorie in jüngster Zeit ist der Nachdruck, der auf den frühen Jahren liegt, zurückzuführen auf zwei moderne Bewegungen in der Psychologie, nämlich die Psychoanalyse und den Behaviorismus. Allgemein gesprochen: der Behaviorismus liefert die Technik für die Schaffung guter Gewohnheiten, während die Psychoanalyse die Technik für die Verhinderung schlechter Gewohnheiten liefert. Freud wurde ursprünglich durch das Studium der Erinnerungen von Erwachsenen dazu gebracht, auf die Kindheit Gewicht zu legen, eine etwas irreführende Methode, wie seine Gegner zeigten. Er selbst hatte nicht viel Material, das von wirklichen Kindern, im Gegensatz zu Kindheitserinnerungen, handelte. Derartiges Material war von Kindern nicht zu bekommen, die im konventionellen Sinne erzogen worden waren, hatte man solche Kinder doch sorgfältig gelehrt, ihre Gedanken zu verbergen. Um die Gedanken von Kindern zu ermitteln, muß man ihnen erlauben, vom ersten Augenblick ihres Sprechens an frei zu reden. Das ist äußerst schwierig, da Kindermädchen, Gouvernanten und Schullehrer dagegen sind. In dem Maße aber, wie es möglich ist, findet man im wesentlichen eine Bestätigung der Freud'schen Hypothesen. Eine sehr wertvolle Materialsammlung stammt aus der von Mr. Geoffrey Pike in Cambridge gegründeten Maltinghouse School; sie wurde von Mrs. Susan Isaacs veröffentlicht. [Die 1924 von Geoffrey Pike gegründete Maltinghouse School stand unter der Leitung der bekannten englischen Reformpädagogin Susan Isaacs. Schon 1928 wurde die Schule von ihrem Gründer wieder geschlossen. (D. H.)] Wären Experimente von gleichem wissenschaftlichen Interesse mit Schimpansen, Pinguinen oder Azelots unternommen worden, so könnte man beträchtliche öffentliche Mittel für ihre Fortsetzung bekommen. Nach Lage der Dinge stießen sie auf nichts anderes als Hohn und Spott und fanden ein Ende, weil die notwendigen Mittel fehlten.

Die Gefühle und der Charakter pflegen durch sehr frühe Einflüsse bestimmt zu werden. Wenn das Kind sechs Jahre alt ist, sind die Grundzüge in der Regel ziemlich endgültig fixiert. Im Gegensatz dazu hat die intellektuelle Erziehung Zeit. Man kann zweifeln, ob ein Kind letztlich schlimm dran wäre, wenn es vor seinem achten Lebensjahr überhaupt keinen Unterricht erhielte. Die Natur des Kindes ist bis heute weniger erforscht worden als irgendein anderer lebendiger Organismus. Niemand ist überrascht, wenn ein Wissenschaftler das Verhalten einer Amöbe oder eines Salamanders beobachtet, aber man ist allgemein der Ansicht, das Verhalten junger Kinder sollte nur von ungebildeten Frauenzimmern beobachtet werden. Wo eine solche Beobachtung stattfindet, da wird sie einerseits beim Beobachtenden durch Sentimentalität, andererseits bei den Kindern durch Furcht vor moralischem Verbot beeinträchtigt. Erst jüngst und in sehr begrenztem Rahmen sind diese beiden Hindernisse für das wissenschaftliche Studium von Kindern überwunden worden. Die Sache des Erziehers ist aber nicht wissenschaftliche Beobachtung; diese ist nur eine notwendige Vorbedingung. Die moralischen Qualitäten, die meines Erachtens wichtig genug sind, um in frühen Jahren erweckt zu werden, sind Freiheit von Haß, Furchtlosigkeit, eine wissenschaftliche Einstellung zur Wirklichkeit sowie der Besitz von Gewohnheiten, die für die Gesundheit und ein erträgliches Zusammenleben wesentlich sind. Hinsichtlich der beiden letztgenannten Erfordernisse scheinen mir viele moderne Erzieher auf einem falschen Weg. Nachdem sie erkannt hatten, daß die alte Disziplin falsch war, haben sie auf Disziplin zu vollständig verzichtet: mit dem Ergebnis, daß die nach ihren Methoden erzogenen Kinder nicht jenes Maß an guten Gewohnheiten besitzen, ohne daß sie sich selbst und anderen zur Plage werden. Eine wissenschaftliche Einstellung zur Wirklichkeit bedeutet, in Gefühlsbegriffen ausgedrückt, ein Übergewicht der Neugier über Phantasien von Wunscherfüllung. Das ist vielleicht die wichtigste

Eigenschaft in der modernen Welt, und eine, die kaum anders vermittelt werden kann als durch jene, die sie besitzen. Gegenwärtig beharren öffentliche und private Erziehungsautoritäten darauf, daß die weitüberwiegende Mehrheit der Lehrer aus ängstlichen Junggesellen bestehen und darum jener Eigenschaft ermangeln soll. Das robuste Akzeptieren der Wirklichkeit wird derzeit für unvereinbar mit Tugend gehalten, und die wissenschaftliche Neugier der Jugend wird durch das Sex-Tabu ständig beschnitten.

Ich gehöre nicht zu denen, die an eine absolute Freiheit des Kindes glauben. Die Bildung guter Gewohnheiten kann nicht ganz spontan erfolgen, und zumindest vom achten Lebensjahr an haben die Kinder einen Bedarf an mehr Wissen als die meisten von ihnen erlangen würden, wenn sie zwischen Unterricht und Spiel frei wählen könnten. Ich bin auch nicht der Meinung, daß die Mißhandlung jüngerer Kinder durch ältere toleriert werden sollte. Innerhalb dieser Grenzen jedoch ist Raum für erheblich mehr Freiheit als bislang üblich. Es sollte von früher Jugend an physische Abenteuerlust geben, selbst wenn sie kleinere körperliche Verletzungen und ein geringes Risiko größeren Schadens mit sich bringen mag. Es sollte nicht zuviel Belehrung über Umgangsformen geben, da diese zu sozialer Furchtsamkeit führt. Es sollte keinerlei Einschränkung der freien Rede geben. Wenn ein Kind erklärt, es wünsche seinen Vater oder seine Mutter tot, so darf man nicht sagen, ein solcher Wunsch sei moralisch schlecht: denn das wird seine Intensität nicht mindern und ihn bloß in den Untergrund drängen, wo er, weil nicht zum Ausdruck gekommen, nur um so stärker werden wird. Wenn das Kind Phantasien nachhängt, die die Schicklichkeit der Erwachsenen schockieren, darf man ihm nicht mit einem erschrockenen »Still-Still!« begegnen.

Man hat die freie Rede in der Politik meiner Meinung nach aus den falschen Gründen verteidigt. Man sagt, sie sei das Palladium unserer Freiheiten; tatsächlich aber ist sie ein Ventil für unsere schlechten Leidenschaften von geringerer Schädlichkeit als irgendein anderes. Emotionen bedürfen zu ihrer Entladung einer Form von motorischer Aktivität, doch es gibt eine durchaus wünschenswerte Tendenz, diese motorische Aktivität auf den Kehlkopf zu beschränken. Ein erregtes Kind bewegt alle seine Glieder, während ein zivilisierter Mann in einem Erregungszustand mit bloßen Worten zufrieden sein mag. Freie Rede ist notwendig, wenn diese wohltätige Umwandlung statthaben soll. Dieselbe Art von Haß, die einen an der freien Rede gehinderten Mann dazu führen wird, seinen Feind zu ermorden, kann einen ganz und gar worterfüllten Mann dazu bringen, sich mit einem bissigen Epigramm zufriedenzugeben. Ich habe bei den Kindern meiner Schule gesehen, wie Worte zum Ersatz für Taten wurden: zuerst bekämpften sie einander mit allen Waffen, die ihnen in die Hände kamen, dann nur mit den Fäusten und schließlich nur noch mit der Zunge. Jene, die am meisten dazu neigten, mit Waffen zu kämpfen, hatte man zu Hause gelehrt, von jedermann gut zu sprechen, und sie dadurch an Befriedigung durch den Kehlkopf gehindert.

Das wichtigste Verdienst der Freiheit innerhalb der oben erwähnten Grenzen ist es, daß sie das Aufkommen übler Leidenschaften zu verhindern pflegt, statt bloß deren Manifestation in unpassenden Augenblicken zu unterbinden. Bei den meisten Kindern läßt sich das Aufkommen übler Leidenschaften verhindern; das verlangt aber den ausdrücklichen Verzicht auf fast alles, was bisher als moralische Belehrung figurierte. Manieren, Freundlichkeit und Anstand dürfen nicht mit Worten eingeprägt werden, vielmehr müssen wir eine Methode suchen, sie durch die Bereitstellung einer passenden Umgebung für das Kind spontan erwachsen zu lassen. Wenn Kinder bis zu ihrem sechsten Lebensjahr richtig behandelt worden sind, ist es möglich, ihre ganze spätere Erziehung von Methoden leiten zu lassen, die viel freier und intelligenter sind als alle jene, wie sie bei Kindern angewendet werden können, deren moralisches Empfinden durch die stümperhaften Methoden der traditionellen Moralerziehung Schaden genommen hat.

Modern Tendencies in Education. In: Spectator, 13. Juni 1931. Aus dem Englischen von Achim v. Borries.

3. In unserer Schule

[1931]

Während des Krieges und seither wurde den meisten denkenden Menschen klar, daß es zu Veränderungen in den zwischenmenschlichen Beziehungen und im Verhältnis der Nationen zueinander kommen mußte, wenn das zivilisierte Leben auf diesem Planeten überleben sollte. Traditionelle ökonomische Theorien, traditionelle Auffassungen vom Verhalten von Männern und Frauen zueinander und von Eltern zu ihren Kindern schienen nicht länger befriedigend. Doch die Erfahrung politischer Reformversuche zeigt, daß die Vorurteile von Erwachsenen fast unausrottbar sind und den Fortschritt stets langwierig und schwierig machen werden, wenn es ihnen nicht gar gelingt, Fortschritt überhaupt zu blockieren. Gedanken wie diese brachten meine Frau und mich zu der Überlegung, ob der menschlichen Entwicklung nicht durch einen Versuch gedient werden könnte, für eine wirklich moderne Erziehung zu sorgen. Statt daß junge Kinder erzogen werden, an jedem Vorurteil der traditionellen Gesellschaft festzuhalten, oder daß man sie neue Dogmen lehrt, sollte eine moderne Erziehung versuchen, ihnen zum Selbstdenken und zu selbständigem Arbeiten zu verhelfen, um sie so zur Auseinandersetzung mit den Problemen der sich verändernden Welt fähig zu machen, denen sie als Erwachsene konfrontiert werden. Das ist es, was wir in unserer Schule in Angriff nahmen.

Die altmodische Erziehung anerkannte im Grunde nur eines als wesentlich: daß ein Kind mit Hilfe von Schlägen und dogmatischer Unterweisung von den Älteren lernen sollte, was seine Pflichten gegen seine Eltern und die Gesellschaft und, zumeist, auch gegen seinen Gott seien. Reformer führten schrittweise ein, daß man sich um die Intelligenz und die Gesundheit der Kinder kümmerte, in dem Maße, wie die Gesellschaft erkannte, daß sie beider bedurfte, und nicht, weil sie von Wichtigkeit für das Kind selbst waren. Der moderne Erzieher geht aus – oder sollte ausgehen – von der chemischen Zusammensetzung des Kindes, er sollte für seine Gesundheit sorgen als wäre es ein junger Sämling, und er sollte Initiative und Intelligenz als seine lebenswichtigsten Güter pflegen, die es als Individuum glücklich und aktiv machen können; durch diese Aktivität und den Kontakt mit anderen Individuen findet es seinen Platz in Arbeit und Leben der Gesellschaft.

Unsere Schule steht darum dem Kind offen, sobald es zwanglos sprechen und laufen kann – etwa mit zwei Jahren –, oder sobald, von da an, seine Eltern willens sind, es zu uns zu schicken. Fortan lebt das Kind mit seinen Altersgenossen zusammen, unter der Aufsicht von Erwachsenen, deren Aufgabe es ist, freundlich und zuverlässig zu sein, ihm niemals die Unwahrheit zu sagen, es vor schlimmer Furcht oder schwerem Schaden zu bewahren und seine Ernährung, seine Hygiene und seinen Schlaf mit so wenig Eingriffen in seine Konzentration und Freiheit zu überwachen wie möglich. »Regeln« werden nur schrittweise aufgestellt, in dem Maße, wie die Kinder ihre Notwendigkeit für sich selbst einsehen, wobei diese Regeln stets eher mit den sozialen Bedürfnissen der Kinder als mit dem Dogmatismus der Älteren begründet werden.

Die Technik der Sorge für dieses frühe Alter ist heikel und verlangt offensichtlich gut ausgebildete und nachdenkliche Erwachsene, die fähig sind, ihr eigenes Herrschaftsverlangen und ihren Wunsch nach übermäßiger Verehrung zu zügeln, wie auch das Verlangen, alle Kinder einander gleich und gehemmt zu machen, indem man ihnen eine künstliche Norm von Ordnung oder Manieren aufzwingt. Das sehr junge Kind ist so leicht zu beeindrucken, daß in diesen beiden letzten Punkten das Kindermädchen oder der Lehrer oft großen Schaden anrichten. Die behavioristische Psychologie informiert den Lehrer über die Bedeutung der richtigen »Konditionierung« und geht dazu über, perfekte kleine Automaten zu schaffen. Sie vergißt, daß Manieren und Gewohnheiten, selbst wenn sie mit Hilfe der Wissenschaft eingeführt werden und das Kind sich ihrer kaum bewußt ist, ein ebenso großes Gefängnis für seine Persönlichkeit sein können wie es die alten Moralvorschriften waren, denen es gehorchen mußte, ohne sie zu verstehen. Ein gewisser Eigensinn im Sichgeben und ausgelassene Bewegungen sind für Kinder so notwendig wie für junge Hunde. Eine zu frühe oder zu strenge Kontrolle nimmt dem Kind das spontane Selbstvertrauen, das seine ganze Antriebskraft ist. Das zu verlieren, bedeutet für das Kind, alles zu verlieren, worauf es ankommt. So kümmern wir uns zwar sehr eingehend um die Gesundheit des Kindes, lehnen es aber ab, dieses mit kleinen Förmlichkeiten zu behelligen. Wir konnten dabei beobachten, daß soziales Verhalten bei ihnen schrittweise aus den Notwendigkeiten ihres alltäglichen Lebens erwächst.

Aus ähnlichen Gründen gewähren wir den älteren Kindern, die die Notwendigkeit von Selbstdisziplin bei Zeit und Wahl ihrer Arbeit zu verstehen beginnen, eine Redefreiheit, die den konventionellen Psychologen schockieren mag, den modernen Psychologen indes nicht überrascht. Daß Kinder Lehrern, die zu ihnen keineswegs grob sind, widersprechen sollen, mag unfair erscheinen. Aber ohne die Möglichkeit voller Selbstbestimmung, wie sie bei Kindern nicht gegeben ist, ist die Unterdrückung der freien Rede für die Jungen so peinigend wie für die Erwachsenen und wird wahrscheinlich zu derselben trotzigen und stumpfsinnigen Fügsamkeit führen wie bei diesen. Intelligenz und Aufrichtigkeit werden deformiert, wenn ein Kind ständig überlegen muß, wie die Frage, die es stellen möchte, aufgenommen wird, und ob es wagen darf, den Gedanken auszusprechen, der in seinem Kopfe ist.

Unser Verzicht auf Zensur findet seine Rechtfertigung im Bemühen der Kinder um Genauigkeit, das sie dazu bringt, die Wissenschaften zu studieren und aufrichtige Beziehungen miteinander einzugehen, und auch in ihrem entwickelten und künstlerischen Gebrauch der Sprache als Ausdruck des Gefühls. Ihre Liebe zur Poesie ist bemerkenswert, ihre eigene Poesie, ihre Theaterstücke und ihre Geschichten haben jene unmittelbare Beziehung zwischen Gefühl und Sprache, wie sie nur unzensierte Literatur haben kann. Es passiert ihnen nicht, daß sich irgend etwas nicht sagen läßt oder daß man über irgend etwas nicht nachdenken kann oder daß es auf irgendeine Frage keine abschließende Antwort gibt. Zu einem Kind mit einer fast schon exzessiven Leidenschaft für Akuratheit und Richtigkeit sagte jemand: »Die Gefühle der Leute werden bisweilen verletzt, wenn Du ihnen stets sagst, daß sie im Unrecht sind.« Die Antwort lautete: »Aber ich sage ihnen nicht, daß sie sich im Unrecht befinden, ohne daß sie wirklich im Unrecht sind.« Das Kind, um das es sich handelt, ist ein Mädchen, doch selbst wenn es keines wäre, würde das soziale Leben ihm schließlich genügend mäßigenden Takt beibringen, um harmonisch mit anderen zusammenzuleben. Und intellektuelle Ehrlichkeit ist eine wertvollere Eigenschaft als unaufrichtige Manieren.

Man nennt moderne Kinder oft herzlos, und viele von ihnen werden es tatsächlich. Denn: im einen Falle lieben die Älteren sie nicht und versuchen, sie durch bemühtes Verziehen und extravagante Freiheit zu bilden; im anderen Falle suchen sich jene, die sie lieben, unter dem Einfluß von Freud und Dr. Watson [Dr. John Broadus Watson (1878–1958), amerikanischer Psychologe, Mitbegründer des Behaviorismus. (D. H.)] von ihnen fernzuhalten, so daß es niemals zu einer emotionalen Beziehung zwischen Kindern und Erwachsenen kommt. Wir meinen, daß Kinder in ihrer Selbstachtung tief leiden, wenn sie sich ungeliebt fühlen, und das macht sie wild und destruktiv. Wir glauben, daß mehr Menschen durch das Fehlen von Liebe verbildet werden als durch ein Übermaß von ihr. Die Erwachsenen hier sind bemüht, den Kindern die reife Kameradschaft und nichts fordernde Zuneigung zu geben, die ihnen ein Gefühl der Sicherheit vermittelt und die sie sich untereinander nicht geben können. Einmal gefragt (es handelte sich um die Gruppe der Sechs- bis Neunjährigen), was sie bei Eltern und Lehrern am wichtigsten fänden, nannten sie an erster Stelle Freundlichkeit. Erwachsene vergessen allzu leicht die rührende Abhängigkeit des jungen Kindes.

Ehrlichkeit in bezug auf die Zeugung und die Körperfunktionen kommt der emotionalen Festigkeit wie der Intelligenz zugute. Selbst die älteren Jungen sind freundlich und interessieren sich für ganz junge Babies, und Jungen und Mädchen scheinen die unterschiedliche Funktion des anderen eher zu respektieren als zu verachten. Die Vernachlässigung der kindlichen Neugier in bezug auf den Körper hat die Erziehung eines sehr mächtigen Stimulans' zum Studium der Biologie, der Ernährung, der Medizin und sogar der Architektur und der Gesundheitspflege beraubt. Das geht aus den Gesprächen der Kinder über Dinge wie Nahrung, Gesundheit, Wohnen und die Sorge für Familien hervor. Eine beiläufige Bemerkung veranlaßt sie oft zu einem ernsthaften Studium. Es gibt hier keine müßigen Erwachsenen und keine Zerstreuungen außer denen des Lebens draußen.

Unsere älteren Kinder verbinden manuelle und intellektuelle Arbeit, und sie werden ermuntert, beide zu schätzen. Einen Teil ihrer Arbeit leisten sie mittels der »Projektmethode« und einen anderen in »Fächern«, die Musik, zwei Sprachen (neben dem Englischen), das Studium der Natur und der Chemie sowie handwerkliche Arbeiten einschließen. Preise und Wettbewerbe gibt es nicht, ausgenommen einen gelegentlichen Test oder ein Klassenspiel. Ihr Stundenplan ist angeschlagen, und sie haben die Freiheit, anwesend zu sein oder nicht; sie können aber nicht gehen und andere stören, wenn sie das Verlangen haben, müßig zu sein. Wir stellen fest, daß sie mit zunehmender Regelmäßigkeit kommen und eifrig arbeiten. Ein größeres Maß von Zwang, mit dem wir es einmal versuchten, führte nicht zu mehr oder besserer Arbeit. Unsere Erfahrungen legen jedoch die Annahme nahe, daß die Kinder entsprechend ihrer weiteren geistigen Entwicklung zu größerer Disziplin bereit sein würden. Alle Kinder, außer einem einzigen, sind noch jünger als zehn Jahre.

Es muß deutlich gesagt werden, daß die bloße Freiheit, mit dem Material von Künsten und Wissenschaften zu spielen, nicht unser Ideal ist. Um mit der modernen Zivilisation fertigzuwerden, bedarf es einer Menge exakten Wissens, und dieses kann nur durch Anstrengung erworben werden. Einige Jünger der Freiheit scheinen das zu vergessen, während der konventionelle Erzieher fortfährt, seine Schüler durch Verbote zu verdummen, und dann von ihnen erwartet, daß sie eine komplizierte Unterweisung aufnehmen, die in keinem Zusammenhang mit ihren Wünschen und Interessen steht. Doch es ist möglich, einen Weg zu finden von der gespannten Neugier des Kindes, seinem Verlangen nach Macht und Interesse in seinem eigenen Leben, zu einem sich kontinuierlich ausweitenden Studium. Es ist möglich, den Kindern schrittweise zu zeigen, wie wichtig harte Arbeit und die Benutzung des Geistes in der Vergangenheit waren, während die künftige Geschichte in ihren eigenen Händen liegt. Wir stellen die Vergangenheit – Erfindungen, Sitten und Glaubensüberzeugungen – als etwas dar, über das sie diskutieren können und das sich verbessern läßt, wenn sie willens sind, sich genügend anzustrengen. Wir ermuntern sie, in Wissenschaft, Kunst und jeder ehrlichen Arbeit einen Wert zu sehen. Wir glauben nicht an den Erfolg einer freien Erziehung bei Kindern, die in konventioneller Weise behandelt wurden und überdiszipliniert sind, wogegen jene, deren emotionales Leben schwer gestört ist, einer größeren Freiheit bedürfen als wir sie bieten und wahrscheinlich immer hinter den harmonischeren Kindern zurückbleiben werden. Der Erzieher ist in der Tat nützlicher dadurch, daß er Schaden verhindert, als dadurch, daß er Gutes tut.

Wir glauben aber, daß, wenn frühzeitig begonnen wird, wenn man sich um die Gesundheit des Kindes kümmert und wenn emotionale Störungen sowie der Verlust von Initiative und Konzentration soweit wie möglich verhindert werden – daß ein Kind sich dann als soziales Wesen durch die Gesellschaft seiner Altersgenossen selbst zu erziehen vermag, und daß es als isoliertes Individuum lernen kann, unter fachkundiger Leitung Gelegenheiten wahrzunehmen, die seinen Talenten entsprechen. Es sollte auch fähig bleiben, selbst nach dem Erwerb von Wissen für sich selbst zu denken, und es mag vielleicht sogar, wenn es groß geworden ist, ein erwachsenes menschliches Wesen werden, und nicht nur, wie so viele seiner Vorgänger, ein übermäßig großes Kind.

In Our School. In: New Republic, 9. September 1931. Aus dem Englischen von Achim v. Borries.

4. Dora Russell: Beacon Hill

[1934]

Diese Schule wurde 1927 von Bertrand und Dora Russell gegründet. Ihr Ziel ist es, Bürger für die moderne Welt zu schaffen, gut ausgerüstet, sich selbst als Individuen voll zu entwickeln, und gleichzeitig verantwortungsbewußt gegenüber den sozialen und wirtschaftlichen Bedürfnissen anderer. Man hatte erkannt, daß ein vollständiger

Bruch mit den üblichen Methoden der Behandlung von Kindern wie auch neue Unterrichtsmethoden und ein der modernen Gesellschaft angepaßter Lehrplan notwendig waren. Die Schule nimmt Kinder im Alter von zwei Jahren an auf und beabsichtigt, ihre gesamte Erziehung zu übernehmen. Wir glauben, daß es für ein Kind von großer Wichtigkeit ist, sich so früh wie möglich als Individuum in einer Gruppe gleichaltriger Individuen bewegen zu können; und daß das Kind in unserer eng verflochtenen Gesellschaft, wo Kooperation und gegenseitige Hilfe die alte Konkurrenz von Familie wider Familie und Gruppe wider Gruppe ablösen sollten, einer umfassenderen Umgebung als der der Familie bedarf. Unser ältestes Kind ist im Augenblick zwölf Jahre alt, aber wir dehnen die Altersgrenze nach und nach bis achtzehn Jahre aus. Gegenwärtig haben wir fünfundzwanzig Kinder in der Schule.

Unser oberstes Prinzip in der Schule ist, daß man seinen Nachbar ungestört seinen Interessen nachgehen lassen sollte, vorausgesetzt, er mischt sich nicht in die entsprechende Freiheit anderer ein. Gleichzeitig betonen wir nachdrücklich, daß jedermann einen Dienst leisten muß, um die Gesellschaft funktionsfähig zu erhalten, und mißbilligen Gier und Ausbeutung durch Individuen oder Gruppen. Lebensstandard und Komfort in der Schule sind einfach gehalten, so daß die Kinder darauf vorbereitet werden, guter und interessanter Arbeit, Freundschaft und Freundlichkeit den Vorzug zu geben vor Luxus auf Kosten anderer. Es gibt in der Schule keinen spezifisch religiösen oder politischen Unterricht, doch werden die Kinder ermuntert, die Glaubensüberzeugungen sowie die soziale und ökonomische Struktur vergangener Gesellschaften zu studieren, auf die sie in ihren historischen Studien stoßen. Ihre Anschauungen von Recht und Unrecht erwachsen nach und nach aus den Erfahrungen des Gemeinschaftslebens. Wir folgen keiner speziellen psychologischen Schule oder Erziehungstheorie, halten uns aber im ganzen an die Auffassung neuerer Psychologen, daß der emotionale Drang des Kindes die Grundlage all seines Strebens und seiner Konzentration ist und die Schaffung oberflächlicher Gewohnheiten wenig nutzt, wenn die darunterliegenden Emotionen ihnen widerstreiten. Wenngleich einige Intelligenztests stattfanden, sehen wir in deren Ergebnissen doch kein sehr zuverlässiges Kriterium, da wir häufig beobachten konnten, daß Kinder mit einem hohen Testergebnis, wenn sie durch eine emotionale Schwierigkeit verwirrt werden, nicht notwendigerweise soviel erreichen wie weniger begabte Kinder. Wir nehmen sowohl Jungen als Mädchen aller Altersstufen auf und halten nichts von prinzipieller Geschlechtertrennung in irgendeinem Alter, mag eine solche in der Reifezeit beim gegenwärtigen Zustand der Gesellschaft auch notwendig sein. Wenn Jungen und Mädchen sich, wie es ganz natürlich ist, hinsichtlich der Wahl ihres Umgangs oder ihrer Beschäftigungen verschieden zu entwickeln scheinen, so hindern wir sie daran nicht.

Die Erziehung ist also koedukativ, die Schule darüber hinaus ein Internat. Während wir es nicht unbedingt für ratsam halten, sehr junge Kinder der elterlichen Fürsorge zu entreißen, meinen wir, daß eine einheitliche Umgebung und ein Leben auf dem Lande, im Gegensatz zum Stadtleben, für Kinder aller Altersstufen große Vorteile haben. Die Kinder unter fünf Jahren bilden beim Schlafen und Essen sowie beim Spielen im Klassenzimmer eine separate Gruppe. Sie bilden gleichsam eine Familiengruppe, die sich vom Leben in der Familie dadurch unterscheidet, daß die Kinder nahezu gleichaltrig sind und ihnen im Hinblick auf ihre Zahl nicht soviel konzentrierte Aufmerksamkeit von seiten der Erwachsenen zuteilwerden kann wie in der modernen Kleinfamilie. Natürlich haben Mobiliar, Bücher etc. eine Höhe und Form, mit der die kleinen Kinder leicht zurechtkommen. Ihr Spielzimmer ist mit vielerlei Material ausgestattet, so weit wie möglich dehnbar und anpassungsfähig. Sie haben dort Platz, um mit großen Klötzen zu bauen, Platz für ein Schwingen und Hängen an Ringen, sowie Tische, an denen sie sich mit Farben, Ton, Mosaiken, Buntstiften, Puzzles und anderen geeigneten Spielsachen beschäftigen können. Es gibt dort einen Spülstein zum Aufwaschen und auch einen Sandkasten. Jedes Kind kann seine eigene Beschäftigung wählen, mit der einzigen Einschränkung, daß es warten muß, bis es an die Reihe kommt, wenn ein anderes Kind das Material zuerst verlangt hat. Entwickeln sich Meinungsverschiedenheiten, so greifen wir in sie so wenig wie möglich ein, ernsthafte Auseinandersetzungen aber werden unterbunden. Wir erwarten von Kindern dieses Alters nicht, daß sie irgendein Verständnis für die Rechte anderer haben, abgesehen von dem, das ihnen von der Autorität der Erwachsenen notwendigerweise auferlegt wird. Wir sind bemüht, so weit wie möglich ihre individuelle Entwicklung zu fördern und ihnen Vertrauen in ihre Fähigkeit zur Beherrschung ihrer Glieder und ihres Körpers sowie zur eigenen Initiative bei Wahl und Benutzung von Material zu geben. Selbst kleine Kinder von drei Jahren beginnen, Sägen, Hammer und Scheren zum Ausschneiden von farbigen Papiermustern zu verwenden. Nach unseren Erfahrungen ist ein Kind, das in dieser Weise mit einer Gruppe von Gleichaltrigen, vom zweiten Lebensjahr an, zu leben und zu arbeiten begonnen hat, mit vier Jahren viel weiter entwickelt als ein Kind, das in altmodischer Weise, von der Hilfe der Erwachsenen umgeben, in seiner Kinderstube aufwächst. Es ist fähig, sich selbst anzuziehen und allein zu essen, es weiß viel besser, was es zu tun wünscht und wie es das Gewünschte am besten tut, und es weiß aus praktischer Erfahrung auch schon einiges von der Notwendigkeit, andere in Ruhe zu lassen.

Im Alter zwischen fünf und sieben Jahren bieten wir unseren Kindern die Möglichkeit, theoretisch zu arbeiten (Lesen, Schreiben und Rechnen), wenn sie das wünschen. Wir zwingen aber niemals ein Kind zur Beschäftigung mit diesen Dingen und warten, bis es einen Grund sieht, ihre Erlernung zu wünschen. Wenn Kinder es vorziehen, sie erst in einem späteren Alter zu erlernen, so lernen sie gewöhnlich schnell, und es gibt in der Fertigkeit zwischen ihnen und denen, die sie in einem früheren Alter erlernten, bald sehr wenig Unterschied. Es wird unserer Ansicht nach viel Zeit verplempert mit dem Ersinnen immer neuer Lesemethoden, um damit Kinder zu lokken, die in diesem frühen Alter viele Dinge viel lieber mündlich lernen oder sich mit ihren eigenen Händen betätigen würden. Das Alter von fünf bis acht Jahren ist ein sehr rastloses Alter, und je weniger man Kinder dazu verpflichtet, ruhig an einer Aufgabe zu sitzen, desto besser scheinen sie sich zu entwickeln. Unsere Kinder dieser Gruppe arbeiten viel in der Natur, da lebendige und bemerkenswerte Dinge draußen sie interessieren. Sie diskutieren auch darüber, wie man Häuser baut, Kleider macht usw. und lernen viel auf mündlichem Wege sowie von Bildern des praktischen Lebens der Menschen in verschiedenen historischen Epochen.

Wenn ein Kind sich in diesem Lebensalter für Lokomotiven, Flugzeuge oder ähnliche Dinge interessiert, ermuntern wir es, verschiedene Typen zu unterscheiden und die Geschichte dieser Dinge zu studieren, indem wir es ein eigenes Notizbuch oder einen Block anlegen lassen, in die es Bilder zeichnet und, wenn es das kann, einige Notizen einträgt. Viel Zeit verbringen die Kinder in diesem Alter in der Werkstatt, wo sie alles Mögliche tun können – Malen, Modellieren und Gipsgießen, Tischlern, Weben, Sägen, Korbflechten, Linoleumschneiden und so fort. Einige Zeit verbringen sie auch im wissenschaftlichen Labor, wo sie mit Glasröhren und Filtern umzugehen beginnen und einfache Experimente machen, so daß sie mit der Apparatur vertraut werden und eine ganze Menge elementare Chemie lernen, noch bevor sie Notizen über sie aufschreiben oder sogar ehe sie die Worte buchstabieren können, die sie sprachlich gut kennen.

Hinsichtlich der Disziplin sind wir der Auffassung, daß dies ein Lebensalter ist, in dem das Kind seiner selbst in bezug auf andere stärker bewußt wird. Es reagiert zunächst feindselig und mit dem Verlangen, die eigenen Rechte zu verteidigen. Wenn den Kindern dieses Alters unter Aufsicht eine gewisse Freiheit eingeräumt wird, ihre Differenzen offen auszutragen, dann sind sie, so scheint es, im Alter von acht oder neun Jahren vernünftiger und sozialer und neigen fortan viel weniger dazu, sich in die Angelegenheiten anderer einzumischen, als wenn ihr Ungestüm in jüngeren Jahren unterdrückt worden wäre.

Vom achten Lebensjahr an setzen wir die Zeiteinteilung so fort: Geschichte, Geographie, Literatur und das Verfassen von Theaterstücken etc. im Theorieraum, Naturwissenschaften und Mathematik im Labor, Kunst und gewerbliche Arbeiten in der Werkstatt. Wir beginnen die Kinder vom fünften Lebensjahr an mit dem Französischen und dem Deutschen vertraut zu machen, indem wir ihnen kurze Perioden aus Schauspielen vermitteln; einige wenige Worte und Wendungen lernen sie direkt. Diese Arbeit erfährt nach dem achten Lebensjahr eine Ausweitung. Die Kinder haben, wie wir gewöhnlich feststellen, im Alter von acht Jahren großes Interesse für die Funktionsweise des menschlichen Körpers, und wir benutzen das, um die Grundlagen eines einfachen Studiums von Anatomie und Physiologie zu legen. Auf allen Altersstufen werden Fragen über das Leben und die Sexualität beantwortet. Biologie wird studiert durch das Sammeln von Köpfen und Knochen von Tieren und Vögeln und was immer sonst wir an Interessantem in unserer Umgebung finden können. Wir hatten das große Glück, auf unserem Gelände eine Menge römische Töpferei zu entdecken, und die Archäologie erfreut sich bei unseren Kindern großer Beliebtheit.

Natürlich lehren wir Geschichte und Geographie nicht als gesonderte »Fächer«. Wir ziehen es vor, das ganze Leben eines Volkes in seiner Beziehung zu Klima und Boden sowie die Lebensbedingungen der Menschen an einem bestimmten Ort oder zu einer bestimmten Zeit zu studieren. Ein großer Teil der Arbeit wird ganz individuell getan: jedes Kind sucht sich einen Ort oder eine Geschichtsperiode aus und legt sich sein eigenes Notizbuch über sein Thema an, wenn auch die Lehrer einige Lektionen über die nach einer Diskussion zu Semesterbeginn von der Gruppe gewählten Perioden oder Örtlichkeiten geben. Unsere Zehnjährigen arbeiteten einmal über »Das Leben vor und nach der Industriellen Revolution«. Ein anderesmal entschieden sie sich dafür, die englische Geschichte von so früher Zeit wie möglich bis zur Moderne durchzunehmen. Sie blieben mehrere Semester hindurch bei diesem Beschluß. Während wir Geschichte vor allem unter sozialen, ökonomischen und internationalen Gesichtspunkten lehren, lassen wir das Interesse des Kindes an Persönlichkeiten voll zur Geltung kommen. Die Kinder sind, wie ihre dramatischen Werke zeigen, gründlich vertraut mit vielen historischen Typen und mit den Eigenarten vieler berühmter historischer Gestalten.

In der Literatur, wie in allen Künsten, möchten wir den Kindern erlauben, eher mit dem Schaffen für sich selbst zu beginnen als mit der Würdigung der Werke anderer. Die jungen Kinder ermuntern wir, Geschichten zu diktieren, die älteren, Geschichten, Gedichte und Schauspiele zu verfassen und zu diktieren. Die Übung im Buchstabieren, in Grammatik und im Schreiben geht von selbst in ihre selbständige Arbeit ein, wie in das Anlegen von Notizbüchern. Die Kinder haben noch nie ein Theaterstück aufgeführt, das sie nicht selbst verfaßt hatten, obgleich sie, seit sie mit dem Stückeschreiben begannen, viele Stücke gelesen haben, die sie unter technischen Gesichtspunkten intelligent kritisieren, da sie Gelegenheit hatten, sich die Probleme dramatischer Situationen selbst zu erarbeiten und von daher wissen, wie man Figuren auf- und abtreten läßt. Unsere Kinder haben die meisten bedeutenden Shakespeare-Stücke gelesen und eine ganze Menge an Poesie und guten Novellen. Diese Bücher befinden sich auf den Regalen und die Kinder nehmen sie sich für ihre Freizeitlektüre. Es ist ganz normal, in einem Schlafraum der Zehnjährigen den »Hamlet« oder den »Coriolanus« zu finden. Dank ihrer völligen Redefreiheit zeigen unsere Kinder in ihren Theaterstücken und Geschichten eine Flüssigkeit, Unmittelbarkeit und Sicherheit im Emotionalen, die für Kinder ihres Alters ebenso ungewöhnlich sind wie ihr großes Vokabular. Sie schreiben über wirkliche Menschen und reale Situationen, und vom siebenten Altersjahr an beschäftigen sie sich nur noch wenig mit den Märchenthemen, die gewöhnlich an Kinder ausgeteilt werden. Oft benutzen sie historisches Material und das immer in interessanter Weise. Sie haben keine Scheu, die Probleme zu behandeln, die in der modernen Gesellschaft diskutiert werden, wie den Platz von Wissenschaft und Kunst im menschlichen Leben, das Fabrikleben, die Arbeit von Frauen abgesehen vom Kindergebären, die Fürsorge für Kinder und so weiter. Das Verfassen von Theaterstücken stimuliert die Diskussion ganz beträchtlich und die gemeinsame Arbeit daran in einer Gruppe bringt überraschende Eingebungen und Pfeile von Witz hervor.

In der Musik gehen wir ähnlich vor, indem wir die Kinder ermuntern, Töne zu singen und ihr Niederschreiben zu lernen. Sie bilden Töne für Songs in den Schauspielen und so fort, wobei sie sich in einfachem Rhythmus bewegen und einfache Instrumente benutzen.

Auch beim Malen und Modellieren überlassen wir das Kind sich selbst, indem wir ihm Material geben und zusehen, was es damit anfängt. Wir zeichnen nicht nach Gegenständen, sondern ermuntern zum Arbeiten nach Erinnerung und Phantasie. Viele Arbeiten der Kinder sind von großer Klarheit des Striches und der Individualität, und gewöhnlich lassen sich verschiedene Bilder eines bestimmten Kindes herausfinden. Es hat den Anschein, als würden wir, indem wir den Einfluß des Lehrers in engen Grenzen halten, eine Malschule vermeiden, in der alle Werke einander ähneln.

Unsere Unterrichtstechnik in solchen Dingen wie Lesen, Schreiben etc. ist natürlich modern, aber wir haben keine spezielle Methode, sondern versuchen im Gegenteil, die Methode den speziellen Schwierigkeiten des Kindes anzupassen. So weit wie möglich versuchen wir, zuerst die Dinge zu lehren, die das Kind offensichtlich zu lernen wünscht, während wir später, wenn die Kinder entwickelt genug sind, zu verstehen, was wir sagen, auf die Nützlichkeit verschiedener Arten von Wissen hinweisen. Latein und Griechisch unterrichten wir nur bei Bedarf, sind aber bereit, jeden Stoff zu lehren, der für Examenszwecke notwendig ist. Wir ziehen es vor, das Kind mit naturwissenschaftlichen Kenntnissen auszustatten, unter besonderer Berücksichtigung der Biologie, wenn die Kinder daran interessiert sind. Die Naturwissenschaft wird ergänzt durch die Geschichte der menschlichen Entwicklung und die Kenntnis einiger moderner wissenschaftlicher und psychologischer Probleme. Wenn möglich möchten wir verschiedene moderne Sprachen als Gebrauchssprachen vermitteln, so daß sich die Kinder in der Welt, in der sie leben, zu Hause fühlen können und die Möglichkeit zu ausgedehnter Lektüre und zu großen Reisen haben. Musik, Malen, Tanzen und die Künste allgemein lehren wir als Beschäftigungen zum eigenen Vergnügen und, wenn die Kinder darin bewandert sind, als professionelle Betätigungen. Gäbe es nicht den Druck der Prüfungen und Klassenunterschiede, so würden wir unseren Kindern eine weitergehende Spezialisierung erlauben als uns im Augenblick möglich ist und würden sie anhalten, jeweils ihren Neigungen zu folgen. Wir würden also beispielsweise nicht versuchen, einen Handwerker für rein theoretische Dinge zu interessieren, wenn er sich ihnen nicht von sich aus zuwendet. Wir wären damit zufrieden, einen guten Mechaniker oder Zimmermann, wie einen guten Mathematiker, hervorzubringen, wenn die Gesellschaft, in die diese Kinder eintreten, darauf eingestellt wäre, uns das zu erlauben. Auf allen Stufen der Erziehung suchen wir Bücherwissen zu vermeiden, das vom Leben und von der Beobachtung trennt. Es ist zum Beispiel ein amüsanter Anblick, wenn unsere Kinder Bilder von Werkzeugen der Höhlenmenschen studieren und dann versuchen, sie mit Kieselsteinen und Holzscheiten anzufertigen, oder wie sie, umgekehrt, zu den Büchern laufen, um ein Stück römische Töpferei zu identifizieren, das sie entdeckt haben.

Neben unserem Chemie- und Biologieunterricht lehren wir Erste Hilfe und Hygiene, außerdem wird einige Arbeit in Haus und Küche geleistet. Fragen, die sich auf den Körpermechanismus, auf Gesundheit, Krankheit und Ernährung beziehen, werden während des Badens und des Zubettgehens ebenso diskutiert wie in der Klasse und sogar im Schulrat. Es ist unser Ziel, den Kindern Wissen als Grundlage für ihre individuellen Lebensgewohnheiten zu vermitteln; das Wissen soll gleichsam einen Kanal für ihre emotionalen Impulse bilden. Oft wird angenommen, »freie« Kinder seien träge oder ungenau im Denken und in der Ausführung. Unsere Erfahrungen bestätigen das nicht. Viele unserer Kinder entwickeln leidenschaftliche intellektuelle und künstlerische Interessen; sie drücken sich nicht vor langweiliger Arbeit oder exakten Details. Sie haben wirkliche Freude an ihrer Arbeit und sind traurig, wenn sie aufhören müssen; oft findet man sie dabei, wie sie die Schularbeit in ihrer Freizeit zu Ende führen. Es kommt sehr selten vor, daß ein Kind gleichgültig bleibt, wenn es einige Gelegenheit gehabt hat, sich darüber Gedanken zu machen, was es gern lernen würde.

Die Leitung der Schule liegt in den Händen des Schulrates. Ihm gehört jedermann an, vom Schulleiter bis zum Gärtner und alle Kinder ab fünf Jahren. Jeder hat seine Stimme und darf anwesend sein und das Wort ergreifen. Der Vorsitzende wird zu Beginn jedes Semesters gewählt. Der Rat tagt nur, wenn jemand seine Einberufung wünscht. Solange er nicht einberufen ist, gelten die in früheren Sitzungen beschlossenen Regelungen. Wir haben nur sehr wenige Bestimmungen. Es gibt eine feste Essenszeit, da man eingesehen hat, daß anders das Personal seine Arbeit nicht verrichten kann, doch die Kinder haben die Freiheit, an Unterrichtsstunden nicht teilzunehmen, wenn sie dies nicht wünschen. Nehmen sie nicht teil, so müssen sie entweder nach draußen gehen, in einen Teil des Geländes, wo sie die Arbeit der anderen nicht stören, oder sich in einem eigenen Raum aufhalten, wo sie sich nach eigenem Wunsch beschäftigen können, vorausgesetzt, sie machen nicht soviel Lärm, daß andere bei der

Arbeit gestört werden. Wir hatten zunächst obligatorische Unterrichtsstunden, machten aber die Erfahrung, daß das freie System zu viel konzentrierterem Arbeiten und weit größerer Ruhe während des Unterrichts führt. Faktisch bleiben nur sehr wenige Kinder dem Unterricht fern, und das sind gewöhnlich die neuen, die noch nicht an die Freiheit gewöhnt sind. Die jüngsten Kleinkinder sind natürlich nicht in dieser Weise »frei«. Sie werden als Gruppe durch die Persönlichkeit des verantwortlichen Lehrers zusammengehalten. Im allgemeinen legen sie keinen Wert darauf, auf eigene Faust herumzuspazieren, da sie ein Bedürfnis nach der Nähe von Erwachsenen haben.

Der Rat setzt Regeln für das Zubettgehen, für Ruhe, Waschen und Aufräumen, unfreundliche Behandlung, Schikaniererei, Zerstörungswut und so weiter fest. Bis jetzt hat er noch nie Bußen oder Strafen verhängt oder Übeltäter zur Rechenschaft gezogen. Schwierige Fragen werden zur Sprache gebracht und diskutiert, und ein Ersuchen oder Beschluß des Rates, bestimmte Dinge sollten nicht getan werden, genügte gewöhnlich, um Übeltäter in Schach zu halten und die Aufrechterhaltung vernünftiger Ordnung zu gewährleisten

Während wir die Kinder auffordern, die Regeln für das Gemeinschaftsleben festzulegen, nehmen wir selbst das Odium auf uns, auf ihre Einhaltung zu achten, und wir übertragen nicht älteren Kindern Autorität über jüngere, wenn sie bisweilen auch helfen, auf die jüngeren aufzupassen. Von Zeit zu Zeit gab es von seiten des Schulrates Experimente mit absoluter Freiheit in bezug auf Waschen und Zubettgehen, wie auch ein Experiment, bei dem die Hausmutter zum »Diktator« gemacht wurde. Diese Erfahrungen erwiesen sich als sehr nützlich, denn wenn auch das Schulleben selbst während ihrer Dauer nahezu unverändert blieb, so bestand doch ein großer Unterschied in der Art und Weise, wie die Kinder es empfanden. In »Freiheit« fühlten die Älteren sich dafür verantwortlich, darauf zu achten, daß den Jüngeren nichts zustieß, und es war ihnen schließlich angenehm, einige einfache Regeln festzusetzen, die ihrem offensichtlichen Ordnungssinn Genüge taten und sie von der Sorge für die schwächeren Brüder entlasteten. Auf der letzten wichtigen Sitzung des Rates legten sie definitiv fest, wie oft man sich waschen und wann man ins Bett gehen sollte. Sie beschlossen auch, daß es privates Eigentum geben sollte, führten gewisse Regeln für das Borgen ein und erörterten schließlich eingehend die Frage des Schlagens. Sie hielten es für nutzlos, das Schlagen völlig zu verbieten, da sie einsahen, daß nicht zu erwarten war, die Leute würden sich stets und immer beherrschen.

Sie setzten aber in das Protokoll, daß »dieser Rat das Schlagen als Methode zur Beilegung von Meinungsverschiedenheiten mißbilligt«.

Alle üblichen Probleme eines demokratischen Systems und der Teilhabe an einer Gemeinschaft tauchen im Rat früher oder später in direkter praktischer Form auf – einschließlich der Macht des Demagogen, Entscheidungen durch seine Reden zu beeinflussen. Einmal wurde vorgeschlagen, man sollte ohne irgendwelche Reden abstimmen dürfen, da man anderenfalls entgegen seinen ursprünglichen Absichten stimmen könnte! Eine Zeitlang hatten die Kinder ein System der Wahl von sogenannten »Verantwortlichen«: die Idee dabei war, daß jemand, dem man in bezug auf seine Gesundheit Vernunft zutrauen konnte, der andere nicht schikanierte oder grundlos Sachen zerstörte, daß ein solcher Mensch als »freier« Mensch in dem Sinne betrachtet werden könne, daß niemand ihm jemals Befehle erteilen würde, obgleich er nicht für das Verhalten irgendeines anderen verantwortlich war. »Verantwortlichen« wurde ihr Privileg wieder abgesprochen, wenn sie sich als unwürdig erwiesen. Dies wurde etwas kompliziert, und die Kinder gaben es auf, als sie Regeln festsetzten, denen, wie sie meinten, jedermann zustimmen konnte. Das Wichtigste für unsere Kinder scheint das Gefühl zu sein, daß sie nicht gezwungen werden, sondern eine Sache nach eigener Wahl tun, entweder weil sie ihnen Spaß macht oder weil sie sie für vernünftig halten.

Wir erwarten natürlich nicht dasselbe Maß von Ordnung und Disziplin, das in der konventionellen Schule vorherrscht, und finden auch nicht, daß sein Fehlen wirklich gute Arbeit und gutes Verhalten zueinander verhindert. In unseren Klassen herrscht größere Ruhe als in vielen Schulen, in denen der Unterricht obligatorisch ist. Umgang und Sprache zwischen Schulleitung und Kindern sind frei und ungezwungen, und kein Mitglied der Schulleitung erwartet Respekt, weil er Lehrer ist: sie ziehen es vor, als Freunde behandelt zu werden. Wir sind bemüht, Unfreundlichkeit und Schikanen durch die Aufrechterhaltung einer Atmosphäre guten Willens und dadurch in Grenzen zu halten, daß wir mit schwierigen Kindern vernünftig reden. In dem Maße, wie die Kinder sich an ihre Arbeit gewöhnen und anfangen, Wege zum Gefühl ihres Selbstwertes zu entdecken, hören sie auf, Beachtung zu suchen und zu finden durch die Belästigung anderer. Wenn Kinder ein starkes Verlangen nach Macht zeigen, versuchen wir zu erreichen, daß sie es eher an so etwas wie Handfertigkeiten abreagieren als an anderen Kindern. Natürlich hat der Kindertyp, dem es schwerfällt, die Sympathien der Mitschüler zu finden, immer einige Schwierigkeiten, doch wir suchen einen Weg, ihm das Gefühl von Fähigkeit und Bedeutung zu vermitteln.

Unsere Kinder erwecken den Eindruck, als seien sie glücklich und fänden in der Schule den Grad von Ordnung und Unordnung, der ihrem Alter angemessen. Denn Kinder scheinen sehr wenig Gefallen zu finden an der sauberen und geschlossenen Welt, in der die meisten Erwachsenen gern leben. Das bedeutet nicht, daß sie es versäumen werden, als Erwachsene ordentlich zu sein, sondern nur, daß der Prozeß ihrer Selbstdisziplinierung weit mehr als in der Vergangenheit üblich in einzelnen Etappen verlaufen sollte. Unserer Ansicht nach wird bei Kindern meist zu früh mit der Schaffung von dem, was man »gute Gewohnheiten« nennt, begonnen, und sie werden einem Zwang unterworfen, gegen den sie später rebellieren. Niemand erwartet, daß ein junges Hengstfüllen sich so würdig benimmt wie ein altes Pferd, das lange im Geschirr steht, eben das aber hat man in der konventionellen Schule und im konventionellen Elternhaus zu oft von den Kindern verlangt.

Es gibt bei uns keine Geheimnistuerei in bezug auf irgendeine Art von Wissen. Fragen zur Sexualität werden beantwortet und die Nacktheit ist bei uns nicht tabu. Wir halten es nicht für notwendig, spezielle sexuelle Unterweisung zu geben, da diese stets im Biologieunterricht an die Reihe kommt. Und wenn irgendein neues Kind sich unwissend zeigt, klären wir es auf. Beinahe in jedem Falle stellen wir fest, daß das Wachstum unserer Kinder um so ruhiger und konzentrierter verläuft, je länger sie bei uns bleiben. Mitunter mag das auf die Auflösung eines sexuellen Geheimnisses zurückzuführen sein, das sie zu verstehen wünschten.

Ein großer Teil des Lebens bei uns spielt sich im Freien ab, und es gibt körperliche Übungen und einige Spiele, doch sind diese nicht obligatorisch, wenngleich sie zu gewissen Zeiten organisiert werden. Wenn es erforderlich ist, arbeiten wir heiltherapeutisch, und hinter aller Freiheit steht gründliche individuelle Sorge um die Gesundheit der Kinder. Größe und Gewicht werden regelmäßig gemessen und häufig, mindestens einmal in drei Wochen, werden die Kinder von einem Arzt untersucht. Im Sommer gehen sie zum Baden an die See und schlafen im Freien, wenn das Wetter es erlaubt.

Wettbewerb oder Preise gibt es bei uns nicht, wenn wir auch gelegentlich die Kinder für Semesterschlußtests auszeichnen. Von Zeit zu Zeit werden ihre Arbeiten ausgestellt und wir übertragen ihnen die Aufsicht über die verschiedenen Ausstellungsstücke. Natürlich bemühen sie sich bei ihren Zeichnungen und Eintragungen um besondere Sorgfalt, wenn sie meinen, daß diese besichtigt werden, viele von ihnen haben aber in jedem Falle einen natürlichen Stolz auf ihre Arbeit.

Zum Wichtigsten beim Großziehen von Kindern dürfte es gehören, Angstgefühle zu verhüten und ihnen entgegenzuwirken. Sie fürchten sich so leicht – vor dem Mißfallen oder dem Gelächter der Erwachsenen, davor, etwas Falsches zu tun oder zu sagen, vor dem Dunkel, vor namenlosen Schrecken, vor dem Versagen bei bestimmten Dingen, vor der Unfähigkeit, sozialen Kontakten gewachsen zu sein. Wir versuchen, die Quellen der Schwierigkeiten unserer Kinder aufzuspüren: ob sie vielleicht mit ihrer häuslichen Situation zu tun haben und so weiter. Wir psychoanalysieren nicht, entnehmen aber gewöhnlich dem Reden und Verhalten des Kindes eine ganze Menge. Wir bemühen uns die ganze Zeit, ihm Selbstvertrauen zu geben, hegen und schützen ein Kind aber nicht über Gebühr, nachdem es dem Babyalter entwachsen ist. Eher hoffen wir, daß es Wege finden wird, sich auf seine eigene Weise anzupassen und zu verteidigen. In einer Umgebung, in der es viele Dinge zu tun gibt, so daß es gewöhnlich einige finden kann, mit denen es sich beschäftigt, umgeben von einer robusten Gesellschaft von Menschen, die ihm Vertrauen zu sich selbst und zum Leben geben, wird das Kind normalerweise durchkommen und etwas aus sich machen, selbst wenn es mit einem Handikap startet. Wenn es frühzeitig in der richtigen Weise beginnen kann, dann schreitet es leicht von Leistung zu Leistung fort.

Wir hoffen, daß wir ein Kind, indem wir es in einer freien demokratischen Gemeinschaft aufwachsen lassen, statt in den Beschränkungen und in der Obhut des Familienlebens oder unter einer Schulautokratie, besser für das Leben in der modernen Welt vorbereiten werden. Insbesondere hoffen wir, daß wir dem Kind durch Aufhebung der üblichen künstlichen Beschränkungen und der Betonung von Äußerlichkeiten, wie Würde, helfen, einen Sinn für die wirklichen Lebenswerte zu gewinnen: für das, was wert ist, getan und geglaubt zu werden, dafür, in welchem Maße soziale Verantwortung notwendig und was bloß die Tyrannei alter Sitten ist. Ein Kind interessiert sich für Dinge und Ereignisse um ihrer selbst willen, Wettbewerbserziehung aber treibt diese schöne Eigenart aus und ersetzt sie durch snobistische und finanzielle Werte. Wir glauben auch, daß wir dem Kind, indem wir es moderne Dinge von einem modernen Standpunkt aus lehren, helfen werden, sich – und dadurch die Gesellschaft, bei deren Schaffung es mitwirken mag – von vielen Konflikten zu emanzipieren, die seine Eltern so schwer belastet haben.

Solche Konflikte rufen oft jene übertriebene Selbstkritik hervor, die zu hoffnungslosem Pessimismus und zur Schlaffheit führt. Gleichzeitig wird ein Kind, dem man hilft, selbst zu denken, kritisch genug sein, um nicht überheblich zu werden oder allzu bereitwillig Glaubensüberzeugungen zu akzeptieren, weil diese von der Allgemeinheit geteilt werden. Ferner: freie Wahl der Beschäftigung in einem frühen Alter hilft einem Kind, herauszufinden, was es als Erwachsener wirklich zu tun wünscht, und zu erkennen, wann es dazu fähig ist. Oft genug entdeckt ein Kind in der Regelschule, wo es nach festgelegtem Plan arbeitet und lebt, zu spät, daß es gern einen anderen Weg gewählt hätte als den, den es auf Anraten von Erwachsenen bereits eingeschlagen hat. Oder das außergewöhnliche Kind sieht sich gegen das revoltieren, was es einfach aufgrund von Autorität zu glauben gewohnt war. Umgekehrt mag das mehr durchschnittliche Kind, das vielleicht in einer gepflegten häuslichen Umgebung lebt, wirklich den Wunsch haben, in einfachere Lebensformen zu entfliehen.

Jede solche frühe Fehlleitung führt zu einem Konflikt in der Reifezeit oder beim jungen Mann und der jungen Frau, und Jahre gehen aufgrund dessen bisweilen verloren. Auch unglückliche Ehen resultieren aus dem übermäßigen Druck elterlicher und gesellschaftlicher Verhaltensmuster. Von all dem könnte ein Kind, das in einer freien demokratischen Schulgemeinschaft auf freiem Fuße lebt, wenn nicht völlig frei, so doch zumindest freier sein als es junge Erwachsene in der Vergangenheit waren. Es ist nicht leicht, in unserer sich verändernden Welt emotionale Reife und Festigkeit zu erreichen, doch das Bemühen, sie früh genug im Leben zu erreichen, um Zeit für gute Arbeit zu gewinnen und um voll und gut zu leben, würde von großem Nutzen für das Glück der Individuen und das der ganzen Gesellschaft sein. Die neue Erziehung sollte nicht auf Freiheit zur Rebellion abzielen, sondern eher auf Freiheit zur Selbstverwirklichung und zu gegenseitiger Hilfe.

Beacon Hill. In: The Modern Schools Handbook. Edited by Trevor Blewitt. London 1934, S. 29–42. Aus dem Englischen von Achim v. Borries.

Bibliographische Anmerkungen

Erziehung als politische Institution

Siehe auch: Principles of Social Reconstruction. London 1916. Chapter V: Education. Deutsch: Grundlagen für eine soziale Umgestaltung. Aus dem Englischen von Margarete Hethey. München 1921, S. 100–117.

Die Ziele der Erziehung
Liebe und Sympathie

Russell's Buch »On Education, especially in Early Childhood« (in den USA unter dem Titel »Education and the good life« erschienen) enthält die folgenden Kapitel: Introduction – Part I: Educational Ideas: I. Postulates of Modern Educational Theory – II. The Aims of Education – Part II: Education of Character: III. The First Year – IV. Fear – V. Play and Fancy – VI. Constructiveness – VII. Selfishness and Property – VIII. Truthfulness – IX. Punishment – X. Importance of Other Children – XI. Affection and Sympathy – XII. Sex Education – XIII. Nursery School – Part III: Intellectual Education: XIV. General Principles – XV. The School Curriculum Before Fourteen – XVI. Last School Years – XVII. Day Schools and Boarding Schools – XVIII. The University – XIX. Conclusion.
Erste deutsche Übersetzung: Ewige Ziele der Erziehung unter besonderer Berücksichtigung der ersten Kinderjahre. Aus dem Englischen von Fritz Schnabel. Heidelberg 1928.

Freie Rede in der Kindheit

Dieser Aufsatz Russell's in »New Statesman and Nation« fand ein lebhaftes, teils ablehnendes, teils zustimmendes Echo. In den folgenden Nummern der Wochenzeitung erschienen zahlreiche Zuschriften von Lesern, in denen vor allem die Möglichkeit der von Russell geschilderten Kollektivdichtung in Frage gestellt wurde. Russell antwortete (im »New Statesman« vom 13. und 27. Juni 1931), er sei selbst vom Erfolg dieser poetischen Kooperation überrascht; gleichzeitig unterstrich er noch einmal ihren spontanen Charakter. Unter Hinweis auf Homer und die Bibel gab er zu bedenken, ob der künstlerische Individualismus in der Neuzeit nicht vielleicht überschätzt und verabsolutiert werde.

Erziehung und Disziplin

Unter dem Titel »Education and Civilization« zuerst in: New Statesman and Nation, 5. Mai 1934.

Die Aufgaben des Lehrers

Siehe auch: Harper's Magazine, Juni 1940, S. 11–16.

Bibliographische Hinweise

I. Weitere Beiträge Russell's zu Fragen der Erziehung (Auswahl)

The Place of Science in a Liberal Education

In: New Statesman, 24./31. Mai 1913. Originaltitel: Science As An Element in Culture. Siehe: Mysticism and Logic and Other Essays, London 1917 (und später). Deutsch: Die Stellung der Naturwissenschaften in einer freien Erziehung. In: Mystik und Logik – Philosophische Essays. Aus dem Englischen von Dr. Erwin Heinzel. Wien und Stuttgart 1952, S. 36–48.

Freedom in Education: A Protest against Mechanism

In: Dial, Februar 1923, S. 153–164.

Education

Siehe: The Prospects of Industrial Civilization, London und New York 1923; 1970. In collaboration with Dora Russell. Chapter XII. Deutsch: Erziehung. In: Die Kultur des Industrialismus und ihre Zukunft. Aus dem Englischen von Dr. Cl. Margolin. München und Berlin 1928, S. 285–313.

Freedom or Authority in Education

In: Century Magazine, Dezember 1924, S. 138–39.

What Shall We Educate For? An Inquiry into Fundamentals

In: Harper's Magazine, April 1926, S. 586–97. Dieser Aufsatz ist nahezu identisch mit dem Kapitel »The Aims of Education« in »On Education« (s. o.).

The Training of Young Children

In: Harper's Magazine, August 1927, S. 313–19.

Education without Sex Taboos

In: New Republic, 16. November 1927, S. 346–48.

Schools and the Very Young Child

In: Outlook, 11. Juli 1928, S. 418–20, 433.

Mental Health and the School – A Teacher's View

In: Nelson Antrim Crawford/Karl A. Menninger (Hrsg.), The Healthy-Minded Child. New York 1930, S. 77–88.

Education in a Scientific Society

Siehe: The Scientific Outlook, London 1931; Chapter XV. Deutsch: Die Erziehung in einer wissenschaftlichen Gesellschaft. In: Das naturwissenschaftliche Zeitalter. Aus dem Englischen von Prof. Dr. Erwin Heinzel. Stuttgart und Wien 1953, S. 213–19.

Education for Democracy

In: Bulletin of the Department of Secondary School Principals of the National Education Association, März 1939.

Freedom and the Colleges

In: American Mercury, Mai 1940. Siehe: Why I am not a Christian and Other Essays on Religion and Related Subjects, London 1957. Deutsch: Freiheit der Lehre. In: Warum ich kein Christ bin – Über Religion, Moral und Humanität. Aus dem Englischen von Marion Steipe. Reinbek bei Hamburg 1968, S. 167–78.

Proposals for an International University

In: The Fortnightly, Juli 1942, S. 8–16.

Education in America

In: Common Sense Magazine (New Jersey), Juni 1943. Siehe: Bertrand Russell's America. His transatlantic travels and writings. A documented account by Barry Feinberg and Roland Kasrils. Vol. I: 1896–1945. London 1973, S. 299–307.

Education after the War

In: American Mercury, August 1943, S. 194–203.

University Education: What It Ought to Be

In: Arkansas Alumnus, März 1960, S. 13–15. Siehe: Fact and Fiction, London 1961, S. 150–156.

Siehe ferner:

Autobiography, Volume II: 1914–1944

London 1968. Deutsch: Frankfurt am Main 1970. Aus dem Englischen von Julia Kirchner.

Dear Bertrand Russell

Edited by Barry Feinberg und Roland Kasrils. London 1969. Deutsch: Briefe aus den Jahren 1950–1968. Aus dem Englischen von Burkhardt Kiegeland. Frankfurt am Main 1970.

II. Sekundärliteratur (Auswahl)

Boyd H. Bode: Bertrand Russell's Educational Philosophy. In: *The Philosophy of Bertrand Russell.* Edited by Paul Arthur Schilpp, New York 1944. Neudruck: New York/Evanston/London 1963. Band II, S. 619–42. Erwiderung Russell's das. S. 731–34.

W. Boyd and W. Rawson: *The Story of the New Education.* London 1965.

Herbert Gottschalk: *Bertrand Russell.* Berlin 1962.

Ray Hemmings: *Fifty Years of Freedom.* A Study of a development of the Ideas of A. S. Neill. London 1972, S. 77–82.

Zwi Erich Kurzweil: Bertrand Russell's pädagogische Lehre. In: *Bildung und Erziehung,* Jg. 1969, S. 2–14.

H. W. Leggett: *Bertrand Russell, O. M.* London 1949. (Mit Bildmaterial über Beacon Hill)

Adolph E. Meyer: *Modern European Educators.* New York 1934.

Joe Park: *Bertrand Russell on Education.* London 1964. (Mit Bibliographie)

L. B. Pekin: *Progressive Schools.* London 1934.

Leslie R. Perry (Hrsg.): *Four Progressive Educators – Bertrand Russell, A. S. Neill, Homer Lane, W. H. Kilpatrick.* London 1967.

W. A. C. Stewart and W. P. McCann: *The Educational Innovators.* Band II (1889–1967). London 1968.

W. A. C. Stewart: *Progressives and Radicals in English Education 1750–1970.* London 1972, S. 279–86.

Alan Wood: *Bertrand Russell – The Passionate Sceptic.* London 1957. Neudruck: London 1963, S. 138–45.

III. Bücher und Aufsätze von Dora Russell (Auswahl)

The Right to Be Happy. New York 1927.

In Defence of Children. London 1932.

Beacon Hill. In: *The Modern Teachers Handbook*. Edited by Trevor Blewitt. London 1934, S. 29–42.

Thinking in Front of Yourself and Other Plays. London 1934. [Dieser Band enthält einige der von den Kindern in Beacon Hill erdachten Theaterstücke.]

What Beacon Hill stood for. In: *Anarchy*, Januar 1967, S. 11–16.

Nachwort

Das Phänomen Russell zeigt, daß der Bereich menschlichen Geistes nicht aufzuteilen ist in autonome und in sich geschlossene Fachgebiete und daß der Philosoph als Träger eines universalen Geistes gerade im Zeitalter zunehmender Spezialisierung in den Wissenschaften das pädagogische Denken bereichert.

Zwi Erich Kurzweil

I

Eine deutsche Bertrand Russell Studienausgabe, die der bewundernswerten produktiven Vielseitigkeit des großen englischen Philosophen annähernd gerecht werden will, kann nicht vorbeigehen an Russell's *pädagogischen* Intentionen und Erfahrungen. Diese sind heute in der Bundesrepublik nahezu unbekannt – ungeachtet eines in den letzten Jahren sprunghaft angewachsenen öffentlichen Interesses für reformpädagogische Theorien und Experimente.

Der vorliegende Band macht zahlreiche wichtige Texte Russell's zu Fragen der Erziehung erstmals in deutscher Sprache zugänglich. Das gilt für sein Buch »Education and the Social Order«, für verschiedene Zeitschriftenaufsätze sowie auch für den authentischen Bericht von Dora Russell über das Schulexperiment Beacon Hill. Diese Texte werden ergänzt durch andere, die bereits in (teilweise nur noch schwer auffindbaren) deutschen Übersetzungen vorlagen, hier aber zum erstenmal zusammengefaßt sind. Der Band soll damit den spezifischen Anteil Russell's an der pädagogischen Reformbewegung unseres Jahrhunderts dokumentieren, wie auch sein jahrzehntelanges engagiertes Eintreten für eine freiheitliche und emanzipatorische Erziehung in der modernen Industriegesellschaft.

Russell zählte zwischen den beiden Weltkriegen zu den bekanntesten Vorkämpfern einer neuen Erziehung in der angelsächsischen Welt. Sein Beitrag zu ihr war sowohl publizistischer als praktischer Art. Als Autor erreichte Russell mit seinen nichtphilosophischen Büchern ein großes Publikum. Er wollte aber keineswegs nur Mitläufer und Sprachrohr der pädagogischen Avantgarde sein, sondern ging als progressiver Pädagoge durchaus seine eigenen Wege, in der Theorie wie in der Praxis. Das fand sichtbaren Ausdruck in der Gründung der Reformschule Beacon Hill im Jahre 1927. Und es läßt sich ebenso aus Russell's Publikationen herauslesen: diese enthalten nicht nur eine radikale Kritik der traditionellen Erziehung, sondern auch eine kritische Auseinandersetzung mit bestimmten reformpädagogischen Tendenzen, nicht zuletzt mit einer anti-autoritären Erziehung im Stile A. S. Neill's.

Russell's pädagogisches Engagement im engeren Sinne fällt in die späten 20er und frühen 30er Jahre. Seinen ersten Aufsatz zu Fragen der Erziehung aber hatte er schon im Mai 1913 im gerade gegründeten »New Statesman« veröffentlicht (»Science as an Element of Culture«, später unter dem Titel »The Place of Science in a Liberal Education« nachgedruckt). Nahezu ein halbes Jahrhundert später (1962) schrieb der Neunzigjährige an eine Gruppe von Schülern der 6. Klasse: »Ich finde es bedauerlich, daß Erziehung von den meisten Schuloffiziellen noch immer mehr als Indoktrination denn als Aufklärung begriffen wird. Ich selbst bin überzeugt, daß Erziehung subversiv sein muß, wenn sie einen Sinn haben soll. Ich meine damit, sie muß alle die Dinge in Frage stellen, die wir für wahr halten, alle akzeptierten Postulate einer Prüfung unterziehen, sich in jedes Tabu einmischen und ein Bedürfnis nach Fragen und Zweifeln wecken. Ohne das ist die Anleitung, vorwiegend Daten zu memorieren, eine Sache ohne Inhalt. Der Versuch, den Jungen eine konventionelle Mittelmäßigkeit aufzuzwingen, ist verbrecherisch.« [1]

II

Daß sich Russell gerade auf dem Höhepunkt seines philosophischen Ruhmes auch dem Problem der Erziehung zuwandte, war keine Konsequenz seiner Philosophie. Ebensowenig handelte es sich um ein neues theoretisches Fachinteresse. Den entscheidenden Anstoß dazu gab vielmehr, wie zu seinem intensiven politischen Engagement, der Erste Weltkrieg.

Russell gehörte nach Kriegsausbruch zu der kleinen Schar europäischer Intellektueller, die (wie u. a. Romain Rolland und Hermann Hesse) ihrer humanistischen Gesinnung treu blieben und die Identifikation mit der nationalistischen Raserei verweigerten.[2] Er sah in der europäischen Katastrophe des Weltkrieges jedoch nicht nur ein moralisches und politisches Problem: sie offenbarte die furchtbare Destruktivität des ganzen Systems von Kapitalismus, Nationalismus und Militarismus. Und nur eine grundlegende Umgestaltung der gesellschaftlichen Ordnung konnte, nach Russell's Überzeugung, eine neue Katastrophe verhindern. Mit ihr mußte eine tiefgreifende Reform der Erziehung verbunden sein.

Die traditionelle Erziehung war eine der wichtigsten Stützen des alten Systems. Sie stand ganz im Zeichen der nationalen Selbstbeweihräucherung und hatte vor allem das Ziel, fügsame Staats-Bürger zu schaffen. Die ihnen aufgezwungene triebfeindliche »Moral« nährte die destruktiven Leidenschaften, die das psychologische Aggressionspotential des imperialistischen Nationalismus bildeten. Eine friedliche Kooperation der Nationen setzte eine Erziehung voraus, die dazu beitrug, freie und glückliche Menschen zu schaffen.

In seinem großen, gewissermaßen programmatischen Aufsatz »Education as a Political Institution«, der im Juni 1916 in »Atlantic Monthly« erschien und mit dem Kapitel »Education« seines Buches »Principles of Social Reconstruction« (ebenfalls 1916) identisch ist, fordert Russell eine Erziehung im Geiste der Freiheit und des Internationalismus. Gleichzeitig wendet er sich mit einer auch heute noch bewegenden Eindringlichkeit gegen *jede* politisch-ideologische Usurpation der Erziehung auf Kosten des Kindes: »Erziehung ist in der Regel die stärkste Macht auf seiten des Bestehenden und ein Widerstand gegen fundamentale Änderungen; bedrohte Institutionen bemächtigen sich, solange sie noch die Macht dazu haben, der Erziehungsmaschinerie und prägen Achtung vor ihrer Vortrefflichkeit in die noch bildsamen Gemüter der Jugend, Reformer versuchen dann ihrerseits, ihre Widersacher aus der vorteilhaften Stellung zu vertreiben. An das Kind denkt keine der beiden Parteien. Die Kinder kommen nur insoweit in Betracht als sie für die eine oder die andere Armee angeworben werden sollen.« [3]

Diesem Bemühen, die Kinder zu willigen Gefolgsleuten bestimmter Ideologien und Systeme zu machen, stellt Russell das wahre Ethos der Erziehung gegenüber: »Ein Mann der ein guter Erzieher sein und der Jugend zu vollem Wachstum und reicher Entwicklung verhelfen soll, muß durch und durch vom Geist der Ehrfurcht erfüllt sein. Ehrfurcht gegen andere ist es, die denen mangelt, die maschinenmäßige starre Systeme verteidigen: Militarismus, Kapitalismus, die wissenschaftliche Organisation der Fabier und alle die anderen Gefängnisse, in welche Reformer und Reaktionäre den menschlichen Geist einzuzwängen suchen.« [4]

Russell war seit 1914 vom Liberalen zum entschiedenen Sozialisten geworden – zu einem Sozialisten eigener Façon freilich, der das zutiefst inhumane kapitalistische System grundsätzlich verwarf, aber auch schon früh vor einem autoritären und ideologisch-doktrinären Staatssozialismus warnte, wie er sich nach der Revolution in Rußland etablierte.[5] Diese doppelte Frontstellung bestimmte seit dem Ersten Weltkrieg auch seine Äußerungen zum Problem »Erziehung und Gesellschaft«.

Sah Russell in einer neuen Erziehung eine der grundlegenden Voraussetzungen für den Aufbau einer humanen und demokratischen Gesellschaft, so isolierte und verabsolutierte er diesen Faktor doch nicht, der seinerseits an bestimmte sozioökonomische Rahmenbedingungen gebunden war. Aus dieser Interdependenz ergab sich die Notwendigkeit einer differenzierten evolutionären Reformstrategie: »Die Erziehung ist eine der schwierigsten Fragen, mit der jeder Reformer sich zu beschäftigen hat. Auf den ersten Blick könnte es scheinen, als biete die Erziehung den Schlüssel zum gesellschaftlichen Fortschritt, da eine bessere Erziehung alle anderen Reformen unzweifelhaft erleichtern würde. In Wirklichkeit aber sind die meisten Übel der jetzigen Erziehung unmittelbare Folgen der anderen Übel, unter denen die industrielle Kultur leidet, und sie können nicht von Grund auf beseitigt werden, solange unser wirtschaftliches System sich nicht geändert hat. Ungeachtet dessen kann einiges getan werden, durch die öffentliche Meinung unter Lehrern und in einem geringeren Maße unter Eltern, um die Erziehung in der Zwischenzeit weniger schädlich zu machen. Es gibt keine Schlüsselstellung, mit deren Eroberung alles getan wäre, wenn man eine Gesellschaft anstrebt, die weniger auf Konkurrenz beruht und weniger ungerecht ist; vielmehr gibt es eine Anzahl von miteinander verbundenen Stellungen, die gleichzeitig angegriffen werden müssen, da jedes Vorrücken an einer Stelle zu einem entsprechenden Vorrücken an allen anderen führt.« (1923)[6]

Die vom Staat organisierte oder kontrollierte Erziehung in der westlich-kapitalistischen Welt zielte auch nach dem Kriege darauf ab, das Kind in das bestehende System zu integrieren und diesem dienstbar zu machen. Ihr primäres Interesse war die Aufrechterhaltung des Status quo: »Unsere moderne staatliche Erziehung ist hauptsächlich darauf ausgerichtet, leicht lenkbare Bürger zu schaffen, und wagt darum nicht, Spontaneität zu ermutigen, da alle Spontaneität in das System eingreift. Es gibt dort eine Tendenz zur Gleichförmigkeit, zur Unterdrückung der persönlichen Urteilskraft, zur Schaffung von Bevölkerungen, die zahm sind gegenüber ihren Herrschern und wild gegenüber ›dem Feind‹.« (1923)[7]

In den USA, die er in den 20er Jahren mehrfach besuchte, sah Russell die Erziehung von einer Allianz konservativer Mächte beherrscht. Das kapitalistische Interesse an der Perpetuierung des Systems wurde hier von einem einflußreichen religiösen und moralistischen Eiferertum unterstützt, das der geistigen Freiheit wie der moralischen Unabhängigkeit feindlich gegenüberstand und darum auch eine aufgeklärte Erziehung ablehnte. Überall in der kapitalistischen Welt, ganz besonders aber in den USA, war die Lehrerschaft massiven Pressionen ausgesetzt; häufig kam es zu Disziplinarmaßnahmen gegen Lehrer mit nonkonformistischer und systemkritischer Gesinnung. Russell konstatierte (1928), daß »die Demokratie dem Schulunterricht stets erlaubt, die Interessen der Reichen zu fördern; Schullehrer werden entlassen, weil sie Kommunisten sind, aber niemals, weil sie Konservative sind. Ich sehe keinen Grund zu der Annahme, daß sich dies in naher Zukunft ändern wird.«[8]

Als Russell – der seit 1938 vorübergehend in den USA lebte und erst 1943 nach England zurückkehrte – Anfang 1940 einen Lehrauftrag für Philosophie am City College in New York erhielt, wurde er selbst ein Opfer dieser militanten Intoleranz des konservativen Amerika. In einer heftigen öffentlichen Verleumdungskampagne protestierte das »gesunde Volksempfinden« gegen den »Professor der Unmoral und Religionslosigkeit«, den »offenherzigsten Feind der Religion in der heutigen Welt«[9] und beschuldigte diesen nicht nur des Atheismus und der Obszönität, sondern auch der Propaganda für den Ehebruch und die Homosexualität sowie »prokommunistischer« Gesinnung! Zu dem »Beweismaterial« gegen ihn gehörten auch seine beiden Bücher über die Erziehung. Auch sie verstießen also gegen die »Normen und Kriterien... die Gesetze der Natur und Gottes als Herrn der Natur sind«, wie es in dem Richterspruch vom 30. März 1940 hieß, durch den Russell's Berufung annulliert wurde.[10] – Nach Russell's Überzeugung konnte nur der Sozialismus ein Erziehungssystem schaffen, das jedermann eine seinen Fähigkeiten entsprechende Bildung sichert, unabhängig von seiner sozialen Herkunft, und das damit der Gemeinschaft große bisher brachliegende intellektuelle Reserven erschließt.[11] Auch erwartete er, der Sozialismus werde die Isolierung der Intellektuellen von der übrigen Gesellschaft mindern. Gleichzeitig warnte er aber vor dem Glauben, eine sozialistische Umstrukturierung der Wirtschaft biete als solche auch schon Gewähr für geistige Freiheit: »Der Kampf für Freiheit kann nicht durch eine bloße Änderung in unserem Wirtschaftssystem gewonnen werden. Er ist nur zu gewinnen durch einen dauernden Widerstand gegen die Tyrannei der Beamten, und dadurch, daß man sich stets vergegenwärtigt, daß geistige Freiheit das kostbarste aller Güter ist.« (1923)[12] Dies Bewußtsein und die entsprechenden Konsequenzen für die Erziehung vermißte Russell nicht nur bei den Konservativen, sondern ebenso auch bei vielen sozialistischen Reformern.

Es mußte auch in einer sozialistischen Gesellschaft genügend Spielraum für unkonventionelle Erziehungsexperimente geben. Und die notwendige Egalisierung durfte nicht zu Lasten der außergewöhnlich Begabten gehen. So hat Russell's Bildungskonzeption neben ihrer egalitären Grundtendenz auch durchaus elitäre Elemente. Anders gesagt: er verabsolutierte das Gleichheits-Prinzip in der Erziehung nicht. Ein demokratisches Erziehungssystem mußte, im Interesse der Gemeinschaft selbst, der natürlichen Ungleichheit der Intelligenz ebenso Rechnung tragen wie den Postulaten der sozialen Gerechtigkeit und der Chancengleichheit.

Für die traditionelle Elite, die ihre Exklusivität ererbten gesellschaftlichen Privilegien, wirtschaftlicher Macht und nicht zuletzt ihrer »guten Erziehung« verdankte und sie in England vor allem mit Hilfe des Public-School-System zu konservieren suchte, fand Russell im allgemeinen nur Worte bitterer, bisweilen sarkastischer Kritik. Notwendig aber erschien ihm die staatliche Förderung einer geistig unabhängigen intellektuellen Elite im Rahmen eines demokratisierten Bildungswesens: die Gesellschaft bedürfe ihrer als Motor des geistigen und sozialen Fortschritts. Russell plädierte auch für ein undoktrinär-behutsames Vorgehen bei der Umgestaltung der Erziehung im egalitären Sinne: »Der Fortschritt sollte nicht einer mechanischen Gleichheit im gegenwärtigen Augenblick geopfert werden; wir müssen uns einer demokratischen Erziehung mit Vorsicht nähern, um dabei so wenig wie möglich von den wertvollen Resultaten zu vernichten, die zufällig mit sozialer Ungerechtigkeit verbunden sind.«[13]

Das bolschewistische Regime in Rußland exemplifizierte nach dem Ersten Weltkrieg die ganze Problematik eines bürokratisch-zentralistischen Staatssozialismus mit einem unverrückbaren ideologischen Dogma. Russell hatte schon 1920 aufgrund seiner desillusionierenden Eindrücke an Ort und Stelle die Erwartung geäußert, dies Experiment werde nicht zu einer sozialistischen Demokratie, sondern zu einer pseudosozialistischen Diktatur-auf-Dauer führen. Darum konnte es kein Vorbild für den westlichen Sozialismus sein.[14]

Diese skeptisch-kritische Grundhaltung gegenüber dem russischen Regime hinderte Russell indes nicht, zumindest zeitweilig manche seiner Reformtendenzen im Erziehungswesen durchaus positiv zu beurteilen. So vor allem in dem Kapitel »Education under Communismus« in »Education and the Social Order«.[15] Auch bei dieser Gelegenheit aber ließ er keinen Zweifel an seiner Einschätzung einer so herrischen wie engsinnigen marxistischen Orthodoxie: »Die Welt ist reicher und vielfältiger als die Marx'sche Formel. Eine in die Schranken der Philosophie des ›Kapital‹ verwiesene Generation mag nützlich, glücklich und sehr mächtig sein, sie kann aber nicht weise sein und auch nicht wissen, daß sie es nicht ist. Intellektuell ist sie seicht und ihrer Sache zu sicher.«[16]

III

Seit Mitte der 20er Jahre verstärkte und verdichtete sich Russell's spezifisch pädagogisches Interesse, das von seiner zweiten Frau, Dora Black, geteilt und stimuliert wurde.[17] Beide verfolgten sehr intensiv das Heranwachsen ihres Sohnes John Conrad (geboren 1921) und ihrer Tochter Kate (geboren 1923). Nach verschiedenen Zeitschriftenaufsätzen zu Fragen der Erziehung erschien 1926 Russell's Buch »On Education, Especially in Early Childhood« (in den USA unter dem Titel »Education and the Good Life«), das viel Beachtung fand und dem 1932 »Education and the Social Order« (in den USA als »Education and the Modern World«) folgte.

Russell ging von der Auffassung moderner Psychologen und Pädagogen aus, daß die frühe Kindheit für die Charakterbildung von entscheidender Bedeutung sei. Freilich durfte diese für die Erziehung eminent wichtige Entdeckung nicht zu eng verstanden werden: »Die Wichtigkeit, die viele Psychoanalytiker der frühen Kindheit beimessen, scheint mir übertrieben. Sie reden stellenweise so, als wäre bei einem dreijährigen Kind der Charakter bereits unwiderruflich fixiert.« Doch sei das, fügt Russell gleich hinzu, ein »Fehler auf der richtigen Seite«.[18]

Diese Bemerkung ist charakteristisch für Russell's kritische Rezeption der Psychoanalyse, deren Bedeutung für die Erziehung er ebenso betont wie ihre Grenzen und ihre Ergänzungsbedürftigkeit. In ihr und im Behaviorismus sah er die beiden grundlegenden und komplementären methodischen Hilfsmittel einer modernen Pädagogik.

Den Behaviorismus nennt Russell die »einzig gültige Methode für das Studium von Tieren und Kindern«.[19] Ihm war vor allem die Erkenntnis zu verdanken, daß das Kind weit weniger von angeborenen Instinkten geleitet wurde als man früher angenommen hatte. Daraus ergab sich eine entsprechend größere Bedeutung der Umwelt und der Erziehung für die Persönlichkeitsentwicklung. Die Behavioristen neigten aber, nach Russell's Beobachtung, auch dazu, die Kinder zu perfekt funktionierenden »Automaten« zu machen. Eine solche »Abrichtung« und Normierung des Kindes widersprach jedoch von Grund auf einer freiheitlichen »Charaktererziehung«, wie er sie – vor allem in »On Education« – skizzierte.

Das Kind sollte sich in emotionaler und intellektueller Beziehung individuell entfalten – ohne dabei zum rücksichtslosen Individualisten zu werden. Als besonders wichtig betrachtete Russell seinen ständigen Umgang mit Altersgenossen schon vom zweiten Lebensjahr an, wie ihn die normale Familienerziehung im allgemeinen ausschloß. Ein solches Aufwachsen in der Gemeinschaft anderer Kinder war unerläßlich, um das Kind frühzeitig im Lebensalltag mit der Notwendigkeit sozialkonstruktiven, kooperativen Verhaltens vertraut zu machen. Das konnte aber nicht völlige Autonomie der Heranwachsenden bedeuten.

Die Psychoanalyse, die im Gegensatz zum mechanistisch-funktionalistischen Behaviorismus den Zugang zur triebhaften und emotionalen Struktur des Kindes erschlossen hatte, sah Russell »mehr damit beschäftigt, schlechte Wirkungen zu vermeiden als gute hervorzurufen«.[20] Das hatte zu einer neuen Form der Doktrin geführt, daß »die Natur des Kindes sich selbst überlassen bleiben sollte, um sich spontan zu entwickeln«.[21] Soweit die Reformpädagogik auf diese Ansicht eingeschworen war, distanzierte Russell sich ausdrücklich von ihr.

Man darf sagen: Russell befürwortete, im Gegensatz beispielsweise zu Neill, eine Erziehung ohne Autoritarismus, doch nicht ohne Autorität. Der Erzieher mußte sich stets dessen bewußt sein, daß die Natur des Kindes »eine Mischung von Abenteuerlust und Abhängigkeitsgefühl« ist.[22] Das Kind bedurfte darum zunächst des schützenden Hintergrunds von Erwachsenen (ohne zu starke Emotionalisierung dieses Verhältnisses); und sein intellektuelles Wachstum wie auch die Entwicklung seines sozialen Bewußtseins verlangten gewisse Anstöße, Anregungen und Interventionen. Aber: »Wo Autorität unvermeidlich, ist Ehrfurcht notwendig.«[23] Der Erzieher durfte in dem Kind nicht ein Objekt eigener Ambitionen sehen, er mußte es betrachten »wie ein Gärtner einen jungen Baum betrachtet, d. h. als etwas mit einer gewissen inneren Natur, das sich, wenn man ihm den richtigen Boden, Luft und Licht gibt, zu einer bewundernswerten Form entwickeln wird.«[24]

Am meisten Aufsehen und Anstoß erregten nach dem Erscheinen von »On Education« und »Education and the Social Order« Russell's (zudem meist simplifiziert wiedergegebene) unkonventionelle Vorschläge für eine aufgeklärte Sexualerziehung – eine Erziehung nicht zur »Tugend«, sondern zum Glück! Das Kind sollte, frei von den Tabus und Verdrängungen der puritanisch-viktorianischen Tradition, so früh wie möglich ein unbefangenes Verhältnis zur Sexualität finden. Von der traditionellen moralischen Dressur hatte Russell schon 1913 gesagt: »Bei dem Bemühen, Tugend zu lehren, schuf man verkrüppelte und verzerrte Heuchler an Stelle von erwachsenen menschlichen Wesen.«[25] Es galt statt dessen junge Menschen zu schaffen, die »frei sind von Furcht und Hemmung und keine rebellischen und betrogenen Instinkte kennen«.[26]

Was bürgerlichen Tugendwächtern noch in den 20er und 30er Jahren (und noch später, wie Russell's Erfahrungen in New York 1940 zeigen sollten!) höchst anstößig erschien, fand die ungeteilte Bewunderung eines A. S. Neill, der nach dem Erscheinen von »On Education« an Russell schrieb: »Ihre Einstellung zur Sexualaufklärung und Masturbation ist wunderbar. Sie drücken es so aus, daß es nicht schokkiert oder beleidigt.«[27] Neill sah sich durch Russell in seinen eigenen reformpädagogischen Intentionen bestätigt. »On Education«, sagt er, sei das einzige Buch über Erziehung, bei dessen Lektüre er nicht habe fluchen müssen! Er fand es erstaunlich, daß »zwei Männer, die von zwei verschiedenen Gesichtspunkten aus arbeiten, im wesentlichen zu den gleichen Schlüssen kommen können.«

In demselben Brief (vom 23. März 1926) äußert Neill freilich auch die Vermutung, er selbst messe offenbar dem Gefühl in der Erziehung mehr Bedeutung bei als Russell. Damit berührte er eine von Russell bestätigte und nachdrücklich betonte Differenz zwischen beiden. Nicht daß Russell die emotionalen Bedürfnisse des Kindes als quantitè negligeable betrachtet hätte. Er kritisierte aber immer wieder sehr entschieden die Vernachlässigung seiner *intellektuellen* Förderung durch Neill und andere Reformpädagogen. Russell hielt es für außerordentlich wichtig, die Kinder schon sehr früh zu einem wissenschaftlich-rationalen Weltverständnis zu erziehen; das schloß intellektuelle Neugier wie auch intellektuelle Disziplin ein. Nur bei einer solchen systematischen Stimulierung ihres wissenschaftlichen Interesses wurden sie, seiner Auffassung nach, fähig, sich in der komplexen modernen Welt zurechtzufinden und sich konstruktiv mit ihr auseinanderzusetzen.

Diese prononcierte Betonung des intellektuellen Moments in der Erziehung bei Russell darf indes nicht im Sinne bloßer Wissensvermittlung und eines engen Intellektualismus mißverstanden werden.

Auch hier ging es primär um die Erweckung von Spontaneität und Kreativität. Nicht zufällig legte Russell in Beacon Hill besonderern Nachdruck auf das Theaterspielen, und zwar vor allem auf die Aufführung selbsterdachter Stücke – als Medium individueller und kollektiver Phantasie. Über die spezifische Bedeutung der Phantasie sagt er, nur durch sie gehe »dem Menschen auf, was die Welt sein könnte; ohne sie würde der ›Fortschritt‹ mechanisch und trivial.« [28]

In einem kleinen Buch »Was ich glaube« schrieb Russell 1925: »Das gute Leben ist von Liebe beseelt und von Wissen geleitet.« Und: »Weder Liebe ohne Wissen noch Wissen ohne Liebe können ein gutes Leben bewirken.« [29] In einer solchen Verbindung von Liebe und Wissen sah er auch das Leitprinzip der richtigen Erziehung: »Der Erzieher bedarf eines liebevoll gehandhabten Wissens, und das sollten seine Zöglinge sich aneignen. In den ersten Jahren ist die Liebe zu den Zöglingen besonders wichtig. In späteren Jahren wird die Liebe zu dem mitgeteilten Wissen immer notwendiger.« [30]

Russell verstand die Erziehung als Anleitung zur »Eroberung des Glücks« (so der Titel eines seiner meistgelesenen populären Bücher, das 1930 erschien) – des individuellen Glücks als der psychologischen Voraussetzung einer Welt des Friedens und schöpferischer Kooperation. Das Wissen hatte dabei eine emanzipatorische Funktion: »Wissen ist der Befreier von der Herrschaft natürlicher Kräfte und destruktiver Leidenschaften. Ohne Wissen kann die Welt unserer Hoffnungen nicht aufgebaut werden. Eine Generation, die in furchtloser Freiheit erzogen wurde, hat weitere und kühnere Hoffnungen als sie uns möglich sind, die wir noch mit der abergläubischen Angst zu kämpfen haben, die unter der Schwelle des Bewußtseins auf uns lauert. Nicht wir, sondern die freien Männer und Frauen, die wir schaffen werden, müssen die neue Welt zuerst in ihren Hoffnungen und dann endlich in dem vollen Glanz der Wirklichkeit sehen.« [31]

IV

Seit Herbst 1927 waren Russell und seine Frau um die Realisierung ihrer (weitgehend, aber offenbar nicht völlig identischen) reformpädagogischen Ideen in modellhafter Praxis bemüht. Die Gründung der Beacon Hill School in diesem Jahre war zunächst ein Akt elterlicher Selbsthilfe. Bertrand und Dora Russell betrachteten die bestehenden Schulen als ungeeignet für die Erziehung ihrer beiden heranwachsenden Kinder – und ihr Verdikt traf nicht nur die konventionellen Schulen, sondern auch die schon existierenden Reformschulen. Aus dieser Not machten sie die, wie sich bald zeigen sollte, sehr kostspielige Tugend eines eigenen Schulexperiments.

Beacon Hill lag im Süden Englands, zwischen Chichester und Petersfield. Russell mietete dort das Haus seines älteren Bruders Frank, das sogenannte »Telegraph House« (das diesen Namen trug, weil es zur Zeit Georgs III. eine Signalstation gewesen war). Im II. Band seiner Autobiographie berichtet er: »Zu dem Haus gehörten zweihundertdreißig Morgen wilden Hügellandes, teilweise voller Heidekraut und Farn, aber großteils von ungerodetem Wald bedeckt – prachtvolle Buchen und Eiben von hohem Alter und ungewöhnlicher Größe. Der Wald war voller Wild, einschließlich Rehen. Nach Osten hin konnte man fünfzig Meilen weit auf Fußwegen über freie kahle Hügel gehen.« [32] Die Schule wurde am 21. September 1927 eröffnet. Ein Brief Russell's an H. G. Wells acht Monate später (24. Mai 1928) gibt Aufschluß über sein Selbstverständnis als praktischer Pädagoge und seine ersten Erfahrungen in Beacon Hill: »Ich bin zutiefst von der Wichtigkeit dessen, was wir hier tun, überzeugt. Wenn ich unsere erzieherischen Ziele in einem einzigen Satz fassen sollte, so würde ich sagen, daß wir beabsichtigen, Initiative auszubilden, ohne ihre Kraft zu vermindern. Ich war lange der Ansicht, daß Dummheit zum großen Teil das Ergebnis von Angst sei, die zu geistigen Hemmungen führt, und die Erfahrungen mit unseren Kindern bestätigen mich darin. Ihr Interesse für die Wissenschaft ist gleichzeitig leidenschaftlich und intelligent, und ihr Wunsch, die Welt, in der sie leben, zu verstehen, ist bei weitem größer als bei Kindern, die mit den üblichen Tabus bezüglich ihrer Neugier erzogen werden. Was wir tun, ist natürlich nur ein Experiment in kleinem Maßstab, aber ich vertraue darauf, daß die Ergebnisse sehr bedeutend sein werden.« [33]

In diesem Brief an Wells grenzt Russell sich auch einmal mehr gegen andere Reformpädagogen, nicht zuletzt gegen Neill ab: »Sie können sich vorstellen, daß kaum ein anderer Erziehungsreformer ein besonderes Gewicht auf Intelligenz legt. A. S. Neill zum Beispiel, der in vieler Hinsicht ein bewundernswerter Mann ist, gestattet eine derartige Freiheit, daß seine Kinder nicht das notwendige Training erhalten und immer ins Kino gehen, wenn sie anderweitig interessiert werden könnten, etwas Wertvolleres zu tun. Das Fehlen von Möglichkeiten für aufregende Vergnügen hier ist, meiner Meinung nach, ein wichtiger Faktor bei der Entwicklung des intellektuellen Interesses des Kindes.« [34] Neill seinerseits meinte in seinem 1932 erschienenen Buche »The Problem Parent«, neben Summerhill sei Beacon Hill die einzige Schule, die »complete freedom in choice of work and behavior« demonstriere – was aber ganz offensichtlich ein Mißverständnis war.[35]

Die pädagogische Leitung der Beacon Hill School lag in erster Linie in den Händen von Dora Russell, die auch einen Teil des Sprachunterrichts übernahm. Sie veröffentlichte 1934 den detaillierten Bericht über Zielsetzung, innere Struktur und Arbeitsweise der Schule, der in dem vorliegenden Band erstmals in deutscher Übersetzung erscheint. Russell selbst mußte sich weit mehr als es seinen eigentlichen Neigungen entsprach um die administrativen und vor allem um die von Anfang an sehr schwierigen finanziellen Probleme der Schule kümmern, was seine regelmäßige Anwesenheit in Beacon Hill unmöglich machte. Seine rege publizistische Tätigkeit Ende der 20er und Anfang der 30er Jahre diente ebenso wie seine Vortragstourneen in den USA 1927, 1929 und 1931 in erster Linie der Beschaffung von Mitteln für die Schule. Soweit es ihm diese notwendige Aktivität erlaubte, widmete auch er sich mit konzentrierter Aufmerksamkeit dem pädagogischen Alltag. Alan Wood sagt in seiner Russell-Monographie, Russell sei »gewiß der einzige große Philosoph, Locke vielleicht ausgenommen, der nicht nur eine enorme Menge Zeit daran gab, ein kleines Mädchen die Einnahme seiner Mahlzeiten und die Benutzung seines Nachttopfes zu lehren, sondern auch seine Methoden im Detail aufzeichnete und so ungemein nützliche praktische Ratschläge für solche Fragen gab.«[36]

Beacon Hill kam bald ins Gerede – in einem Sinne freilich, der Bertrand und Dora Russell kaum willkommen sein konnte. Presseberichte erweckten den (durchaus falschen) Eindruck, in ihrer Schule herrsche eine exzessive und chaotische Freiheit. Sensationshascherei »vergrößerte das Triviale und verdunkelte das Wichtige« (Alan Wood).[37] Die pädagogisch interessanten Aspekte des Russell'schen Schulexperiments fanden kaum Beachtung und Verständnis, und die breite Öffentlichkeit nahm ebensowenig zur Kenntnis, worin sich die Erziehungspraxis in Beacon Hill von der anderer Reformschulen unterschied. Russell nahm erst 1931 – in einer Reihe von Zeitschriftenaufsätzen – öffentlich zu diesen Mißdeutungen Stellung.

Zu den finanziellen Schwierigkeiten in Beacon Hill kamen solche psychologischer und organisatorischer Art. Offensichtlich fehlte es an Lehrkräften, die auch bei Abwesenheit beider Russells in deren Sinne zu arbeiten fähig und bereit waren. (Das gesamte Personal der Schule bestand aus neun oder zehn Mitarbeitern, die Zahl der Kinder bewegte sich offenbar zwischen fünfundzwanzig und dreißig.) Als besondere, unerwartete Belastung erwies sich nach kurzer Zeit der –

auch von Russell in seiner Autobiographie erwähnte – übermäßig große Anteil von »Problemkindern«, auf den die Schule weder organisatorisch noch nach ihren Erziehungsmethoden eingestellt war.

Die zunehmende Entfremdung zwischen Bertrand und Dora Russell beendete auch die pädagogische Kooperation beider in Beacon Hill. Nach ihrer Scheidung im Jahre 1935 wurde die Schule von Dora allein weitergeführt.[38] 1936 nach Boyles' Court/Brentwood in Essex und später nach Carn Veale bei Penzance verlegt, mußte sie dort 1943 auf Veranlassung des Kriegsministeriums geschlossen werden. Dora Russell hat Anfang 1967 in einem Aufsatz in der englischen anarchistischen Zeitschrift »Anarchy« (»What Beacon Hill stood for«) noch einmal an dies emanzipatorische Erziehungsexperiment erinnert.

Es ist auffallend, wie spärlich sich Bertrand Russell in späteren Jahren über Beacon Hill geäußert hat; seine Äußerungen sind überdies durchweg sehr kritisch und selbstkritisch. Eine briefliche Anfrage, die sich auf diese Phase seines Lebens bezog, beantwortete er Anfang 1959 lapidar mit den Worten: »Ich kenne keine Literatur über die Schule, die ich einige Zeit leitete, und ich glaube auch nicht, daß es darüber irgend etwas Interessantes zu berichten gibt. Ich habe schnell herausgefunden, daß zur Leitung einer Schule praktische Fähigkeiten gehören, Fähigkeiten, die ich nicht besitze.«[39] Auch Russell's Schilderung der Schulgründung im zweiten Band seiner Autobiographie läßt erkennen, daß er Beacon Hill eher als Fehlschlag denn als Erfolg betrachtete.

Zu einem anderen Urteil kommt Professor Joe Park in seiner Studie über den Pädagogen Russell (London 1964). Er konstatiert, eine kritische Prüfung des heute zugänglichen Materials führe zu dem Ergebnis, daß die Russell'sche Schule in pädagogischer Hinsicht keineswegs ein Mißerfolg gewesen sei: »Der Lehrplan war durchaus fortschrittlich und die angewandten Methoden scheinen sich nicht von denen unterschieden zu haben, die in anderen progressiven Schulen jener Tage angewandt wurden. Es gab Kritik, aber die besten progressiven Schulen wurden ähnlich kritisiert. Finanzielle Schwierigkeiten plagten die Russells, aber von diesem Punkt abgesehen scheint die Beacon Hill School erfolgreicher gewesen zu sein als Bertrand Russell einzuräumen bereit ist.«[40]

Russell's spätere Äußerungen zu pädagogischen Fragen zeigen, daß seine Vorbehalte gegen eine im doktrinären Sinne anti-autoritäre Erziehung durch seine praktischen Erfahrungen in Beacon Hill verstärkt wurden, ohne daß sich an seinen freiheitlichen pädagogischen Grundüberzeugungen und Zielsetzungen etwas geändert hätte. Er betonte fortan noch stärker als vorher die Notwendigkeit einer pragmatischen Verbindung von Freiheit und Autorität in der Erziehung.

V

Das pädagogische Engagement war so wenig eine bloße Nebenbeschäftigung des Philosophen Bertrand Russell wie das mit ihm eng verknüpfte politische. Russell investierte in beide seit dem Ersten Weltkrieg nicht weniger Lebensenergie als in seine rein philosophische Arbeit. Seine Schriften zur Erziehung sind denn auch mehr als nur eine Marginalie zu einem denkwürdigen philosophischen Lebenswerk.

Der israelische Erziehungswissenschaftler Zwi Erich Kurzweil spricht von einem »gewissen liberalisierenden Einfluß auf die moderne Pädagogik«, den Russell ausgeübt habe. Über Wirkung und Bedeutung des Pädagogen Russell sagt er weiter: »Jahrzehntelang kämpfte er für eine auf psychologische Einsicht begründete Behandlung des Kindes, für die Befreiung der Schule von rassischen, nationalen, politischen und religiösen Vorurteilen und für die Einführung verfeinerter, wissenschaftlich fundierter Unterrichtsmethoden. Manche seiner Vorschläge wirken heute noch utopisch und weisen auf eine bessere Zukunft hin... Sein Kampf gegen den Militarismus, sein Einsatz für Pazifismus und Toleranz sowohl im politischen Leben als auch in der Erziehung hat wohl in erster Linie in seinem eigenen Heimatland greifbare Früchte gezeitigt. Wenn sich die Schulen in England durch eine gewisse humane Grundhaltung auszeichnen, die insbesondere in der toleranten und verständnisvollen Haltung der Lehrer zu dem ausländischen Kind, dem jüdischen oder Negerkind, zum Ausdruck kommt, dann ist diese Tatsache auf eine von liberalen Geistern wie Russell begründete und genährte Tradition zurückzuführen.« (Zwi Erich Kurzweil, Bertrand Russell's pädagogische Lehre. In: Bildung und Erziehung, 1969, S. 13)

Die moderne pädagogische Theorie hat inzwischen manche seinerzeit avantgardistische Postulate, auch solche Russell's, kritisch-differenzierend übernommen. Die pädagogische Praxis aber entspricht ihren Einsichten bis heute fast überall nur in sehr beschränktem Maße – was im allgemeinen weniger ein innerpädagogisches als ein gesellschaftlich-politisches Problem ist. Schon darum sind die pädagogischen Schriften Russell's nach wie vor von grundsätzlicher Aktualität. Überdies wirken ihre humanistische Intention und ihr emanzipatorischer Impetus einer gewissen fachpädagogischen Betriebsblindheit ebenso entgegen wie der nach wie vor (mit gewissen Ausnahmen) üblichen Unterordnung der Erziehung unter die Eigeninteressen von Staaten, Bürokratien, Wirtschaftsmächten, Kirchen und Eltern.

Daß Erziehung etwas anderes sein muß als Einübung des Kindes in Anpassung an den Status quo, in politischen, intellektuellen, moralischen oder religiösen Konformismus – dies vor allem ist das Ceterum censeo des Pädagogen Russell. Sein undogmatischer, weltoffener Humanismus bildet zugleich ein heilsames progressives Korrektiv zu jeder doktrinär verengten Form politisch-pädagogischer Progressivität. »Orthodoxie ist das Grab der Intelligenz. Und so gesehen ist das orthodoxe Denken des Radikalen keineswegs besser als das des Reaktionärs.« (Education and the Social Order).

Hamburg, September 1974 *Achim v. Borries*

Anmerkungen zum Nachwort

[1] Brief vom 18. März 1962. Siehe: Briefe aus den Jahren 1950–1968. Aus dem Englischen von Burkhardt Kiegeland. Frankfurt 1970, S. 118.
[2] Siehe dazu: Was wir tun können – Politische Schriften I. München 1972.
[3] Grundlagen für eine soziale Umgestaltung. Aus dem Englischen von Margarete Hethey. München 1921, S. 101.
[4] das. S. 102.
[5] Vgl. dazu vor allem Russell's Bücher »Principles of Social Reconstruction« (1916), »Political Ideals« (1917) und »Roads to Freedom« (1918).
[6] Siehe: Die Kultur des Industrialismus und ihre Zukunft (The Prospects of Industrial Civilization, 1923). Aus dem Englischen von Cl. Margolin. Kapitel 12. Berlin 1928, S. 285.
[7] das. S. 307 f.
[8] Siehe: Some Prospects: Cheerful and Otherwise. In: Sceptical Essays. London 1970, S. 169.
[9] Als »Professor der Unmoral und Religionslosigkeit« wurde Russell von der Wochenzeitung der Jesuiten, »America«, bezeichnet.
[10] Über die Kampagne gegen Russell siehe: Paul Edwards, Wie Bertrand Russell daran gehindert wurde, am City College von New York zu lehren. In: Bertrand Russell, Warum ich kein Christ bin – Über Religion, Moral und Humanität. Aus dem Englischen von Marion Steipe. Reinbek 1970, S. 223–260. Ferner: John Dewey / Horace M. Kallen (Hrsg.), The Bertrand Russell Case. New York 1941. – Bertrand Russell's America. His trans-

atlantic travels and writings. Volume One 1896–1945. A documented account by Barry Feinberg and Ronald Kasrils. London 1973, S. 135 ff.

11 Siehe dazu auch die folgende Passage aus »Roads to Freedom« (1918): »Das System der freien Ausbildung für alle, die sie wünschen, ist das einzige System, das mit den Prinzipien der Freiheit übereinstimmt und eine vernünftige Hoffnung auf genügend Raum für Talente bietet. Es verträgt sich mit allen Formen des Sozialismus und des Anarchismus. Theoretisch verträgt es sich mit dem Kapitalismus, aber praktisch ist es diesem im Geiste so entgegengesetzt, daß es ohne dessen völlige ökonomische Reorganisation kaum realisierbar ist. Die Tatsache, daß der Sozialismus eine solche Entwicklung erleichtern würde, ist ein gewichtiges Argument zugunsten einer Veränderung; denn heute ist die Vergeudung von Begabung in den ärmeren Klassen der Gesellschaft offenkundig.« (Wege zur Freiheit – Sozialismus, Anarchismus, Syndikalismus. Frankfurt 1971, S. 133)

12 Die Kultur des Industrialismus und ihre Zukunft, Seite 312/13.

13 Erziehung, vornehmlich in frühester Kindheit. Aus dem Englischen von Georg Goyert. Düsseldorf 1948, S. 12.

14 Siehe dazu vor allem Russell's Buch »The Practice and Theory of Bolshevism«, London 1920; Teile daraus in Deutsch in: Was wir tun können – Politische Schriften I, München 1972.

15 In einer vom 27. Mai 1940 datierten, unveröffentlicht gebliebenen Stellungnahme Russell's zu der, neben anderen Anklagen, in den USA gegen ihn erhobenen Beschuldigung, er sei ein »erklärter Kommunist«, heißt es u. a.: »Ich bin kein Kommunist und niemals einer gewesen. Stets seit 1920, als ich Rußland besuchte und ›The Practice and Theory of Bolshevism‹ schrieb, bin ich ein bitterer Kritiker der Sowjetunion gewesen. Im Jahre 1932, als ich ›Education and the Modern World‹ (amerikanischer Titel von ›Education and the Social Order‹. A. v. B.) schrieb, hoffte ich, daß die frühe Diktatur in Rußland sich zu einem liberaleren Regime entwickeln würde und brachte für sie eine bedingte Unterstützung zum Ausdruck, die ich bald als Fehler betrachtete. Selbst in diesem Buch aber findet sich weit mehr Kritik als Lobpreisung sowjetischer Methoden.« (Siehe: Bertrand Russell's America, S. 178)

16 Siehe S. 132 dieses Bandes.

17 Die 1894 geborene Dora Black hatte Russell auf seiner China-Reise 1920/21 als Sekretärin begleitet. Nach ihrer Rückkehr nach England heirateten beide im September 1921.

18 Erziehung, vornehmlich in frühester Kindheit; S. 28.

19 So in dem Aufsatz »The Training of Young Children« in: Harper's Magazine, August 1927, S. 313–19.

20 das.

21 das.

22 das.

23 Grundlagen für eine soziale Umgestaltung, S. 102.

24 Zitiert nach: Noam Chomsky, Über Erkenntnis und Freiheit. Vorlesungen zu Ehren von Bertrand Russell. Aus dem Englischen von Gerd Lingrün. Frankfurt 1973, S. 58.

25 In seinem Aufsatz im »New Statesman« (s. o.). Siehe: Mystik und Logik.

Philosophische Essays. Aus dem Englischen von Dr. Erwin Heinzel. Wien, Stuttgart 1952, S. 41.

[26] Erziehung, vornehmlich in frühester Kindheit; S. 198.

[27] Autobiographie II (1914–1944). Aus dem Englischen von Julia Kirchner. Frankfurt 1973, S. 278. – Neill nennt Russell in seiner eigenen Autobiographie »my old friend«, sagt aber, er habe Russell seit dessen einwöchigem Besuch in Summerhill in den 20er Jahren nur noch einmal wiedergesehen; allerdings hätten sie miteinander korrespondiert. Siehe: A. S. Neill, Neill! Neill! Orange Peel. London 1973, S. 134.

[28] Erziehung, vornehmlich in frühester Kindheit; S. 20. Siehe auch Russell's Bemerkung: »Imagination, not slavery to fact, is the source of whatever is good in human life«. So in einer Rede über »The Influence of Fiction« vom 11. Februar 1953 vor dem Author's Club. Vgl. The Collected Stories of Bertrand Russell. Compiled and edited by Barry Feinberg. New York 1972, S. 13.

[29] Siehe: Warum ich kein Christ bin, S. 64.

[30] Erziehung, vornehmlich in frühester Kindheit; S. 196.

[31] das. S. 198.

[32] Autobiographie II, S. 231. Russell untersagte die bis dahin auf dem Gelände übliche Fuchsjagd, um den Kindern das Schauspiel solcher Grausamkeit gegen Tiere zu ersparen. Er beging damit, nach seinen eigenen Worten, in den Augen der Gesellschaft ein »schlimmeres Verbrechen als mit der Befürwortung von Atheismus, Pazifismus und freier Liebe«... (Siehe den Aufsatz »Education without Sex Taboos« in: New Republic, 16. November 1927.)

[33] Autobiographie II, S. 276f.

[34] das. S. 277.

[35] Nach: Roy Hemmings, Fifty Years of Freedom – A Study of the development of the ideas of A. S. Neill. London 1972, S. 77.

[36] Alan Wood, Bertrand Russell – The Passionate Sceptic. London 1963, S. 140. Wood zitiert im folgenden aus einem längeren Bericht Russell's an die Eltern der Vierjährigen.

[37] a. a. O. S. 138.

[38] Russell heiratete Anfang 1936 Patricia (Peter) Spence, die zuvor in Beacon Hill tätig gewesen war.

[39] An Mr. Francis, 24. Januar 1959. Siehe: Briefe aus den Jahren 1950–1968, S. 190. Vgl. neben dem II. Band der Autobiographie auch: Adaptation – An Autobiographical Epitome. In: Portraits from Memory. London 1956, S. 14/15.

[40] Joe Park, Bertrand Russell on Education. London 1964, S. 123/24.

Quellennachweis

I. Erziehung und Gesellschaft

Education and the Social Order
Originalrechte Allen & Unwin, London.
Übersetzt von Ilse Krewinkel

II. Probleme der Erziehung

1. Erziehung als politische Institution

Aus: Atlantic Monthly.
Deutsch in: Grundlagen für eine soziale Umgestaltung.
Drei Masken Verlag, München.
Übersetzt von Margarete Hethey

2. Sozialismus und Erziehung

Aus: Harper's Magazine
Originalrechte Allen & Unwin, London.
Übersetzt von Achim v. Borries

3. Die Ziele der Erziehung

Aus: On Education, especially in Early Childhood.
Deutsch in: Erziehung, vornehmlich in frühester Kindheit.
Meridian Verlag, Düsseldorf–Frankfurt.
Übersetzt von Georg Goyert

4. Liebe und Sympathie

Aus: On Education, especially in Early Childhood.
Deutsch in: Erziehung, vornehmlich in frühester Kindheit.
Meridian Verlag, Düsseldorf–Frankfurt.
Übersetzt von Georg Goyert

5. Freiheit oder Autorität in der Erziehung?

Deutsch in: Skepsis.
Athenäum Verlag GmbH., Frankfurt a. Main.
Übersetzt von Ruth Gillischewski

6. Erziehung und Disziplin

Deutsch in: Lob des Müßiggangs
Paul Zsolnay GmbH., Wien–Hamburg.
Übersetzt von Elisabeth Fischer-Wernecke

7. Die Aufgaben des Lehrers

Deutsch in: Unpopuläre Betrachtungen
Europa Verlag A. G., Wien–Zürich–München.
Übersetzt von Ernst Doblhofer

8. Erziehung für eine schwierige Welt

Aus: Fact and Fiction
Originalrechte Allen & Unwin, London.
Übersetzt von Achim v. Borries

III. Beacon Hill

1. Freie Rede in der Kindheit

Aus: New Statesman and Nation
Originalrechte Allen & Unwin, London und The Bertrand Russell Estate, Barnet Hertfordsh.
Übersetzt von Achim v. Borries

2. Moderne Tendenzen in der Erziehung

Aus: Spectator
Originalrechte Allen & Unwin, London und The Bertrand Russell Estate, Barnet Hertfordsh.
Übersetzt von Achim v. Borries

3. In unserer Schule

Aus: The New Republic
Originalrechte Allen & Unwin, London und The Bertrand Russell Estate, Barnet Hertfordsh.
Übersetzt von Achim v. Borries

4. Dora Russell: Beacon Hill

Aus: The Modern Schools Handbook
Originalrechte Allen & Unwin, London und The Bertrand Russell Estate, Barnet Hertfordsh.
Übersetzt von Achim v. Borries